조선전기 신분구조

조선전기 신분구조

최 이 돈

景仁文化社

전환기에 서서

조선 전기는 서로 다른 시대의 가치가 공존하는 '전환기'였다. 중세의 가치와 근대의 가치가 같이 존재하였다. 이는 정치, 경제, 신분의 제부분에서 두루 나타났다. 즉 정치에서는 '사적지배'와 '공공통치', 경제에서는 '경제외적 관계'와 '경제적 관계', 신분에서는 '혈통'과 '능력' 등의 서로 대치되는 가치들이 공존하고 있었다.

이는 고려 말 급격한 생산력의 향상으로 인한 사회변화를 기존의 가치체계 안에서 수습할 수 없었기 때문이었다. 그러므로 유학자들은 기존의 가치를 유지하여 체제의 안정을 확보하였고, 새시대의 가치를 수용하여 개혁과 발전을 도모하였다. 물론 상호 모순적인 가치를 공존시키는 것은 쉽지 않았으나, 음과 양을 '太極' 안에서 조화시킬 수 있다고 믿었던 유학자들은 현실과 이상을 조화시키면서 당면한 과제들을 성실하게 풀어나갔다.

그동안 조선전기사 연구자들은 조선전기를 중세와 근대의 가치가 공존하는 시기로 인식하지 못하였다. 정치사에서는 '관료제'적 성격을 강조하면서 근대적 요소를 찾는 데에 집중하였고, 경제사에서는 '신분적 경제'를 강조하면서 중세적 요소를 찾는 데에 집중하였다. 신분사에서는 한편의 연구자들은 '혈통'을 강조하였고, 다른 한편의 연구자들은 '능력'을 강조하면서, 서로 대립된 견해를 제시하였다. 연구자들은 서로 모순적인 다른 시대적 가치인 혈통과 능력이 한 시대 안에서 대등하게 공존할 수 있다고 보지 않았다.

사실 어느 시기든 구시대나 새시대의 가치들은 공존하기 마련이었다. 그러나 조선전기에는 두 가지의 가치가 서로 대등하게 작용하고 있어, 중세나 근대의 어느 가치도 주도적 영향력을 관철시키지 못하였다. 그러므로 조선전기를 중세나 근대 하나로만 규정하기 어렵다.

물론 수 백 년 동안 유지되던 한 시대의 가치가 짧은 기간 안에 다른 가치로 전환되는 것은 쉽지 않았다. 서양사에서도 중세에서 근대로의 전환기, 수 백 년을 'Early Modern'이라고 명명하고 있는 것은 유사한 상황임을 잘 보여준다. 그러므로 조선전기를 중세에서 근대로의 전환기, 중세와 근대가 공존하였던 시기, 즉 '近世'로 보아도 좋을 것이다.

저자는 조선전기를 전환기로 이해하는 가설 위에서 상당한 시간을 연구에 투자하였다. 그러나 조선전기의 전체상을 설명하는 것은 많은 시간이 더 필요할 것으로 보인다. 그간 밝힌 조선전기의 특징적인 모습을, 일부나마 동학들과 공유하는 것은 의미있는 일이라고 판단하여, 그간의 성과를 묶어서 '近世 朝鮮의 형성'으로 출간하고자 한다.

전5권에 걸쳐서 조선초기 생산력의 향상에 따른 생산관계의 변화가 경제, 신분, 정치의 각 영역에 어떻게 구현되었는지를 검토하였다. 즉 당시 '天民'으로 인식되었던 백성의 법적, 실제적 지위가 어떠하였는지를 고찰하였다.

제1권 『조선초기 과전법』에서는 조선초기 백성의 경제적 지위를 검토하였다. 고려말 조선초 생산력의 상승으로 인한 생산관계의 변화가 과전법체제에 함축되어 표현되었다. 그러므로 과전법을 통해서 수조권을 둘러싼 국가, 전주, 전부 등의 생산관계 변화를 검토하였다.

제2권 『조선전기 신분구조』와 제3권 『조선전기 특권신분』에서는 백성들의 신분적 지위를 검토하였다. 생산관계 변화로 인해 신분질서가 새롭게 정립되는 모습을 '신분구조'로 정리하였다. 또한 그간 신분사 연구에서 지배신분이 중요한 쟁점이 되었음을 고려하여, 이를 '특권신분'으로 나누어 정리하였다.

제4권 『조선전기 공공통치』와 제5권 『조선중기 사림정치』에서는 백성들의 정치적 지위를 검토하였다. 생산력 향상으로 변화한 백성의 정치적 지위를 '공공통치'의 형성과정으로 검토하였다. 또한 성종대부터 백성의 상위계층인 사림이 지배신분인 훈구와 대립하면서 참정권의 확보를 위해서 투쟁하였는데, 그 과정을 '사림정치'의 전개과정으로 정리하였다.

사실 현대도 서로 다른 시대의 가치가 공존하는 전환기이다. 현대의 가장 대표적인 가치인 '자유'와 '평등'도 상호 모순적인 성격으로 긴장과 갈등을 유발시키고 있다. 이는 이 두 가치가 서로 다른 시대의 소산이기 때문이다. 자유는 근대를 열면서 중심적인 가치로 자리를 잡았고, 평등은 근대의 문제를 해결하기 위한 가치로 그 입지를 점차 확대해가고 있다. 그러므로 공동체의 안정과 발전을 위해서, 현대의 주된 관심은 '疏通'의 화두아래 자유와 평등을 조화롭게 발전시키는 데에 집중되고 있다.

'전환기에 서서' 우리의 공동체를 위해 고심하는 이 시대의 독자들에게, '중세의 가치'와 '근대의 가치'를 조화 발전시키기 위해 분투하였던 선조들의 모습이 한 줄기 지혜와 위안이 되기를 기대한다.

다시 맞는 丁酉年 10월에
심심한 감사를 담아서
최이돈

목차

전환기에 서서

제1부 上級良人

제1장 庶孽의 차대와 신분

제2장 雜織의 형성과 그 변화

제4부 賤人

제1부

上級良人

제1장 庶孼의 차대와 신분

머리말

서얼은 그 집단이 가지는 특이한 성격으로 인해서 일찍부터 연구자들의 관심을 끄는 주제가 되었다. 그 즈음에는 서얼을 별도의 신분으로 보고 있었으므로 연구의 초점은 서얼에 대한 차대가 어떻게 형성되었는가에 있었다. 차대의 연원에 대한 관심은 이태진에 의해서 정치 사회적 배경이 구명되면서 한 매듭지어졌다.[1]

그러나 양천제의 논의가 제기되면서 상황이 변화하였다. 양천제의 논의에서 한영우는 양인 내에 별도의 신분이 있는 것을 인정하지 않았고, 서얼을 포함한 중인층이 형성되는 시기를 16세기 이후로 보아야 한다는 주장을 하였다.[2]

이성무는 양인 내에 다양한 신분이 있음을 주장하면서 중인을 별도의 신분으로 보았다. 그러나 그는 양천제의 논의 과정에서 중인층의 성립에 대하여 다소 유보적인 입장을 보였다. 그는 "15세기 후반기에 이르러 이와 같이 중인층의 최고위에 있었던 기술직조차 양반층으로부터 차별 대우를 받고 있었던 것으로 보아 적어도 16세기 이후에는 중인층이 어느 정도 형성되고 있었던 것이 아닌가 생각된다."[3]라고 표현하면서, 한영우의 16세

---

1) 이상백 「서얼차대의 연원에 대한 연구」 『진단학보』 1, 1934.
    이상백 「서얼금고시말」 『동방학지』 1, 1954.
    이태진 「서얼차대고」 『역사학보』 27, 1965.
2) 한영우 『조선시대 신분사연구』 집문당, 1997.
3) 이성무 「조선 초기 신분사연구의 재검토」 『역사학보』 102, 1984, 215쪽.

기 이후 중인 형성론을 수용하였다. 16세기 중인 형성론은 이후 서얼 연구자들에게 영향을 미쳤다.

지승종은 「조선 전기의 서얼신분」에서 서얼 신분 전반에 대하여 체계적으로 설명하였다. 그는 서얼을 별도의 신분으로 보면서 구체적으로 "16세기에 있어서, 서얼의 신분 구조상 위치는 양반과 상민의 중간에 설정되어 있었다고 보아도 무방할 것이다."4)라고 서얼이 신분체계 상에서 가지는 위상까지 언급하고 있다. 그러나 그는 서얼의 신분적 위상을 언급하면서 '16세기에 있어서'라고 단서를 달아 조선 초기의 서얼의 위상에 대해서는 상론하지 않고 있다. 이러한 그의 입장은 16세기 중인 형성론을 수용하는 것으로 보인다.

배재홍은 서얼에 대한 여러 편의 연구를 통해서 서얼에 대하여 소상히 밝히고 있다. 「조선 전기 처첩분간과 서얼」에서는 처첩분간법의 제정과 처첩분간의 실제 등을 논하였다.5) 「조선시대 천첩자녀의 종량과 서얼신분 귀속」에서는6) 조선 초기 천첩자녀의 종량 확대 과정을 살펴보았다. 또한 「조선시대 서얼 차대론과 통용론」에서는 조선시대 서얼의 차대론을 둘러싼 조정에서의 논의를 검토하고 있다.7) 그는 서얼을 별도의 신분으로 보고 있으나, 16세기 이후에 이르러 서얼이 독자적인 신분의 범주로 성립한다고 설명하고 있어 16세기 중인 형성론에 동의하고 있다. 이와 같이 최근 서얼에 대한 연구는 공통적으로 서얼이 별도의 신분임을 인정하면서 그 형성시기를 16세기로 잡는 경향을 보여주고 있다.8)

---

4) 지승종 「조선 전기의 서얼신분」 『사회와 역사』 27, 1991.
5) 배재홍 「조선 전기 처첩분간과 서얼」 『대구사학』 41, 1991.
6) 배재홍 「조선시대 천첩자녀의 종량과 서얼신분 귀속」 『조선사연구』 3, 1994.
7) 배재홍, 「조선시대 서얼 차대론과 통용론」 『경북사학』 21, 1998.
8) 서얼을 주제로 한 연구는 아니지만, 유승원은 『조선 초기 신분제 연구』에서 서얼에 대하여 특이한 견해를 제시하고 있어 주목된다. 그는 "결국 양인 내부의 독립된 신분집단으로 분명히 거론할 수 있는 것은 서얼, 세습적 천역부담자, 그리고 향리 정도로 한정되는 셈이다."라고(92쪽) 서얼이 독립된 신분임을 밝히고 있다.

그러나 16세기를 서얼 신분이 형성되는 시기로 보는 견해는 좀 더 검토해볼 소지가 있다. 한영우나 이성무는 기술직에서 나타나는 지위변화를 16세기 중인 형성의 근거로 제시하고 있다. 그러나 기술직 지위의 변화는 이미 세종대부터 나타나고 있으므로 성종대이후의 논의만을 별도로 볼 것이 아니라 앞 시기의 변화를 고려하면서 재검토할 필요가 있다. 지승종은 서얼 지위의 법적인 근거로 『경국대전』의 규정을 주목하고 있는데, 『경국대전』의 규정은 이미 그 전시기의 퇴적물이라는 점을 고려한다면 서얼신분의 형성 시기를 보다 앞 시기부터 검토하는 것이 필요하다. 배재홍은 처첩분간이나 천첩자녀의 종량이 마무리된 시점을 서얼 신분의 형성 근거로보고 있으나, 처첩의 분간이나 천첩자녀의 종량이 시작된 상황에서부터 서얼신분에 변화가 나타나기 시작하였으므로, 마무리되기 이전 시기의 동향에 대해 좀 더 치밀하게 검토해 볼 소지를 남기고 있다.

이러한 연구 상황을 고려할 때에, 서얼 신분의 형성과정을 살피기 위해서 16세기 이전의 서얼의 자료를 적극적으로 검토해 볼 필요가 있다. 특히 신분은 법적인 규정을 그 지위 형성의 근간으로 삼고 있으므로 『경국대전』

이 견해에 의하면 조선 초기에도 서얼을 신분으로 볼 수 있으므로 대부분의 연구자가 주장하는 16세기 서얼신분 형성론과는 다른 관점을 시사하고 있다.

그러나 유승원은 결론에서는 "양인 내부에는 몇 종의 독립된 신분 집단이 존재했지만, 그들이 전체 양인 중에서 차지하는 비율은 상대적으로 낮고"라고(108쪽) 서얼의 수가 양인에 비하여 적으므로 서얼을 신분으로 볼 수 없다는 견해를 제시하였다. 이는 신분을 규정할 때 혈통과 법적 규정 외에 인원수를 고려해야 한다는 주장으로, 인원수를 신분의 기준 지표에 넣는 문제는 좀 더 신중하게 검토해 볼 문제다.

또한 이미 명종대의 기록에 의하면 양인의 절반이 서얼이라는 기록이 보여 주목된다(被錮之人 想亦無幾 法行百年 支派蕃衍 殆與良人相半 若未解錮 俾不得赴擧 則是擧一世一半人材而棄之也 정사룡, 「서얼허통편부의」 『湖陰雜稿』). 서얼의 수가 양인 수 정도에 이른다는 표현은 과장된 것으로 이해된다. 그러나 서얼의 수가 적지 않은 현실을 반영한 표현으로 해석된다. 이러한 자료를 고려할 때에 단순히 인원수 까닭에 서얼이 신분이 아니라고 보기에는 좀 더 신중한 검토가 필요하다.

에 보이는 서얼에 대한 규정을 중심으로 그 규정이 형성되어 온 과정을 검토해 보고자 한다.

이 장에서는『경국대전』의 서얼에 대한 규제 중에서도 특히 정치적 규제를 중심으로 논의하고자 한다.『경국대전』에 나타난 서얼에 대한 차대는 정치, 사회, 경제적인 면에서 다양하게 나타고 있으나, 그 쟁점이 되는 것은 정치적 규제였다. 정치적 규제가 직역을 결정하였고, 직역에 따라서 사회 경제적 차대가 결정되었으며, 이는 총체적으로 신분으로 반영되었다. 그러므로 정치적 규제가 가장 중요한 것이었는데, 서얼의 경우에도 조정에서 논란이 된 규제의 대부분이 정치적 규제였다.

『경국대전』에 규정된 서얼에 대한 정치적 규제는 한품제와 한직제의 시행, 서얼에 대한 과거 금지 등으로 정리된다. 한품제와 한직제의 시행은 이미 태종 중엽에 그 윤곽이 만들어졌고 이후 세종대까지 다듬어졌다. 이에 비해 서얼에 대한 과거 금지 규정은『경국대전』이 만들어지면서 첨입되었다. 그러므로 서얼에 대한 정치적 차대는 상당히 긴 기간에 걸쳐서 만들어졌는데, 그 과정을 검토해보면서 당시 위정자들이 서얼에게 부여한 정치적 규제의 핵심은 무엇이었는가, 그리고 그 의도가 무엇이었는지 검토해보고자 한다.

다음으로 서얼에 대한 정치적 차대로 인해서 나타나는 관직체계의 변화를 검토하고자 한다. 서얼에 대한 정치적 차대인 한품제와 한직제는 서얼에게 한정된 관품과 관직을 주어야 한다는 생각을 넘어서는 것이었다. 즉 서얼은 대칭되는 상위의 집단이 받는 관직이 아닌 다른 관직을 받아야 하였다. 조선 건국기의 관직체계는 유품직과 비유품직의 구분은 있었으나, 이러한 구분은 소속된 집단의 신분에 따라서 받는 관직군이 달라지는 관직체계는 아니었다. 천인 관원의 경우도 유품직을 받을 수 있었다. 그러므로 서얼이 상위의 집단과는 다른 별도의 관직을 받아야 한다는 생각을 제도적으로 시행하기 위해서는 관직체계의 조정이 필요하였다. 그러므로 서얼에 상응하는 관직체계를 만들어가는 과정을 검토하고자 한다.

마지막으로 검토하려고 하는 것은 서얼의 신분이다. 정치적 차대는 사회 경제적 차대를 수반하였고, 차대를 받는 집단의 종합적 지위는 신분으로 표현되었다. 대부분의 연구가 서얼을 차대를 받는 신분으로 이해하고 있으나, 서얼 신분이 정립되는 것은 16세기의 일로 보고 있다. 그러므로 조선 초기의 서얼의 지위는 불분명한 것으로 남아있다. 그러므로 조선 초기 서얼의 신분적 위상을 검토하는 것이 필요하다.

이와 더불어 서얼과 대칭적으로 비교되는 집단에 대해서도 검토해 보고자 한다. 한 집단의 지위는 상대적일 수밖에 없고, 따라서 서얼의 집단적 지위 역시 상대적인 것이 될 수밖에 없다. 서얼의 차대를 거론하는 것은 우위에 있는 대칭집단을 상정하지 않고는 불가능한 것이었다. 그러므로 검토를 통해서 우위의 집단이 선명하게 드러날 수 있다면 서얼의 신분적 성격이 좀 더 분명해질 것으로 생각된다. 서얼의 신분이 분명하게 구명되면서 조선전기의 신분구조가 더욱 선명해지기를 기대한다.

1. 서얼에 대한 정치적 차대

1) 限品制와 限職制의 시행

서얼에 대한 정치적 차대는 한품제와 한직제의 시행, 그리고 과거응시 금지 등이 대표적인 것이다. 먼저 한품제와 한직제의 시행과정을 검토해 보면서 서얼에 대한 정치적 차대가 무엇을 의미하였는지 검토해 보자.

서얼의 정치적 차대는 태종 14년 2품 이상 관원의 비첩소산에게 관직을 부여하는 조치에서 촉발되었다. 관직은 주되 서얼이 가질 수 있는 관직을 제한하고 있다는 점에서 정치적 차대였다. 고려시대에는 관원의 비첩소산이 양인이 되는 것은 허락하였으나, 관직까지 주는 것은 아니었으므로 관직을 부여해 주는 것은 고려대에 비해서 우대로 볼 수도 있는 조치였다. 그러나 천첩 소산에 국한하지 않고 양첩의 소산에까지 그 범위를 확대한다면 서얼에 대한 차대는 분명해졌다. 당시까지 양첩소산은 처첩을 명확하게 구분하지 않는 관행 속에서 별다른 제한이 없이 관직의 진출이 허용되고 있었다. 이 논의를 계기로 양첩소산이 비첩소산과 같이 묶이면서 차대를 받기 시작하였으므로 서얼에 대한 정치적 차대가 시행되었다고 볼 수 있다.9)

태종 14년 비첩소산에게 관직을 제한하는 규정은 사재감의 제안으로 다음과 같이 논의되었다.

> "各司 노예는 부모가 함께 賤人인 경우에도 오히려 限品의 관직을 받으니, 勳舊之臣의 婢妾 所出을 尙衣院, 上林園에 예속시켜 그 識字에 開通한 자를 골라서 限品의 관직에 충당하도록 하는 것이 어떻겠습니까?" 임금이 명하였다. "2품 이상의 자기 비첩의 아들은 영구히 良人으로 삼고 5품까지 한하라."10)

이에 의하면 사재감에서 천첩의 소생에게 관직을 주자고 제안하였다. 그 혜택의 대상은 2품 이상의 대신으로 한정되었다. 이는 2품 이상의 자녀에게 주는 문음의 혜택을 첩의 소생에게까지 확대하는 조치였다. 서얼에게 관직을 주되 관품을 5품으로 한정하는 한품제를 시행하였다.

이와 더불어 서얼에게 부여하는 관직을 한정하는 한직제도 시행되었다.

---

9) 조선 건국기에는 처를 둘 이상 두는 것이 조정의 문제로 부각되지 않았고, 따라서 처와 첩의 경계는 분명하지 않았다. 특히 양첩의 자녀의 경우에는 천인의 피가 섞이는 것도 아니어서 관직 진출에 대한 별다른 제한은 없었던 것으로 나타난다. 서얼에게 관직을 부여하는 문제가 천첩의 소산에게 한정해서 시작한 것은 그러한 사정에 연유한 것으로 이해된다.

10) 『태종실록』 권27, 태종 14년 1월 기묘.

서얼에게 부여하는 관직은 일단 상림원과 상의원에 한하였다. 당시 상림
원과 상의원은 비유품직 관서였고, 특히 상림원은 천인들이 배속되는 관
서였다. 그러므로 당시 관원들은 서얼에게 주는 관직을 비유품직 내에 한
정하고자 하였다. 관원들은 서얼이 받을 수 있는 관품 관직을 한품제와 한
직제로 규제하여서 이들을 다른 관원들과 분리하고자 하였다.

서얼에게 이러한 제한된 관직이나마 주는 조치에 대하여 대간들은 반대
하였다. 사헌부에서 아래와 같이 서얼에게 관직을 주는 것에 반대하였다.

> 만약 한품을 받는다면 그 부형은 골육의 사사로운 사랑 때문에 촉탁
> 하여 벼슬을 받게 되고, 朝士들과 어깨를 나란히 하여 귀한 사람과 천
> 한 사람이 섞이게 될 것입니다. (중략) 빌건대 윗 항의 1품 이하 각 품
> 의 비첩소생들에게 限品授職하지 말도록 하고, 한결같이 태조가 만든
> 법에 따라 영구히 양민으로 만들어 사재감 수군에 소속시켜 조정의 반
> 열을 맑게 하소서.11)

대사헌 이은은 고려시대에는 비첩소생을 천인만 면하게 하였을 뿐 한품
서용은 하지 않았다고 주장하면서,12) 서얼을 사재감 수군에 소속시키고,
관직을 가지지 못하게 하자고 요청하고 있다. 서얼에게 관직을 주면 "귀한
사람과 천한 사람이 섞이게 될 것입니다."라고 그 반대하는 이유를 제시하
고 있다. 그러나 이러한 반대는 받아들여지지 않았다. 왕은 물론 관원들도
자신의 서얼들이 관직에 진출하는 것을 환영하였기 때문이었다.13)

이에 서얼에게 관직을 부여하는 것은 일단 인정되었으나 관원들은 한품

---

11) 『태종실록』 권29, 태종 15년 4월 경진.
12) 상동조.
13) 이와 더불어 천첩소생의 종량규정도 정비되었다. 먼저 태종 14년 자기비첩에 한
   정하는 종량의 범위가 확대되었다(『태종실록』 권27, 태종 14년 1월 을묘). 태종
   15년에는 천첩자손에 대한 종량문제를 본격적으로 해결하기 위해서 보충군을 만
   들었다(『태종실록』 권29, 태종 15년 3월 병오).

제와 한직제를 정비하여 서얼의 지위를 분명히 제한하려 하였다. 한품제의 규정은 좀 더 보완이 되었다. 태종 14년의 논의를 바탕으로 태종 15년에는 비첩 서얼이 받을 수 있는 한품이 포괄적으로 정리되었다. 이는 의정부와 육조에서 다음과 같이 제안되었다.

> 2품 이상의 비첩소생은 이미 성상의 윤허를 받아 限品 受職하였습니다만, 3품 이하의 비첩소생은 아직도 아울러 윤허를 받지 못하였습니다. 3품 소생은 6품에 한하고, 4품 소생은 7품에 한하고, 5,6품 소생은 8품에 한하고, 7,8품 소생은 9품에 한하고, 9품 權務의 소생은 學生에 한하고, 庶人의 소생은 白丁에 한하게 하소서.[14]

의정부에서는 3품 이하에서 서인에 이르기까지 비첩소생이 받을 수 있는 한품을 규정하고 있다. 이로서 3품 이하의 천첩의 소생도 관직에 나아갈 수 있는 길이 열렸다. 그러나 이 규정은 태종 14년의 규정과는 그 성격에 차이가 있다. 태종 14년의 경우는 2품 이상 관원의 서얼에게 문음의 연장선에서 제한된 관직을 준다는 규정이었다면, 태종 15년의 경우에는 서얼이 관직에 진출한다면 아버지의 품계에 따라서 관직을 제한하겠다는 규정이었다. 그러므로 사실상 이 규정에 의해서 혜택을 받는 이들은 3품 이하의 관원 중에서 문음의 특혜를 가진 顯官들이었다.

태종 15년의 규정이 가지는 의미가 그러하였으므로 강원도 관찰사 이안우는 이 결정 직후에 이를 언급하면서 "내리신 조령 안에 1,2품 이상의 천첩소생은 5품, 3품의 천첩의 소생은 6품, 4품의 천첩의 소생은 7품을 한하여 차례로 蔭職을 제수하라."[15]고 명하였다고 이 조문을 해석하였다. 이 조문이 음직에 해당하는 자들의 천첩소생을 위한 규정이었음을 분명히 하고 있다.

---

14) 『태종실록』권29, 태종 15년 3월 병오.
15) 『태종실록』권29, 태종 15년 4월 정해.

　이러한 조치가 취해지면서 태종 15년에는 서얼에 대하여 '限品子孫'이라
는 칭호도 부여되었다.16) 이는 문음을 받는 자손에게 '門蔭子孫'이라는 칭
호를 부여한 것에 대응하여 문음의 혜택을 받는 서얼에게는 한품자손이라
는 호칭을 부여한 것이다.

　이로서 천첩자손의 한품에 대한 규정은 정비되었으나, 양첩자손의 한품
규정은 아직 미비하였다. 비첩의 자손뿐 아니라 양첩의 자손까지를 망라
하는 규정이 필요하였다. 그러나 포괄적인 규정은 『경국대전』의 편찬까지
만들어지지 않았다. 『경국대전』에 명시되기 전까지 양첩자손에 대한 차대
는 어떠하였는지 분명하지 않다. 다만 세조 4년 병조에서 공신 2품 이상의
양첩자손은 갑사로 서용할 것을 결정한 것을 보이서, 양첩자손은 친첩자
손보다는 우대를 받고 있었음을 짐작할 수 있다.17)

　양첩과 천첩을 포괄하는 한품의 규정이 『경국대전』에 다음과 같이 정비
되어서 등재되었다.

　　　文武官 2품 이상의 양첩자손은 정3품에 한하고, 천첩자손은 정5품
　　에 한하며, 6품 이상의 양첩자손은 정4품에 한하고, 천첩자손은 정6품
　　에 한한다. 7품 이하로부터 관직이 없는 사람에 이르기까지의 양첩자
　　손은 정5품에 한하고, 천첩자손 및 천인으로서 양인이 된 자는 정7품
　　에 한하고, 양첩자의 천첩자손은 정8품에 한한다.18)

　한품제가 천첩은 물론 양첩의 자손까지 망라하여 정리되고 있다. 이에
의하면 양첩자손은 정3품, 천첩의 자손은 정5품까지 한품이 시행되고 있
었다.

---

16)『태종실록』 권29, 태종 15년 3월 병오.
　　良民이 되어 職牒을 받은 자로서 明文이 있는 자의 자손을 모두 限品子孫이라
　　고 칭하는 것을 허용한다.
17)『세조실록』 권14, 세조 4년 11월 무술.
18)『경국대전』「이전」 한품서용.

한품제의 변화는 한직제의 정비를 필요로 하였다. 태종 15년 강원도 도
관찰사 이안우는 상소를 통해서 한직제의 정비를 제안하였다.

> 원컨대, 앞으로 천첩소생들을 각각 그 동류들과 서로 혼인하게 하여,
> 兩班 집안과는 혼인하지 못하게 하고, 또 별도로 雜織을 제수하여 서
> 용해서 文武의 官爵에 섞이지 못하도록 하소서. 위의 항에 대하여 의
> 논하였다. "마땅히 거행하는 것이 좋겠습니다." 임금이 하교하였다. (중
> 략) "천첩소생은 限品하여 벼슬을 주되, 朝班에 섞이지 못하게 별도로
> 雜織을 제수하자는 일을 의논하여 아뢴 대로 시행하라."[19]

여기서 서얼에게 주는 관직을 상의원 등의 구체적인 부서로 한정하지
않고 좀 더 포괄적으로 '雜織'으로 규정하였다. 여기의 잡직이라는 용어는
조선왕조실록 상에 특정집단과 관련해서 처음 출현한 것으로[20] 당시의 관
직체계에서 잡직의 의미는 아직 분명하게 정리되지 않고 있었다. 그러므
로 그 의미를 구체적으로 표현하기 위해서 "朝班에 섞이지 못하게" 혹은
"문무관작에 섞이지 못하도록" 이라고 해석을 달고 있다. 여기서 '조반'에
참여 하지 못하게 하는 것은 구체적으로 조회에 참여하지 못하도록 하는
의미였는데, 당시 조회에 참여하는 것은 유품직에 한정되었으므로 잡직이
일단 유품직이 아니라는 것을 분명히 한 것이다. 그러나 이에서 그치지 않
고, "양반 집안과는 혼인하지 못하게 하게 하자."는 내용으로 볼 때에 서얼
은 양반집안과 통혼할 수 없는 신분적 의미를 가지는 집단이었고, 따라서

---

19) 『태종실록』 권29, 태종 15년 4월 정해.
20) 이보다 먼저 잡직이라는 용어가 조선왕조실록에 보이는 것은 정종 2년의 것이다.
대간이 서경의 법을 논하면서 "수령은 백성을 가까이 하니 더욱 선택하지 않을
수 없는데, 지금 요행을 바라는 무리가 일찍이 일을 경험하지 않고, 雜職을 인연
하여 職秩이 4품만 지나면, 곧 官敎를 받아 가족을 거느리고 부임한다."(『정종실
록』 권3, 정종 2년 1월 기축)라고 잡직을 언급하고 있다. 그러나 여기서 잡직은
별다른 차대를 받지 않고 수령으로 승진할 수 있는 것을 보아서 특정한 차대를
받는 관직을 의미하는 것은 아니었다.

잡직은 단순히 문무직과 차이를 가지는 관직의 의미뿐 아니라 신분적으로 차대가 함축된 관직이라는 의미를 가졌다.

당시의 관직은 유품직과 비유품직의 구분이 있었다. 그러나 이 유품직과 비유품직의 구분은 신분에 기반한 구분이 아니었다. 공상이나 천인의 경우에도 유품직에 임명될 수 있었다. 그러므로 관원들은 서얼을 비유품직에 한정하자고 말하지 않고 별도로 잡직이라는 용어를 사용한 것이다. 그러므로 잡직을 거론하면서 관원들이 생각하였던 가장 중요한 요점은 특정 집단 신분에 대응하는 별도의 관직이었다.

서얼을 '양반 집안과 혼인하지 못하게'라는 구절은 좀 더 음미해 볼만한 구절이다. 서얼은 관직에 나아가기 전에 이미 종량과정을 통하여 영구히 양인이 되었고, 관직에 나아가 정3품에 이를 수 있었다. 양천제론의 관점에서 보면 이미 양인이며 양반이었다. 그러나 여기서 서얼을 양반과 구분하고 있다. 즉 여기서의 양반은 관원을 통칭하는 넓은 의미의 양반이 아니었고 별도의 범주를 가지는 좁은 의미의 양반이었다. 서얼은 넓은 의미에서는 양반이 될 수 있었으나, 좁은 의미에서 양반이 아니었고, 좁은 의미의 양반과는 통혼도 금지된 별도의 집단이었다.

아직 잡직의 범주가 분명하게 정리되지 않은 시기였으므로 서얼의 관직을 잡직에 한정한다는 규정은 충분하지 못하였다. 그러므로 이를 보완하기 위한 방안이 제안되었다. 태종 15년 우부대언 서선 등 6인이 다음과 같이 서얼의 限職制에 대하여 새로운 방향에서 제안하고 있다.

> 宗親과 각 품의 서얼 자손은 顯官職事에 임명하지 말아서 嫡妾을 분별하소서. 이에 의논하여 결론을 얻기를, '진언한 대로 시행할 것'이라 하였습니다.[21]

---

21) 『태종실록』 권29, 태종 15년 6월 경인.

이 제안은 앞에서 살편 이한우의 제안보다 좀 더 포괄적인 것이었다. 즉 천첩과 양첩의 자손을 나누지 않고 서얼자손으로 언급하고 있고, 관원은 물론 종친까지를 그 대상으로 포괄하여 언급하고 있다. 여기서 특이한 점 은 앞의 이한우의 제안에서는 서얼에게 주어야 할 관직을 잡직으로 규정 하였던 반면 여기서는 서얼에게 줄 수 없는 관직을 현관으로 규정하고 있 다는 것이다. 아직 잡직의 윤곽이 분명하게 설정되지 않은 상황에서 오히 려 서얼에게 줄 수 없는 관직을 제시하는 방법으로 한직제를 규정하고자 하였던 것이다.

그러므로 현관은 잡직과 대칭되는 관직이었다. 당시의 현관의 범위 역 시 좀 더 정리되어야 하였으나,[22] 분명한 것은 현관이 문음의 특권을 부여 받는 청요직을 그 핵으로 하고 있었다. 당시 문음의 특권을 얻기 위해서는 2품 이상의 관원이 되거나, 3품 이하에서는 청요직 관원이어야 하였다. 그 러므로 서얼이 문음의 특권에 접근하지 못하게 제한하기 위해서는 2품 이 상의 관직을 가지지 못하게 할 뿐 아니라, 3품 이하의 관직에서는 청요직 즉 현관에 접근하지 못하도록 막는 것이 필요하였다. 그러므로 현관으로 한직제를 규정한다는 의미는 이미 3품 이하로 규정된 한품제에 대하여 보 완적인 의미가 있었다. 즉 일차적으로 2품 이상으로 승진을 못하도록 한품 제로 막고, 나아가 3품 이하에서는 청요직으로 진출하는 것을 한직제로 막 고 있었다. 그러므로 서얼에 대한 한품제와 한직제는 서얼이 음서의 특권 을 얻을 수 있는 관직에 접근할 수 없도록 제한하고 있다.

흥미로운 것은 당시의 관원들이 서얼을 협의양반과 결혼도 할 수 없는 별도의 신분으로 인식하고 있으면서, 이들에게 정치적 규제로 제시한 것 은 한품제와 한직제가 전부였다는 점이다. 관원들은 한품제와 한직제를 시행하여 문음에의 접근을 금하는 조치만으로도 서얼을 별도의 신분으로 제한할 수 있다고 판단하였다. 이는 역으로 당시의 관원들은 문음을 신분

---

22) 최이돈 「조선 전기 현관과 사족」 『역사학보』 184, 2004.

을 유지하고 물려주는 장치로 파악하고 있었음을 잘 보여 준다.

문음은 자손에게 관직을 그것도 문무직의 세습을 가능케 하는 장치였다. 문음을 받은 자손은 일단 7,8품의 문무직에 진입하여 한품이나 한직의 제한이 없이 승진할 수 있었고, 다시 자신의 자손에게 음서를 줄 수 있는 직에 나아가는 데에 제한이 없었다. 이러한 특권을 아들은 물론 손자나 조카에게까지 부여하는 문음은 직업으로 받을 수 있는 우대를 넘어선 신분적 특권이었다. 문음은 서양의 봉건 국가에서 나타나는 작위를 세습하는 방법에 비하면 제한적이지만, 직계는 물론 방계까지 그 특혜를 주는, 조선과 같은 중앙집권적 국가에서 선택할 수 있는 적절한 신분 보장의 방법이었다.

문음의 특권 외에 문무직에 접근할 수 있는 유일한 길은 과거가 있었다. 당연히 서얼에게 부여된 정치적 차대에는 과거 응시를 금지하는 규정도 있었다. 그러나 과거의 응시를 금하는 규정은 서얼지위를 제한하는 우선적인 규정으로 간주되지 않았다. 즉 과거의 금지 규정은 한품제와 한직제를 보완하는 부속적인 규정 정도로 이해하고 있었다. 이에 대하여서는 다음 절에서 상론해 보자.

2) 과거 금지

서얼에 대한 정치적 규제는 한품제, 한직제 외에 과거금지가 있었다. 서얼이 과거를 볼 수 없다는 규제이다. 흥미로운 것은 서얼에 대해 과거 금지를 규정한 것은 한품제 한직제와 같이 거론되지 않고, 약 50년이 지난 뒤『경국대전』의 편찬에 첨록되면서 법제화되었다는 점이다. 그간의 연구에 의하면 과거는 신분의 이동에 가장 중요한 수단이었으므로 서얼을 규제할 때에 가장 먼저 거론되어야 할 규정이었다. 그러나 관원들은 한품제와 한직제의 규정은 서둘러 마련하였으나 서얼의 과거 금지 규정을 만드는 것에 대해서는 관심을 표하지 않았다.

오히려 서얼의 과거 금지는 과거를 보겠다는 서얼이 나타나면서 논의되었다. 서얼로서 과거에 응시하겠다고 나선 첫 사례는 서얼에 대한 규제가 마련된 지 거의 20년이 되는 세종 14년에 이르러서였다. 태종의 서얼이었던 이선은 과거를 보고자 하였다. 이에 조정에서 논의가 되었는데, 사간원에서 다음과 같이 반대하였다.

> 과거 제도를 설치한 것은 인재를 試取하기 위함이요, 嫡庶를 밝히는 것은 명분을 바로잡기 위한 것입니다. 한 가지라도 어쩌다가 마땅한 바를 잃어버리면 사람을 뽑아 쓰는 것이 완전하지 못할 것이며 명분이 문란하여질 것입니다.[23]

사간원의 견해는 분명한 것이었다. 서얼은 과거를 볼 수 없다는 것이다. 그러나 세종은 이선이 왕족이라는 이유로 오히려 사간원을 문책하였고, 이선의 과거 응시를 허용하였다. 서얼의 과거 응시 여부는 조정에서 충분히 쟁점이 될 수 있는 문제였으나, 왕족과 관계되면서 본격적으로 논의되지 못하고, 서얼의 과거응시를 허용하는 사례를 남겼다.

이후 서얼의 과거 응시는 세조 6년 안유와 안혜 형제가 과거를 보고자 하면서 다시 제기되었다. 안유와 안혜는 안선귀가 평양 부원군 조준의 첩의 딸에게 장가들어서 낳은 아들들이었다. 이들이 과거에 응시하고자 요청하자, 세조는 서얼의 과거응시에 대한 별다른 금지 규정이 없었으므로 이를 허락하였다. 그러나 과거를 관리하는 三館의 정난종 등이 다음과 같이 반대 의견을 표명하였다.

> 신 등이 그윽이 생각하건대 本朝에서 문무 양과를 설치하여서 많은 선비들을 뽑았지만, 무릇 과거에 응시한 사람들이 만약 先世에 허물이

---

23) 『세종실록』 권56, 세종 14년 4월 임진; 『세종실록』 권56, 세종 14년 4월 계사.

있거나, 만약 자기 자신이 죄를 범하였거나, 만약 派系가 서얼에 관련되거나 하면, 그 가계가 비록 훈공의 대관이고 그 재주가 비록 준수하여 남보다 탁월하게 뛰어날지라도 모두 과거에 응시할 수가 없었습니다.24)

관원들은 서얼이 계파가 다르므로 과거를 볼 수 없다고 주장하였다. 이러한 주장에 대해서 왕은 "태종께서 이미 許通하셨고, 지금 또 공신이 되어 길이 양인이 되는 것을 허락하였으니, 방해될 바가 없을 것 같은데, 어찌 本系에만 구애하겠는가."25)라고 이를 수용하지 않았다. 관원들의 반대가 있었지만, 서얼의 과거 응시가 허용된 것이다.

서얼은 문과의 시험뿐 아니라 생원시의 응시도 허락되었다. 예종 1년 유자광의 동생이 생원시에 응시하고자 하자, 삼관에서 그 응시를 거부하면서 논란이 되었다. 이 문제에 대하여 도승지 권감은 다음과 같은 견해를 피력하였다.

무령군 유자광의 同母弟 유자형 등 2인이 생원시에 赴擧하고자 하니, 三館에서 서얼이라고 하여 錄名을 허락하지 않았습니다. (중략) "비록 허통할 수 없다 하더라도 성상의 特旨가 있으면 가합니다."하니, 임금이 명하여 허통하게 하였다.26)

이 내용은 왕이 '특지'를 사용해야 하는 단서적 조건이 필요하였으나, 서얼이 생원시에도 응시할 수 있었음을 보여준다.

이상의 검토에서 볼 때, 서얼이 과거에 응시하는 것을 반대하는 관원들은 있었으나 반대에 적극적이지는 않았으므로, 서얼이 과거에 응시하는 것이 부분적으로 허용되고 있었다. 이러한 상황에서 서얼의 과거를 금하는 규정을 제정하는 일은 늦어지고 있었다. 늦어지는 가장 중요한 이유는

---

24) 『세조실록』 권21, 세조 6년 8월 경오.
25) 상동조.
26) 『예종실록』 권6, 예종 1년 7월 계묘.

관원들이 금지규정을 만드는데 큰 관심이 없었기 때문이었다. 관원들은 한품제와 한직제의 시행만으로도 서얼에 대한 규제가 충분하다고 보았다.

그러나 서얼이 과거에 응시할 수 없다는 여론은 이러한 논의의 과정을 통해서 형성되어가고 있었고, 결과적으로 이는 법으로 반영되었다. 이에 『경국대전』에 "庶孼子孫은 文科, 生員, 進士試에 응시하지 못한다."27)라고 명시되었다. 『경국대전』에 서얼이 무과와 잡과에 응시할 수 있는 여부는 명시되지 않으면서 이후에 논의의 대상이 되었으나, 서얼의 무과와 잡과의 응시는 허용되는 추세였다.28)

이후 서얼의 과거 금지는 『경국대전』의 규정을 근거로 해서 유지되었다. 그러나 규정이 만들어진 이후에도 국가에 기여한 바가 큰 관원들의 서얼에게는 과거응시가 허용되기도 하였다. 성종 16년에 유자광과 최적의 자손에게 과거의 응시를 허용한 것은 그러한 예였다.29)

---

27) 여기서 '자손'을 자와 손으로 해석할 것인지, '자자손손'으로 해석할 것인지는 분명치 않아 이후 중요한 쟁점으로 남는다. 자자손손으로 해석한 예는 『경국대전주해』「이전」취재조가 대표적이다. 이에 반하여 자와 손으로 해석한 것은 인조 11년의 해석이 대표적이다(『인조실록』 권28, 인조 11년 10월 갑술).

28) 무과의 경우에는 『경국대전』에 명시되지 않았으므로 이후에 논란의 대상이 되었다. 성종 11년 허명손의 경우가 그 예였다. 그는 하윤의 서얼 하연의 사위였는데, 무과에 응시하고자 하였으나 불가하였다(『성종실록』 권117, 성종 11년 5월 임오). 그러나 이후 서얼의 무과응시에 대해서는 다소 완화된 입장이 나타났다. 그 한 예로 성종 17년 최치숭과 같은 경우를 볼 수 있다(『성종실록』 권194, 성종 17년 8월 경진). 이를 통해서 서얼의 무과응시가 예외적으로 허용되었음을 알 수 있다. 무과의 응시를 금하는 규정은 『경국대전』에도 없었기 때문에 보다 신축적으로 운영되었다.
서얼이 잡과에 응시하는 것도 일단은 부정되었다. 세조 6년 기록에 의하면 잡과에 서얼응시는 제한된 것을 알 수 있다(『세조실록』 권21, 세조 6년 8월 경오). 그러나 연산군 3년 상호군 송흠이 서얼의 의과의 응시를 문제 삼아 논의가 다시 재론되었다(『연산군일기』 권25, 연산군 3년 7월 임인). 이에 대하여 관원들은 논의하여 결과적으로 서얼의 잡과 응시를 허용하였다(『연산군일기』 권26, 연산군 3년 8월 갑술).

29) 『성종실록』 권179, 성종 16년 5월 무인.

이러한 상황에서 서얼의 과거 응시에 대한 규제가 느슨해지기도 하였다. 성종 21년 윤효손은 다음과 같이 서얼에 대한 과거 응시 규제를 강화할 것을 요청하였다.

庶孼과 倫常을 무너뜨린 자도 이제 모두 과거를 볼 수가 있음으로 하여 풍속의 각박함이 주로 이에서 연유하니, 청컨대 이후로는 과거에 응시하려는 사람과 군사로서 지방에서 종사할 자는 모두 留鄕會議의 保擧를 거쳐서 수령이 첩지를 준 뒤에 비로소 과거에 응시하고 벼슬에 종사토록 허가하여, 이것으로써 恒式을 만들게 한다면 거의 사람마다 각각 행실에 힘써 풍속이 후한 곳으로 돌아가게 될 것입니다.[30]

이 기록에 의하면 서얼이 과거에 응시하고 있었다. 물론 서얼의 응시가 법적으로 허용된 것은 아니있다. 이러한 문제가 노출되면시 이를 규제하기 위한 대책이 논의되기도 하였다.

그러나 한편에서는 서얼의 과거 응시를 허용하자는 견해도 표출되었고, 명종 8년 이러한 논의가 본격화되었다. 이 논의 중에 영의정 심연원 등은 다음과 같이 서얼의 과거 응시를 허용할 것을 주장하였다.

대소인원이 양가의 여자나 사대부의 서녀를 취하여 첩을 삼은 자에게서 난 자손과, 천첩의 자식으로 속신하여 양민이 되어 양가의 여자를 취하여 아내로 삼은 자에서 태어난 자손은, 文武 兩科와 生員, 進士試에 응시하여 벼슬을 할 수 있도록 하되, 淸職, 顯職, 重職은 주지 말며, 과거를 거쳐 출신한 자가 아니면 동서반의 正職을 주지 못하도록 하는 것이 정리에 맞을 듯합니다.[31]

이에 의하면 심연원 등은 서얼이 과거를 볼 수 있도록 허용해 주자고

---

30) 『성종실록』 권245, 성종 21년 윤9월 갑신.
31) 『명종실록』 권15, 명종 8년 10월 경진.

요청하고 있다. 물론 현직을 주지 않을 것을 단서로 달고 있다. 심연원뿐 아니라 논의에 참여한 관원들은 다수가 서얼을 허통하자는 견해를 표현하였다. 명종은 서얼의 과거를 허용하자는 견해가 우세하자 이를 승인하였다. 명종은 이러한 견해들을 종합하여 "양첩의 아들로서 양처를 취했을 경우에는 손자에 이르러서 허통하고, 천첩의 아들로 양처를 취했을 경우에는 증손에 이르러 허통하되, 顯職에는 서용하지 말아 적자를 능멸하는 일이 없도록 하라."고 명하였다.32) 이로서 서얼의 과거 응시는 허용되었다.

그러나 서얼이 과거에 합격하여도 현관이 될 수 없었다. 이를 위해서 서얼로서 과거에 합격한 이들을 별도로 관리하는 규정도 만들어졌다.33) 서얼이 현관이 될 수 없다는 것은 한품제와 한직제의 핵심제한이었으므로, 서얼은 과거에 합격하여도 서얼이 받는 정치적 차대를 벗어나지 못하였다. 서얼에 대한 과거의 규제는 뒤늦게 만들어지고 결국 오래 유지되지 못하고 풀렸다. 이는 관원들이 과거 금지 규정을 서얼을 규제하는 근본적인 규정으로 생각지 않았기 때문이었다. 즉 관원들은 한품제와 한직제로 서얼이 현관이 될 수 없다는 것만으로도 규제는 충분하다고 생각하였다.

---

32) 상동조.
33) 『명종실록』 권17, 명종 9년 8월 계사.
　　헌부가 아뢰기를, "서얼에게도 벼슬길을 허통하는 일은 고려 및 우리나라 초기에 시행하기는 했었지만 폐한 지가 이미 오래되었는데 이번에 또 복구했습니다. 적서의 구분은 엄격하게 한계를 두지 않아서는 안 됩니다. 전에 이미 입학을 허락하지 않았으니 실로 幼學이라고 일컬어서는 안 되고 일체 貢生의 예대로 試券 안에 바로 '某官 某屬의 良妾子'라고 쓰도록 하소서. 백패 및 홍패에도 三醫司의 예대로 연월의 곁에 바로 '某人의 양첩자 및 양첩손'이라고 쓰며, 방목에도 시권에 쓴 대로 써서 적서를 구별하소서. 생원 진사에 급제한 그 사람들이 사족과 혼동되지 않도록 하라는 일을 사목에 첨가해 넣어 길이 일정한 규식으로 삼고, 이번에 출방할 적에도 이 예대로 할 것을 중외에 효유하소서. 또 保單子도 內外 및 妻家 쪽의 원근 족친을 막론하고 일체 문무과 출신자로 서명하게 하소서. 그 보단자의 규식도 해조로 하여금 자세하게 정하소서."하니, 아뢴 대로 하라고 답하였다.

이후 서얼에게 과거의 응시를 허용하는 것은 정치적 상황에 따라서 치폐를 거듭하였다. 그러나 서얼에게 과거를 허용한 것은 『경국대전』에 근거를 가지는 조치였기 때문에 여전히 영향력을 가졌다. 즉 명종대의 서얼에게 과거를 허용한 것은 『경국대전』 「예전」 제과조에 명시된 서얼 '자손'에 대한 해석을 '자자손손'으로 해석하지 않고 자와 손에 한정하여 해석하여 증손 이하에게 과거를 허용할 수 있었다. 이러한 근거를 가진 조치였으므로 이후에도 서얼의 과거허용은 치폐를 거듭하면서도 지속될 수 있었다.[34] 그러나 여전히 서얼이 현관이 될 수 없다는 규정은 조선 후기까지 일관되게 유지되었다. 조선 후기 서얼의 통청운동을 보아도 이들이 요청한 것이 과거에 응시할 수 있는 자격의 획득이 아니라 청요직 즉 현직에 나아갈 수 있는 통청이었다. 이와 같은 사실은 서얼의 정치적 차대의 핵심은 한품제와 한직제였고, 과거의 응시 여부는 부수적인 규정이었음을 보여준다.

이러한 결과는 기존의 연구성과와는 다른 것이다. 기존의 연구에서는 과거가 신분 변동에 큰 영향력을 가지는 것으로 보았다. 특히 과거를 볼 수 있는 자격이 있는 것만으로도 합격과 관계없이 상위의 신분과 같은 지위를 가지는 것으로 이해하는 경향도 있었다. 그러나 이러한 해석은 서얼과 관련지어 볼 때에, 과거의 기능을 너무 확대 해석한 것으로 보인다. 당시의 관원들이 서얼이 문음의 특혜에 접근하는 것은 적극적으로 막으면서도 과거의 응시에 대해서는 쉽게 허용하는 모습은, 당시 관원들이 신분의 지위를 규정하는 요소로 과거보다는 문음을 중시하고 있음을 잘 보여준다. 따라서 신분의 변동에 미치는 과거의 영향력은 제한적으로 해석되어야 할 것이다.

---

34) 인조 3년에도 비변사에서는 서얼의 과거 허용을 요청하였고, 왕의 허락을 득하였는데, 이때의 비변사에서 펼친 서얼의 과거 허용의 논리도 역시 『경국대전』의 서얼자손의 '자손'을 자와 손으로 해석하는 것이 옳다는 것이었다(『인조실록』 권10, 인조 3년 11월 무오).

2. 서얼과 관직체계의 변화

한품제와 한직제가 시행되어 서얼에게 주는 품계를 3품 이하로 한정하고, 그 부여하는 관직을 잡직에 한정하면서 서얼은 현관이 될 수 없다는 기본 원칙이 형성되었다. 이러한 원칙을 구체화하기 위해서는 아직 분명하게 정리되지 못한 잡직의 범주를 분명히 하고, 이를 관직체계에 반영해야 했다.

그러나 잡직의 의미가 단순히 별도의 관직을 의미하는 것이 아니라 신분과 연계된 관직이라는 의미를 함축하고 있었기 때문에 잡직의 범주를 정하는 것은 간단치 않았다. 관원들이 서얼에 대해 가지는 입장은 분명하였다. 부득이 서얼에게 관직을 주기는 하지만, 서얼은 신분이 다른 집단이었으므로 이들에게 그 신분에 상응하는 관직을 주어야 한다고 생각하였다. 당시의 관직체계는 신분제를 고려한 체계가 아니었다. 관직은 크게 유품직과 비유품직으로 나누어졌으나, 이 구분도 신분과 연관된 것이 아니었다. 천인이나 공상인이 유품직에 임명되기도 하는 것이 당시의 현실이었다.

서얼 신분에 상응하는 관직체계를 갖추어야 할 필요성이 제기되면서 그 과정에서 먼저 거론될 수밖에 없는 것은 서얼보다 하위에 있는 신분들의 관직을 신분에 상응하게 정비하는 일이었다. 공상과 천인이 신분에 상응하는 관직을 가지도록 조정하는 것이 우선적으로 필요하였다. 공상과 천인을 나누는 것은 먼저 이들을 유품직에서 비유품직으로 옮기는 일로서 시작되었다.[35]

유품직과 비유품직의 분류는 신분제와 연결된 것은 아니었으나, 그 경계와 차대는 분명하였다. 유품직의 경계는 태조 1년에 만들어진 入官補吏法을 보아서 짐작할 수 있다. 다음이 그 규정의 일부이다.

---

35) 최이돈 「조선 초기 잡직의 형성과 그 변화」 『역사와 현실』 58, 2005.
   유승원 앞의 책.

대개 처음에 유품에 入仕하는 것을 7科로 만들어 '문음' '문과' '이과' '역과' '음양과' '의과' 등은 이조에서 이를 주관하고, '무과'는 병조에서 이를 주관하였다. 그 出身文字는 고려의 처음 입사하는 예와 같이 하고, 年甲, 本貫, 三代를 명백히 써서 대간에서 署經하되, 7과를 거쳐 나오지 않은 사람은 유품에 들어오는 것을 허락하지 아니하며, 매양 除拜할 때마다 맡은 관청에서 그 출신문자를 상고하고 난 후에야 출사에 서경함을 허락하였다.[36]

이 규정에 의하면 유품에 진입하는 입사로는 문음과 문무과, 잡과 등 과거 출신으로 규정하였고, 서경을 통해서 그 인사를 관리하였다.

비유품직은 태조 1년 액정서, 아악서, 전악서를 필두로 만들어지기 시작하였다. 그 때의 규정을 보면 다음과 같다.

文武流品 외에 별도로 내시부를 설치하여 宦官職으로 삼고, 액정서를 설치하여 內竪職으로 삼고, 전악서와 아악서를 설치하여 樂工職으로 삼게 하니, 모두 그 散官과 職事의 칭호를 다르게 하여 유품에 섞이지 않게 하였다.[37]

이에 의하면 비유품직은 산관과 직사의 칭호를 유품직과 다르게 하고 있다. 즉 비유품직은 관계와 관직의 명까지 유품직과는 완전히 다른 관직이었다.

그러므로 유품직과 비유품직 간에는 분명한 차대가 존재하였다. 유품직은 조회에 참여할 수 있었고, '啓聞治罪'의 권리도 있었다. 조회는 왕과 선택된 관원들이 모여서 그들만의 특별한 지위를 타인에게 확인시키는 예전으로, 조회에 참여하는 관원과 참여하지 못하는 관원 사이에는 분명한 구분이 있었다.[38] 또한 계문치죄는 유품직 관원이 죄를 지었을지라도 재판

---

36) 『태조실록』 권1, 태조 1년 8월 신해.
37) 『태조실록』 권1, 태조 1년 7월 정미.

관이 판결하여 처벌하지 않고 재판한 결과를 왕에게 아뢰어서 왕의 결정
에 따라서 처벌하도록 한 제도였다. 왕의 결정은 관원에 대한 정치적 배려
가 작용하는 것이 보통이었고, 처벌을 하는 경우에도 贖錢으로 대신하는
것이 보통이었다. 그러므로 조회의 참여와 계문치죄의 시행은 유품직에
대한 중요한 우대가 될 수 있었다.

　이후 비유품직은 악공직, 내수직에 그치지 않고 확대되었다. 정종 2년에
문하부에서 올린 다음의 상소를 보면 이러한 현상을 확인할 수 있다.

　　우리나라의 동반은 判門下 領三司에서 9품까지가 5백 20여 員이고,
　서반이 上將軍 大將軍에서 隊長 隊副까지가 4천 1백 70여 인이니, 문
　무 관리의 수효가 진실로 중국의 제도에 3배나 됩니다. 게다가 성중관,
　상림원, 도화원, 司楯, 司衣, 司幕, 司饔, 忠勇, 근시부, 내시부, 액정서,
　전악서, 아악서에 각각 祿官이 있고, 檢校 散秩이 또한 그 수를 더하
　니, 녹봉의 부족한 것은 실로 이 때문입니다.39)

　여기에서 동반 서반의 유품직 외에 여러 부서들을 거론하고 있다. 액정
서, 전악서, 아악서 등 이미 언급된 비유품직 외에 상림원, 도화원 등이 비
유품직으로 거론되고 있다.40) 그러나 새로 거론된 비유품직은 이전의 언
급된 내수직, 악공직 등과는 달리 별도의 품계와 직명을 가지지 않았다.
즉 확대된 비유품직은 유품직과 산계나 직명에서 차이가 없었고 따라서
유품직과 비유품직의 경계도 선명하지 않았다. 그러므로 공상 천인 등이
유품직에 진출하는 것도 가능하였다.

　이러한 상황에서 서얼의 문제로 잡직의 범위를 분명히 하려는 노력이
나타나자, 일단 공상인과 천인이 가지는 관직을 잡직으로 호칭하면서 이

---

38) 강제훈 「조선 초기의 조회의식」 『조선시대사학보』 28, 2004.
39) 『정종실록』 권4, 정종 2년 4월 신축.
40) 최이돈 앞의 논문.

들을 유품직에서 나누려는 동향이 나타났다. 이 논의는 세종 12년 정초가
다음과 같이 잡직 설치의 필요성을 제기하면서 시작되었다.

중국의 관제에는 각 품마다 모두 雜織이 있어 유품에 참예하지 못하
오나, 우리나라의 관제는 雜流의 구별이 없기 때문에 공상, 천례, 조례,
소유, 나장, 장수 등의 무리일지라도 직임만 얻을 것 같으면 모두 조관
반열에 참예하고 있으니 심히 미편한 일입니다. 서반 관직을 줄이고
따로 잡직을 설정하시어 문무관의 지위를 높이도록 하옵소서.[41]

정초는 잡직의 설치를 건의하면서 우리나라는 중국과 달리 잡직이 설치
되어 있지 않다고 주장하였다. 이미 서얼에게 주는 관직을 잡직으로 명명
했지만, 정초가 언급한 시점인 세종 12년까지 아직 잡직의 실제적인 의미
가 분명하지 않았다. 잡직을 설치해야 하는 이유로 정초는 공상, 천인들이
유품직에 임명되고 있는 현실을 지적하고 있다. 여기서 공상 천인들이 유
품직으로 조회에 참여하는 것을 문제로 지적하고 있으나, 공상과 천인들
이 유품직을 가지고 있는 한, 조회에 참여하는 권리를 가지는 것은 당연한
현상이었다.

공상 천인을 유품직에서 분리하려는 노력은 계속되었고 그 구체적인 성
과는 세종 24년 유품직을 가진 공상과 천인에게 서반 군직을 주고, 근무부
서도 사옹원으로 배치한 조치였다.[42] 사옹원은 이미 비유품직 부서였기
때문에 사옹원의 직을 부여한 것은 유품직 내에 공상과 천인이 섞이는 것
을 막을 수 있는 방법이었다.

그러나 공상과 천인을 사옹원에 임명을 하는 조치만으로는 아직 충분하
지 못하였다. 사옹원은 비유품직 부서였으나 양인들의 직소로 파악되었으
므로 천인 관직자들을 모아두는 곳으로 적당하지 않았다. 이에 공상 천인

---

41) 『세종실록』 권49, 세종 12년 9월 을사.
42) 『세종실록』 권98, 세종 24년 11월 계미.

들을 다시 상림원으로 옮기는 조치가 취해졌다. 상림원은 비유품직 부서였으나, 사용원과는 달리 천인들이 주로 배속되는 부서였다.[43]

공상과 천인에게 상림원의 관직을 부여하였으나, 이들은 여전히 무산계를 받고 있었다. 이들을 선명하게 구분하기 위해서 별도의 산계를 만들었다. 그 내용은 세종 26년의 의정부의 다음과 같은 제안을 통해서 알 수 있다.

> 상림원의 직품 중에 산관도 역시 무반인 산관으로 제수하기 때문에 다른 문무 實職의 품관들과 다름이 없어서 또한 온당하지 아니하오니, 정5품 奉事校尉, 奉務校尉, 종5품 承進校尉, 承供校尉, 정6품 修任校尉, 修職校尉, 종6품 愼功校尉, 愼課校尉, 정7품 服效副尉, 종7품 服勤副尉, 정8품 典功副尉, 종8품 尙功副尉을 두고, 정9품 給事, 종9품 副給事는 예전대로 資給없이 임명하도록 하옵소서하니, 그대로 따랐다.[44]

의정부에서는 상림원의 관원들이 "다른 문무 實職의 품관들과 다름이 없어서 온당하지 아니하다."고 별도의 산계를 만드는 이유를 설명하고 있다. 여기서 거론된 산계는 문무산계와는 별도의 산계로 잡직계로 호칭되었다. 공상과 천인에게 양인과는 달리 잡직계를 부여하면서 관직체제 내의 그 신분의 차이를 표현하는 방식이 도입되었다.

잡직계를 만들어 공상과 천인의 관직이 정리되면서 서얼의 관직에 대한 논의가 본격화되었다. 이미 서얼이 배속되어 있던 부서인 상림원이 공상과 천인에게 배속되면서 서얼을 다른 부서로 옮기는 대책이 필요하였다. 이에 대한 대응조치는 세종이 그 28년 다음과 같이 이조 병조에 명하면서

---

43) 流外雜職 가운데에서 상림원에는 內奴를 붙이고, 전악서에는 妓孫 및 公賤으로서 채워 정하되, 만일 법을 범한 바가 있으면 비록 參上일지라도 형법에 의하여 바로 처벌을 행하고, 도화원, 상의원, 사옹방, 아악서, 충호위 등은 비록 잡직일지라도 본래 천인이 아니므로, 그 참상은 성중관의 예에 의해 계문하여 논죄하게 하옵소서(『세종실록』 권59, 세종 15년 2월 무술).

44) 『세종실록』 권105, 세종 26년 윤7월 임오.

구체화되었다.

> 2품 이상의 관원이 嫡室에서 아들이 없어 양첩의 장자 장손이 承重
> 한 사람은, 충순위와 성중관에게 취재하여 입속하기를 허가하고, 전례
> 에 의거하여 관직을 주어라. 천첩의 장자 장손이 승중한 사람과, 적실
> 에서 비록 아들이 있더라도 양첩의 중자 중손에게는 사율원, 사역원,
> 서운관, 전의감, 제생원, 혜민국에 입속하게 하여, 전례에 의거하여 취
> 재하게 하라. 양첩의 중자 중손은 각기 그 관사에서 관직을 받게 하고,
> 천첩의 장자 장손은 서반의 한품에서 관직에 대응하여 서용 하게 하라.
> 적실에서 아들이 있는 천첩의 중자 중손이 武才가 없어서 갑사의 직책
> 을 감내하지 못하는 사람은, 사복시, 충호위, 상의원, 사옹원 등의 여러
> 관원과 도화원의 시파치에 입속하게 하여, 전례에 의거하여 한품 서용
> 하게 하라.[45)]

이 내용에 의하면 서얼이 임용될 수 있는 관직이 대폭 확대되었음을 알
수 있다. 여기서 확인할 수 있는 큰 변화는 사율원, 전의감 등 기술직의
자리가 서얼이 입속할 수 있는 관직이 되고 있다는 것이다. 심지어 가문을
잇는 承重의 경우에 한정되기는 하지만, 사족이 배치되는 부서로 인식되어
있던 충순위와 성중관까지 서얼이 배치되는 관직으로 거론되고 있다.

당시 현실에 있어서는 가문을 잇는 경우 가문에 하자가 될 수 있는 서
얼보다는 동생의 자식으로 후사로 이어가는 경우가 보통이었으므로[46)] 실
제 서얼이 충순위나 성중관에 나아갈 경우는 극히 제한되었을 것으로 상

---

45) 『세종실록』 권114, 세종 28년 10월 계축.
46) 『세종실록』 권64, 세종 16년 4월 계해.
　형조 좌참판 최사의는 "우리나라의 습속은 그 적첩의 분별을 엄격히 하고 있으므
　로, 世家에서 아직도 서자로서 제사를 이어 받드는 사람을 보지 못하였습니다.
　적자가 없다 하여 그 모제의 아들을 버리고 도리어 서자를 세워 종사를 주장하게
　함은 우리나라 습속에 맞지 아니하오니, 마땅히 모제의 아들로써 후계를 삼아야
　할 것입니다."라고 언급하고 있다.

정된다. 그러나 서얼에게 사족의 직인 충순위 등을 주는 것은 서얼에게 부
여하는 관직을 잡직으로 한정하려던 처음의 한직제 시행의 의도와 배치되
는 것이었다. 그러므로 이후 충순위와 성중관에 서얼을 배치하는 것은 논
의의 대상이 될 수밖에 없었고, 대상에서 삭제되는 과정을 거치게 되었다.

이후 서얼이 갈 수 있는 관직은 『경국대전』에 다음과 같이 정리되었다.

> 2품 이상의 첩자손은 사역원, 관상감, 전의감, 내수사, 혜민서, 도화
> 서, 산학, 율학, 등의 직에 재능에 따라 서용하는 것을 허한다.[47]

이 내용은 앞의 기록과 비교해 보면 몇 가지에서 차이가 나타난다. 먼저
천첩소생과 양첩소생을 구분하지 않고, 첩자손으로 포괄적으로 규정하고
있다. 또한 그 대상도 사족직으로 쟁점이 되었던 충순위와 성중관이 빠졌
고, 기술직에 하나인 산학, 율학이 추가되었다.

이러한 잡직 범주의 확대는 결국 잡직의 범위를 유품관에게까지 확대하
는 조치였다. 관직의 분류였던 유품관 비유품관의 구분은 신분에 따른 구
분이 아니었으므로, 공상과 천인을 구분하기 위해서 잡직계를 별도로 만
들어 대응하였던 것처럼, 서얼에 대해서도 유품 비유품을 구분하지 않고,
한품의 범위에 적절한 관직을 잡직으로 규정하여 대응하였다. 3품까지를
한품으로 규정하고 있는 기술직은 서얼에 대한 한품제와 잘 대응되고 있
었으므로, 이를 서얼이 받는 관직으로 정하여 별다른 혼란 없이 한품제는
물론 한직제의 문제까지 해결할 수 있었다.

잡직의 범위가 기술직으로 확대되는 조치는 기존의 관직체계에서 기술
직을 담당하고 있던 이들에게는 충격이 될 수 있었다. 기존에 기술직에는
사족들도 다수 배치되어 있었다. 이를 잘 보여주는 것은 태종 6년 이조에
서 올린 다음과 같은 제안이었다.

---

47) 『경국대전』 「이전」 한품서용.

門蔭과 功蔭의 서용하는 법은 이미 만들어진 법이 있으나, 기타 子弟들은 仕進하는 길이 없습니다. 이제부터 나이 18세 이상으로서 재간이 있는 자는 大小官으로 하여금 천거하고, 아울러 內外祖父의 직명을 기록하여 본조에 올리면, 본조에서 書雲, 算學, 律學으로 그 능하고 능하지 못함을 시험하여서 서용을 허락할 것입니다.[48]

이에 의하면 문음제가 시행되면서 사족의 자제들이 임용되었으나, 자리가 부족한 경우 사족의 자제들로서 원하는 자는 산학, 율학 등을 시험하여 기술직에 서용하였다.

그러나 기술직에 서얼이 배정되면서, 이미 기술직에 있던 사족들은 기술직을 버릴 수밖에 없었다. 이러한 사정을 연산군 3년 상호군 송흠은 다음과 같이 언급하고 있다.

士夫로서 재주와 학식이 있는 자가 혹 兩科에 떨어지면, 곧 여기에 투신하여, 다투어 스스로 탁마하고 연구해서 세상의 名醫가 되었던 것입니다. (중략) 새 大典이 반포될 적에 2품 이상의 서자와 汎親들을 소속케 하매, 賤出 서자들이 폭주해 와서 소속되었으므로 존비귀천이 다시 구별할 수 없게 되자, 士夫들이 더불어 짝이 되는 것을 수치로 여겨 거의 달아나고 말았던 것입니다.[49]

이에 의하면 기술직이 서얼에게 개방되기 이전에는 그 구성원에 사족이 주류였으나, 서얼이 기술직에 들어오면서 사족들이 기술직을 떠났다. 여기서 송흠이 의관이었으므로 의관의 사정을 언급하고 있었으나, 이러한 상황은 기술직 전반에 해당하였다.

그러므로 기술직을 서얼에게 개방하기 위하여 사족에게 기술직을 대신하여 진출할 수 있는 관식을 만드는 것은 필요하였다. 세종 27년의 충순위

---

48) 『태종실록』 권11, 태종 6년 2월 무진.
49) 『연산군일기』 권25, 연산군 3년 7월 임인.

의 설치가 그것이었다.

> 의정부에서 병조의 첩정에 의거하여 아뢰기를, "엎드려 교지를 받자옵고, 2품 이상의 자손, 서·제·질과 경관의 실행 3품과 외관의 3품 수령의 자손과 일찍이 대성 정조를 지낸 자의 아들에 대한 사환의 길을 상고하고 마련하여 아래에 기록합니다." 1. 윗 항의 자제를 충순위라 칭하여 정원을 6백으로 하되, 4번으로 나누어 매 번마다 1백 50인씩 윤번으로 대궐 안에 사흘씩 입직하게 하고, 병조에 소속한다.50)

충순위는 기왕의 기술직으로 진출하던 사족의 자제들에게 나아갈 길을 확보하기 위한 방안으로 설치되었다. 즉 세종 27년 충순위를 먼저 만들어 사족의 자제들이 나아갈 길을 열어 놓고, 세종 28년 기술직에 서얼이 들어갈 수 있도록 조치를 취하였다.

이러한 조치에도 불구하고 기술직에 익숙한 사족들이 졸지에 다른 길을 가기는 어려울 수 있으므로 부수적으로 기술직 내에도 사족이 들어갈 수 있는 길을 마련하였다. 習讀官 제도가 그것이다. 習讀官 제도는 醫書習讀官,51) 吏文習讀官52)등 기술직의 주요 분야에 습독관직을 두고, 이 자리를 사족으로 충원하는 제도였다.53) 서얼이 기술직에 임명되면서 사족의 진출이 제한되자, 중요한 기술직을 잡과 출신들에게만 맡겨둘 수 없다는 명분 하에 사족이 진출할 수 있는 습독관직을 만든 것이다.54)

사족들이 기술직을 꺼려하였으므로 사족을 습독관으로 유인하기 위하여 기술직이 가지지 못하는 우대 조항도 만들었다. 습독관은 된 날부터 성균관에 출석한 것으로 계산하여 주어서 과거의 응시에 편의를 제공한 것

---

50) 『세종실록』 권109, 세종 27년 7월 경인.
51) 『세조실록』 권5, 세조 2년 8월 계해; 『세조실록』 권10, 세조 3년 11월 정축.
52) 『세조실록』 권10, 세조 3년 12월 병진; 『세조실록』 권17, 세조 5년 7월 무술.
53) 정다함 「朝鮮初期 習讀官 制度의 運營과 그 實態」 『진단학보』 96, 2003.
54) 이하의 서술은 최이돈 「조선전기 현관과 사족」 『역사학보』 184, 2004를 참조.

은 그러한 우대의 하나였다.[55] 특히 중요한 습독관에 대한 우대는 습독관이 사족이었으므로 현관에 진출하는 것을 허용한 것이다.

습독관이 현관에 진출할 수 있었던 것은 성종 15년 승정원에서 올린 다음과 같은 언급을 통해서 알 수 있다.

> 의원은 처음부터 잡과를 거쳐서 진출한 자이므로 조종 때부터 사림의 반열에 끼지 못한지 오래되었습니다. 그런데 만약 하루아침에 어떤 족계와 어떤 출신인가를 묻지 않고 예사로 동서의 반열에 두게 된다면 어찌 선비를 격려시키는 도리라고 하겠습니까. (중략) 다만 습독관은 다 사족으로서 유음자제이니 그 직무에 충실하여 뚜렷한 성과가 있는 자는 비록 동반이나 서반의 현직에 서용한다고 하더라도 구애가 되지 않을 듯합니다.[56]

이 내용에 의하면 습독관은 다른 기술직의 관원들과 달리 현직에 서용될 수 있었다. 습독관의 경우 현관의 진출이 열려 있다는 것은 당연히 한 품제의 제한을 받지 않고 승진을 할 수 있다는 의미였다. 이들이 이러한 우대를 받는 것은 단지 사족이라는 이유 때문이었다. 이는 다른 기술직관원이 현관으로 승진하지 못한 것은 그 업무 때문이 아니라 그 신분 때문이었음을 보여준다. 서얼 중에는 왕자의 사부의 역할을 할 수 있을 만큼 경학에 탁월한 자들도 있었다.[57] 그러므로 이들은 능력만으로 보면 기술직을 떠나서 현관으로 진출하는 것이 당연하였으나, 단지 혈통 때문에 현관이 될 수 없었다.

세종대에 기술직이 서얼이 받는 잡직으로 정리되면서 관직체계는 정비되었다. 사족직과 잡직의 구분이 새로이 형성된 것이다. 따라서 잡직은 비유품직인 공상 천인이 받는 잡직계의 잡직과 문무산계를 받으며 유품직인

---

55) 『성종실록』 권53, 성종 6년 3월 경술. 이 규정은 『대전속록』에도 첨가되었다.
56) 『성종실록』 권173, 성종 15년 12월 갑술.
57) 『성종실록』 권242, 성종 21년 7월 갑자.

기술직 잡직으로 구분되었다.

　그러나 이러한 기술직에 대한 정리 이후에도 기술직의 지위에 대한 논의는 종종 나타났다. 성종대에 보이는 기술직에 대한 논의 같은 것이 그 예이다. 기왕의 연구에서 성종대에 기술직에 대한 논의를 검토하면서 앞 시기의 변화와 연결시켜 파악하지 못한 까닭에 적절하지 않은 견해들도 제시되었다. 즉 성종대의 논의만을 확대 해석하여 성종대에 기술직의 지위가 하락하였고 보았다. 더욱이 그러한 지위의 변화가 사림파에 의해 주도된 것으로 이해하거나, 좀 더 확대 해석하면서 16세기 이후 신분제의 틀이 바뀌는 것으로 보여주는 예로 설명하는 연구들이 나타나고 있다. 그러나 기술직에 대한 성종 8년과 성종 24년의 논의를 살펴보면 논의의 초점은 이미 세종대에 하락한 기술직에 대한 후속 조치에 불과하였다.

　먼저 성종 8년의 논의를 보면 그 초점은 검률, 산사 등의 지위에 관련한 논의였다. 이 논의는 성종 8년 김승경의 다음과 같은 문제제기로 시작되었다.

　　朝廷의 禮는 명분이 큰 것입니다. 算士 檢律은 모두 옛적 胥吏의 流인데, 朝班에서 그 資級을 따르니, 산사가 혹 戶曹郎官의 위에 서고, 검률이 혹 刑曹郎官의 위에 서게 되어 심히 옳지 못합니다. (중략) 모두 朝班에 참여하지 않게 하는 것이 어떠하겠습니까.[58]

　이 내용에서 쟁점이 되었던 것은 산사, 검률이 조반에 참여하는 문제였다. 조반의 참여 여하는 앞에서도 여러 차례 언급된 바와 같이 유품직의 권리였다. 서얼이 기술직에 진입하면서 산사와 검률도 서얼이 임명되는 직이 되었다.[59] 산사와 검률이 잡직이 되자 이들에게 계속해서 조회의 참여권을 부여할 수 있는가의 문제가 제기된 것이다.

　성종은 관원들에게 이에 대한 의견을 물었고, 의정부 등 여러 부서의 관

---

58) 『성종실록』 권82, 성종 8년 7월 경진.
59) 『경국대전』 「이전」 한품서용.

원들이 이 문제를 의논하였다. 여기서 다양한 견해들이 대두되면서 치열
한 논란이 있었다.[60] 성종은 중도적인 견해를 채택하여 산사와 검률은 유
품직이므로 조반에 참여를 허용하였으나, 동반에서 서반으로 옮기어 수반
하도록 하여 그 지위를 일부 제한하였다. 이는 산사와 검률의 지위를 새롭
게 논한 것이 아니었고,[61] 기술직은 잡직이면서 유품직이라는 세종대의
결정을 유지하였다.

성종 24년의 기술직 지위의 논의도 같은 맥락에서 되어졌다. 이 문제는
성종이 "관상감, 사역원, 전의감, 혜민서는 본래 士族人이 아니니" 문무관
과 같이 대우하지 말라고[62] 명하면서 표면화되었다. 이러한 성종의 명령
은 기술직에게 계문치죄의 권한을 부여하는 것을 문제를 삼은 것이었
다.[63] 유품직은 조회의 참여와 계문치죄의 권리를 가지고 있었으므로 잡
직이지만 유품직인 기술직의 관원들은 당연히 계문치죄의 권리가 있었다.
이것이 문제로 제기된 것은 이미 앞에서 살핀 성종 8년 기술직이 가지는
조회참여를 문제를 삼은 것과 같은 맥락이었다.

기술직에게 계문치죄를 허용할 수 없다고 주장하는 가장 중요한 이유는
기술직 관원들이 "본래 士族人이 아니다."라는 것이었다. 앞에서 살핀 것처
럼 세종 말 기술직에 서얼이 진입하면서 기술직에서 사족들이 빠져나갔고,
결과적으로 이 언급이 나오는 성종 중엽에 이르면 '본래' 사족이 아니라고
주장할 정도로 기술직은 서얼로 채워지고 있었다. 이러한 상황이 전개되
자, 유품직 관원에게 당연하게 주어지던 계문치죄의 권리에 대해여 의문
이 제기되었던 것이다.

이 문제가 논의되자 관원들은 여러 가지 의견을 제시하였다. 예조에서
는 기술직에 계문치죄의 권리를 계속 부여할 것으로 주장하였다. 예조에

---

60) 『성종실록』 권82, 성종 8년 7월 임오.
61) 『성종실록』 권82, 성종 8년 7월 계미.
62) 『성종실록』 권282, 성종 24년 9월 임진.
63) 상동조.

서는 그 이유로 "天文, 地理, 卜筮, 醫藥, 通譯 등의 일체의 雜術은 治道에 도움이 되지 아니하는 것이 없다."고 기술직의 중요성을 강조하였다. 예조뿐 아니고 거의 대부분의 관원들이 기술직 관원에게 계문치죄의 권리를 부여할 것을 주장하였고, 결국 기술직 관원에게 계문치죄의 권리를 부여하는 것으로 논의는 종결되었다.[64]

이상에서 볼 때에 성종 8년과 성종 24년에 된 기술직의 차대에 대한 논의는 기술직이 잡직으로 정리되면서, 여전히 유품직의 권리 즉 조회의 참여와 계문치죄의 권리를 가질 수 있는 것인지를 확인한 것이었다. 결과적으로 기술직은 잡직이면서 유품직이라는 세종대의 결정을 그대로 확인하는 것에 불과하였다. 기술직의 지위에 별다른 변화가 생긴 것도 아니었다. 또한 이 논의에 사림파가 특별한 입장을 제시한 것도 아니었다.

성종대에는 성종 8년과 24년의 논의 외에도 기술직과 관련된 논의들이 간혹 있었다. 이는 기술직 관원에게 현관을 줄 수 있는가를 논의한 것이었다. 기술직으로 특별한 공을 세운 자들이 나타나면서 이들의 공에 대한 보상이 논의되었고, 보상 방법 중 한 방법으로 기술직 관원에게 현관의 진출을 허용하는 방법이 거론되었다. 성종이 그 13년에 기술직 관원으로 뛰어난 관원에게 "동서반에 탁용하여 권장하는 뜻을 보이라."고 명한 것을 그러한 사례였다.[65] 여기서 '동서반에 탁용'한다는 지적은 당시 관원들에 의해서 현관의 제수로 해석되었고,[66] 관원들은 사헌부를 중심으로 "醫譯으로 하여금 淸流에 섞이지 않게 하소서."라고 강하게 반발하여서 기술직의 현관 제수는 취소되었다.[67]

성종 24년에도 유사한 사례가 나타났다. 의원에게 현관을 제수하는 문제가 제기되자, 양사의 관원들을 중심으로 반대 의견이 제시되었다. 이에

---

64) 상동조.
65) 『성종실록』 권140, 성종 13년 4월 기유.
66) 『성종실록』 권140, 성종 13년 4월 신해.
67) 상동조.

왕은 재상들에게 이 문제를 논의하게 하였으나, 재상들도 전원 일치하여 '조종조 이래로' 없던 일이라고 의관의 현관 제수를 반대하여 의원의 현관 제수는 무산되었다.[68] 이러한 사례들은 서얼과 기술직의 관원들에게 유품직으로서의 권리는 부여하였으나, 여전히 현관을 주는 것은 불가능하였음을 보여준다.

이상과 같이 성종대에 나타난 기술직에 대한 논의들을 검토해 볼 때에, 성종대의 기술직 지위에 대한 논의는 이미 세종대에 형성된 기술직 관원의 지위를 재확인한 것에 불과하였음을 알 수 있다. 특히 기술직 지위에 대한 문제에 사림파가 깊이 관여할 여지는 없었다. 서얼에게 현관을 줄 수 없다는 가장 핵심적인 규정은 이미 태종대에 결정되었고 조선 후기까지 변하지 않고 그대로 유지되었다. 즉 태종대와 세종대에 형성된 서얼의 신분과 기술직 관원의 지위는 조선 후기까지 별나른 변화 없이 유지되었다.

3. 서얼 신분과 대칭집단

1) 서얼의 신분

앞에서 검토한 바와 같이 서얼은 정치적으로 차대를 받았다. 정치적 차대는 사회경제적 차대를 수반하는 것이었고, 이는 해당 집단의 집단적 지위와 신분으로 표현되었다. 그러므로 차대를 받는 집단인 서얼의 집단적 지위는 어떠하였으며, 신분은 어떠하였는가를 살피는 것이 필요하다. 이미 여러 논문에서 서얼을 별도의 신분으로 설정하고 있으나, 서얼이 신분이 되는 것을 16세기 이후의 것으로 보고 있으므로 15세기의 자료를 통해서 당시의 집권자들이 서얼을 어떻게 취급하였는가를 보고자 한다.

---

68) 『성종실록』 권282, 성종 24년 9월 경술.

이러한 관점에서 서얼을 보는 당대인의 인식이 어떠하였는가를 검토하고자 한다. 태종 13년 대사헌 윤향은 서얼을 차대해야 할 집단으로 다음과 같이 지적하고 있다.

> 신 등은 그윽이 듣건대 나라는 예로 다스리는데, 예는 尊卑와 貴賤을 변별하는 것보다 앞서는 것이 없습니다. (중략) 告身을 署經하는 법은 비록 아래 사람에게 있으나 오히려 또한 族屬과 嫡庶를 분변하여서 士流를 맑게 합니다. (중략) 전하는 수고를 바친 것을 헤아리고 친애하는 은의로써 높이고 사랑함이 지극하여, 서얼출신의 천으로 하여금 위의 금지옥엽의 귀에 섞이게 하나, 신 등은 직책이 憲司에 있으니, 어찌 감히 법을 굽혀 私恩을 펴서 나라의 법을 무너뜨리고 조정에 누가 되겠습니까?69)

여기서 윤향은 서얼의 지위를 尊卑와 貴賤으로 나누는 중에 卑賤한 것으로 논하고 있다. 그 기준은 '족속' 즉 개인적인 능력이 아닌 혈통적인 차이에 기인하는 것으로 파악하고 있다. 또한 이러한 차이로 서얼은 '서경'이라는 법에 의해서 차대하는 것이 당연한 것으로 언급하고 있다. 즉 서얼은 혈통적으로 비천하므로 법에 의해서 당연히 차대를 받아야 하는 집단으로 파악되고 있다.

서얼은 이러한 지위에 있었으므로 당연히 형법에서도 상위의 집단과는 다른 대우를 받아야 하였다. 그 차대의 정도는 양인과 천인 사이에 받는 차대 정도로 상정되기도 하였다. 성종 9년 이승소는 다음과 같이 서얼이 형법에서 차대를 받아야 한다고 주장하고 있다.

> 우리나라 적서의 분별은 더욱 엄하여서 鄕黨의 序次와 朝廷의 爵位에서 庶孽은 嫡子축에 들지도 못하는데, 강포하게 능범하는 것을 長幼

---

69) 『태종실록』 권26, 태종 13년 9월 기묘.

의 법으로써 논단하는 것은 매우 정리에 어긋납니다. 이제부터는 서얼
이 적자를 능멸한 자는 良賤相毆律에 견주어 시행하도록 하소서.70)

이 내용은 서얼이 나이 어린 적자를 살해한 사건의 처리방안을 논의하
는 가운데 된 발언이었다. 논의 자리에서 쟁점이 되었던 것은 살해자가 서
얼이지만 장자였다는 점이다. 장자라는 면이 강조되면 장유의 질서가 적
용되어 사형을 면할 수 있었으나, 서얼이라는 면이 강조되면 적서의 질서
가 적용되어 사형을 면할 수 없었다.

논의 중에서 이승소는 살인자에게 '良賤相毆律'을 적용하여 사형해야 한
다고 주장하였다. 이러한 주장은 장유의 질서보다는 적서의 질서가 우위
에 있으며, 적서의 질서로 볼 때에 적서의 차이는 양인과 천인 사이 정도
의 차이가 있다고 보았다. 이 논의의 결과 살인자는 결국 사형에 처하도록
결정되었다. 이는 서얼과 적자 사이의 신분 차이는 양인과 천인 사이 정도
의 차이가 있는 것으로 인정되었음을 보여준다. 즉 서얼은 상위의 신분에
비할 때에 양인과 천인 사이에 있는 정도의 신분적 차이가 있는 것으로
이해되었다.

서얼을 별도의 신분으로 설정하고 있었으므로, 서얼은 상위신분인 사족
과는 결혼도 해서는 안 되는 것으로 파악하였다. 이는 태종 15년 강원도
관찰사 이안우의 다음과 같은 언급에 잘 나타난다.

원컨대, 앞으로 이 무리들(천첩소생)을 각각 그 동류들과 서로 혼인
하게 하여, 양반 집안과는 혼인하지 못하게 하소서.71)

이안우는 서얼을 양반과 구분하면서 서얼은 서얼끼리 결혼할 수 있고,
양반과는 결혼할 수 없는 것으로 이해하였고, 나아가서 '혼인하지 못하게'

---

70)『성종실록』권94, 성종 9년 7월 기묘.
71)『태종실록』권29, 태종 15년 4월 정해.

국가의 정책으로 이를 강제해야 한다고 주장하였다. 법으로 결혼을 금해도 될 만큼 서얼과 양반 사이에는 신분적 벽이 있다고 보았다.

이에 더하여 관원들은 서얼에 대한 차대를 하늘이 부여한 질서라고 해석하면서 이념적으로 합리화하였다. 성종 9년 이극증은 다음과 같이 서얼 차대를 합리화하고 있다.

중국에는 嫡庶의 분별이 없기 때문에 律에 그 조항이 없지만, 우리나라는 적서의 '分'이 매우 엄하여서 서얼에 걸리면 비록 賢能한 자라도 仕版에 끼지 못하니, 이는 '分'이 정해져 있기 때문입니다.[72)]

이극증은 서얼에 대한 차대가 엄하여, '현능' 즉 개인적인 능력으로 극복할 수 없는 것으로 보고 있다. 그는 그러한 차이가 '분'을 타고나면서 정해졌기 때문이라고 합리화하고 있다. 여기의 분은 몸이 타고난 분수로 오늘날 신분으로 번역할 수 있는 용어이다. 즉 서얼은 신분의 까닭에 차대를 받는 집단이라고 합리화하고 있다.

'분'을 '분수'라는 용어로도 표현되었다. 이는 세종 12년 대사헌 이승직의 다음과 같은 언급을 통해서 확인 할 수 있다.

신 등은 이 일을 아무리 생각해 보아도 尊卑의 구분과 상하의 등급은 하늘이 세워지고 땅이 설치된 것과 같아서 고칠 수 없는 것이라고 생각됩니다. (중략) 우리 국가에서 族屬을 엄하게 가리고 貴賤을 분변하는 것은 그 유래가 오래 된 것입니다. 지금 이들(서얼)을 모두 충의위에 참예케 하여 함께 通顯의 班列에 어울려 구별이 없게 한다면 '分數'에 지나는 지위에 참람히 擬望하는 일이 반드시 발생하여, 앞으로 본 상전과 화근의 실마리를 만들려고 모함하려는 자도 있을 것입니다.[73)]

---

72) 『성종실록』 권94, 성종 9년 7월 을해.
    我國嫡庶之分甚嚴 係干庶孽則雖賢能 不齒仕版 分定故也.
73) 『세종실록』 권47, 세종 12년 2월 무자.

여기서 서얼을 차대하는 것은 '分數'에 근거한 것으로 합리화하고 있다. 이 분수는 생득적인 것으로 "하늘이 세워지고 땅이 설치된 것과 같아서 고칠 수 없는 것"으로 보고 있다. 그러므로 이 존비의 질서에서 벗어나는 것은 분수를 벗어나는 것으로 있어서는 안 되는 일이었다. 그러므로 서얼은 하늘이 낸 분수에 근거하여 변할 수 없는 차대를 받는 신분으로 이해되고 있다.74) 이러한 논리는 양인과 천인의 차이를 설명하면서도 주장하는 것으로, 이는 서얼과 상위집단 사이의 신분적 차이를 천인과 양인 사이의 차이와 같은 것으로 보고 있음을 보여준다.

이상의 검토를 통해서 조선 초기 관원들은 서얼을 상위의 집단과 혈통적으로 법적으로 귀천의 차이가 있는 집단으로 상정하고 있음을 알 수 있다. 구체적으로 서얼은 상위집단에 대하여 양인과 천인 사이에 있는 정도의 차대를 법의 집행에서도 받아야 한다고 인식하고 있었다. 또한 이러한 차대를 정당화하여 천지의 질서와 같이 변할 수 없는 분, 분수 즉 신분의 차이에 그 원인이 있다고 설명하였다. 즉 당시의 집권자들은 혈통과 법에 의해서 집단 간의 차대를 설정하고, 자연의 질서로서 그 차대를 정당화하는 것으로 신분을 구분하였다.

조선 초기 관원들의 신분인식에서 서얼은 차대를 받는 신분으로 드러났는데, 이러한 차대는 상대적인 것이었고, 서얼에 대칭되는 집단의 존재를 상정하지 않고는 논할 수 없었다. 서얼의 대칭집단은 적자였으나, 서얼이 신분으로 정리되면서 신분 상 대칭집단은 다양하게 표현되고 있었다. 이를 밝히는 것은 서얼의 신분적 위상을 분명하게 하기 위하여 불가피한 과제이다. 이를 다음절에서 검토해 보자.

---

74) 적첩의 질서를 변할 수 없는 질서로 보는 경우는 많은 곳에서 찾아볼 수 있다. 그 한 예로 세조 13년에 양사에서 "신 등이 그윽이 생각건대, 嫡妾의 분수는 하늘이 세우고 땅이 세운 것과 같아서 어지럽힐 수 없습니다." 라고 언급한 것을 들 수 있다 (『세조실록』 권43, 세조 13년 9월 경인).

2) 서얼의 대칭집단

서얼을 별도의 신분으로 상정하였을 때에 그 집단적 성격은 대칭집단을 추출해보면 선명하게 부각될 수 있다. 대칭집단은 서얼보다 상위집단과 하위집단으로 나누어 볼 수 있다. 그러나 조선왕조실록에는 서얼이 언급되는 거의 모든 경우에 차대 받는 집단으로 나타나고 있다. 즉 서얼은 상위집단과의 대칭적으로 비교되는 경우가 대부분이었다. 즉 아래쪽으로의 대칭은 선명하게 드러나고 있지 않다. 이는 아래쪽의 경계가 위쪽의 경계에 비하여 상대적으로 선명하지 않았기 때문이라고 생각된다.

서얼신분과 대칭이 되는 집단으로 조선왕조실록에 자주 나타나는 것은 사족, 사류, 양반 등이다. 먼저 사족의 경우를 살펴보자. 사족이 대칭집단으로 나타나는 것은 세종 30년 대사헌 尹炯 등이 상소한 다음과 같은 내용을 통해서 확인 할 수 있다.

> 분수는 嫡庶보다 더 엄한 것이 없고, 악한 것은 贓汚보다 더 큰 것이 없기 때문에, 서얼은 사족에 들 수 없고, 장리는 累가 자손에게 미치니, 명분을 중히 하고 염치를 가다듬게 하자는 것은 참으로 고금의 큰 關防입니다.[75]

윤형 등은 양첩의 소생이었던 하복생이 군자판사에 제수되는 것을 문제로 삼으면서 "서얼은 사족에 들 수 없다."라고 바로 서얼을 사족과 대칭시켜 표현하고 있다. 그러므로 서얼의 대칭집단은 사족으로 정리된다.

성종 21년 승정원에서 올린 다음과 같은 언급에서도 서얼과 사족은 대비되어 설명되고 있다.

---

75) 『세종실록』 권120, 세종 30년 5월 갑진.

　　승정원에서 아뢰기를, "여러 王子君이 나이가 이미 장성하였고 학문
이 점점 진보하는데 師傅 이평보, 신보, 노영겸은 모두 庶孽이니, 가르
치는 것이 마땅하지 못합니다."하니, 전교하기를, "과연 아뢴 바와 같
으나 이제 만약 모두 바꾸면 그 失職이 가긍스러우니, 연고가 있어 체
차할 때에 士族으로 대신하게 하는 것이 가하다."하였다.76)

　　승정원은 왕자의 사부인 이평보 등이 서얼이므로 왕자의 사부로 적절치
않다고 지적하고 있다. 이에 대한 대책으로 사부의 직에 서얼 대신 사족으
로 임명하도록 결정하였다. 이는 서얼과 사족이 대비되는 집단임을 잘 보
여준다.

　　사족이 서얼에 대칭되는 집단으로 나타나는 것은 사족 역시 신분적 집
단으로 이해되고 있음을 잘 보여준다. 이평보는 이미 관원이었고, 그 학문
적 능력은 왕자를 가르치기에 부족함이 없는 인물이었다. 그가 체직이 되
는 것은 능력이 아니라 단지 혈통적인 차이 때문이었다. 이에 대치되는 사
족 역시 능력이 아니라 혈통적인 차이로 대치되는 것이었다. 즉 사족은 서
얼에 대칭되는 별도의 신분으로 볼 수 있다. 필자는 기왕의 논문에서 사족
이 현관을 매개로 그 특권을 향유하고 세습하는 집단임을 밝힌 바 있는
데,77) 서얼은 현관이 될 수 없도록 한품과 한직의 제한을 받는 집단이었으
므로, 현관을 매개로 음서의 특권을 누리는 사족과 대칭되는 집단으로 나
타나는 것은 당연한 것이었다.

　　서얼과 대칭되는 집단으로 언급되는 것은 사족만이 아니었다. 士類 역
시 서얼과 대칭되는 집단으로 나타난다. 이는 성종 17년 사간원에서 올린
다음과 같은 언급을 통해서 서얼은 사족과 대칭되면서 사류와도 대칭됨을
확인할 수 있다.

---

76) 『성종실록』 권242, 성종 21년 7월 갑자.
77) 최이돈 「조선 전기 현관과 사족」 『역사학보』 184, 2004.

사간원 정언 성희증이 와서 아뢰기를, 点馬는 중요한 임무이므로 사
복시 제조가 병조와 함께 의논하여 차출하는 것인데, 이인석은 特命에
서 나왔습니다. 우리나라는 상하의 분별이 엄하여, 서얼은 사족과 겨루
지 못합니다. 무릇 점마가 되는 자는 다 士類인데 이인석은 서얼입니
다. 그런데 차출하여 보내도 괜찮겠습니까?[78]

사간원에서 서얼 이인석이 점마에 선발된 것을 문제삼고 있다. 서얼은
점마에 참여할 수 없었으나, 왕의 특명에 의해서 이인석이 점마에 임명되
면서 문제가 되었다. 이 내용 중 "상하의 분별이 엄하여, 서얼은 사족과 겨
루지 못합니다."라는 구절은 서얼과 사족이 대칭되는 집단이었음을 보여
준다. 계속 이어지는 구절에서 "무릇 점마가 되는 자는 다 사류인데, 이인
석은 서얼입니다."라는 내용에 의하면 사류 역시 사족과 마찬가지로 서얼
과 대칭되는 집단임을 알 수 있다. 즉 사족과 사류는 같은 부류의 집단으
로 파악되고 있다.

사류가 서얼의 대칭인 것은 태종 13년 대사헌 윤향의 다음과 같은 언급
을 통해서 거듭 확인이 된다.

告身을 署經하는 법은 비록 아래 사람에게 있으나 오히려 또한 族
屬과 嫡庶를 분변하여서 士類를 맑게 하는데 있습니다.[79]

대사헌 윤향이 서경의 의미를 논하면서 그 기능 중 하나가 적서를 분변
하는 것임을 언급하고 있다. 특히 서경을 통해서 '사류를 맑게' 한다는 개
념은 사류에서 서얼을 가려내는 것이 고신의 역할임을 분명히 하는 것으
로 사류가 서얼과 대칭집단임을 보여준다.[80]

---

78) 『성종실록』 권193, 성종 17년 7월 기유.
    庶孽 不得與士族抗.
79) 『태종실록』 권26, 태종 13년 9월 기묘.
80) 사류와 서얼이 대칭으로 파악되는 자료는 여러 곳에서 나타난다. (『성종실록』 권

사족과 사류의 공통점은 '士'라는 것이다. 사족은 '사'의 족적인 면을 강조할 때에 사용되는 것이고, 사류는 '사'의 집단적인 면을 강조할 때에 사용하는 것으로, 그 핵심적 의미는 '사'가 결정하였다. 그러므로 서얼은 사족도 사류도 아니었는데, 이는 근본적으로 서얼은 사가 아니었기 때문이었다.

이와 같은 사의 의미는 일반적 사의 의미는 다른 것이었다. 사의 일차적인 의미는 유학을 공부하는 선비라는 뜻이었으나 여기서의 사의 의미는 그것이 아니었다. 앞에서 보았지만, 서얼도 경학을 공부하였고 경학에 정통하여 왕자들의 사부로 역할 수 있었다.[81] 사의 의미 중 다른 하나는 관원을 사와 대부를 나누어 호칭하는 경우에 나타나는 관원이라는 의미도 있었으나 여기서의 사는 그 의미도 아니었다. 서얼은 3품까지 관직을 가질 수 있었으므로 사는 물론이고 대부의 품계까지 가질 수 있는 집단이었다.

서얼이 사가 아니었으므로 서얼이 임명되는 자리인 기술직도 사의 직이 아님으로 나타났다.[82] 그러므로 서얼 기술관과 대칭되는 용어로 '사'를 포함한 여러 가지 조어가 다 거론될 수 있다. 그 예로 서얼이나 기술관은 '朝士', '士大夫' 혹은 '士夫', '卿士' 등으로 표현되는 집단에 포함되지 않았다.[83] 심지어 서얼은 관원의 명단으로 해석되는 '仕版'에 속하지 않는 집단이었다.[84]

그러므로 이와 같은 사의 용례는 사의 의미에 신분의 의미가 있음을 보여준다. 따라서 여기의 사족, 사류를 의미할 때에 나타나는 사의 의미는 이미 경학을 공부하는 선비나, 공부를 통해서 관직에 나아간 관원을 의미하지 않았다. 오히려 여기서의 사는 혈통적으로 소속되는 신분적인 의미

263, 성종 23년 3월 정유).

81) 『성종실록』권242, 성종 21년 7월 갑자.

82) 기술직과 사류직이 대칭적으로 표현되고 있는 자료는 쉽게 찾을 수 있다(『연산군일기』권26, 연산군 3년 8월 갑술).

83) 『성종실록』권230, 성종 20년 7월 신미.

84) 『성종실록』권94, 성종 9년 7월 을해.

를 가지는 집단을 지칭하는 것으로 보아야 할 것이다.[85]

사족과 더불어 간혹 양반도 서얼과 대칭되는 집단을 호칭하는 용어로 나타난다. 이는 태종 15년 강원도 관찰사 이안우의 다음과 같은 언급에 잘 나타난다.

> 원컨대, 앞으로 이 무리들(천첩소생)을 각각 그 동류들과 서로 혼인 하게 하여, 양반 집안과는 혼인하지 못하게 하고, 또 별도로 잡직을 제 수하여 서용해서 문무의 관작에 섞이지 못하도록 하소서.[86]

이안우는 서얼을 양반과 구분하였다. 여기서 양반의 의미는 관원이라는 의미의 양반은 아니었다. 이미 서얼은 3품까지 관직을 하고 있었으므로 관원이었다. 여기서 서얼을 양반이 아니라고 보고 있으므로, 양반의 의미가 협의양반과 광의양반으로 분화되고 있음을 알 수 있다. 서얼은 광의양반 이었으나 협의양반은 아니었다. 특히 서얼이 양반과 혼인하지 못하게 하자고 제안하는 것은 서얼과 협의양반은 서로 혼인 할 수 없는 대칭집단이 었음을 잘 보여준다.

협의양반의 경우 위의 인용문에 '양반가문'으로 언급된 것처럼 '가문'이라는 용어를 붙여서 족적인 의미를 강조하는 용례로 사용하기도 하였다. 이러한 방식은 이미 앞에서 살핀 것처럼 '사'에 가문적 의미를 부여하면서 '족'을 붙여 '사족'이라는 용어를 사용한 것과 별로 다르지 않은 표현방법 이었다.

'양반가문'과 같이 양반의 협의적 용례임을 분명하게 하기 위한 용법은 '양반자제'라는 표현을 통해서도 나타난다. 세종 10년 좌사간 김효정은 서

---

85) 朝士 『태종실록』 권29, 태종 15년 4월 경진.
   卿士 『성종실록』 권230, 성종 20년 7월 신미.
   士大夫 『태종실록』 권25, 태종 13년 3월 기축; 『세조실록』 권43, 세조 13년 9월
   경인.
86) 『태종실록』 권29, 태종 15년 4월 정해.

얼이 禁衛에 입속하는 것을 반대하면서 서얼과 대칭되는 용어로서 양반
자제라는 용어를 사용하고 있다.

> 신 등이 이제 병조의 移文 2부를 보오니, 그 하나는 2품 이상 관원
> 의 천첩소생으로 대장과 대부를 받은 자는 아울러 갑사 취재의 선취를
> 허하라 하였고, 또 하나는 3품 이하의 천첩소생과 잡색보충군 출신은
> 대부 대장에 取才하여 한정된 품계에 서용하라 하였습니다. 신 등의
> 생각으로는 이러한 사람들을 양반 자제와 아울러 시험하여 禁衛의 직
> 임에 충당한다는 것은 그 불가한 점이 한두 가지가 아닙니다.[87]

여기서 보이는 양반자세라는 용어 역시 서얼과 대칭되는 호칭으로 사용
되고 있어 좁은 의미의 양반으로서의 용례임을 알 수 있다. 양반이라는 용
어를 '자제'와 같이 병기하면서 족적인 의미를 부각시키고 있다.

이상에서 볼 때에 서얼과 차별되는 상위의 대칭 집단이 분명하게 나타
나고 있다. 이 집단은 사족, 사류, 양반 등으로 표시되는 집단이었다. 이러
한 대비를 통해서 서얼의 집단적인 경계와 신분적 성격이 명확해진다.

흥미로운 것은 서얼의 신분적 성격이 부각되면서 사족이나 양반의 의미
가 분화되어 신분을 지칭하는 용어로도 사용되고 있다는 점이다. 즉 '사'나
'양반'의 용어가 일반적 의미에 신분적 의미가 더하여져 중의적 의미를 가지
는 용어로 나타나고 있었다. 이와 같은 광의와 협의의 용례로 분화되고 있
는 현상은 기존의 연구에서 밝혀진 바와 같이 '양인'의 용례에서도 나타나고
있어 흥미롭다.[88] 즉 양인, 양반, 사족 등 주요 신분집단을 표현하는 용어들
이 태종 전후에서 변화를 격고 있다. 이러한 현상은 조선 초기의 신분제가
태종대를 전후해서 크게 달라지고 있음을 보여준다. 즉 태종대에 이르러 조
선 초기의 신분제는 그 체계를 갖추어가는 것으로 이해할 수 있겠다.

---

87) 『세종실록』 권42, 세종 10년 10월 병신.
88) 최이돈 「조선 초기 협의의 양인의 용례와 신분」 『역사와 현실』 71, 2009.

맺음말

조선 초기 서얼의 신분에 대하여 검토해 보았다. 이를 정리하면 다음과 같다.

1. 서얼이 받는 정치적 차대는 한품제와 한직제였다. 관원들은 서얼이 받을 수 있는 관직과 관품을 규제하여서 서얼을 사족으로부터 분리하고자 하였다. 한품제로 서얼이 받을 수 있는 품계를 3품으로 제한하였고, 한직제로 서얼이 받을 수 있는 관직을 잡직으로 제한하였다. 또한 서얼이 받을 수 없는 관직을 현관으로 설정하였다. 현관이 언급된 것은 아직 잡직의 윤곽이 분명하게 설정되지 않은 상황에서 오히려 서얼에게 줄 수 없는 관직을 제시하는 방법을 사용한 것이다.

서얼에게 한품제와 한직제를 시행하는 의미는 분명하였다. 서얼이 문음의 특권에 접근하지 못하도록 하는 조치였다. 문음은 2품 이상의 관원과 3품 이하의 청요직 즉 현관이 가지는 신분상 특권이었다. 그러므로 서얼이 문음의 특권에 접근을 막기 위해서는 2품 이상의 관직을 가지지 못하게 할 뿐 아니라, 3품 이하의 관직에서는 현관에 접근하지 못하도록 막는 것이 필요하였다. 물론 현관의 범주에는 2품 이상의 관원도 포함하는 것이었으므로 서얼에 대한 정치적 규제는 현관이 될 수 없다는 하나로 정리될 수 있다.

2. 서얼에 대한 정치적 규제는 한품제 한직제 외에 과거금지 조항이 있었다. 서얼이 과거를 볼 수 없다는 규정이다. 흥미로운 것은 서얼에 대해 과거 금지를 규정한 것은 한품제 한직제와 같이 거론되지 않고, 약 50년 후 『경국대전』의 편찬 시에 첨록되면서 법제화되었다는 점이다. 또한 서얼의 과거 금지 규정은 시행된 지 얼마 되지 않은 명종대에 해소되었다. 단 과거에 합격하여도 현관이 될 수 없다는 조건과 함께 과거 금지 조항은 폐지되었다. 이후 이 조항은 치폐를 거듭하였으나 시간이 갈수록 과거 응

시를 허용하는 방향으로 진행되었다.

서얼의 과거 금지를 서둘러 규정하지 않았고, 또한 과거 금지 규정을 쉽게 해지할 수 있었던 것은 관원들이 과거 금지를 서얼의 지위를 규정하는 근본적인 요건으로 보지 않았기 때문이었다. 관원들은 현관이 될 수 없다는 것 하나로 충분한 규제가 된다고 보았다. 서얼이 현관이 될 수 없다는 것은 이미 앞에서 살핀 바와 같이 문음에 접근할 수 있는 길을 봉쇄한다는 의미였다. 그러므로 관원들은 신분을 규정하는 근본적인 요건을 과거가 아닌 문음에서 찾고 있었음을 알 수 있다.

이와 같은 이해는 기왕의 연구에서 과거의 의미를 문음에 비하여 과대하게 평가하였던 견해와는 다르다. 특히 이는 과거에 응시할 수 있는 자격을 가진 것만으로도 상위의 신분과 같은 지위에 있는 것으로 평가하는 견해와 상반된다. 과거에 합격하여도 여전히 현관이 되지 못하는 서얼의 경우에 비추어 볼 때에 과거가 가지는 신분상에서의 기능은 제한적으로 해석되어야 할 것이다.

3. 서얼에게 주는 관직을 잡직으로 한정하여 서얼에게 현관을 줄 수 없다는 기본 원칙이 형성되었다. 그러나 이러한 원칙을 실천하기 위해서는 잡직이나 현관의 범주를 분명하게 하고, 이를 관직체계에 적용하는 작업이 필요하였다. 이 과정은 간단치 않았다. 이는 잡직의 개념이 단순히 일정한 관직을 의미하는 것이 아니라 신분과 연계된 관직이라는 의미를 함축하고 있었기 때문이었다. 당시 관원들이 서얼에 대한 생각은 분명하였다. 부득이 서얼에게 관직을 주기는 하지만, 서얼은 신분적으로 다른 집단이었으므로 이들에게는 그 신분에 상응하는 관직을 주어야 한다고 생각하였다. 그러므로 잡직은 일정 신분에 대응하는 관직군이 되어야 하였다.

그러나 당시의 관직체계는 신분제를 고려한 체계가 아니었다. 관직은 크게 유품직과 비유품직으로 나누어졌으나, 이 구분은 신분과 연관된 것이 아니었다. 천인이나 공상인들이 유품직에 임명되기도 하는 것이 당시의 현실이었다. 그러므로 잡직의 범주를 분명히 하는 작업은 관직체계의 틀을 재조정하는 것이었다.

잡직의 범주를 분명히 하고자 때에 먼저 문제가 된 것은 서얼보다 하위에 있는 신분들의 관직을 정비하는 것이었다. 가장 시급한 일은 공상과 천인에 대응하는 관직을 만드는 일이었다. 이 작업은 일단 유품직에 있는 공상과 천인을 비유품직으로 보내는 조치로 시작되었다. 유품직에 있는 공상 천인들을 우선 비유품기관인 사용원으로 모았고, 조금 뒤에 이들을 다시 상림원으로 모으는 조치를 취하였다. 그리고 그 경계를 더욱 분명히 구분하기 위해서 문무산계와는 다른 별도의 잡직계를 만들어 공상과 천인에게 부여하였다. 이 과정에서 공상과 천인은 유품직에서는 물론 비유품직 내에서도 별도의 품계를 받는 지위가 되면서, 이들은 다른 신분과 관직체계 내에서 분명하게 분리되었다.

잡직계의 설치 이후 자연스럽게 서얼에 대응하는 관직군의 설정이 과제로 부각되었다. 그러나 이미 잡직계가 형성되어가는 과정에서도 서얼은 영향을 받을 수밖에 없었다. 초기에 서얼은 상의원이나 상림원에 한정하여 배치되었으나, 상림원이 공상 천인을 모아두는 부서가 되면서 서얼을 배치할 수 있는 별도의 관서가 필요하였다. 또한 서얼의 범주에 천첩소생은 물론 양첩소생까지 포괄하게 되면서 한품의 상한을 3품까지 확대하였고, 이에 서얼을 배치할 수 있는 적절한 부서를 다시 선정하는 것은 불가피하였다. 이러한 결과 기술직이 잡직으로 정리되면서 서얼이 기술직에 진출하는 것이 허용되었다. 기술직은 서얼과 같이 3품까지 한품제의 규제를 받았으므로 적당한 대안이 될 수 있었다.

기술직이 잡직이 되었다는 의미는 기술직이 서얼의 신분에 대응하는 관직이 되었다는 의미였으므로 이미 기술직을 담당하고 있던 사족들에게는 충격이 될 수 있었다. 기존에는 사족들이 기술직에 배치되는 경우가 적지 않았다. 그러므로 정부에서는 충순위를 만들어서 사족이 기술직에서 벗어날 수 있는 길을 추가로 만들어 주었다. 또한 이미 기술직에서 경륜을 쌓은 사족을 위하여 기술직 내에 사족으로 임명되는 습독관직을 별도로 신설해서 변화의 충격을 최소화하였다. 기술직이 서얼에 대응하는 관직이 되면서 관직체계는 보다 신분제에 조응하는 체제로 정비되었다.

4. 세종대에 이르러 기술직이 서얼이 받는 잡직으로 정리되면서 서얼신분과 기술직의 지위는 정리되었다. 그러나 성종대에도 조정에서 종종 기술직의 지위에 대한 논의가 있었다. 성종대에 나타난 기술직에 대한 논의는 크게 두 가지였다. 그 하나는 이미 세종대에 기술직이 잡직이 된 결과에 따른 후속조치였다. 서얼의 진출로 기술직은 잡직이 되었으나 여전히 유품직이었다. 그러므로 서얼은 유품직의 권리 즉 조회의 참여와 계문치죄를 받을 수 있는 권리를 부여받고 있었다. 그러나 기술직이 잡직이 되면서 기술직 관원에게 유품직으로서의 권리를 계속 줄 수 있는가의 의문이 제기되었고, 이는 조정에 논의거리가 될 수 있었다. 조정의 논의 결과 기술직은 유품직으로 계속 인정되었으므로, 이미 세종대에 결정된 서얼과 기술직의 지위에 별다른 변화가 없었다.

다른 한 가지 논의는 기술직 관원에게 현관을 부여할 수 있는가의 문제였다. 기술직의 관원이 현관이 될 수 없는 것은 분명하였으나, 특이한 공을 세운 기술직 관원에게 왕은 특별한 보상으로 현관직을 주고자 하였다. 그러나 이에 대해서는 관원들이 전원 일치로 반대하였고 기술직 관원의 현관 진출은 불가하였다.

기왕의 연구에서는 성종대의 기술직에 대한 논의를 주목하고 이때부터 기술직의 지위가 변화하는 것으로 파악하면서, 이를 사림파가 주도했다고 해석하거나, 16세기 이후 중인 신분에 변화가 나타나기 시작한 조짐으로 설명하였다. 그러나 이러한 견해는 성종대의 변화를 앞 시기의 변화와 연결시켜 파악하지 못하고, 성종대의 변화만을 확대 해석한 결과였다. 서얼의 신분과 기술직의 지위는 이미 태종대에서 세종대에 걸쳐서 정리되었고,

이후 조선 후기 통청운동에 이르기까지 별다른 변화 없이 유지되었다.

5. 서얼은 천첩의 소생이라 하여도 종량의 과정을 통하여 법적으로 영구 양인이 되었고, 3품에 이르는 관직을 가질 수 있었으며, 나아가 과거에 응시하여 합격할 수 있었다. 이들에게 남아있는 제한은 단지 현관이 될 수 없다는 것밖에 없었다. 이러한 간단한 제약만이 남아있는 서얼의 신분에 대하여 조선 초기의 관원들은 어떠한 평가를 하였을까 검토하였다.

조선 초기의 관원들은 서얼을 별도의 신분으로 보았다. 서얼을 상위의 집단과 혈통적, 법적으로 귀천의 차이가 있는 집단으로 보았다. 구체적으로 형법의 집행에서도 상위집단과 비교할 때 양인과 천인 사이에 있는 정도의 차대가 필요한 것으로 보았다. 또한 관원들은 자연의 질서인 '分數'로 서얼의 생득적 차이를 설명하면서 서얼에 대한 차대를 정당화하였다. 즉 관원들은 서얼을 별도의 신분으로 나누면서 혈통적, 법적 기준에 의하여 차대하고, 자연 질서로 그러한 차대를 정당화하고 있었다.

6. 당시 신분인식에서 서얼은 차대 받는 신분으로 드러났는데, 이러한 차대는 상대적인 것이었고, 서얼에 대칭되는 집단의 존재를 상정하지 않고는 논할 수 없다. 서얼에 일차적으로 대칭되는 집단은 적자였으나, 서얼이 신분으로 정리되면서 신분적 대칭집단은 다양한 용어로 표현되었다.

서얼과 대칭으로 나타나는 집단은 사족과 사류가 가장 대표적이었다. 사족과 사류의 공통점은 '士'라는 것이다. 사족은 '사'의 족적인 면을 강조하고, 사류는 '사'의 집단적인 면을 강조한 것이었다. 즉 서얼은 사가 아니었다. 이와 같은 사의 의미는 신분적인 것이었다. 사의 기본적 의미는 유학을 공부하는 선비라는 뜻을 가지거나, 대부와 대비되는 중급관원이라는 의미가 주된 것이었다. 여기서의 서얼과 대칭되는 사의 의미는 그것이 아니었다. 서얼은 경학을 공부하여 왕자들의 사부로 역할을 할 수 있었으므로 분명히 선비였고, 3품까지의 관직을 가질 수 있었으므로 관원이었다. 그러므로 여기서의 사는 선비나 관원 등 개인적인 능력으로 획득할 수 있는 성취적 집단을 의미하는 것이 아니라, 혈통적으로 소속되는 신분적인 의미를 가지는 집단을 지칭하였다.

서얼과 대칭이 되는 칭호는 종종 양반이라는 용어도 사용되었다. 여기서 양반은 모든 관원을 지칭하는 의미에서의 양반이 아니라 협의의 양반이었다. 즉 서얼은 엄연히 관원으로서 광의의 양반이었으나, 여기서 지칭되는 양반은 협의의 양반이었으므로 서얼은 이에 속하지 못했고, 서얼은 협의의 양반과는 결혼도 할 수 없는 별도의 신분이었다.

이상에서 볼 때, 서얼이 신분으로 정리되면서 사나 양반의 의미 역시 분화되어 신분집단으로서의 성격이 부각되고 있었다. 이는 '양인'의 용어 역시 광의양인과 협의양인으로 분화되어 나타나고 있는 것과 유사한 현상이었다. 특히 분화되는 시기가 태종대 이후로 사와 양반은 물론 양인의 경우까지 모두 그 분화 시기가 일치하고 있는 것은 흥미로운 일이다. 즉 이러한 현상은 조선 초기의 신분제가 태종대를 전후해서 크게 달라지고 있음을 보여준다. 즉 태종대에 이르러 조선 초기의 신분제는 그 골격을 갖추어가는 것으로 이해할 수 있겠다(최이돈 「조선초기 서얼의 차대와 신분」『역사학보』 204, 2009).

제2장 雜織의 형성과 그 변화

머리말

조선 전기 신분제의 연구는 양천제론의 제기로 한 단계 진전된 성과를 보여주었다. 논쟁의 결과 양인과 천인이 신분상 가장 중요한 경계를 이루고 있음이 분명하여졌으나, 양인 내에 위치하는 다양한 계층들을 어떻게 분류할 수 있는지, 분류된 계층들 사이에 어떠한 권리와 의무의 차이가 있었는지는 좀 더 논의해야 할 과제로 대두되고 있다. 이 과제는 조선 전기의 신분제의 성격을 보다 분명히 이해하기 위해서 그리고 조선 전기의 신분제와 조선 후기의 신분제의 연결을 모색하기 위해서도 중요하다.

이러한 과제를 좀 더 진전시키기 위해서는 관직체계를 좀 더 정밀하게 검토할 필요가 있다고 생각한다. 신분과 관직체계의 관계는 불가분의 관계에 있으며, 관직체계에는 신분의 체계가 그대로 반영되어 있다고 보기 때문이다. 이러한 관점은 전혀 새로운 것이 아니고, 이미 기존의 연구에도 반영된 것인데, 이를 다시 언급하는 것은 신분제 논의의 심화 특히 양인 내의 제 계층에 대한 검토는 관직체제의 재검토에서 그 실마리를 풀어가야 한다고 생각하기 때문이다.

이러한 관심에서 필자는 최근 관직체계 상에 나타나는 '顯官'이라는 용어를 검토해 보았다.[1] 검토의 결과 현관은 겉으로 쉽게 드러나자 않지만 관직체계상 내재하고 있는 중요한 경계선이었음을 확인할 수 있었다. 또한 현관이 가지는 특권을 논하는 과정에서 현관과 '사족'은 긴밀한 관계가

---

1) 최이돈 「조선전기 현관과 사족」 『역사학보』 184, 2004.

있음을 확인할 수 있었다. 즉 사족은 현관을 매개로 그 경계가 설정되는 집단이었다. 사족은 그 집단 간의 경계가 선명하고, 법적으로 부여된 특혜를 자신은 물론 자와 손에게 상속하고 있었다.[2]

또한 현관을 검토하면서 확인한 수 있었던 것은 혈통상 혹은 직역상 현관이 될 수 없는 집단이 있었다는 점이다. 서얼, 기술관, 잡직 등의 집단은 현관의 경계선 밖에 위치하면서 공히 현관이 될 수 없다는 공통점을 가지고 있었다. 그간의 연구에서 이들을 중간신분으로 파악하고 중인으로 묶어서 호칭하였으나, 이 집단 간의 동질성을 확인하지 못하여 연구자 간에 그 범위에도 합의하지 못하고 있다. 더욱이 한영우가 중인이라는 호칭은 조선 후기의 것이라고 지적하면서 이들을 묶을 적당한 호칭도 찾지 못하고 있다.[3]

그러나 현관을 매개로 하는 사족이 지배신분으로 설정될 수 있다면, 이에 상응하는 중간신분 역시 현관이 될 수 없다는 공통성을 그 기반으로 설정할 수 있고, 이에 대한 적절한 호칭 또한 있을 수 있다고 가정된다. 이러한 가정에 대한 검토를 위해서 관직체계를 좀 더 면밀하게 검토해 보는 것을 요청된다. 관직체계를 검토할 때에 주목되는 것은 '잡직'이다.

잡직에 대해서는 그간 학계의 연구가 상당히 축적되어 있으나, 그 관심이 직역의 해명에 국한하거나 그 변화를 잡직계로 이어지는 단선적인 이해 속에서 파악하고 있어, 그 용어가 가지는 포괄적인 의미가 부각되지 못

---

2) 정치적 사회적 특권을 법으로 보장받고, 3대에 걸쳐서 세습 향유하면서 집단적인 재생산을 하고 있는 일정 계층을 신분으로 볼 수 있는가의 문제는 좀 다각적으로 검토할 필요성이 있다고 생각이 된다. 우선 지적하고 싶은 것은 오랜 역사 내에서 나타나는 다양한 계층 현상을 신분, 계층, 계급 등의 몇 단어로 규정하기에는 어려움이 있다는 점을 지적하고 싶다. 유승원은 제한적으로 세습되는 집단을 '연좌 집단'이라는 용어를 만들어 지칭하고 있는데, 이러한 조어 역시 중세적 다양한 신분적 층위를 설명하기에 부족한 용어상의 제한으로 인한 불가피한 조치로 생각된다(『조선 초기 신분제 연구』 92쪽).

3) 한영우 앞의 책.

하였다. 필자는 '잡직'을 조선 전기의 사족직 혹은 현관직에 대비되는 중간 신분을 지칭하는 용어로, 조선 후기의 중인과 유사한 용어로 가정하고, '잡직'이 사용된 용례를 통해서 이를 검토하고자 한다.

잡직에 대한 기왕의 연구는 세 갈래로 나누어서 진행되었다. 먼저 연구의 단초를 연 것은 잡직에 해당하는 각 영역을 직역의 해명이라는 각도에서 접근한 연구들이다. 강만길, 이홍렬, 이성무, 한영우, 김창수, 신해순 등에 의해서 잡직의 한 영역을 이루는 장인, 서리, 기술직에 대한 연구가 시작되었고[4] 이러한 연구의 흐름은 최근 오종록, 백옥경, 이남희 등의 연구로 이어지면서 심화되고 있다.[5] 이 연구들은 잡직의 일부가 될 수 있는 직역들에 대하여 많은 것을 밝히고 있어 잡직연구의 기틀을 제공하고 있으나, 잡직에 대한 포괄적인 접근은 아니어서 잡직의 성격을 논하기에는 미진한 면이 있다.

다른 한 연구의 갈래는 관직체계와 연결 지어서 잡직계에 대한 규명의 관점에서 진행된 이성무, 남지대의 연구가 있다. 이성무는 잡직계의 설치라는 관점에서 잡직에 대하여 구명을 하고 있고, 남지대 역시 잡직이 전체 관직체계에서 처하는 위치를 구명하고 있다.[6] 이 논문들은 잡직을 포괄적

4) 강만길 「조선 전기 공장고」 『사학연구』 12, 1961.
　　김창수 「성중애마고」 『동국사학』 9 10, 1966.
　　이홍렬 「잡과시취에 대한 일고」 『백산학보』 3, 1967.
　　이성무 「조선 초기의 기술관과 그 지위」 『유홍렬박사 화갑기념 논총』 1971.
　　한영우 「조선 초기 상급서리 성중관」 『동아문화』 10, 1971.
　　신해순 「조선 초기의 하급서리 이전」 『사학연구』 35, 1982.
　　신해순 「조선 전기의 경아전연구」 성균관대 박사학위논문 1986.
5) 오종록 「조선 전기의 경아전과 중앙행정」 『고려 조선전기 중인연구』 신서원 2001.
　　이남희 「조선시대 잡과입격자의 진로와 그 추이」 『조선시대의 사회와 사상』 1998.
　　이남희 「조선 전기 기술관의 신분적 성격에 대하여」 『고려 조선전기 중인연구』 신서원 2001.
　　백옥경 「조선 전기 역관의 성격에 대한 일고찰」 『이대사원』 22 23, 1988.
6) 이성무 『조선 초기 양반연구』 일조각 1980.
　　남지대 「조선 초기 중앙정치제도연구」 서울대학교 박사학위논문 1993.

으로 검토하면서 잡직이 전체 관직체계에서 어디에 위치하고 있는지를 밝히고 있어 잡직의 이해에 많은 시사를 주고 있다. 그러나 이 논문들은 그 관심이 전체의 관직체계를 설명하는데 집중하고 있어서 신분사적인 관점에서 잡직이 가지는 위치에는 소홀하고 있다.

본격적으로 잡직 그 자체를 연구 주제로 삼은 이는 유승원이다. 그는 먼저 장악원의 잡직을 연구하였고,[7] 이어서 경공장에 대해 연구하였다.[8] 유승원은 이 논문들에서 장악원의 잡직과 경공장의 잡직에 대하여 소상한 연구를 하였을 뿐 아니라, 잡직 전반에 대한 해명도 시도하여 잡직의 설치 경위나 잡직계를 만드는 과정 등을 해명하여 잡직의 포괄적인 성격을 밝히는데 큰 기여를 하고 있다. 그러나 유승원의 잡직 연구는 그 시야를 잡직계의 설치과정에 한정하고 있어서 잡직이 가지는 신분사적 성격을 충분히 파악하지 못하는 한계가 있다.

잡직을 다룬 것은 아니지만, 그와 상당히 유사한 잡류를 다룬 한희숙의 논고는 매우 소중한 것이다.[9] 때로는 잡직을 맡은 이들을 잡류라고 호칭한 사례도 있는 만큼 잡직과 잡류는 상당히 긴밀한 관계에 있는데, 한희숙은 잡류의 구체적인 실상을 상당히 소상히 밝히고 있어 잡직의 해명에 도움이 된다.

이 장에서는 기존 연구의 성과에 의지하여서 잡직의 형성과 그 변화 과정을 논하고자 한다. 잡직이 조선의 조정에서 주목을 받고 그 개념이 정리된 것은 세종대에 이르러서였다. 그러므로 그 이전의 잡직은 그 개념이나 성격이 분명하지 않았다. 그러나 잡직의 개념이 세종대에 분명해진다고 해서 그 연원이 없을 수는 없었다. 그러므로 먼저 세종 이전까지의 잡직의 성격을 비유품직과의 관계를 통해서 검토하고자 한다.

세종대에 이르러 잡직에 대한 논의가 시작되었다. 논의의 계기는 유품

7) 유승원 「조선 초기의 잡직」 『조선 초기 신분제연구』 을유문화사 1987.
8) 유승원 「조선 초기 경공장의 관직」 『조선 초기 신분제연구』 을유문화사 1987.
9) 한희숙 「조선초기의 잡류층에 대한 연구」 고려대학교 박사학위논문 1990.

직 내에 공상과 천례의 처리의 문제였고, 이 논의는 결국 잡직계의 설치로 귀결되었다. 또한 이 논의의 이면에서는 이와는 다른 별도의 잡직에 대한 논의도 진행되었다. 즉 이는 유외잡직으로 호칭되었는데, 세종 이전에 비유품직에 그 연원을 가지면서, 잡직계로 통합되지 않는 별도의 잡직이었다. 이와 같은 두 방향의 변화에 대하여 기존의 연구에는 잡직계로 이르는 변화에 대해서는 그 과정을 소상히 밝히고 있으나, 유외잡직의 변화에 대해서는 다소 소홀히 하였다. 그러므로 이 장에서는 이 두 가지의 변화를 별도의 절로 나누어 살피고자 한다.

마지막으로 성종대에 이르면 잡직의 범주가 확대되는 변화가 나타났다. 즉 기술직의 지위에 대한 조정의 논의 가운데서 기술직을 잡직으로 파악하는 변화가 나타나고 있다. 이러한 변화는 갑작스러운 것이 아니었고, 세종대 이후 기술직이 현관직에 진출할 수 없게 된 상황의 연장선상에서 나타난 변화였다. 이러한 변화에 대한 검토를 이장의 마지막 절에서 할 것이다.

이 장은 잡직의 신분적 성격을 논하고자 하는 것이지만, 잡직이 포괄하는 영역이 상당히 넓고, 충분한 연구가 되지 않은 영역도 많아서 잡직의 성격을 포괄적으로 논하지는 못하고 있다. 우선 잡직의 형성과 그 변화 과정을 중심으로 검토하고 미진한 부분은 후일의 연구과제로 삼고자 한다.

1. 건국 초기의 非流品職과 잡직

잡직이라는 용어가 주목받기 시작한 것은 세종대에 이르러서였다. 세종 12년 조정의 논의 중 세종이 "工商, 賤隷, 雜職者는 士類와 대열을 같이 하지 못함은 물론이다."라고 잡직을 언급하면서 잡직은 조정에서 주목을 받게 되었다. 같은 자리에서 참여하였던 대신 정초 역시 "중국의 관제에는 各品마다 모두 雜職이 있어 流品의 반열에 서지 못하나, 우리나라의 관제는 雜類의 구별이 없기 때문에 工商, 賤隷, 皀隷, 所由, 螺匠, 杖首 등의 무리일지라도 직임만 얻을 것 같으면 모두 조관 반열에 참예하고 있으니 심히 미편한 일입니다."[10]라고, 잡직이 그 때까지 없었음을 시사하고 있다.

그러나 그 이전에도 잡직이라는 용어가 사용되지 않은 것은 아니었다. 그 한 예로 태종 15년에 천첩소생의 한품서용을 결정한 후에[11] 천첩소생들에게 "별도로 잡직을 제수하여서 조관의 반열에 섞이지 못하게 하소서."[12]라고 언급한 것을 들 수 있다. 이 언급은 문무직과는 별도로 잡직을 상정하고 있다는 점에서 잡직이라는 부류가 있었음을 시사하고 있다. 그러나 여기서 언급된 주장은 조정의 주목을 끌지 못하여 잡직에 대한 구체적인 논의가 없었다.[13] 그러므로 앞에서 살핀 것처럼 정초는 세종 초에 우리나라에는 중국과 달리 잡직이 없다고 언급하였던 것이다.

잡직이라는 용어가 세종대에 이르기까지 주목을 끌지 않는 것은 무엇을 의미하는 것일까? '잡직'이라는 용어 자체가 '잡'이라는 차대적인 의미가 함축된 용어이므로 잡직이라는 용어가 별로 사용되지 않았다는 것은 관원들을 나누어 부를 필요성이 제기되지 않았기 때문이었다고 볼 수 있을까?

그러나 잡직이라는 용어가 나타나지 않는다고 해서 관원체계 내에 구별이 없었던 것은 아니었다. 즉 잡직이라는 용어가 적극적으로 사용되지는

---

10) 『세종실록』 권49, 세종 12년 9월 을사.
11) 이전에도 잡직을 언급한 기록은 보인다. 정종대에 대간이 서경문제를 논하면서 서경이 5품 이하에만 해당되어서 '잡직을 인연하여' 4품만 지나면 수령이 된다는 언급이 보인다. 이 자료는 잡직이라는 용어가 사용되었다는 것은 보여주나, 여기서 사용되는 잡직이라는 용어는 내용상으로 볼 때에 뒤에 구명할 잡직의 실체와 연결되는 개념은 아니다(『정종실록』 권3, 정종 2년 1월 기축).
12) 『태종실록』 권29, 태종 15년 4월 정해.
13) 당시의 고위 관원들의 천첩소생은 처음에는 사재감의 수군에, 뒤에는 보충대에 소속하게 하였고, 거관하면서 한품의 관직을 받았으나, 구체적으로 이들이 수용될 수 있는 관직이 정리된 것은 세종대에 이르러서였다. 이미 이때는 잡직의 문제가 조정의 관심을 끌어서 잡직에 대한 의미가 분명해진 뒤의 일이었다(『세종실록』 권114, 세종 28년 10월 계축).

못했지만, 일정한 기준에 입각한 관직 내의 차별이 이전부터 형성되고 있었고, 그 결과로 세종 12년에는 조정에서 잡직에 대한 논의가 도출되었다고 생각된다. 그러한 차별의 흔적을 찾아갈 수 있는 실마리가 세종 15년에 예조에서 잡직에 해당하는 부서를 언급한 다음의 기록이다.

> 도화원, 상의원, 사옹방, 아악서, 충호위 등은 비록 잡직일지라도 본래 천인이 아니므로, 그 참상은 성중관의 예에 의해 계문하여 논죄하게 하옵소서.14)

이 내용이 주목되는 것은 잡직이라는 용어와 이에 관련되는 부서가 같이 언급된 점이다. 도화원, 상의원, 사옹방, 아악서, 충호위 등의 부서가 거론되었는데, 이 부서들을 검토하면 잡직의 형성과정의 일단을 밝힐 수 있을 것으로 생각된다.

이러한 부서들을 주목하면서 관직체계를 검토해 보면 이미 태조 1년의 자료에서부터 아악서 등의 관직이 유품직과 구분되고 있었다.

> 文武流品 외에 별도로 내시부를 설치하여 宦官職으로 삼고, 액정서를 설치하여 內竪職으로 삼고, 전악서와 아악서를 설치하여 樂工職으로 삼게 하니, 모두 그 散官과 職事의 칭호를 다르게 하여 유품에 섞이지 않게 하였다.15)

이 내용에 의하면 유품직과 별도로 환관직, 내수직, 악공직 등이 설치되고 있음을 알 수 있다. 이들을 묶어서 호칭하지 않고 있었으나, 이들은 유품직에 대비되는 부서로 비유품직으로 범주를 설정할 수 있겠다. 물론 환관직과 같이 이후에도 여타의 부서와 묶여서 논의되지 않는 직제도 있어

---

14)『세종실록』권59, 세종 15년 2월 무술.
15)『태조실록』권1, 태조 1년 7월 정미.

서 이들을 일률적으로 하나로 묶어서 파악하기는 어려운 점도 있으나, 내시부를 제외하면 액정서, 전악서, 아악서 등은 이후 잡직의 핵심이 되는 부서가 되었으므로 이를 중심으로 잡직의 시원을 파악하는 것은 가능하다.

위의 지적에서 특히 주목이 되는 것은 내수직, 악공직에 별도의 산계와 직사호가 주어졌다는 지적이다. 별도의 산계와 직사호가 주어졌다는 것은 앞으로의 논의와 관련되는 매우 중요한 것인데, 아악서와 전악서의 경우는 그 내용이 자료로 확인된다.[16] 정종 2년 예조는 아악서와 전악서의 관품을 상정하였는데 이는 다음과 같다.

> 아악서에는 司成郞 典樂이 1인 종5품이고, 調成郞 副典樂이 1인 종6품이고, 司協郞 典律이 2인 종7품이고, 調協郞 副典律이 3인 종8품이고, 調節郞 直律이 4인 종9품이다. 전악서에는 전악 부전악이 각각 1인이고, 전율이 4인, 부전율이 5인, 직률이 6인인데, 그 관품과 낭계는 모두 아악서와 같다.[17]

이에 의하면 아악서와 전악서를 아우르는 악공직이 설정되어 있었고, 종5품에서 종9품에 이르는 독립된 산계와 직사호가 설정되어 있었다. 이와 더불어 내수직도 별도의 산계가 설정되어 있었다고 추측된다.[18] 악공직과 내수직을 통해서 볼 때에 비유품직은 유품직과는 별도의 관직체계로 규정되고 있었다는 점을 확인할 수 있다. 비유품직은 악공직, 내수직에 그치는 것이 아니었고, 점차 확대된 것으로 파악된다. 정종 2년에 문하부에

---

16) 악공직에 대한 논의는 유승원의 위의 논문 「조선 초기의 잡직」에 크게 의존하였다.

17) 『태종실록』권17, 태종 9년 윤4월 기유.

18) 『세조실록』권29, 세조 8년 12월 을유. 이 기록에 의하면 액정서에 별도의 산계가 설치되어 있는 것을 확인할 수 있다. 유승원은 위의 논문 「조선초기의 잡직」 362쪽에서 이러한 산계가 세조 8년경에 만들어졌다고 보고 있다. 그러나 『태조실록』권1, 태조 1년 7월 정미조의 기록을 존중하거나, 이 시기에 이르면 이미 잡직의 산계를 통합하려는 움직임이 있는 것으로 볼 때, 이 때 새롭게 만들어졌다기보다는 이전에 만들어졌다고 보는 것이 자연스럽겠다.

서 올린 다음의 상소를 보면 이러한 현상을 확인할 수 있다.

> 우리나라의 동반은 判門下, 領三司에서 9품까지가 5백 20여 員이
> 고, 서반이 上將軍, 大將軍에서 隊長, 隊副까지가 4천 1백 70여 인이
> 니, 문무 관리의 수효가 진실로 중국의 제도에 3배나 됩니다. 게다가
> 성중관, 상림원, 도화원, 司榼, 司衣, 司幕, 司饔, 忠勇, 근시부, 내시부,
> 액정서, 전악서, 아악서에 각각 祿官이 있고, 檢校 散秩이 또한 그 수
> 를 더하니, 녹봉의 부족한 것은 실로 이 때문입니다.19)

여기에서는 문무의 유품직 외에 여러 부서들을 비유품직으로 거론하고
있다. 이미 앞에서 살핀 액정서, 전악서, 아악서 외에 성중관, 상림원, 도화
원, 사순, 사의, 사막, 사옹, 충용 등을 비유품직으로 거론하고 있다.20) 여
기서 거론되는 부서들은 세종 15년에 잡직으로 거론된 부서인 상림원, 도
화원, 상의원, 사옹방, 충호위 등과 거의 대동소이한 것이다. 이를 보아 잡
직은 비유품직에서 연유한 것으로 추측된다. 새로 거론된 비유품직의 산
계와 직사호에 대하여 별다른 언급이 보이지 않는 것을 보아서, 비유품직
은 내수직, 악공직 등과는 달리 별도의 품계와 직명을 가지지 않은 것으로
추측된다.

유품직과 비유품직의 경계는 상당히 뚜렷했던 것으로 파악된다. 이는
태조 1년에 만들어진 入官補吏法을 보아서 짐작할 수 있다. 다음이 그 규
정의 일부이다.

> 대개 처음에 유품에 入仕하는 것을 7科로 만들어 문음, 문과, 이과,
> 역과, 음양과, 의과 등은 이조에서 이를 주관하고, 무과는 병조에서 이

---

19) 『정종실록』 권4, 정종 2년 4월 신축.
20) 성중관은 부서라기보다는 서리인데 여기서 별도로 거론한 것은 상급서리로서 일
반 서리들과 나누어 다르게 취급하였음을 짐작케 한다(한영우 「조선 초기 상급서
리 성중관」『동아문화』 10, 1971).

를 주관한다. 그 出身文字는 고려의 처음 입사하는 예와 같게 하고, 年甲, 本貫, 三代를 명백히 써서 대간에서 署經하되, 7과를 거쳐 나오지 않은 사람은 유품에 들어오는 것을 허락하지 아니하며, 매양 除拜할 때마다 맡은 관청에서 그 출신문자를 상고하고 난 후에야 출사에 서경함을 허락한다.21)

이 규정에 의하면 유품이 될 수 있는 입사로를 7갈래로 파악하고, 문무과, 잡과 등 과거 출신과 문음출신이 유품직에 임명될 수 있음을 규정하여 유품직과 비유품직의 경계를 분명히 하였다. 이 자료에서 더욱 주목되는 것은 유품직의 제수 시에 서경 제도를 운영하였다는 점이다. 서경에서는 나이, 본관과 삼대조의 기록을 바탕으로 이들의 혈통, 입사로 등을 검토하였는데,22) 이는 서경이 유품에 진입하는 이들을 심사하는 관문으로 작용하였음을 의미하였다.

이러한 상황에서 유품과 비유품 간에는 분명한 차대가 있었다. 두 가지 점에서 이 양자 간 대우의 차이가 확인된다. 먼저는 비유품관은 朝班에 참여하지 못하였다. 비유품관이 조반에 참여하지 못한 것은 세종 12년의 "사옹원, 사막원, 상의원, 상림원, 악공, 도화원의 무리들은 모두 유품이 아니라서 반열에 참예하지 못한다."23)라는 기록으로 확인된다. 비유품관이 조반에 참여하지 못한다는 것은 조회에 참석할 수 없다는 의미이다. 조회는 왕과 선택된 관원들이 모여서 그들만의 특별한 지위를 자신과 타인에게 확인시키는 현장이었다. 이는 관원과 비관원 사이에 그리고 참여하는 관원과 참여하지 못하는 관원 사이의 분명한 구분을 보여주는 의례였다.24)

---

21) 『태조실록』 권1, 태조 1년 8월 신해.
22) 물론 비유품관도 서경의 대상이었다.
   『세종실록』 권101, 세종 25년 7월 경신.
   『문종실록』 권2, 문종 즉위년 6월 갑오.
23) 『세종실록』 권49, 세종 12년 9월 을사.
24) 강제훈 「조선 초기의 조회의식」 『조선시대사학보』 28, 2004.

그러므로 조반의 참여 여부는 관원 내에서 계층을 구분하는 상징적인 의미를 갖는 것이었다.

또한 비유품직은 관원들의 재판상 특권인 '啓聞治罪'의 권리도 없었다. 계문치죄는 관원이 죄를 지었을지라도 재판관이 단독으로 죄를 판결하여 처벌하지 않고 재판한 결과를 왕에게 아뢰어서 왕의 결정에 따라서 처벌하도록 한 제도였다. 왕의 결정은 관원의 공로에 대한 정치적 배려가 작용하는 것이 보통이었고, 처벌의 경우에도 贖錢으로 대신하는 것이 보통이었으므로, 계문치죄의 제도는 유품직이 가지는 중요한 특권이 될 수 있었다.

비유품관에게는 계문치죄의 권리가 없었던 것은 세종 15년의 "도화원, 상의원, 사옹방, 아악서, 충호위 등은 비록 잡직일지라도 본래 천인이 아니므로, 그 참상은 성중관의 예에 의해 계문하여 논죄하게 하옵소서."[25]라는 제안을 통해서 확인된다. 이 지적에 의하면 비유품직에는 계문치죄의 권리가 없었으나, 이때에 이르러 비유품직도 참상관에 한해서 계문치죄가 허용되었음을 알 수 있다.

이상으로 볼 때에 잡직이 설치되기 이전에 잡직의 연원은 비유품직에서 찾을 수 있다. 비유품직은 태조대부터 액정서, 아악서, 전악서를 필두로 만들어지기 시작하여 이후 그 체계를 정비하여 정종대까지는 그 형태를 완비한 것으로 파악된다. 이들은 유품직과 분명한 경계가 있었는데, 유품직이 되기 위해서는 문무과나 잡과 등의 과거나 문음을 거쳐야 하였고, 또한 서경을 통해서 심사하는 단계를 거쳐야 하였다.

그러므로 유품직과 비유품직 간에는 분명한 차대도 존재하였다. 유품관은 조반에 참여할 수 있었고, 처벌시 계문치죄하는 특권도 주어졌던 반면에 비유품관은 그러한 권리가 없었다. 그러므로 이러한 차대는 유품관과 비유품관을 나누는 중요한 경계로 작용하였다.

그러나 액정서, 아악서, 전악서 등을 제외하고는 별도의 산계가 마련되

---

25) 『세종실록』 권59, 세종 15년 2월 무술.

지 않아서 대부분의 비유품관에게는 문무산계가 부여되고 있었다. 즉 문무산계의 부여 여부는 유품직과 비유품직을 구분하는 중요한 기준이 될 수 있었는데, 별도의 산계를 가지고 있는 악공직과 내수직을 제외하고는 비유품직은 유품직과 산계상 차이가 없었다. 이러한 현상은 비유품직과 유품직의 차이가 드러나고 있었지만, 조선 건국 초만 해도 아직 체계적으로 나누어진 것은 아니었음을 보여준다. 이러한 문제는 다음 시기의 과제로 부각되었는데, 이는 다음 절에서 검토하고자 한다.

2. 세종대 잡직계의 설치와 流外雜織의 변화

1) 잡직계의 설치

이상에서 잡직의 연원이 되는 비유품직을 검토해보았다. 그 과정에서 비유품직은 유품직과 분명한 경계를 가지고 있었고, 그 대우에도 차이가 있었음을 확인할 수 있었다. 그러나 아직 비유품직을 묶어서 호칭하는 별도의 칭호는 없었고, 잡직으로 호칭되지도 않았다. 잡직이라는 호칭이 주목을 받게 되는 계기는 비유품직과 관계없는 문제에서 만들어졌다. 잡직이라는 용어가 조정에서 논의되기 시작한 것은 세종 12년 정초가 다음과 같이 잡직의 설치의 필요성을 제기하면서였다.

> 중국의 관제에는 각 품마다 모두 雜職이 있어 유품에 참예하지 못하오나, 우리나라의 관제는 雜類의 구별이 없기 때문에 공상, 천례, 조례, 소유, 나장, 장수의 무리일지라도 직임만 얻을 것 같으면 모두 조관 반열에 참예하고 있으니 심히 미편한 일입니다. 서반 관직을 줄이고 따로 잡직을 설정하시어 문무관의 지위를 높이도록 하옵소서.26)

정초는 잡직의 설치를 건의하면서, 잡직의 구분이 없어서 공상천례들이 유품직에 임명되고 있고, 반열 즉 조회에도 참여하고 있는 현실을 지적하고 있다. 위 내용에 의하면 잡직의 설치가 비유품직과 연계되는 것이 아니고 유품직과 연관되어서 거론되고 있다. 잡직이 거론된 의미를 분명하게 파악하기 위해서 좀 더 검토할 필요가 있는데, 다음의 판서 신상이 언급한 내용은 이에 도움이 된다.

> 사옹원, 사막원, 상의원, 상림원, 악공, 도화원의 무리들은 모두 유품이 아니라서 반열에 참예하지 못하오나, 그 나머지는 비록 工商 賤隷라 할지라도 동서반의 직품을 받을 것 같으면 모두 조관의 반열에 참예하고 있습니다.[27]

이에 의하면 먼저 잡직의 설치의 목적이 비유품관을 구분하기 위한 것이 아니었음을 분명하게 알 수 있다. 이미 앞에서 밝혔듯이 사옹원 등 비유품관은 이미 '조반'에 참여하지 못하고 있었으므로 잡직의 설치의 목적은 유품관 내에 들어 있는 특정 인원 즉 공상천례 등을 분리하기 위한 것이었다.

당시 문제되었던 쟁점은 조반의 참여만이 아니고 '계문치죄'의 문제도 같이 거론되고 있었다. 이 점은 찬성 허조가 사법상의 집행 절차를 거론한 다음의 자료에서 확인된다.

> 지금은 참외관과 蔭官의 자제들까지도 반드시 모두 啓達하여 그 죄를 논단하기 때문에, 문무의 사족 이외에 工商, 賤隷의 무리도 반드시 계달해 죄를 논단하고 있어, 아마도 장래에는 사류와의 혼잡을 일으키어 良賤의 등위가 없을 것입니다.[28]

---

26) 『세종실록』 권49, 세종 12년 9월 을사.
27) 상동조.
28) 상동조.

이에 의하면 관원들에 대한 계문치죄 특권이 "문무의 사족 이외에 工商, 賤隸의 무리"까지 주어지고 있다고 지적하고 있다. 이상의 내용을 종합하면 공상천례가 유품직을 맡으면서 조반참여와 계문치죄의 특권을 누리는 것이 조정의 문제로 제기되고 있었다. 그러므로 잡직 설치의 필요성은 현재 유품직을 받는 공상천례에 대한 대책으로 논의되고 있었다. 그러므로 논의는 유품관 내에서 공상천례를 나누어내는 것이 초점이 되었다.

그러나 이러한 제안에 대하여 관원들의 입장이 일치하는 것은 아니었고, 세종 역시 긍정적이지 않았다. 세종은 "공상천례 雜職者는 사류와 대열을 같이 하지 못함은 물론이나, 만약 동서반의 직위에 참예한 자는 그 직임의 구별이 없는 이상 대우에 있어 다를 수 있겠는가."라고 일단 유품직를 받으면 공상천례라도 구분할 수 없다는 입장을 보여주었다. 관원 중에 일부도 공상천례의 분리에 대하여 반대하고 있었다. 대언 황보인 등은 "비록 공상천례라 할지라도 어찌 쓸 만한 인재가 없겠습니까. 이미 유품을 받았다면 구별해 대우할 수는 없을 것입니다."라고 이미 유품이면 달리 대우할 수 없다는 세종의 의견에 동의하였다. 또한 잡직을 설치하는 문제에 대해서도 "잡직을 설정하여 전혀 다른 부류로 대하면 반드시 모두 실망할 것이니, 어찌 중후한 뜻으로 보겠습니까?"라고 반대의 뜻을 보였다.[29]

그러나 이후 이 문제에 대한 논의가 지속되면서 공산천례를 유품직에서 나누자는 입장이 힘을 얻어 갔는데, 이는 관직체계와 신분제의 상관성을 높이려는 의도를 가진 것으로 이해된다.[30] 공상천례를 분리하려는 구체적인 움직임은 세종 24년 공상천례 유품직 관원을 사용원으로 배치한 조치였다. 이는 다음과 같이 병조에 의해서 제안되었다.

---

29) 상동조.
30) 이 논의의 전반적인 논조는 공상천례는 천하여 유품직을 가질 수 없다는 것이었다. 이러한 관점은 신분적인 입장이 이 논의의 핵심이었음을 보여주는데, 공상을 천례와 같이 묶어서 논의하고 있는 것은 공상의 지위가 양인보다는 천인과 가까운 것을 의미하는 것으로도 해석된다.

諸色工匠에게 일시에 공으로 상 주어 西班軍職에 임명하여 朝班에
섞여 있게 하니 매우 옳지 못합니다. (중략) 청하옵건대, 司饔에 四番
을 합하여 司直 12인 내에서 4인을 혁파하고, 7품 司正 8인에 4인을
더 하고, 8품 副司正 8인에 또 8인을 더하고, 정9품 給事 12인에 8인
을 가설하고, 종9품 副給事 12인에 또 12인을 더하소서. 각기 그 本番
의 司饔 등에서 천전하는 遞兒와 각 色掌 등의 체아는 이전의 都目의
수효대로 하고, 그 나머지 각 품의 결원은 工匠과 雜技 등으로써 임시
에 賞職하게 하소서.31)

  공장과 잡기 등에게 유품직을 임용하는 경우에 '조반에 섞이게' 되니,
이를 막기 위하여 이들을 사옹원의 관직에 임용하도록 제안하고 있다. 사
옹원은 이미 비유품직 부서였기 때문에 공장들에게 사옹원의 직을 부여하
는 것은 유품관 내에 공상인이 섞이는 것을 막을 수 있는 방법이었다. 이
방법은 조정에서 수용되었고, 이를 시행하기 위해서 사옹원에 새로운 자
리를 대폭 마련하였다. 이러한 조치를 통해서 유품직 내에서 공상천례를
더 분명하게 구분할 수 있었다.32)

  그러나 공장 천례를 사옹원에 임명하는 조치만으로는 아직 충분하지 못
하였다. 사옹원은 비유품직 부서로 구분되고 있었으나, 서반군직을 받고
있었고 품계도 여전히 무산계로 유품직과 다르지 않았다. 또한 사옹원은
양인들의 직소로 파악되었으므로 천인 관직자들을 모아두는 곳으로 적당
하지 않았다. 이에 이곳으로 모았던 공상천례들을 상림원으로 옮기는 조
치를 취하였다. 이는 세종 26년 의정부에서 다음과 같이 제안되었다.

---

31) 『세종실록』 권98, 세종 24년 11월 계미.
32) 유승원은 「조선초기 경공장의 관직」에서 세종 18년 맹인 지화를 사옹원에 임명
   하였던 사례를 들어서 사옹원에 공상천례를 모았던 시기를 앞당겨서 보고 있다.
   이는 납득할만한 추론으로 생각된다. 다만, 이 문제를 유외잡직에 임명된 공상인
   의 문제와 같이 연결하여 파악하는 것은 재고를 요한다. 이미 유외잡직에 임명된
   관원들의 대우는 유품직과 달랐으므로 당시의 쟁점에서 벗어나 있었기 때문이다.

우리나라에서는 양천의 구별이 매우 엄격한데, 前項의 공장과 잡기를 가진 자는 대개가 賤口로서 사옹원 諸員 등 都目 去官의 제도를 적용하는 관직을 주어 양천이 혼잡하게 됩니다. 그러므로 지금부터는 사옹 사번의 각 품 내의 사직 4인, 부사직 4인, 사정 4인, 부사정 4인, 급사 8인, 부급사 8인은 그대로 계속 사용 제원의 벼슬을 주며, 사직 4인, 부사직 4인, 사정 8인, 부사정 12인, 급사 12인, 부급사 16인을 제외하고는 상림원에 예속시켜서 工匠, 雜技, 賤口 등에게 제수하여 양천을 구별하게 하십시오.

이러한 조치로 공장 잡기로 사옹원에 옮겨졌던 유품관들이 다시 상림원으로 옮겨졌다. 상림원은 역시 비유품직 부서였으나, 양인들이 임명되었던 사옹원과는 달리 이전부터 천인들이 주로 담당하는 부서로 파악되고 있어 비유품직 부서 내에서도 별도로 구분되어 차별 대우를 받고 있었다.[33] 그러므로 공상천례는 사옹원에서 상림원으로 부서를 옮기는 것으로 분리가 분명해졌다.

그러나 여전히 남은 문제는 이들에게 문무산계를 유품직과 같이 부여하고 있었다는 점이다. 이에 세종 26년 별도의 산계를 만들었는데, 이는 아래와 같은 내용을 통해서 확인할 수 있다.

상림원의 직품 중에 산관도 역시 무반의 산관으로 제수하기 때문에 다른 문무 實職의 품관들과 다름이 없어서 또한 온당하지 아니하오니, 정5품 奉事校尉, 奉務校尉, 종5품 承進校尉, 承供校尉, 정6품 修任校尉, 修職校尉, 종6품 愼功校尉, 愼課校尉, 정7품 服效副尉, 종7품 服勤副尉, 정8품 典功副尉, 종8품 尙功副尉를 두고, 정9품 給事, 종9품 副給事는

---

33) 流外雜織 가운데에서 상림원에는 內奴를 붙이고, 전악서에는 妓孫 및 公賤으로서 채워 정하되, 만일 법을 범한 바가 있으면 비록 參上일지라도 형법에 의하여 바로 처벌을 행하고, 도화원 상의원 사옹방 아악서 충호위 등은 비록 잡직일지라도 본래 천인이 아니므로, 그 참상은 성중관의 예에 의해 계문하여 논죄하게 하옵소서(『세종실록』 권59, 세종 15년 2월 무술).

예전대로 資給 없이 임명하도록 하옵소서하니, 그대로 따랐다.[34]

여기서 거론되는 품계는 잡직계로 기존의 문무산계와는 별도의 산직체계였다. 이 조치를 통해서 유품직 내에서 잡직의 분리가 마무리되었다.

상림원이 잡직계를 받는 공상천례 관직자의 배치부서가 되면서 상림원의 정원을 늘리는 것은 부득이하였다. 이미 세종 26년 공상천례 관원을 사옹원에서 상림원으로 옮기면서 상림원의 관원이 늘어났는데, 잡직계를 설치하면서 의정부는 병조의 요청을 받아서 상림원의 추가 증원을 결정하였다. 상림원에 사직, 부사직 각 2인을 더하고, 사정 4인을 더하고, 부사정 8인을 더하고, 급사 23인을 더하고, 부급사 19인을 더하였다.[35] 총 58인에 이르는 인원이 증치되었다. 이는 상당히 많은 자리였는데, 특히 상림원의 기존 관직이 56인이었던 점에서[36] 볼 때에 획기적인 증원이었음을 알 수 있다. 많은 인원의 증원은 상림원에 잡직계가 만들어지면서 유품직은 물론 비유품직에 임명되던 공상천례까지 모두 상림원으로 집중시키고 있었음을 짐작케 한다.

이에서 한걸음 더 나아가 세종 31년에는 상림원의 관직명도 유품직과는 다른 명칭을 사용하게 되었다. 이 문제는 세종 27년 私賤의 관직이 주인보다 높은 경우가 있다는 지적으로부터 출발하였다. 이러한 지적으로 사천의 경우는 9품을 넘지 못하도록 하는 조치를 취하였다.[37] 그러나 사실상 사천의 경우에도 공로에 따라서는 9품 이상의 관직을 줄 수밖에 없는 것이 현실이었으므로 이에 세종 31년 관직명을 고쳐서 대응하도록 하는 방안이 제시되었다. 이 논의는 대리집무를 하였던 세자에 의해서 주도되었

---

34) 『세종실록』 권105, 세종 26년 윤7월 임오.
35) 『세종실록』 권109, 세종 27년 7월 경인.
36) 상동조. 이 자료는 당시의 관원이 총 56명이었다고 언급하고 있으나, 이후의 변화 과정을 확인하면 그 이상의 인원이 있었을 가능성이 있는 것으로 추정된다.
37) 『세종실록』 권109, 세종 27년 8월 임인.

는데, 그는 새로운 관직명으로 '司愼, 司謹, 司順, 司信' 등을 제안하였고, 관원들의 논의를 통해서 "司直은 管事로, 副司直은 副管事로, 司正은 典事로, 副司正은 副典事로" 최종 결정되었다.[38] 이로써 잡직계가 설치된 이후 일련의 조치가 마무리되어 공상천례 관직자들을 유품직에서 구분하는 조치가 끝났다.

이후 이러한 변화에 따른 부수적인 조치로 공상을 규제하는 조치가 시행되었다. 즉 양인으로 工商의 직을 하는 경우도 잡직계에 포함하는 조치가 취해졌다. 이는 세종이 병조에 다음과 같이 명령하면서 시행되었다.

> 각 사의 諸色匠人과 商賈에 이름을 둔 자는 비록 양인에 속하더라도 대장 대부를 제수하지 말고 모두 상림원의 職을 주라.[39]

이는 양인으로서 공상직을 맡게 되는 이들에게 잡직계를 주는 조치이다. 양인이라도 공상직을 맡으면 공상으로 취급되고, 기왕의 공상천례를 하나로 보았던 입장에서 이들에게 잡직계를 부여하는 조치였다.

공상천례를 유품직에서 몰아내는 일이 잡직계의 설치와 일련의 조치로 분명하게 정리되면서 세조 6년에 이르면 오히려 상림원의 관직으로 모아두었던 잡직계 인원들을 본래의 활동하는 부서로 다시 돌려주는 조치가 취해진다. 이는 세조 6년에 병조에서 다음과 같이 제안하면서 이루어졌다.

> 지금 장차 陶汰할 冗官인 동반 서반의 각 품과 革罷할 상림원의 관직 각 품 祿科를 내금위와 각처 장인의 체아직으로 옮겨 주어 더 설치하는 절목은 이러합니다.[40]

---

38) 『세종실록』 권123, 세종 31년 1월 신묘.
39) 『세종실록』 권110, 세종 27년 11월 경진.
40) 『세조실록』 권21, 세조 6년 8월 갑진.

이에 의하면 관직제도를 개정하면서 상림원을 혁파하고 이에 속한 인원을 내금위 등 각 처로 분배하고 있다. 여기서 상림원을 혁파하는 것으로 언급하고 있으나, 상림원은 세조 12년에 이르러서야 장원서로 이름을 바꾸는 것으로 보아서41) 부서를 혁파하였다기보다는 잡직계의 설치과정에서 증설되었던 직소들이 해당부서로 환원하는 조치로 이해된다. 이는 이때에 상의원 등 각부서로 나누어주는 인원과 세종 27년 상림원이 확대되었을 때의 인원을 비교해보면 잘 알 수 있다.42) 비교해 보면 상림원의 확대되었던 인원 중에서 상당수가 세조 3년에 이미 각부서로 돌아갔고, 세조 6년 남은 인원이 각부서로 다시 배치된 것을 알 수 있다.

이러한 조치로 인원을 받는 부서들은 상의원, 군기감, 교서관, 공조, 선공감 등이 거론되었는데, 이 부서들은 상의원을 제외하고는 비유품직 부서로 파악되지 않았던 곳이다. 이후 이 부서들은 잡직계 관원이 배치되는 부서로 파악된다. 배치된 이들은 당연히 잡직계를 가졌을 뿐 아니라 상림원에서 가지고 있던 관직명도 가지고 간 것으로 파악된다.43) 이러한 조치로 잡직계 관원은 유품직과 섞이는 혼란이 없이 해당부서에서 소관 업무를 하게 되면서 오히려 행정 효율을 높일 수 있었다.

---

41) 『세조실록』 권38, 세조 12년 1월 무오.
42) 사옹원 상림원 인원의 증감표

	관사	부관사	전사	부전사	급사	부급사	합
세종 24년 사옹원 증액	-4		4	8	8	12	28
세종 26년 사옹원⇒ 상림원	4	4	8	12	12	16	56
세종 27년 상림원 인원 *	4	4	8	12	12	16	56
세종 27년 상림원 증액	2	2	4	8	23	19	58
세조 3년 상림원 감액	-5	-3	-9	-10	-29	-34	-90
세조 6년 상림원⇒ 여타부서		-1	-2	-6	-12	-17	-38

* 상림원의 인원으로 실록에서 파악하고 있는 것은 수치로 보아서 상림원의 증액분을 말하는 것으로 기존의 상림원의 관원의 수는 포함되지 않은 사옹원에 넘어온 잡직계 관원을 위한 인원으로 파악된다.
43) 각 부서에 배치된 관직명이 관사와 전사로 유품직과 다른 관직명으로 상림원에서 보유한 명칭을 그대로 나누어 주었다.

2) 유외잡직의 변화

이상과 같이 잡직계가 설치되는 과정을 검토하였는데, 중요한 것은 잡
직계의 설치가 비유품직과는 관계없이 진행되었다는 점이다. 그러면 이장
의 서두에서 언급하였던 비유품직은 잡직과 어떠한 관계를 갖는 것일까?
결론적으로 이야기하면 잡직계의 설치 이면에서 비유품직은 잡직으로 호
칭되는 과정을 겪고 있었다.

비유품관을 잡직으로 거론한 첫 자료는 앞에서도 살핀 바 있는 세종 15
년의 다음의 자료이다.

> 流外雜職 가운데에서 상림원에는 內奴를 붙이고, 전악서에는 妓孫
> 및 公賤으로서 채워 징하되, 만일 법을 범한 바가 있으면 비록 參上일
> 지라도 형법에 의하여 바로 처벌을 행하고, 도화원, 상의원, 사옹방, 아
> 악서, 충호위 등은 비록 잡직일지라도 본래 천인이 아니므로, 그 참상
> 은 성중관의 예에 의해 계문하여 논죄하게 하옵소서.[44]

이 자료에 의하면 상의원 등의 비유품직을 유외잡직으로 호칭하고 있
다. 이들을 유외잡직으로 호칭한 것은 유품관 내에서도 공상천례를 잡직
으로 나누려는 논의가 있었으므로 이들과 구분하기 위해서 비유품직은 유
외잡직으로 호칭하였던 것으로 생각된다. 유품직에서 갈라진 층을 유품직
을 가지고 있는 잡직이라는 의미에서 유내잡직으로 상정하고, 비유품직은
유품직 밖의 잡직이므로 유외잡직으로 호칭하였던 것으로 추측된다.[45] 이
러한 비유품직을 잡직으로 호칭한 용례는 이미 세종 12년의 논의 중에서
나타나고 있다.[46]

---

44) 『세종실록』 권59, 세종 15년 2월 무술.
45) 유내잡직이라는 용어는 예상되는 조어를 해본 것으로 용례는 아직 발견하지 못하
였다.

이렇게 잡직계 관직이나 유외잡직이 모두 잡직으로 지칭하게 된 경위는 유품직에서 갈라내려는 층이나 이미 비유품직에 있는 집단이 별다른 차이가 있는 집단으로 이해되지 않았기 때문이었다. 그러나 논의가 진행되면서 이 양 집단은 조금 다르게 취급되었다. 즉 유품직 내에서 갈린 집단은 신분이 공상천례였으나, 비유품직 내에는 공상천례 외에 양인이 같이 있었기 때문이었다. 그러므로 유외잡직 내에서도 양인과 공상천례를 나누려는 동향이 나타났다.

이러한 결과 유외잡직 내의 양인들은 오히려 그 지위가 높아졌다. 이는 세종 15년에 예조에서 유외잡직 내의 양인들에게는 유품직과 같은 대우를 하자는 다음과 같은 제안으로 구체화되었다.

> 도화원, 상의원, 사옹방, 아악서, 충호위 등은 비록 잡직일지라도 본래 천인이 아니므로, 그 참상은 성중관의 예에 의해 계문하여 논죄하게 하옵소서하니, 그대로 따랐다.[47]

이미 살편 대로 비유품관들은 유품관들과는 달리 계문치죄하는 특권을 가지지 못하였는데, 이때에 이르러서 유외잡직 중 양인들은 참상관에 한하여 계문치죄하는 조치가 취해졌다. 유품직은 참외직까지 계문치죄하는 조치가 취해지고 있는 상황이었으므로 참상직에 한하여 이러한 특혜가 주어진 것은 제한적인 우대였지만 유외잡직 내에서도 양인은 우대를 받고 있었다.

이에서 한걸음 더 나아가서 세종 26년에는 유외잡직의 참외관까지도 계문치죄하게 되었다. 이는 세종이 잡직이라도 양인인 경우는 참외관까지 계문치죄하라고 지시한 다음의 명령을 통해서 확인할 수 있다.

---

46) 『세종실록』 권49, 세종 12년 9월 을사.
47) 『세종실록』 권59, 세종 15년 2월 무술.

도화원, 상의원, 사옹, 아악, 충호위는 그 벼슬들이 비록 유품 밖의 것이기는 하나 천인은 아니다. 참상은 성중관의 예에 따라 啓聞한 뒤에 시행하라는 것은 이미 일찍이 입법되었다. 지금 散官의 제수를 받은 사람의 冠帶, 承蔭, 坐罪 등 여러 가지 일은 문무관 실직을 받은 사람과 다름이 없는 것으로, 산관의 제도는 매우 중대한 것이다. 위의 상의원 등의 각인도 서반 산관의 직을 받은 것이니, 지금부터는 만약 범법하는 일이 있을 때에는 다만 참상만이 아니고 참외에 이르기까지, 문무관의 예에 따라 임금의 뜻을 물어 시행하는 것을 영구한 常用의 법으로 하라.48)

세종은 유외잡직도 산계는 유품직과 동일하게 문무산계를 받고 있으므로, 이를 근거로 한다면 이들을 유품직과 달리 대우할 이유가 없었다고 보았다. 이는 유외잡직도 공상천례를 제외하고는 유품직과 별다르게 대우하지 않겠다고 천명한 것이다.

이와 같이 유외잡직 내에서도 양인과 공상천례는 확연하게 구분되고 있었는데, 세종 26년 잡직계가 설치되자, 비유품직 내에 있던 공상천례도 잡직계를 받게 되었다. 이러한 변화는 악공직에도 영향을 미쳤다. 악공직은 주지하듯이 아악서와 전악서로 구분되어 있었고, 아악서는 양인이, 전악서는 천인이 배치되는 관서였다. 그러나 이들에게는 양천의 구별이 없이 별도의 산계인 악공직이 동일하게 주어지고 있었다. 그러나 유품직에서 공상천례를 구분하여 별도의 잡직계를 부여하는 상황이 전개되자 악공직에서의 변화도 당연하였다. 세종 30년에 악공직 내에서 양인과 공상천례를 나누어 별도의 산계를 주기 위해서 새로운 산계가 마련되었다. 이는 이조의 다음과 같은 발의에 의하여 되어졌다.

아악서의 악공이 모두 양인인데, 전악서의 천인인 악공과 더불어 직

---

48) 『세종실록』 권105, 세종 26년 7월 임신.

함의 칭호가 같으므로, 양인과 천인이 혼용되어서 사람들이 즐겨하지
아니하오니, 옛 제도를 참고해 살펴서 종5품은 嘉成郞 雅樂署令으로,
종6품은 純和郞 雅樂署副令으로, 종7품은 司音郞 雅樂署郞으로, 종8
품은 和聲郞 雅樂署丞으로, 종9품은 和節郞 雅樂署副丞으로 호칭하
여 전악서와 구별하소서.[49]

이에 의하면 아악서에 가성랑, 순화랑, 사음랑, 화성랑, 화절랑 등의 양
인에게 부여하는 산계가 새로 만들어졌다. 이로서 기존 악공직의 산직체
계는 천인으로 구성된 전악서의 관원들에게 부여하고 새로 만든 산계는
아악서의 양인 악공들에 부여되었다. 이러한 조치는 별도의 산계 하에 운
영되던 아악서의 특수성에 기인한 것이었다.

그러나 악공직 내에 양인이 사용하는 별도의 산계를 만드는 조치는 이
부서에 악공직이라는 별도의 산계가 있었다는 것을 존중하면서 시행한 조
치였으나, 다른 부서에는 잡직계만을 만들어 공상천례를 구분하였을 뿐,
양인들은 문무산계를 그대로 사용하였다는 점에서 본다면 균형이 맞지 않
는 조치였다. 그러므로 성종 2년에 이르러 이조에서는 양인 악공에서 문무
산계를 주기 위하여 다음과 같은 조치를 취하였다.

이 앞서 樂生, 樂工의 階級은 모두 잡직이었는데, 『大典』안에 "악생
악공 가운데 양인의 품계는 正職과 같게 한다."고 하였으니, 일찍이 雜
職을 제수 받았던 자는 지금 正職을 줄 때에 급수를 맞추어 주기가 불
편합니다. 청컨대 1계급을 낮추어서 주도록 하며, 이미 전에 제수된 자
도 아울러 개정하도록 하소서.[50]

이는 아악직을 받은 관원들이 문무산계를 받을 때에 환산하는 방법을
논의한 것이다. 이러한 조치는 아악서에서 양인이 사용할 산계를 만들어

---

49) 『세종실록』 권119, 세종 30년 2월 신유.
50) 『성종실록』 권11, 성종 2년 7월 계유.

별도로 운영하는 부조화를 해소하기 위한 조치로, 이 조치로 인해서 아악
서의 양인을 위한 별도의 산계는 없어졌을 것으로 추측된다. 이로써 공상
천례에게는 잡직계를, 그 외 양인에게는 문무산계를 주는 통일적인 기준
이 정비되었다.

유외잡직의 관원들 가운데 양인들은 잡직계가 설정되면서 오히려 그 지
위가 상승하였으나, 이들이 유품직과 같은 대우를 받은 것은 아니었다. 이
들은 유품직과는 달리 여전히 조반에 참여할 수 없었다.[51] 그러나 이들은
문무산계를 받고, 계문치죄가 허용되면서, 그에 상응한 호칭을 부여받고
있었다. 雜職流品人이 그것이다.

이는 종량의 문제로 세조 5년 추쇄도감에서 올린 다음과 같은 논의 중
에 잘 나타난다.

> "1품 이하의 동반 서반의 流品, 문과 무과의 出身人, 생원, 성중관,
> 有蔭子孫 가운데 公私의 婢子에게 장가들어 첩으로 삼은 사람과 平民
> 으로서 나이 40세가 되도록 아들이 없어서 공사의 비자에게 장가가서
> 낳은 자녀는 예대로 마땅히 양인으로 삼는다." 하였는데, 平民으로서
> 나이 40세가 되지 못하여 결혼하여서 낳은 자녀는 나이 40세가 차기를
> 기다려 종량합니다. 雜職流品人은 평민인데 이전에 낳은 자녀를 유품
> 을 받은 후에 종량한다면 受敎의 본의에 매우 어그러집니다.[52]

이 내용은 종량에 관한 규정을 언급한 것으로 여기에 '잡직유품인'이라
는 용어가 보인다. 잡직유품인이라는 용어는 잡직과 유품직의 대립된 개
념을 한 단어로 혼합한 의미상 모순적인 단어이다. 그러나 이 용어는 잡직
이면서 일부 유품직의 우대의 받고 있는 이들에게 적절한 호칭이었다. 즉
유외잡직에 속한 양인 관원에게는 비록 잡직이었으나, 유품직 권한의 일

---

51) 『성종실록』 권82, 성종 8년 7월 임오.
52) 『세조실록』 권18, 세조 5년 10월 계축.

부분인 계문치죄의 권한이 부여되어있었다. 그러므로 잡직유품인이라는 호칭은 그러한 지위에 잘 어울렸다.

잡직유품인의 지위는 상승하였으나, 잡직계를 받는 공상천례들은 그 지위가 하락하는 추세였다. 잡직계 관원들은 관원으로서 가질 수 있는 권리는 가지지 못하고 직역의 의무만 남았기 때문이었다. 그러한 결과 잡직의 중심은 잡직유품인이 차지하였다. 그 한 예로 성종 8년 경연 중 집의 김승경이 한 다음과 같은 발언을 들 수 있다.

> 이 앞서는 동서반의 流品과 參上 외의 나머지 잡직은 府庭에 나아가 對問케 하였는데, 이제는 『大典』에 유품과 잡직을 분별하지 않은 까닭으로 參上은 모두 公緘을 사용합니다. 한 번 죄를 범함이 있으면 公緘이 到門하는데, 이들이 문자를 알지 못하여 타인의 손을 빌리니, 그 말을 다하지 못하고 또한 쉽게 정상을 얻지 못하여, 獄訟이 지체됨이 주로 이런 데에서 연유되니, 청컨대 이제부터는 雜職者는 한결같이 舊例를 따르게 하소서.53)

이는 '계문치죄'의 문제를 논의한 기록인데, 이미 앞에서 살핀 대로 잡직계 관원에게는 계문치죄의 권리가 없었으므로 여기서 거론된 잡직자는 잡직유품인만을 지칭하는 것이다. 그러므로 이러한 용례를 보아 이미 잡직이라는 칭호는 잡직유품인을 칭하는 것이었고, 관원으로서의 의미를 상실한 잡직계 관원은 잡직에서 탈락해갔다.54)

용어의 사용범위가 조정되어, 잡직은 잡직유품인을 호칭하는 용어가 되었는데, 이러한 변화로 '잡직'은 좀 더 상위의 지위에 있던 관원군까지를 포괄하는 용어가 될 가능성을 가지게 되었는데, 이 변화는 다음 절에서 상론하겠다.

---

53) 『성종실록』 권82, 성종 8년 7월 경진.
54) 이러한 변화는 유승원 교수가 밝힌 관속직의 잡색역화하는 현상과 밀접한 관련을 가지는 변화로 생각된다(유승원 앞의 책).

3. 성종대 잡직 범위의 확대와 기술직

이미 검토한 대로 세종대까지 잡직의 범위는 공상천례의 신분으로 잡직 계를 받는 관원과 비유품직에서 연유한 문무산계를 받은 관원으로 구성되 어 있었다. 특히 문무산계를 받은 유외잡직은 그 지위가 상승하면서 잡직 유품인으로 호칭하였다. 잡직유품인과 잡직계 관원은 모두 잡직으로 호칭 되고 있었으나, 그 대우에 있어서 중요한 차이가 있었으므로, 잡직계 관원 의 지위는 더욱 하락하여 잡직의 호칭에서 탈락하는 사례도 나타나면서 잡직유품인이 잡직의 중심으로 부각되었다.

이러한 변화 위에서 '잡직'의 호칭의 범위는 더 위에 있는 관직에까지 미치게 되었다. 즉 잡직의 바로 바깥에 위치하였던 기술직을 잡직으로 호 칭하는 현상이 나타났다. 그 구체적인 동향은 성종 8년 김승경의 다음과 같은 문제제기로 시작되었다.

> 朝廷의 禮는 명분이 큰 것입니다. 算士 檢律은 모두 옛적 胥吏의 流인데, 朝班에서 그 資級을 따르니, 산사가 혹 戶曹郎官의 위에 서고, 검률이 혹 刑曹郎官의 위에 서게 되어 심히 옳지 못합니다. (중략) 모 두 朝班에 참여하지 않게 하는 것이 어떠하겠습니까?"

산사 검률이 조반에 참여하는 것을 문제 삼은 내용이다. 조반의 참여는 앞에서도 여러 차례 언급된 유품직으로서의 권리였다. 잡직유품인이 재판 등의 권리에서 유품직과 같은 대우를 받았지만, 여전히 차대로 남은 부분 은 조반의 참여에 대한 권리였다. 즉 조반에 참여 여하는 잡직과 유품직을 나누는 상징적인 경계였다. 그러므로 이러한 의미를 가지는 조반 참여에 서 산사 검률을 배제하겠다는 것은 이들을 잡직으로 보겠다는 의미였다. 이는 좀 더 확대 해석하면 기술직을 잡직으로 간주하겠다는 주장이었다.

그러나 산사와 검률의 조반참여에 대한 논의는 간단치 않았다. 여기서 산사와 검률만을 사역원, 서운관, 전의감 등의 기술직에서 분리하여 지적하고 있으나, 이들은 여타의 기술직과 별 차이가 없었다. 산사와 검률은 산학과 율학에 연원을 두는 관직이었는데, 산학과 율학은 조선 초기 기본 교육 체제인 六學을 설치할 때부터 譯學, 醫學, 字學, 兵學[55] 등과 같이 설치되었고, 이후 十學으로 확대될 때에도 역시 같이 소속되었다.[56] 십학 내에서도 율학과 산학은 사역원, 서운관, 전의감, 제생원, 혜민국 등과 함께 같은 지위를 갖는 것으로 취급되었다.[57]

이러한 건국 초의 관행은 세종대에도 그대로 이어졌다. 그 일례로 세종 14년에 사역원, 서운관, 전의감, 혜민국, 제생원, 율학, 산학 등의 관원을 하나로 묶어서 '資級을 따라 遷轉'하는 제도를 시행하여 이들을 같은 부류로 취급하였다.[58] 이러한 상황이었으므로 산학이나 검률이 기술직의 일원으로 유품관으로 파악되는 것은 전혀 문제가 되지 않았다.

특히 산사와 검률이 조반에 참여할 수 없다는 문제가 되는 계기를 부여한 것은 세조 12년 관제개혁이었다. 이때에 다음과 같은 변화가 이 부서에 있었다.

> 司律院은 律學으로 이름을 고쳐서 刑曹에 붙이고, 明律을 두었는데 품계는 종7품이며, 審律 둘은 종8품, 훈도 둘은 정9품, 檢律 둘은 종9품이다. 算學은 戶曹에 붙여서 박사는 없애고, 算士 둘을 두었는데 품계는 종7품이고, 計士 둘은 종8품, 훈도 둘은 정9품, 會士 둘은 종9품이다.[59]

예조의 속아문으로 있던 율학과 산학을 형조와 호조에 소속시키면서 이

---

55) 『태조실록』 권4, 태조 2년 10월 기해.
56) 『태종실록』 권12, 태종 6년 11월 신미.
57) 『태종실록』 권24, 태종 12년 11월 병신.
58) 『세종실록』 권58, 세종 14년 12월 정미.
59) 『세조실록』 권38, 세조 12년 1월 무오.

들이 기존의 형조와 호조의 관원들과 별다른 차이가 없게 편제되어 버린 것이다. 율학과 산학은 유품직이었으므로 산계상에서는 낭관들과 차이가 없었으나, 실제로 그 진입로가 달랐고 승진해 갈 수 있는 진출로도 달랐다. 그러한 상황에서 이들이 형조와 호조에 속하여 낭관들과 같이 조회의 반열에 서는 것이 문제가 되었던 것이다.

이들은 속아문에 속하여 있더라도 유품직으로 인정되었으므로 조회의 참여는 허용되어 있었으나, 조정의 일부관원들은 산사와 검률의 직제조정에 따른 변화를 빌미로 이들에 대한 차대를 분명히 해서 조회의 참여에서 완전히 탈락시키려 하였다. 이러한 움직임은 세종대 이후 나타나는 기술직을 유품직에서 분리하려는 동향의 일환이었다.

기술직은 이미 세종 28년 이후 고위관원의 서자들이 문음으로 들어가는 관직이 되면서 그 지위가 흔들리고 있었다.[60] 율학과 산학은 다른 기술관들과 함께 2품 이상의 첩의 자손들이 진출할 수 있는 부서가 되고 있었다. 특히 산학의 경우에는 잡과를 거친 것이 아니어서 다른 기술관들보다 다소 차대를 받는 위치에 있었다. 이는 성종 13년의 예조에서 올린 2품 이상 관리의 첩자손에 대한 논의에 다음과 같이 잘 나타난다.

신 등이 『대전』의 "첩의 자손은 여러 관사에 許屬한다."는 곳을 자세히 참고하여 보니, 양첩의 자손과 천첩의 자손을 나누지 않고 범연히 첩의 자손이라고 일컬었습니다. 그러므로 천첩의 자손을 산학과 내수사에 허속하는 것은 좋겠습니다.[61]

논의의 내용이 번잡하여 짧게 인용하였는데, 내용을 종합하여 살펴보면 기술직에 고급관원의 서자들이 등용되는 것은 인정할 수 있으나, 이는 양첩의 자손의 경우이지, 천첩의 자손까지는 곤란하다는 것이다. 그러므로

---

60) 『세종실록』 권114, 세종 28년 10월 계축.
61) 『성종실록』 권139, 성종 13년 3월 기묘.

전의감, 사역원, 관상감, 율학 등에는 양첩의 자손만 입속을 허용하고, 천첩의 자손은 산학과 내수사에 두자고 제안하였다. 이러한 주장은 정부에 의해서 받아들여지면서 기술관 중에서 산학만이 천첩소생이 임용되는 부서가 되었다.

이러한 배경으로 인하여 산사와 검률의 조반 참여 문제가 제기되자 성종은 경연에 참여하였던 대신들에게 의견을 물었다. 이에 노사신 등 대신들은 다음과 같이 대답하였다.

> 算士 檢律은 예전에는 衙吏가 되었던 까닭으로 鞭撻하여 부렸습니다마는, 이제 그 직임이 동반에 참여하게 한 것은 국가에서 朝士로 대우하려는 것이었습니다. 그러나 該曹郎官으로 더불어 어깨를 나란히 하고 서는 것은 옳지 못하니, 서반에 차례하여 敦寧府와 같이 함이 옳습니다.62)

노사신은 산사와 검률을 유품직으로 대우하여 조반에는 참여시키되 서반으로 옮기는 정도의 제한을 가하는 선에서 이 문제를 해결하고자 하였다. 성종은 의견을 더 모으기 위해서 관원들에게 다시 논의하라고 명하였다. 이에 의정부, 육조, 사헌부, 사간원, 한성부, 돈녕부, 충훈부 등의 관원들이 이 문제를 의논하게 하였다. 여기서 다양한 견해들이 대두되면서 치열한 논란이 있었다.63) 이 논의는 잡직의 문제와 관련해서 매우 중요한 논의였다.64)

---

62) 『성종실록』 권82, 성종 8년 7월 경진.
63) 『성종실록』 권82, 성종 8년 7월 임오.
64) 한영우 교수는 기술직에 대한 논의를 사림파와 훈구파의 신분에 대한 인식의 차이를 보여주는 예로 이해하고 있다. 참고로 기술직의 지위를 놓고 조정에서 본격적인 논의를 한 것은 본 논의와 성종 24년의 논의가 가장 본격적인 논의였다. 그러나 성종 24년의 논의에는 대신들 간의 논의로 그쳤고, 대간이 적극적으로 참여한 것은 본 논의에 국한 되었다. 이 논의를 상세히 검토할 때 이 논의에서 대간들이 사림파의 의견을 대변하였다고 보는 것은 인적 구성으로 볼 때에도 타당치 않

논의된 견해들은 몇 가지로 모아지는데, 산사와 검률이 반열에 참여하는 것을 유지하자는 안과 반열에 참여하지 못하게 하자는 안이 나왔다. 또한 중도안으로 산사와 검률을 나누어서 처리하자는 안이 나왔다. 먼저 기존대로 조반에 참여시키자는 안을 살펴보자. 이 안을 주장한 이들 간에도 약간씩 의견에 편차는 보여주고 있었으나, 의견의 핵심은 기존의 관행대로 산사와 검률을 조반에 참여시키자고 주장하는 것으로, 이에 참여한 이들은 예조 참판 이극돈, 서평군 한계희 등이었다. 이들은 "사대부와 더불어 齒列하게 함은 옳지 못한 듯합니다. 그러나 이미 王爵을 받았으니, 구별할 수 없습니다."[65]라고 이미 관원이면 그에 합당한 대우를 해야 한다는 입장이었다. 현실적으로 "만약 구별하여서 배척하면, 이 기술을 하는 자는 권장할 것이 없어서 장차 폐업함에 이를 것이다."라고 기술직의 현실적인 필요성을 강조하였다. 그러나 이들도 "의역, 음양, 산률과 같은 것은 모두 한 결같은 누리이니, 사대부와 더불어 치열하게 함은 옳지 못합니다."라고 이들과 사대부는 구분되는 집단으로 보는 입장을 기본적으로 가지고 있었다. 비록 이들에게 조반에 참여함을 허용한다고 하더라도 동등한 집단으로 보는 것이 아니라 제한적인 허용이었다.

이러한 견해와 상반된 의견을 표현한 이들도 많았다. 이들은 강경하게 산사와 검률의 수반을 거부하였는데, 영의정 정창손 등 삼의정과 사헌부와 사간원의 관원들이었다. 이들은 "律員 算員은 바로 호조, 형조의 屬吏인데 (중략) 바로 사대부와 아울러 서서 班行하니, 그들과 함께 하는 자들이 한 무리가 되는 것을 부끄럽게 여깁니다."고 율원 산원은 '屬吏'로 사대부

고, 시기적으로 볼 때에도 아직 사림파가 활동할 시기가 아니라는 점에서 무리가 있는 해석이다.
65) 여기서 '사대부'라는 단어를 사용하는 용례에 주의할 필요가 있다. 기술직은 잡직으로 사대부가 아니었다. 이러한 용례는 사대부가 관원을 지칭하는 것이 아닌 특수한 집단을 거론하고 있는 용어로 사용됨을 보여준다. 이러한 용례는 이 논의에 참여한 모든 관원들이 공통적으로 사용하고 있는 용법이다. 이는 세종대 이후 사족의 범주가 신분적으로 분명해 지면서 사용되는 용법으로 파악된다.

와 같이 할 수 없음을 강조하였다. 또한 이들은 산사와 검률이 '잡직'이므로 유품이 될 수 없고 班列에 참예할 수 없었다고 주장하였다.[66] 이와 같이 산사와 검률을 기술직으로 잡직이며 비사대부의 직으로 파악하고 있다.

이와 같은 대립되는 견해의 와중에서 중립적인 견해도 나타나고 있다. 이 견해에서는 검률은 수반을 허락하자는 입장이었으나, 산사에 대한 의견은 나뉘었는데, 산사에게 수반을 수락할 수 없다는 입장을 취하거나, 산사를 서반으로 옮겨서 수반을 허용해야 한다는 견해로 나뉘었다. 이 견해에 광산부원군 김국광, 호조판서 윤흠 등의 여러 부류가 참여하였다. 이들은 공히 검률은 잡과 출신으로 의원, 역관 등과 더불어 다름이 없으니, 그전대로 동반으로 입참시키자는 의견이었다. 물론 이러한 의견을 표시하면서도 "醫司, 律院, 譯學과 같은 것은 모두가 雜職입니다."라는 입장을 가지고 있었다.

산사의 경우는 검률과는 차이가 있는 것으로 파악하는 것은 공통이었으나, 이를 처리하는 과정에 있어서는 견해가 나뉘고 있었다. 김국광등은 "산사의 무리는 吏典出身者로 유품으로 대우하지 않았습니다."라고 산사를 '吏典'으로 보아서 동반에 참여시킬 수 없다고 보았으나, "원래 천인이 아닙니다."라는 관점에서 서반에 둘 것을 주장하였다. 그러나 구수영 등은 "산사와 같은 것은 천한 데에 매인 자도 또한 많으니, 장악원, 장원서의 잡직 예에 견주어, 수반함을 제하는 것이 어떻겠습니까?"라고 산사를 잡직유품인과 같은 부류로 파악하면서 수반이 불가하다고 주장하였다.

이러한 다양한 견해가 표출되자, 성종은 중도적인 견해를 채택하여 "금후로는 雜職人員은 西班에 隨班하기를 허락하라."고 명하였다.[67] 이러한 결과는 산사와 검률은 조반에 참여가 가능하였으나, 서반으로 옮기어 수반하도록 하여 사대부와는 구분되는 것을 분명하게 하였고, 이들을 '雜織

---

66) 『성종실록』 권82, 성종 8년 7월 임오.
67) 『성종실록』 권82, 성종 8년 7월 계미.

人員'으로 호칭하여 잡직임을 확실하게 하였다.

　이러한 논의과정을 통해서 산사와 검률은 물론 모든 기술직이 잡직으로 정리되면서 잡직의 범위는 확대되었다. 잡직에 기술직이 포함되면서 잡직과 사족직이 분리되었다. 사족직과 잡직을 나누어 신분과 관직을 일치시켜 보려는 동향이었다. 그러나 위의 논의에서 보듯이 국정운영에 기술직의 필요성이 절대적이었고, 또한 현실적으로 지배계층의 서자들이 기술직에 임용되고 있었으므로 조정에서는 기술직을 잡직으로 파악하면서도 유품직의 지위는 인정하여 서반이나마 조반에 참여하는 등 일정한 지위를 계속 부여하고 있었다.

　이러한 조정의 결정이 있었으나, 잡직을 조반에서 몰아내려는 동향은 계속되었고, 성종 24년에는 기술직의 권리를 제한하려는 움직임이 다시 제기되었다. 이 문제는 성종이 "관상감, 사역원, 전의감, 혜민서는 본래 士族人이 아니니, 내의원 이외는 문관과 무관과 같이 대우하지 말라."[68]고 명하면서 표면화되었다. 이러한 성종의 명령은 계문치죄를 기술직에 허용하는 문제에서 기인한 것이었다. 이는 논의 중에 이육이 '啓稟刑訊'을 거론한 것을 보아서[69] 알 수 있다.

　기술직 관원에게 계문치죄를 허용할 수 없다고 주장하는 가장 중요한 이유는 기술관이 "본래 士族人이 아니다."라는 것이었다. 잡직과 사족직을 나누고, 사족직에만 계문치죄의 특혜를 부여하려는 것이었다. 기왕에 유품직 관원에게는 조반참여나 계문치죄의 특권을 부여하였고, 기술직 관원은 유품직이었으므로 당연히 계문치죄의 특혜를 가져야 하였다. 그러나 기술직이 잡직으로 정리되면서 이에 대하여 다시 한 번 정리하는 과정이 필요하였다.

　이러한 성종의 명령에 대하여 예조에서는 기술관들에 대한 대우를 유지

---

68)『성종실록』권282, 성종 24년 9월 임진.
69) 상동조.

할 것을 요구하면서, "天文, 地理, 卜筮, 醫藥, 通譯 등의 일체의 雜術은 治道에 도움이 되지 아니하는 것이 없습니다."라고 기술직의 중요성을 강조하였고, 기술직을 "雜類로 정하여 비록 참상관이라도 탄핵을 입으면 법관이 바로 잡아와서 刑訊을 가하는 것은 불가합니다."라고 주장하였다.

예조의 반대가 있자 성종은 대신들에게 논의하라고 명하였다. 대신들은 큰 논란 없이 거의 일치하게 기술관들에게 형신을 가하는 것은 불가하다고 주장하였다. 이미 앞에서 언급한 성종 8년의 대대적인 논의를 통해서 기술직에 대한 조정의 입장이 정리되었기 때문에 더욱 대우를 낮추는 것을 반대하였다. 그 대표적인 견해로 이육은 "의관, 역관 등의 관원은 비록 士族이 아닙니다."라고 전제하였으나 기존의 유품직으로서의 대우를 유지할 것을 주장하였다. 대신들이 일치되게 기술직의 대우 유지를 주장하자 성종은 "예전대로 하는 것이 좋겠다."라고 이를 승인하였다.[70]

이 논의는 관직과 신분을 일치시켜보려는 의도에서 나타났다. 즉 사족과 비사족의 관직을 구분하고, 사족직과 잡직의 구도에 맞추어 특혜도 조정하려는 동향이었다. 그러나 기술직을 사족직이 아닌 잡직으로 파악하면서도 일정한 우대를 계속하도록 결의한 것은 국정에서 기술직이 차지하는 비중의 면에서나, 사족의 첩자손에게 부여되는 관직이 기술직이었다는 점 등에서 그 조정이 간단치 않았기 때문이었다. 그러므로 기술직을 잡직으로 파악하면서도 계속 유품직의 지위는 인정하여 서반이나마 조반에 참여하도록 허용하고, 계문치죄의 권리도 부여하였다.

그런데 기술직과 사족직의 사이에는 보다 분명한 경계가 이미 형성되고 있었다. 즉 기술직에 서얼이 진출하면서 기술직 관원은 사족직, 현관 등에 진출이 불가능하였다.[71] 그러므로 기술직이 유품직으로 인정되어 조반에 참여하거나 계문치죄의 특혜를 받는다고 하더라도 여전히 잡직에 포함되

---

70) 상동조.
71) 최이돈 앞의 논문.

는 관직군이었다.

이와 같이 잡직은 그 범위가 확대되면서 잡직은 문무산계를 받고 잡직 부서에 소속되어 계문치죄의 권리는 있으나 조반에 참여할 수 없는 잡직 유품인, 그리고 역시 문무산계를 받고 서반이나마 조반에 참여하고 있는 기술직으로 구분된다. 이렇게 형성된 관직체계 내의 분화를 종합적으로 보여주는 것이 2품 이상의 관원의 첩자에게 주는 관직의 범주를 논한 다음의 규정이다.

> 2품 이상의 관원이 嫡室에서 아들이 없어 良妾의 長子 長孫이 承重한 사람은 忠順衛와 成衆官에 取才하여 入屬하기를 허가하여 다른 例에 의거하여 관직을 주고, 賤妾의 장자 장손이 承重한 사람과 적실에서 비록 아들이 있더라도 양첩의 衆子 衆孫에게는 司律院, 司譯院, 書雲觀, 典醫監, 濟生院, 惠民局에 入屬하게 하여 예에 의거하여 取才하고, 양첩의 중자 중손은 각기 그 관사에서 관직을 받게 하라. 천첩의 장자 장손은 서반의 限品 관직에 대응하여 서용하게 하고, 적실에서 비록 아들이 있더라도 천첩의 중자 중손이 武才가 없어서 甲士의 직책을 감내하지 못하는 사람은 사복시, 충호위, 상의원, 사옹의 여러 관원과 도화원의 時波赤에 入屬하게 하여 다른 예에 의거하여 限品해서 서용하라.[72]

이 내용이 다소 복잡한데 이를 정리하면 다음과 같다.

2품 이상 관원의 첩자에게 주는 관직의 범주표

대상	서용 관서
양첩의 장자 장손의 승중자	충순위, 성중관
천첩의 장자 장손의 승중자 양첩의 중자 중손	사율원, 사역원, 서운관, 전의감, 제생원, 혜민국
천첩의 중자 중손의 무재 없는 자	사복시, 충호위, 상의원, 사옹원, 도화원의 시파치

---

72) 『세종실록』 권114, 세종 28년 10월 계축.

위의 내용은 첩의 자손이 임명될 수 있는 부서를 논한 제한된 상황에서
나온 것이지만, 이 내용에 의하면 당시의 관원들을 어떻게 나누고 있는가
를 짐작케 한다. 즉 가장 위에는 충순위 성중관을 두었는데, 이는 사족이
배속되는 자리로 이후 현관으로 승진하는데 별다른 하자가 없는 층이었다.
이는 비록 첩의 자손이었지만 承重이라는 가문을 잇는다는 상황에서 예외
적으로 특권을 부여하고 있는 것이었다.[73]

다음으로 사율원, 사역원 등을 분류하였는데, 이는 기술직으로 분류된
부류였다. 다음으로 사복시 등의 관원으로 잡직유품인의 부류였는데 이는
2품 이상 관원의 천첩자에게 배치되는 가장 낮은 자리로 기술직과 함께
잡직이 되는 관직이었다. 물론 앞에서 살핀 대로 잡직의 최하층에는 잡직
계 관원이 위치하고 있었으나 이미 그 위상이 하락하여 직책만 있을 뿐
관원으로서의 우대와는 관계가 없는 자리였으므로, 이미 관원들의 첩의
자손들에게 배치하는 자리에서 탈락하고 있었다.

맺음말

1. 이상으로 잡직의 형성과 그 변화과정을 검토해 보았다. 그 내용을 정
리해 보면 다음과 같다. 잡직에 대한 검토는 잡직의 준비, 형성, 변화의 관
점에서 나누어서 검토할 수 있다. 잡직 검토의 중심은 잡직이 조정의 관심
이 되면서 잡직계의 설치로 이어지는 일련의 논의과정인데, 이를 잡직의
형성과정으로 논하였다. 또한 세종대의 잡직에 대한 논의과정은 그 이전
의 연원이 없이는 불가능한 것이므로, 조선의 건국 초부터 세종대 본격 논
의 이전까지의 시기를 잡직의 준비과정으로 단계를 나누어서 논하였다.

---

73) 충순위와 성중관은 사족직이었으므로 이후 논의에서 수정되었다. 『경국대전』의
    규정에는 충순위와 성중관이 서얼에게 주는 관직에서 빠졌다.

그리고 잡직 형성이후 변화과정을 성종대를 중심으로 잡직의 확대과정으로 논하였다.

세종대 이전의 잡직의 연원은 비유품직에서 찾을 수 있다. 비유품직은 태조대부터 액정서, 아악서, 전악서 등을 필두로 만들어지기 시작하여 이후 그 체계를 정비하여 정종대까지는 그 형태를 정비한 것으로 파악된다. 비유품직은 유품직과 분명한 경계가 있었다. 유품직에 임명되기 위해서는 문무과나 잡과 등의 과거나 문음의 관문을 거쳐야 하였고, 또한 서경을 통해서 적격여부를 검토하는 엄격한 과정을 통과해야 하였다.

그러므로 유품직과 비유품직 간에는 분명한 차대도 존재하였다. 먼저 유품직을 맡는 유품관은 조반에 참여할 수 있었으나 비유품관은 그렇지 못하였다. 조반에 참여는 왕과 면대하는 조회에 참여하는 것으로 주된 관원 여부를 구별하는 상징적인 지표였다. 또한 관원의 잘못을 재판하여 처벌하는 과정에서도 유품관은 왕에게 물어서 형을 결정하는 계문치죄의 특권이 주어졌으나, 비유품관에게는 그러한 권리가 없었다. 계문치죄는 관원의 지위를 보장하기 위해서 관원의 처벌은 왕의 결정에 의한다는 일종의 보호장치였는데, 이러한 우대가 비유품관에게는 주어지지 않았다. 조회의 참여나 계문치죄의 부여 등은 관원에게 준 특권이었으나, 비유품관에게는 이러한 것이 주어지지 않았다. 이는 비유품관도 관원이기는 하였으나, 관직과 연결되는 신분적 지위에서는 유품관과 다른 지위를 가지고 있음을 의미하는 것이었다. 이러한 차대를 받았던 비유품관은 이후 논의에서 잡직의 주요한 부분을 차지하는 부류가 되었다.

2. 세종대에 이르러서 잡직은 분명하게 정리되었다. 이러한 계기를 제공한 것은 유품직 내에 속하여 있던 공상천례에게 유품직을 주어서는 안 된다는 논의가 시작되면서였다. 앞에서 언급한 대로 유품직은 진출로가 제한되어 있었고, 서경을 통해서 그 자격을 심사했음에도 불구하고 자격이 문제되는 부류들이 상당수 유품직을 가지고 있었다. 이는 이러한 규정의

시행이 철저하지 않았음을 보여준다. 심지어 천인들도 상당수 유품직을 맡고 있음을 보아 관직의 운용에서 양천의 구분도 엄격하지 않았던 것으로 짐작된다.

관원들은 세종대에 이르러서야 본격적으로 이 문제를 풀려고 노력하였다. 이를 위해서 먼저 유품직을 맡고 있는 공상천례를 사옹원으로 모으는 조치를 취하였다. 사옹원은 비유품직 관서이었으므로 공상천례의 유품관들을 여기에 모으는 것만으로도 이들을 분리하는 효과가 있었다. 그러나 사옹원은 양인 출신의 관원들이 배치되는 부서이었으므로 이러한 조치도 충분하다고 인정되지 못했고, 공상천례의 유품관들을 다시 천인들이 배치되는 관서였던 상림원으로 옮기는 조치를 취하였다.

상림원으로 옮겨졌지만 이들은 여전히 유품관과 같이 문무산계를 사용하여 산계상 유품관과 구분되지 않았다. 이 때문에 새로운 산계로 잡직계를 만들어 이를 공상천례의 관원들에게 주었다. 또한 관직명도 여전히 유품관과 차이가 없어 유품관과는 다른 명칭으로 바꿀 필요가 제기되면서 관직명도 별도로 만들었다. 이러한 일련의 조치를 바탕으로 공상천례 관원은 분명하게 분리되었다. 분명하게 분리되면서 잡직계 관원들을 상림원에 모아둘 필요가 없어졌고, 잡직계 관원들은 별도의 산계와 관직명을 가지고 필요한 부서로 재배치되는 조치가 취해졌다.

3. 이러한 과정을 거치면서 잡직이라는 호칭의 의미는 분명해졌고 일차적으로 잡직계를 가진 관원이라는 의미로 이해되었다. 그러나 잡직이라는 용어는 잡직계를 가진 관원만을 지칭하는 것이 아니었다. 잡직 논의의 출발이 유품직과 관련지어 시작되었으나 이 논의의 이면에서 비유품직의 관원들을 잡직으로 호칭하는 현상도 나타났다. 이들은 잡직계로 분류되는 공상천례와는 다른 부류이었으므로 호칭도 달랐는데, '유외잡직'으로 호칭되었다.

유품직 관원들이 잡직계로 귀결되는 변화과정을 거치는 과정에서 '유외잡직'에서도 변화가 있었다. 유품직 내에서 공상천례를 나누어 차대하게 되면서 유외잡직 중에서도 양인과 공상천례를 나누려는 논의가 진행되었고, 유외잡직의 양인관원들은 오히려 그 지위가 상승하였다. 유외잡직 내의 양인관원들은 유품직의 특권이었던 계문치죄의 특혜를 받게 되었고, 산계도 문무산계를 받게 되면서 유품직과 차이가 줄어들었다. 그러면서 이들에게는 별도로 '잡직유품인'이라는 이름이 부여되었다. 잡직과 유품인이라는 상반된 용어가 조합을 이루었다. 이는 이들이 계문치죄의 권리도 부여되어 있고, 문무산계를 사용하고 있었으므로 유품관에 접근하였다는 의미에서 '유품인'의 호칭이 부여되었고, 또한 이들이 잡직의 부서에 소속되어 있었으므로 잡직이라는 호칭이 동시에 부여되어 이러한 대립적인 개념이 합해진 용어가 형성되었다. 잡직유품인들은 그 지위가 상승하였으나 조반의 참여는 여전히 금지되었고, 사회적으로도 평민으로 인식되면서 여전히 잡직으로 자리매김 되었다. 이러한 변화 속에서 잡직계의 관원들은 관원으로서의 우대를 상실하고 직역만 남아, 잡직 내에서도 낮은 부류로 분류되면서 잡직의 주류에서 탈락하는 모습을 보여주었다.

4. 세종대에 잡직의 개념이 정리된 뒤에 성종대에 들어서는 잡직의 범위가 확대되는 변화가 나타났다. 잡직계의 관원들이 잡직의 주류에서 탈락하고 잡직유품인이 잡직의 주류가 되면서 잡직의 용례가 위의 관직에까지 확대되었다. 이는 당시 조정에서 기술직의 지위를 제한하려는 움직임과 더불어 나타났다. 즉 기술직을 잡직으로 파악하고 그들에게 부여하였던 조반의 참여의 권리를 폐지하려는 움직임이 그것이었다. 기술직의 조반참여 여부를 결정하는 논의에 조정의 관원들이 대거 참여하여 열띤 논의를 하였고, 여러 가지 안들이 제안되었다. 결론은 기술직이 유품직이라는 원칙을 다시 확인하면서 조반 참여는 허용하였다. 그러나 동반이 아니라 서반에 위치하는 것으로 정리되었다. 또한 논의 과정에서 기술직은 잡직으로 분류되어 사족직과 분명하게 분리되었다. 기술직을 잡직으로 자리

매김한 것은 이미 세종대부터 서얼이 진출하는 관직이 되면서 현관직 진출 제한 등과 같은 차대의 연장선상에서 취해진 조치였다.[74]

　이러한 변화를 통해서 잡직은 기술직 관원, 잡직유품인, 잡직계 관원 등이 배치되는 관직으로 정립되었다. 이러한 정립과 더불어 잡직은 사족이 아닌 중간신분이 맡는 관직이라는 인식도 굳어졌다(최이돈「조선초기 잡직의 형성과 그 변화」『역사와 현실』58, 2005).

---

74) 세종대부터 기술직에 사족을 위한 습독관제를 설치하면서, 습독관이 아닌 기술관이 顯官이 될 수 있는 길이 막히고 있었다. 이미 이때부터 기술직은 사대부로 인정되지 않았고, 사족도 될 수 없었다(최이돈 앞의 논문).

제2부

狹義良人

제3장 佃夫制의 형성

머리말

　그간 과전법에 대한 연구자들의 관심은 매우 높았다. 과전법이 조선의 경제적 성격, 나아가 국가적 성격을 잘 보여주는 제도였기 때문이었다. 그간 많은 연구들이 과전법과 수조권적 지배를 연결시키면서 과전법을 전시과와 유사한 제도로 이해하였고, 조선의 중세적 성격을 보여주는 제도로 주장하였다.[1] 그러므로 그간의 연구에서 佃客의 지위를 매우 취약한 것으로 평가하였다. 수조권적 지배하에 경제외적강제를 당하는 존재로 이해하였다.

　저자도 최근 과전법에 관심을 표현하여, 과전법은 전시과와는 성격이 다른 제도였다는 점을 주장하였다. 먼저 과전법을 신분제와 연결시켜서 검토하여, 과전법의 성격은 단일하지 않고, 관원의 일부분인 대신의 과전만 신분적 성격을 가진다고 보았다.[2] 또한 직전제는 기왕의 주장과 달리 대신의 과전에 변화를 준 것이었다고 보았다. 이미 과전법은 초기부터 3품 이하의 과전이 직전제로 운영되고 있었으므로, 직전제의 시행으로 영향을 받은 것은 대신의 과전이었고, 직전제는 수신전과 휼양전이 소멸한 정도의 변화였다고 보았다.[3]

---

1) 이성무『조선초기 양반연구』일조각 1980.
　　김태영『조선전기토지제도사연구』지식산업사 1983.
　　이경식『조선전기 토지제도연구』일조각 1986.
　　김용섭「토지제도의 사적 추이」『한국중세농업사연구』지식산업사 2000.
2) 최이돈「조선 초기 관원체계와 과전 운영」『역사와 현실』100, 2016.

더불어 저자는 태종대 전객의 전주고소권과 관답험 등의 시행으로 '과전국가관리체제'를 만들면서, 사전에서의 수조량을 공전의 수조량과 맞추게 되었다고 보았고, 이후 수조권은 이미 수조권적 지배와는 거리가 있다고 보았다.[4]

결국 저자는 과전법이 이미 만들어질 때부터 전시과와 다른 제도였다고 주장하고 있다. 과전법에서 세록전적 과전은 소수의 고위관원인 대신에게만 부여되었으나, 수조권의 부여에 기인한 수조권적 지배는 이미 태종대에 소멸된다고 주장하였다.

이러한 관점에 선다면, 과전법 하 전객의 지위를 기왕의 연구와는 달리 평가할 수 있다고 가정된다. 이미 과전법이 시행되면서 공전수조 지역의 전지 소유자들은 수조권적 지배에서 벗어나 그 지위를 상승시켰고, 태종대 과전국가관리체제를 정비한 이후 경기 지역의 전지소유자의 지위도 상승할 수밖에 없었을 것으로 짐작된다. 그러므로 본고는 과전법 시행 이후 전지소유자의 지위 변화를 검토하는 일환으로[5] 納租者의 지위 변화를 호칭의 변화로 검토하고자 한다.

본 장에서 주목하는 것은 과전법 시행이후 납조자의 명칭이 다양하게 나타나는 현상이다. 과전법에서 납조자를 佃客으로 호칭하였다. 전객이라는 용어는 납조자의 지위를 잘 보여주는 용어로 이를 근거로 연구자들은 수조권을 둘러싼 관계를 '田主佃客制'로 명명하였다. 그러나 이러한 중요한 용어가 職田制나 官收官給制 등의 제도가 시행도 되기 전인 세종대에 소멸되었다. 이후 전객을 대신할 용어들이 佃人, 佃戶, 佃夫 등 다양하게 등장하게 되는데, 이러한 새로운 용어의 등장은 전객 지위의 변화에 따른 적절한 용어를 찾기 위한 모색으로 가정된다.

그러므로 본고는 먼저 태조 태종대에 걸쳐서 전객이라는 용어가 어떻게

3) 최이돈 「세조대 직전제의 시행과 그 의미」, 『진단학보』 126, 2016.
4) 최이돈 「태종대 과전국가관리체제의 형성」, 『조선시대사학보』 76, 2016.
5) 최이돈 「조선초기 전부의 법적 지위」, 『조선초기 과전법』 경인문화사 2017.

사용되었는지를 검토하고자 한다. 그리고 태종대부터 나타나는 전객 지위의 변화를 살피고자 한다. 태종대 전객지위의 변화는 私田에서 나타나는 과잉 수조의 문제에 대한 정부의 대응과정을 통해서 구체화되었는데, 이를 먼저 살피고자 한다. 또한 전객 지위의 변화에 따른 새로운 호칭으로 佃人, 佃戶 등이 등장하는 과정을 검토하고자 한다. 마지막으로 변화한 전객의 지위를 대변하는 최종 용어로 佃夫가 결정되고, 전부가 납조자의 지위를 표현하는 법적 용어로 자리 잡으면서 佃夫制가 정비되는 과정을 검토하고자 한다.

이러한 변화의 과정은 신분제의 관점에서 보면, 협의양인의 제일적 지위가 형성되는 과정이었다. 즉 전부제가 형성되기 이전에는 공전지역의 납조자와 사전지역의 전객의 경제적, 법적 지위에 차이가 있었다. 그러나 전부제가 시행되면서 그 지위가 같아지면서 협의양인의 제일적 지위가 이루어질 수 있었다. 그러므로 전부제의 형성과정을 통해서 협의양인이 제일적인 신분으로 정립되는 과정을 검토하고자 한다. 이를 통해서 조선전기의 신분제의 성격이 보다 선명해질 수 있기를 기대한다.

1. 태조 태종대 佃客

전객이라는 용어는 과전법이 만들어지면서 처음 나타났다. 납조자의 지위를 합축한 용어였다. 이에 비하여 수조권자는 전주로 칭하였다. 전주와 전객이 대칭으로 사용된 용례는 『고려사』 식화지에 다음과 같이 보인다.

> 田主가 佃客이 경작하는 있는 땅을 5부까지를 빼앗는 자는 태형 20대에 처하고 5부가 많아질 때마다 죄를 한 등급씩 높여서 장형 80대에 이르기까지의 처벌을 적용한다.[6]

여기서 전주는 전객의 전지를 탈취하지 못하도록 규정하고 있다. 이 규정 중 수조권자인 전주와 전지소유자인 전객이 대칭으로 나타나고 있다. 전객이라는 용어는 과전법 이전에는 보이지 않는 용어로 여기에 처음으로 보인다.

조선에 들어서 전객이라는 용어는 태종 3년의 다음과 같은 사간원의 상소에서 처음 사용되었다.

> 사전은 비록 하도에 있더라도 그 밭의 주인이 각자 임의로 그 잡물을 거두어들이기 때문에, 佃客은 수송하는 폐단이 없고, 田主는 또한 무역의 번거로움이 없습니다.[7]

이 내용은 조운선이 파선되어, 조운의 문제를 조정에서 논의하면서 사간원이 언급한 것이다. 여기서 수조권자인 전주와 납조자인 전객이 대칭적으로 표현되고 있다.

전주와 전객을 대비적으로 사용한 사례를 하나 더 든다면, 태종 15년 과전의 수조법을 논하면서 호조에서 언급한 다음의 예를 들 수 있다.

> 과전, 공신전의 조를 거둘 즈음에 전주의 사자가 명백하게 답험하고, 조를 바칠 때에 전객으로 하여금 스스로 헤아리게 하고, 스스로 평미레질하게 하고, 그 중에 불공평하게 답험하여 과중하게 조를 거두고 잡물을 횡령하는 자를 수령이 고찰하여 그 사자를 가두고 전주의 성명을 곧 憲司에 보고하게 하소서.[8]

이 내용은 과전에서 나타나는 과도한 수조를 개선하기 위한 방안을 논의하는 과정에서 나타난 것이다. 여기서도 전주와 전객은 수조권자와 납

---

6) 『고려사』 권78, 식화1, 전제.
7) 『태종실록』 권5, 태종 3년 6월 임자.
8) 『태종실록』 권30, 태종 15년 8월 갑술.

조자를 대칭적으로 표현하고 있다. 이와 같은 용례 역시 과전법이 시행되면서 수조권자와 납조자 간에 전주와 전객의 관계가 형성되었음을 잘 보여준다. 그간 연구에서 이와 같은 내용을 바탕으로 조선 초기에는 수조권을 둘러싸고 전주전객제가 형성되었음을 주장할 수 있었다.9)

그러나 사전수조 지역의 전지소유자가 전객으로 호칭된 것과는 달리 공전수조지역의 전지소유자는 전주로 호칭되고 있었다. 이는 태조 원년 다음과 같은 태조의 명을 통해서 확인할 수 있다.

> 천신산 골짜기에 머물렀는데, 田禾 2畝가 말에게 손해를 입은 것을 보고, 조기에게 명하여 말 주인에게 布를 징수하여 田主에게 주도록 하였다. 이내 명령하기를 "지금부터 만약 말을 놓아서 곡식을 해치게 한 사람이 있으면, 비록 내 자제일지라도 또한 죄를 용서하지 않을 것이다."10)

위의 내용은 태조가 황해도 평주로 이동하는 중에 생긴 일로, 행차 중에 수행군사의 말이 길 옆의 밭을 손상시키자, 왕은 피해를 보상하도록 명하였다. 여기서 보상을 받은 이를 '田主'로 표현하였다. 여기의 田主는 황해도 지역의 사례였으므로, 수조권자가 아니라 전지소유자를 지칭한 것이었다.

과전법에서 수조권의 분배를 경기에 한정하였다. 그러므로 여타 지역의 전지소유자는 수조권적 지배에서 벗어나 고려에서와는 다른 지위를 가질 수 있었다. 그러므로 공전수조 지역의 전지소유자의 지위를 표현하여 田主라는 용어를 사용한 것은 당연한 것이었다.

이와 같이 경기 외 지역의 전지소유자를 전주라 칭하는 것은 경기의 전지 소유자를 전객으로 칭하는 것과 대비된다. 즉 경기 지역의 전지소유자

---

9) 이성무 『조선초기 양반연구』 일조각 1980.
　김태영 『조선전기토지제도사연구』 지식산업사 1983.
　이경식 『조선전기 토지제도연구』 일조각 1986.
10) 『태조실록』 권1, 태조 1년 8월 신미.

들은 수조권적 지배를 벗어나지 못한 것에 비하여 여타 지역의 전지소유
자는 수조권적 지배를 벗어나 그 지위를 향상시키고 있었다.

　사전 수조지역의 전지소유자를 전객이라고 부르고, 공전 수조지역의 전
지소유자를 전주라고 호칭하는 것은 과전법의 다음과 같은 규정에 연유한
것이었다.

　　　佃客은 그가 경작하고 있는 토지를 別戶의 사람에게 자기 마음대로
　　판다거나 마음대로 줄 수 없다. 만일 사망하거나 이사하거나 호가 없
　　어진 자나, 남은 땅을 많이 차지하여 고의로 황무지를 만들어 버린 자
　　의 전지를 田主의 뜻을 따라 임의로 처분하는 것을 허용한다.[11]

　전지소유자가 전지를 임의로 매매하거나 기증할 수 없었다. 그러한 경
우 전주는 전지를 임의 처분할 수 있었다. 또한 전주는 전객이 '황무지'로
만드는 경우 즉 경영에도 관여하여 전지를 임의 처분할 수 있었다. 즉 수
조권자는 전지의 처분과 경영에 관여할 수 있었다. 이는 전주의 원활한 수
조를 위한 규제였으나, 원활한 수조를 넘어선 수조권적 지배를 가능케 하
는 법적 권리로 작용하고 있었다. 즉 소유권은 배타적인 소유 및 처분을
그 내용을 하였으나, 전객의 소유권은 온전하지 못하였고, 수조권자의 규
제 하에 있었다. 그러므로 이 규정은 수조권자를 전주로 표현할 수 있는
근거가 되었다. 따라서 수조권자와 납조자를 주와 객을 나누어, 전주와 전
객으로 표현한 것은 그 실상을 함축하고 있었다.

　이에 비하여 공전수조 지역의 전지소유자들은 이와 같은 법적 규제를
벗어나 있었고, 당연히 배타적인 소유권을 가지고 있었으며, 전지의 처분
도 자유롭게 하고 있었다. 이는 세종 5년 세종의 다음과 같은 언급을 통해
서 확인할 수 있다.

---

11) 『고려사』 권78, 식화1, 전제 녹과전

근래 해마다 계속하여 실농하였으므로 인하여 민생이 어려운데, 왕
년의 수많은 환자곡을 일시에 다 거둬들인다면 전토와 재산을 다 방매
하여 그 살아갈 바를 잃을 것이 우려되니, 왕년의 환상곡을 보상하지
못한 자는 각도의 경차관으로 하여금 그 민호의 산업을 상고하여, 참작
재량하여 시행하게 해서 살아갈 바를 잃는데 이르지 않도록 하라.12)

세종은 실농으로 인한 백성을 위해서 환자곡의 운영을 잘 할 것을 지시
하고 있다. 실농으로 백성들이 '전토와 재산'을 방매할까 걱정하고 있다.
이러한 언급으로 볼 때, 경기 이외의 공전수조 지역의 백성들은 전토에 대
한 실제적인 소유권 및 처분권을 가지고 있었다.

그러나 조선 초기에 전객이라는 용어는 경기 전지소유자에게만 국한되
어 사용되지 않았다. 경기 지역의 전지소유자를 포함하여 전국의 전지소
유자를 통칭할 때에 전객으로 불렀다. 이는 태종 6년 태종이 의정부에 내
린 아래의 명을 통해서 확인할 수 있다.

각도에서 지난 해 개량한 전토로 만일 적당함을 잃은 곳이 있다면,
조세를 거둘 때에 있어, 佃客의 진고를 허용하여 핵실하여 아뢰도록
하라.13)

태종은 양전을 시행하면서 이를 잘 진행하기 위해서 양전과정에서 부정
한 행위를 한 관원을 '전객'으로 하여금 고소하도록 명하고 있다. 당시 양
전을 시행한 지역은 '각 도'로 표현한 바와 같이 경기도에 한하지 않았다.
따라서 여기의 전객은 전주전객제의 전객이 아니었고, 전국의 전지의 소
유자까지 지칭한 것이었다. 경기도는 물론 전국의 전지소유자를 전객으로
통칭하였다.

---

12) 『세종실록』 권22, 세종 5년 11월 기해.
13) 『태종실록』 권12, 태종 6년 윤7월 무오.

　수조권지역이 아닌 전국의 전지소유자를 전객으로 칭한 것은 태종 7년 충청도 도관찰사 김수자의 요청에 답한 다음과 같은 언급을 통해서 거듭 확인할 수 있다.

　　국가에서 이에 佃客으로 하여금 각각 수령에게 투첩하게 하고, 수령은 그 첩을 받아서 그 허실을 상고하게 하고, 인하여 별감을 보내어 재차 심사를 행하게 하여, 과연 중하면 경차관을 추죄하고, 무고이면 투첩한 자를 죄주고, 수령이 사실대로 분간하지 못한 자는 또한 똑같이 죄를 주게 하였다.14)

　이 내용은 충청도 도관찰사가 충청도 양전의 진행상황을 보고한 것에 대한 대응책을 거론한 것이다. 여기서도 전국의 전지소유자를 전객으로 통칭하고 있다.

　그러므로 이상에서 볼 때, 전주와 전객은 수조권자와 납조자를 지칭하는 대칭적 용어로 사전수조 지역에서 전주전객제가 시행되었음을 잘 보여준다. 이에 비하여 공전 수조지역의 백성들을 전주로 불렀다. 경기 사전수조 지역 백성과 여타 공전수조 지역 백성 간에는 법적, 실제적 지위에서 차이가 있었다. 즉 아직 전국의 전지 소유자들 간에 齊一的 지위가 형성되지 않고 있었다.

　그러나 전객이라는 용어가 전지 소유자들을 통칭하면서 이미 전주로 그 지위를 상승시킨 공전수조 지역의 전지소유자들에게도 적용되고 있었다. 물론 공전수조 지역의 백성을 전객으로 호칭하는 것은 적절하지 않았다. 그러므로 공전수조 지역 백성이 지위에 맞는 호칭을 획득하기 위해서 경기 사전수조 지역 백성의 지위가 공전수조 지역의 백성과 같아지기까지 기다려야 하였다.

---

14) 『태종실록』 권14, 태종 7년 10월 임오.

2. 태종 세종대 佃客의 성장

1) 過剩 收租의 규제

사전 수조지역의 전지소유자들이 전객의 지위에 머물게 되면서 이들은 자신들이 부담하는 田租가 공전수조 지역보다 많다는 것을 인식하게 되었다. 경기만 부담이 큰 것은 과전법에 '科田京畿' 규정을 만든 것에 원인이 있었다. 고려 말 개혁파는 사전의 문제를 심각하게 인식하고 사전의 문제를 해결하기 위해서 사전의 배치를 경기에 한정하였다. 즉 경기의 사전수조 지역과 여타의 공전수조 지역으로 나눈 것이다. 그러므로 공전수조 지역의 백성은 수조권적 지배를 벗어났으나, 경기의 백성은 수조권적 지배 하에 여전히 남게 되었다.[15]

당연히 경기 사전수조는 공전수조에 비하여 그 부담이 높았다. 이에 비해 공전수조 지역의 농민들은 공전수조로 바뀌면서 그 부담이 현격히 줄어 그 지위를 높이고 있었다. 공전수조 지역의 백성들의 부담이 줄고 있음은 다음의 기록을 통해서 확인할 수 있다. 그러한 동향을 보여주는 것은 태종 6년의 사헌부의 다음과 같은 지적이다.

> 나라에 3년의 저축이 없으면 그 나라는 나라가 아닙니다. 본조는 토지가 척박하여 소출이 많지 아니한데, 해마다 손실을 답험할 때, 각 고을의 수령이 대체를 돌아보지 아니하고 오로지 백성을 기쁘게 하기를 꾀하여, 給損이 과다해서 공가에 들어오는 것이 해마다 줄어듭니다.[16]

과전법에 의하면 공전수조 지역의 답험은 수령에게, 사전수조 지역의

---

15) 이하 서술은 최이돈 「태종대 과전국가관리체제의 형성」 『조선시대사학보』 76, 2016 참조.
16) 『태종실록』 권12, 태종 6년 12월 병술.

답험은 전주에게 위임되어 있었다. 위의 내용에 의하면 수령이 손실답험을 허술하게 하고 있다는 지적이다. 수령은 답험에 의한 급손을 후하게 주고 있었다. 이와 같은 상황은 공전수조의 지역에서 농민의 부담이 경기에 비해서 확연하게 줄어들고 있음을 보여준다.

그러므로 경기의 사전수조와 여타지역의 공전수조 간 부담의 차이는 조정의 문제로 제기되지 않을 수 없었다. 태종 9년 경기 농민의 부담이 과중하다는 이유로 경기과전을 이전하고자 하는 방안이 제기되었다. 이 제안은 다음과 같은 관원들의 封事를 통해서 제시되었다.

> 경기의 백성들이 사복시의 馬草와 사재시의 薪으로 인해 곤한데다가, 무릇 科田을 받은 자는 거두는 것이 한정이 없으니 빌건대, 과전을 옮기어 경기 밖에 주소서.17)

경기 백성의 부담을 이유로 과전의 이전을 주장하고 있다. 경기의 백성은 여타의 지역의 백성과 그 부담이 달랐다. 가장 중요한 것은 경기의 수조가 공전수조에 비하여 과하였다는 점이다. '거두는 것이 한정이 없으니'라는 표현은 사전수조가 공전수조보다 부담이 매우 과하였음을 잘 보여주었다.

그러므로 과전을 타 지역으로 옮겨달라고 요청하였다. 이는 '과전경기'의 규정에 근본적으로 이의를 제기하는 요구였다. 물론 이 문제는 고려에서 시행하던 방식에 따라 경기백성의 신분적 지위를 타 지역과 달리 규정한다면 해소할 수 있었다. 즉 경기백성에게 공전수조 지역과 다른 지위를 부여한다면 가능하였다. 그러나 정부는 경기의 백성을 여타지역의 백성과 같게 일원적으로 狹義良人으로 보았으므로 그 차대를 해소해 달라는 요청은 정당한 것이었다.

---

17) 『태종실록』 권18, 태종 9년 7월 기축.

이를 해소하기 위한 모색이 정부에 의해서 다양하게 진행되었다. 그 중 하나가 태종 15년의 전객에게 전주를 고소할 수 있도록 전주고소권을 부여한 것이었다. 호조에서는 관원들의 논의를 종합하여 다음과 같이 제안하였다.

> 조를 바칠 때에 전객으로 하여금 스스로 헤아리게 하고, 스스로 평미레질하게 하고, 그 중에 불공평하게 답험하여 과중하게 조를 거두고 잡물을 횡렴하는 자는 수령이 고찰하여 그 사자를 가두고, 전주의 성명을 곧 憲司에 보고하고, 만일 수령이 혹 사정을 끼거나 혹 용렬하여 능하지 못한 자는 감사와 경차관이 엄하게 견책과 폄출을 가하여 『육전』에 의하여 논죄하고, 예전 습관을 그대로 따라서 전주를 두려워하여 관가에 고하지 않는 자는 전객도 아울러 논하게 하소서.18)

호조는 전주의 횡렴에 대해서 전객이 전주를 고소할 수 있는 전주고소권을 부여할 것을 요청하였다. 이러한 제안에 따라 전주고소권이 전객에게 주어졌다. 이는 과도한 과전수조의 문제를 해결하는데 도움이 되었다.

전주고소권과 더불어 관답험제도 제안되었다. 과전에서의 과잉 수조의 근본적인 원인은 전주의 답험에 있었다. 그러므로 사전수조를 공전수조에 맞추기 위해서는 전주가 행하는 답험에 정부가 관여할 필요가 있었다. 특히 과다 수조를 제한할 수 있도록 전주고소권까지 마련하였으므로 고소의 활성화를 위해서 과다한 수조의 객관적인 기준을 세우는 것도 필요하였다.

관답험제는 태종 17년 외방 과전의 수조법을 정비한다는 명분으로 태종의 다음과 같은 명으로 시행되었다.

> 외방 科田의 수조하는 법을 세웠다. 두 議政에게 명하여 각 품 科田의 손실에 따라 수조하는 일을 의논하게 하였다. (중략) 전교하기를,

---

18) 상동조.

"의논한 대로 시행하고 또 각 고을의 손실의 수에 따라 조를 거두라."
하였다.19)

과전의 일부를 외방으로 옮기게 되면서 조정에서는 지방 과전의 수조
방법을 논의하였다. 그 과정에서 관답험이 제안되었고, 태종은 이를 수용
하여 관답험 시행을 명하고 있다. 결국 관답험은 지방 과전에서 먼저 시행
되었고, 이어서 경기에서도 시행되었다.20)

정부는 경기 과전에서의 사전수조와 여타지역에서의 공전수조의 부담
을 맞추기 위해 노력하였고, 이에 따라 과전의 운영방식은 태종 말 전객의
전주고소권과 관답험의 시행으로 이전과는 다른 단계에 진입하고 있었다.
이는 이시기에 이르러 이미 과전국가관리체제가 형성되었음을 잘 보여준
다. 과전국가관리체제 하에서 전주는 국가의 규제로 인해 규정 이상을 수
조하는 것이 어려웠고, 사실상 수조권적 지배도 불가능하게 되었다. 이러
한 변화로 전객의 지위는 크게 상승할 수 있었다.

2) 佃人 佃戶

사전수조량과 공전수조량의 차이를 해소하는 방안이 결국 과전국가관
리체제로 정리되면서, 전객의 지위가 상승하였고, 전객이라는 호칭에도 변
화가 생겼다. 과전법은 직전제, 관수관급제로 그 형태를 바꾸었으나, 수조
지의 분급이라는 기본적인 틀은 바뀌지 않았고 조선 전기를 통해서 유지
되었다. 그러나 전객이라는 납조자를 부르는 호칭이 일찍이 소멸되었다.
세종 14년에 세종이 다음과 같이 전객을 언급한 것이 전객의 마지막 용례
였다.

---

19)『태종실록』권34, 태종 17년 10월 을사.
20)『태종실록』권34, 태종 17년 11월 병자.

公家에서 부득이 짚을 써야 할 곳이라면 사복시의 예에 의하여 나누
어 정하여 상납하게 하고, 佃客으로 하여금 납부하지 않게 하면 또한
폐단을 덜게 할 수 있을 것이다.[21]

세종은 과전에서 짚을 거두는 문제를 논하는 중에 납조자를 전객으로
언급하고 있다. 세종은 전객의 부담을 경감시키기 위해서, 이전에 과전에
서 10부마다 1속의 짚을 거두던 것을 개선하는 방안을 논의하였다. 그런
데 흥미로운 것은 이 논의에 참여하였던 관원들은 전객이라는 용어의 사
용을 피하고 있었다는 점이다. 논의에 참여한 김종서는 납조자들을 '小
民'[22]이라 표현하였고, 권맹손 역시 '民戶'[23]라는 용어를 사용하였다. 전객
이라는 용어를 사용하고 있지 않았다. 세종만이 전객으로 호칭하고 있을
뿐이었다. 즉 조정의 전반적인 분위기는 이미 전객이라는 용어를 사용하
지 않는 분위기였다. 이 용례를 마지막으로 전객이라는 용어는 이후 사용
되지 않았다. 이는 이미 세종 전반에 전객이라는 용어가 전지 소유자를 지
칭하기에 적절한 용어가 아니라는 것을 조정에서 인식하고 있었음을 보여
준다.

국가 과전관리체제가 형성된 직후부터 관원들은 전객을 대치하기 위한
새로운 용어들을 검토하였다. 가장 처음 대안으로 제기된 용어는 佃人이라
는 용어였다. 태종 16년 좌의정 박은이 다음과 같이 전인이라는 용어를 사
용하였다.

대간 형조 三功臣 등이 예궐하여 이방간의 죄를 청하였으나, 듣지
않았다. 좌의정 박은이 계하여 청하기를 "懷安君이 받은 전지를 제거
하여 佃人으로 하여금 그 집에 출입하지 못하게 하소서."하니, 임금이
옳게 여기었다.[24]

---

21) 『세종실록』 권58, 세종 14년 12월 무자.
22) 상동조.
23) 상동조.

　　관원들은 태종에게 이방간에게 죄를 줄 것을 요청하였으나, 태종이 듣지 않자, 관원을 대표해서 박은은 이방간이 '받은 전지' 즉 과전을 회수하여 佃人들이 드나들지 못하게 하자고 요청하였다. 전인이라는 용어는 조선왕조실록에서 이 기록에 처음 나왔는데, 그 의미는 앞뒤의 문맥으로 미루어 보아, 과전과 연결이 되는 백성, 즉 전객을 지칭하는 것으로 보인다. 전객이라는 용어가 분명히 있음에도 전인이라는 용어를 사용하였다. 이는 이미 용어에 대한 새로운 모색이 시작되었음을 보여준다.

　　전인의 용례는 세종 10년에 다음 호조의 언급에서 다시 확인 할 수 있다.

> 　　各道의 田地를 묵은 것이나 개간한 것을 구별할 것 없이 모두 측량해서 地籍簿를 만들게 하소서. (중략) 경차관이 항상 왕래하며 고찰하게 하여 옳게 측량하도록 힘써 민생을 편하게 하소서. 그 중에 공정하게 측량하지 않은 자와 鄕吏나 佃人을 지도하지 아니하여, 일부러 탈락되게 하여 이익을 도모하는 자가 있으면 『육전』에 의하여 다스리소서.25)

　　호조에서는 개간하여 경작되는 전지를 확보하기 위한 방안을 제안하고 있다. 개간지 관리를 잘하기 위하여 잘 못한 관원을 처벌하는 규정을 만들고 있다. 여기에 전인이라는 용어를 사용하고 있는데, 이 전인은 전지를 개간한 주체 즉 전지의 소유자를 지칭한다. 이 규정이 '각도의 전지'를 대상으로 한 것이었으므로, 경기는 물론 공전수조 지역을 망라하는 것이었다. 이 경우 이전의 용례라면 전객으로 표현해야 하였으나, 여기서는 전인으로 표현하고 있다. 전인이라는 용어가 전객을 대신한 용어로 계속 관심을 받고 있음을 보여준다. 그러나 전인의 용례는 이 사례를 마지막으로 다시 나타나지 않았다. 다른 용어들이 모색되고 있었기 때문이었다.

　　전객을 대신하여 모색된 다른 용어는 佃戶였다. 세종 1년 7월에 지신사

---

24) 『태종실록』 권32, 태종 16년 11월 을묘.
25) 『세종실록』 권41, 세종 10년 8월 갑진.

원숙은 전주와 대칭되는 용어로 전호라는 용어를 사용하였다.

　　이제 한 畝을 건너서 하나는 공전이요, 다른 하나는 사전이라 한다
면, 그 조세를 받는 데 있어서 많고 적은 것이 크게 서로 같지 아니하
겠으니, 백성들이 원망할 것입니다. 田主가 비록 마음대로 무리하게 거
두어들인다 하여도, 佃戶는 머리를 굽혀 가며 청종하기에 겨를이 없으
리니, 어찌 감히 스스로 호소하겠습니까.[26]

　　과잉 수조를 막기 위한 방안으로 관답험을 결정하였으나, 전주들은 이
에 저항하였고, 조정에서 이 문제를 다시 논의하였다. 이 자리에서 원숙은
관답험의 지속적인 시행을 주장하면서 위와 같은 주장을 하였다. 위의 내
용에서 전호는 전주와 대칭이 되는 용어로 납조자를 지칭하는 용어가 분
명한데, 원숙은 전객이라는 용어를 피하고, 전호라는 용어를 사용하였다.
　　여기서 언급한 전호라는 용어는 조선왕조실록에 처음 출현하는 용어였
다. 이 역시 당연하게 사용되던 전객이라는 용어가 기피되고 있고, 관원들
이 전객을 대신할 새로운 용어를 찾고 있음을 보여준다.
　　전호가 전객을 대신하여서 사용된 것을 다음의 세종 6년의 사헌부의 다
음의 언급을 통해서 다시 확인할 수 있다.

　　"前司正 윤인이 연전에 미수되었던 科田稅를 이자까지 덧붙여서 지
나치게 받아들이고, 佃戶가 그렇게 한다고 말하였다고 도리어 성을 내
어 구타하였으니, 장 60대에 해당합니다."하니, 그대로 따랐다.[27]

　　여기서 윤인은 전호에게 과전세를 받고 있다. 과전세의 의미는 전조를
의미하는 것으로 이해되므로, 여기의 전호는 전객을 의미하였다. 그러므로

---

26) 『세종실록』 권4, 세종 1년 7월 신유.
27) 『세종실록』 권23, 세종 6년 1월 병술.

세종 초에 이르면 납조자의 지위 변화에 따라서 전객이라는 용어를 피하면서 적절한 용어를 모색하는 과정에서 전호라는 용어가 사용되고 있음을 보여준다.

이상으로 볼 때, 납조자의 지위가 변화되면서 지위에 걸맞는 용어가 모색되고 있었다. 전객이라는 용어는 사라지고, 전인, 전호 등의 용어가 그 후보로 등장하고 있었다.

부언하여 언급할 것은 그간 학계에서는 차경관계를 설명하면서 '地主佃戶制'라는 명칭을 사용하고 있다는 점이다. 위의 용례가 보여주듯이 조선 전기에 전호라는 명칭은 차경관계를 설명하는 용어가 아니었다. 물론 조선 후기까지 전호라는 명칭은 차경관계를 설명하는 용어가 아니었다.[28] 물론 地主라는 용어도 차경 관계를 설명하는 용어가 아니었다.[29] 조선왕조실록에 보이는 지주라는 용례는 모두 수령을 칭하고 있고, 차경 관계자를 지칭한 용례는 없다.

그러므로 기존의 연구에서 '地主'와 '佃戶'라는 용어로 조선 전기의 경제관계를 설명하고 나아가서 그 관계를 '지주전호제'로 명명한 것은 적절하지 않았다. 설명의 편의를 위해서 연구자는 얼마든지 용어를 규정해서 사용할 수 있다. 그러나 그것은 역사적 사실과 배치되지 않아야 한다. 역사적으로 이미 다른 의미로 사용되고 있는 용어를, 그 맥락을 무시하고 역사 용어로 사용하는 것은 설명의 편의를 돕기보다 혼란을 초래할 수 있다.

---

28) 조선왕조실록에 나오는 모든 전호의 용례를 보아도 차경관계를 보여주는 용어로 전호가 거론된 적이 없다. 『승정원일기』에나, 『대전회통』에도 전호라는 용어는 보이지 않는다. 전호는 조선후기까지 차경관계를 설명하는 공식적인 용어가 아니었다.

29) 『세조실록』 권20, 세조 6년 4월 정사.

3. 세종 성종대 佃夫

관원들이 변화한 납조자의 지위에 상응하는 명칭을 모색하는 과정에서 세종 6년에는 납조자의 지위를 결정하는 매우 중요한 제도적 변화가 있었다. 납조자인 전지소유자가 전지의 처분권을 확보하는 변화였다. 이러한 변화는 세종 6년 경기도 감사의 다음과 같은 요청에 의해서 진행되었다.

> 무릇 田地를 放賣한 사람은 혹 부모의 喪葬이나, 혹 宿債의 상환이나, 혹 집이 가난해서 살아갈 수 없으므로 인하여 모두 어찌할 수 없는 사정인데, 그 값을 모두 관에서 몰수하니 원통하고 억울함이 적지 아니합니다. 또 서울 안에서는 주택을 건축할 基地와 菜田은 방매를 허가하면서 유독 외방에 있는 전지의 매매는 금하는 것은 옳지 못한 일이니, 청컨대 매매를 금하지 말도록 할 것이며, 그 가운데에 국세도 청산하지 않고 관청 수속도 없이 처리된 것만 율에 의하여 시행하소서.30)

경기 감사는 전지소유자들이 전지를 임의로 팔 수 있도록 하자고 요청하고 있다. 이러한 요청을 정부에서 수용하였다. 다만, '국세'의 청산과 '관청 수속'의 조건으로 정부는 납조자에게 전지를 처분할 수 있는 권리를 부여하였다. 비로소 경기의 전지소유자들도 타도의 전지소유자들과 같이 전지를 배타적으로 소유하고 처분할 수 있는 권리를 확보할 수 있었다. 이와 같은 조치는 과전국가관리체제 형성의 결과로 나타나는 전지소유자의 지위상승을 법으로 확정해준 조치였다. 그러므로 전객이라는 용어의 소멸은 당연하였다.

그간의 연구에서 세종 6년의 조치에 대하여 의미있는 것으로 평가하지 않았다. 오히려 부정적으로 평가하였다. 대표적으로 이경식은 "매매금령의 해제가 바로 전객지위의 향상을 뜻함은 아니었다. 여기에는 별개의 사정이

---

30) 『세종실록』 권23, 세종 6년 3월 기해.

있었다."[31]고 주장하였다. 또한 "앞으로도 (양반이) 지속적으로 토지집중을 도모하자면, 빈농층 소농층의 토지방매를 허용하는 정책이 필요하였다."[32]고 주장하였다. 토지 매매 허용을 양반을 위한 조치로 이해하고 있다.

이와 같은 이경식의 주장은 과전법의 전지 매매를 규제하는 규정을 전주의 권리가 아니라 전객의 권리로 해석하는 입장에 서있다. 즉 매매를 규제하는 규정을 전주의 침탈로부터 전객을 보호하기 위한 것으로 보는 입장이다. 그러한 입장에서 보면 전지 매매의 허용을 관원들의 전지 침탈을 가능하도록 전객의 보호규정을 푸는 것으로 해석할 수 있다.

그러나 이러한 해석은 과전법 규정의 말미에 "전주의 뜻을 따라 임의로 처분하는 것을 허용한다."라는 단서를 볼 때에 불가능하다. 이 규정은 전적으로 전주의 권리를 위한 규정이었다. 즉 과전법의 매매를 규제하는 규정은 전주가 법적으로 가질 수 있는 권리의 핵심이었다. 그러므로 연구자들은 이 규정에 근거해서 전주가 상급소유권을 가질 수 있으며, 나아가 수조권적 지배를 관철시킬 수 있었다고 주장할 수 있었다. 이 규정이 없다면 전주가 상급소유권을 가지고 있다고 주장할 수 있는 아무런 법적 근거가 없다.

물론 이러한 규정이 과전법에 명시되어 있다는 것은 전주의 지위가 전시과 체제 하에서 보다 약화되어가고 있다는 것을 보여준다. 고려에서는 전주가 이러한 규정이 없이도 납조자를 잘 관리할 수 있었으나, 납조자의 지위가 상승하면서 불가피하게 이러한 규정이 필요한 상황이 전개된 것으로 이해할 수 있다. 즉 이 규정은 전주의 권리를 명시하고 있으나, 전주의 지위는 이러한 규정에 의지해야 할 만큼 이전과 같지 않았다. 전객의 지위는 계속 강화되고 있었고, 결국 세종 6년의 조치도 전객 지위의 강화로 전주의 권리가 해소되는 과정의 일환이었다.

---

31) 이경식 『조선전기 토지제도연구』 일조각 1986, 137쪽.
32) 이경식 앞의 논문.

전지 처분권을 확보하여 변화한 납조자들의 지위를 보여주는 것은 예종 1년 호조의 다음과 같은 언급이다.

무릇 직전과 공신전 별사전을 수조할 때에 높고 무겁게 수납하고, 아울러 잡물까지 거두는 자를, 전주로 하여금 사헌부에 고하게 하여 이를 추핵해서 죄를 과하도록 하고, 함부로 거두어들인 물건과 원전의 본세를 모두 관가에 몰입하소서. 혹시 전주가 그 호강함을 믿고 항거하여 납입하지 않는 자도 또한 죄를 과하게 하고, 그 납입하지 않은 전세와 원전을 아울러 관가에 몰입하게 하소서.33)

이는 호조에서 수조 시에 나타나는 문제점을 개선하기 위한 방안을 제시한 것이다. 여기서 주목해야 하는 것은 수조권자와 납조자의 호칭이다. 기존의 관점에서는 보면 혼란이 올 수 있는데, 납조자를 田主로 칭하고 있다. 수조권자를 전주로 칭하지 않고, '잡물을 거두는 자'로 돌려서 표현하고 있다. 수조권자는 전주, 납조자는 전객으로 칭하던 틀이 깨어지고 있다. 납조자를 수조권자와 대칭적으로 호칭하면서도 전주라 칭하고 있다. 이미 공전수조 지역의 전지소유자들을 전주로 칭하였으므로, 전지처분권을 확보해서 그들과 같은 지위를 확보한 경기의 전지소유자들을 전주로 칭하는 것은 오히려 당연하였다.

특히 여기서 언급된 내용도 흥미로운데, 통상 수조시의 문제점으로 지적되었던 것은 수조권자의 과잉 수조였으나, 여기서는 이와 더불어 납조자의 '납조 거부'를 같이 거론하고 있다. 이는 전객이 그 지위를 높이면서 수조권자의 과잉수조만이 문제가 되는 것이 아니라, 납조자의 항조라는 전혀 새로운 문제가 제기되고 있음을 보여준다. 정부에서 그 대책을 논하

---

33) 『예종실록』 권3, 예종 1년 2월 무술.
凡職田功臣田別賜田收租時, 有高重收納, 并收雜物者, 請令田主告司憲府, 推劾科罪, 濫收物件及元田本稅入官, 或田主恃其豪强, 抗拒不納者, 亦令科罪, 其不納田稅及元田, 並入官.

고, 그 방안으로 '납입하지 않은 전세'의 징수는 물론 '원전'까지 몰수하는 강한 규제까지 제시하고 있는 것을 보아서 납조자의 항조는 상당히 보편화되었음을 짐작케 한다. 그러므로 이러한 기록은 납조자의 지위 변화를 잘 보여준다.

실제로 전조를 내지 않은 구체적인 사례도 보인다. 이는 세종 6년의 사헌부가 다음에 언급한 윤인의 사례이다.

"前司正 윤인이 연전에 미수되었던 과전세를 이자까지 덧붙여서 지나치게 받아들이고, 佃戶가 그렇게 한다고 말하였다고 도리어 성을 내어 구타하였으니, 장 60대에 해당합니다."하니, 그대로 따랐다.[34]

윤인은 전호에게 과전세 즉 전조를 받고 있다. 그러나 전호는 전조를 내지 않고 버티고 있었고, 이에 윤인은 이자까지 붙여서 받아내었다. 그러나 전호는 '지나치게 받았다'고 이를 공개적으로 항의하였다. 이에 윤인은 공개적으로 '말했다는 이유로 전호를 구타하였고, 결국 처벌을 받았다. 이 내용에 의하면 전호는 과다한 수조라는 이유로 납조를 거부하고 있었고, 과다하게 수조해 가자 공개적으로 저항하였다. 분명하지 않지만 당시 고소가 활성화된 상황에서 고소한 것으로 짐작된다.[35] 그 과정에서 구타가 일어났고, 그 결과 전주 윤인은 장 60대의 처형을 받게 되었다.

이와 같은 사례는 태종 말 과전국가관리체제가 형성되고, 납조자가 전지처분권을 분명하게 가지면서 납조자의 항조도 구체화되고 있었음을 보여준다. 납조자의 항조는 과도한 수조에 대한 저항에서 출발하였을 것인데, 이즈음에 이르면 조정에서 대책을 논해야 할 정도로 빈번하게 노출되었던 것으로 추측된다.

납조자의 지위가 상승하여서 '전주'로까지 호칭되었지만, 조선전기를 통

---

34) 『세종실록』 권23, 세종 6년 1월 병술.
35) 최이돈 「조선초기 전부의 법적 지위」 『조선초기 과전법』 경인문화사 2017.

해서 수조권은 계속 분배되었고, 납조자를 칭하는 칭호는 필요하였다. 앞에서 살핀 예종 1년의 기록을 자세히 살피면, 납조자를 전주로 칭하였으나, 상대방인 수조권자를 칭하는 공식적인 호칭은 보이지 않는다. 단지 '잡물을 거두는 자'로 수조권자를 돌려서 표시하고 있다. 그러나 불가피하게 수조권자와 납조자를 대비적으로 명시해야 하는 경우에 적절한 용어를 찾기 힘들었으므로 정부는 수조권자를 전주로 표현하면서 납조자를 새로운 용어로 대치하여 칭하였다.

이미 전객을 대치할 용어는 전인, 전호 등이 거론되었으나, 최종적으로 결정된 용어는 '佃夫'였다. 성종 원년 호조에서는 다음과 같이 전부를 전주와 대비해서 사용하고 있다.

> 공신전, 별사전, 직전의 생초는 본수에 의하여 바치고, 곡초는 이미 전주가 거두었으니, 반을 감하여 수납하게 하고, 또 수령으로 하여금 전부의 성명과 초의 수량을 전적에 기록하여 두 건을 만들어서 하나는 본 고을에 간직하고, 하나는 바치는 바의 관사에 보내게 하소서. 또 납상하는 날짜 기한을 미리 정하여 전부로 하여금 스스로 바치게 하고, 수납하지 않았거나 기한이 지난 자가 있으면 전세를 미수한 예에 의하여 과죄한 뒤에 징납하는 것이 어떠하겠습니까?[36]

이는 호조에서 생초와 곡초 등을 걷는 방식을 개선하기 위해서 제안한 것이었다. 여기서 전주와 대칭되는 집단을 전부라는 용어로 표현하고 있다. 납조자를 전객이라 부르지 않고 전부로 칭하고 있다.

그러나 이미 앞에서 살펴보았듯이 수조권자나 납조자 한 편만을 전주로 표기한다면 당연히 납조자가 전주였다. 그러나 이 두 집단을 불가피하게 같이 대비하여 호칭하는 경우에 납조자를 전부라고 불렀다. 물론 전부라는 표현으로 전지소유자의 새로운 지위를 다 담기 어려웠다. 그러므로 전

---

36) 『성종실록』 권4, 성종 1년 4월 정사.

주와 전부라는 용어를 대칭적으로 표현한 용례는 극히 제한적으로 사용되었다.

전부를 전주와 대칭적으로 사용한 사례를 한 가지만 더 살펴본다면, 성종 6년 호조에서 언급한 다음과 같은 예를 들 수 있다.

다만 전주가 거둘 때에 함부로 거두는 자가 있으므로, 비록 전부로 하여금 사헌부에 고발하도록 하였으나, 초야의 백성들이 어찌 일일이 고발할 수 있겠습니까? 이 때문에 마음대로 거두는 자가 반드시 많을 것이니, 청컨대 사헌부로 하여금 분경의 경우와 같이 무시로 적발하게 하여 위반자는 엄벌에 처하도록 하소서.37)

이 내용은 호조에서 납조자의 지위를 강화하기 위한 방안을 제시한 것이다. 정부는 이미 납조자에게 전주고소권을 부여하였으나, 실제적으로 그 사용이 제한되자, 이를 활성화하기 위해서 과다한 수조를 하는 수조권자를 사헌부에서 나서서 적발하는 방안을 제안하고 있다. 여기서 호조에서는 납조자를 전부, 수조권자를 전주로 칭하고 있다.

그러나 당시의 용례를 보면, 전부라는 용어는 납조자만을 지칭하지 않았다. 사전의 수조권과 관계없는 경기 외 지역의 전지소유자도 전부로 불렀다. 이는 성종 2년 호조의 다음과 같은 언급을 통해서도 잘 알 수 있다.

이제부터는 관찰사가 순행할 때에 수령이 수축하는 데에 부지런하고 게으른 것을 살피어, 세밑마다 갖추어 개진하여 아뢰게 하소서. 마음대로 터 놓고 무너뜨리는 자는 그 즉시 계문하여 파출하며, 본조에서는 불시로 계달하고 관리를 보내어 캐어 살피어서 마음을 쓰지 않는 수령과 감고, 해당 관리는 중하게 논죄하고, 관찰사는 버리기로 논하소서. 또 제방 아래의 佃夫가 고발하는 것을 허락하소서."하니 그대로 따랐다.38)

---

37) 『성종실록』 권61, 성종 6년 11월 병오.

이 내용은 제방을 보호하기 위한 방안을 논의한 것이다. 여기서 호조는 경기에 한정하지 않고 전국의 제방을 보호하기 위한 방안을 논하고 있으므로, 경기의 납조자를 포함한 전국의 전지소유자를 전부라고 칭하고 있다. 이는 경기의 납조자와 다른 지역의 전지소유자들을 모두 전부로 통칭하였음을 보여준다.

경기를 포함한 전국의 전지소유자를 전부로 통칭하였던 사례를 성종 6년 다음의 호조의 언급을 통해서 재확인할 수 있다.

모두 전세의 예에 따라 稅吏를 정하고 佃夫가 스스로 도회관에 바치게 하되, 풍년이면 그 세에 여유가 있을 것인데, 울산은 영진이 있는 곳이므로 그 남은 세도 모두 실어 들여야 마땅하고, 웅천 동래는 바닷가의 작은 고을이므로 모두 받아들일 수 없습니다. 웅천에 소속된 고을들은 김해에서 받아들이고, 동래에 소속된 고을들은 양산에서 받아들였다가, 왜료가 모자랄 때를 당하거든 임시로 가져다 쓰게 하소서.[39)]

이 내용은 호조에서 倭料의 운영방식을 개선하기 위한 논의의 일부였다. 왜료의 문제는 울산, 동래 등 경상도 일원의 고을들과 관련되는 일이었다. 그러므로 여기서 전부로 명시된 이들은 전국의 전지소유자들까지 모두 포함하는 명칭이었다.

따라서 경기 전지 소유자의 지위가 공전수조 지역의 전지소유자들과 같아지면서, 결국 전부는 전국의 전지소유자를 통칭하는 용어로 사용되었다. 전부라는 용어가 전국의 전지 소유자를 지칭하게 되면서, 법적인 용어로 자리 잡아 『경국대전』에서도 사용되었다.[40)] 그러므로 이미 '전주전객제'를

---

38) 『성종실록』 권10, 성종 2년 4월 을묘.

39) 『성종실록』 권55, 성종 6년 5월 계축.

40) 『경국대전』에는 佃夫라는 용어가 전지소유자라는 의미와 납조자라는 의미로 사용되었다. 물론 어느 경우에나 전부는 동일한 지위를 가지고 있었다.

"새로 더 개간한 토지, 전체적으로 재해를 입은 토지, 절반 이상 재해를 입은 토

대신해서 '전주전부제'가 형성되었음을 알 수 있다.

전부의 신분적 지위는 협의양인이었다.[41] 지배신분인 대신들은 전주로 호칭되었다. 그러나 3품 이하의 관원들은 과전을 가진 경우에는 전주였으나, 그 지위는 관직을 가지고 있는 경우에 한정되었고, 관직과 과전을 상실하고 품관이 된 경우의 기본적인 지위는 전부였으며 협의양인이었다.[42]

조선에서 無田之民은 전부로 불리지 않았고, 따라서 협의양인의 신분을 가질 수 없었다. 협의양인은 조세와 역의 의무를 담당하는 자들에게 부여되는 지위였다. 고려 말 향리의 사적 지배하에 있던 白丁의 대다수가 생산력의 향상을 힘입어 자립농이 되면서[43] 확보한 신분이 협의양인이었다. 이들에게 사환권과 과거응시권 등 다양한 권리가 부여된 것은 국가의 의무에 대한 대가였다.

따라서 자립적인 지위를 확보하지 못한 백정들은 협의양인이 되지 못하고 여전히 사적인 지배하에 남게 되었다. 고려와 달리 조선의 신분제는 양인과 천인 사이에 편제가 단순하였으므로, 자립농이 되지 못한 백정들은 고려와 같이 공동체 안에 은폐되지 못하고 노출되면서 결국 천인으로 편제되기 쉬웠다. 조선 초기 無田之民이 '十之三'이라는[44] 기록에 대해 연구자들은 어느 정도 공감하고 있는데, 이는 신분정책에 따라서 이 정도의 인

지, 병으로 농사짓지 못하고 전부 묵힌 토지에 대해서는 佃夫가 권농관에게 신고하게 하고 권농관은 그것을 직접 조사하여 8월 보름 전으로 고을원에게 보고하며 농민 자신이 만약 사정에 의하여 직접 신고하지 못했을 경우에는 권농관이 신고한다."(『경국대전』 호전 수조).

"寺田稅를 정액보다 훨씬 많이 받아들인 경우에는 전부가 사헌부에 신고하는 것을 허락하고 죄를 다스린다. 법 외로 징수한 것은 주인에게 돌려주고 그 토지의 원세는 관청에서 몰수한다."(『경국대전』 호전 잡령).

41) 최이돈 「조선 초기 협의의 양인의 용례와 신분」 『역사와 현실』 71, 2009.

42) 최이돈 「조선초기 특권 관품의 정비과정」 『조선시대사학보』 67, 2013.

43) 이태진 『의술과 인구 그리고 농업기술』 태학사 2002; 『한국사회사연구』 지식산업사 2008.

44) 『세조실록』 권11, 세조 4년 1월 병자.

원이 결국 사적 지배하에 남아 천인의 신분으로 편제될 수 있었음을 의미하였다. 물론 조선 초기 지배신분은 이와 같이 천인이 급속하게 양산되는 이유가 신분정책에 기인하였다는 것을 깊이 이해하고 있었으므로, 천인을 하늘의 백성인 '天民'이며, 국가구성원인 '國民'으로 인정하고 이들의 복지를 위해서 관심을 기울였다.[45]

그간 조선 초기 신분제를 양천제로 주장하는 연구자들은 양인 신분의 齊一性을 강조하였으나,[46] 양인 신분의 제일성이 어떤 과정을 통해서 확보되었는지는 설명하지 못하였다. 위의 검토에 의하면 전지 소유자인 협의양인은 경기의 전지 소유자들이 전객으로 불리는 동안에는 법적으로 제일적인 지위를 가지지 못하였다. 경기의 사전수조가 여타지역의 공전수조와 그 부담이 같아지고, 경기의 전지 소유자들이 그 변화한 지위를 인정받아, 전국의 전지 소유자들과 동일하게 전부로 호칭되면서, 비로소 협의양인 내의 제일적 지위가 형성될 수 있었다.

맺음말

1. 본고에서는 佃客 지위의 변화를 구명하는 과제의 일환으로 납조자의 칭호 변화를 검토하였다. 과전법에서 수조권자를 田主로 납조자를 佃客으로 호칭하였다. 그간 연구자들은 전객이라는 용어를 과전법체제 하에서 농민의 지위를 함축적으로 표현하는 용어로 이해하였다. 그러나 이러한 중요한 용어가 세종 전반에 없어졌다. 연구자들은 과전법의 변화로 직전제와 관수관급제를 거론하고 있으나, 변화가 나타나기 전인 세종 전반에 이 용어가 소멸되었다. 본고는 이러한 변화의 전개과정을 검토한 것이다.

---

45) 최이돈 「조선 초기 천인천민론의 전개」『조선시대사학보』 57, 2011.
46) 유승원 『조선 초기 신분제 연구』 을유문화사 1986.

전객이라는 용어는 고려에서는 없었던 용어로 과전법에서 처음 사용되었다. 이는 납조자를 지칭하는 용어로 수조권자를 칭하는 전주와 대칭적으로 사용되었다. 조선이 건국되면서 전객이라는 용어는 계속 사용되어, 수조권자와 납조자 간에 전주와 전객의 관계가 형성되었음을 잘 보여주었다. 그러므로 그간 연구에서 이와 같은 내용을 바탕으로 조선 초기에는 수조권을 둘러싸고 '전주전객제'가 형성되었다고 정리할 수 있었다.

경기의 사전수조지역의 전지소유자를 전객으로 호칭한 것과 달리 여타 공전수조지역의 전지소유자를 전주로 호칭하고 있었다. 과전법에서 수조권의 분배를 경기에 한정하였으므로, 공전수조 지역의 전지소유자는 수조권적 지배에서 벗어나 고려에서와는 다른 지위를 가질 수 있었다. 그러므로 이들을 전주라고 호칭한 것은 당연하였다.

사전 수조지역의 전지소유자를 전객이라고 부른 법적인 근거는 과전법의 규정에 있었다. 과전법에 의하면 전객은 자신의 전지를 임의로 처분할 수 없었다. 배타적 소유권의 중요한 요소인 처분권이 전객에게 제한되었다. 수조권자인 전주는 전객 전지의 처분은 물론 경영에도 관여할 수 있었다. 그러므로 수조권자와 납조자를 주와 객을 나누어, 전주와 전객의 표현한 것은 사실관계를 함축하고 있었다. 이에 비하여 공전수조 지역의 전지소유자들은 이와 같은 법적 규제를 벗어나 있었고, 당연히 배타적인 소유권을 가지고 처분도 자유롭게 하고 있었다.

그러나 조선 초기에 경기 지역의 전지소유자를 포함하여 전국의 전지소유자를 통칭할 때에는 전객으로 불렀다. 이는 경기 지역의 전지소유자를 부르는 칭호를 불가피하게 사용한 것으로, 이미 전주로 그 지위를 상승시킨 공전수조 지역의 전지소유자들에게도 이를 적용한 것은 적절하지 않았다.

경기 사전수조 지역 백성과 공전수조 지역 백성 간에 법적, 실질적 지위의 차이가 있었기 때문에, 전국의 전지 소유자들 간에 아직 齊一的 지위가 형성되지 않고 있었다. 그러나 조선의 정부는 제일적 통치를 목표로 하였기 때문에 이와 같은 경기 백성의 차대는 시간을 가지고 해소해야 할 과제였다.

2. 경기 사전수조 지역의 전객들은 법적으로 공전수조 지역의 전주들에 비하여 차대를 받고 있었다. 그 차대의 실제는 수조 부담의 차이였다. 경기만 부담이 큰 것은 과전법의 '科田京畿' 규정을 만든 것에 원인이 있었다. 공전수조 지역의 농민들은 공전수조로 바뀌면서 그 부담이 현격히 줄어 그 지위를 높이고 있었으나, 경기의 백성은 수조권적 지배하에 여전히 남아 있었다.

그러므로 경기 백성들은 자신들의 부담이 공전수조 지역보다 많다는 것을 문제삼지 않을 수 없었다. 이는 태종 9년 경기의 과전을 타 지역으로 이전시켜달라는 요청으로 부각되었다. 정부는 경기의 백성에게 여타지역의 백성과 같이 일원적 지위를 부여하고자 하였으므로, 이와 같은 차대를 해소해 달라는 요청은 정당한 것이었다.

정부는 이 문제를 해소하기 위해 다양하게 노력하였다. 그러한 노력의 일환으로 태종 15년에는 전객에게 전주를 고소할 수 있도록 '전주고소권'을 부여하였다. 전객이 과다한 수조를 하는 전주를 고소할 수 있도록 허용한 것이다. 또한 태종 17년에는 '관답험'도 시행하였다. 과전에서의 과잉수조의 근본적인 원인은 전주가 답험을 담당하는데 있었다. 그러므로 사전수조량을 공전수조량에 맞추기 위해서는 전주가 행하는 답험에 정부가 관여할 필요가 있었다.

이와 같은 정부의 노력으로 과전의 운영에 국가가 관여하는 '과전국가관리체제'가 형성될 수 있었다. 과전국가관리체제 하에서 전주는 국가의 규제로 인해 규정 이상을 수조하는 것이 어려웠고, 사실상 수조권적 지배도 불가능하게 되었다. 이러한 변화로 인해서 전객의 지위는 향상되었다.

3. 과전국가관리체제의 정비로 전객의 지위가 변화하자, 당연히 전객이라는 호칭도 변화하였다. 세종 전반에 전객이라는 용어가 소멸되었다. 이

는 전객의 지위가 변화하면서 전객이라는 용어가 전지 소유자를 지칭하기에 적절한 용어가 아님을 인식한 결과였다.

과전국가관리체제가 만들어진 다음 해인 태종 16년부터 전객을 대신할 용어가 등장하기 시작하였다. 가장 처음 전객의 대안으로 제기된 용어는 '佃人'이라는 용어였다. 새로운 용어가 등장한 것은 전객을 대신할 용어를 관원들이 모색하고 있었음을 보여준다. 세종 1년에는 '佃戶'라는 용어도 사용되었다. 전호는 전객으로부터 그 지위를 높인 납조자를 의미하였다.

그간 학계에서는 차경관계를 설명하는 용어로 '전호'라는 용어를 사용하였다. 그러나 조선 전기의 전호는 그러한 의미를 가지지 않았다. 전호는 수조권적 지배에서 자유로워진 전지소유자를 지칭하였다. 물론 조선 후기까지도 전호라는 명칭은 차경 농민을 지칭하는 용어로 사용되지 않았다.

또한 학계에서 전호와 대칭으로 사용하는 '지주'의 용례도 차경관계를 설명하는 용어가 아니었다. 조선 전기는 물론 후기까지도 지주는 수령을 지칭하였다. 그러므로 기존의 연구에서 '地主'와 '佃戶'라는 용어로 조선 전기의 차경관계를 설명하고, 나아가서 '地主佃戶制'라는 제도명까지 만든 것은 적절하지 않았다. 역사적으로 이미 다른 의미로 사용되고 있는 용어를, 그 맥락을 무시하고 학술용어로 사용하는 것을 재고하는 것이 적절하다.

4. 과전국가관리체제가 형성되고 전객을 대신할 수 있는 칭호가 모색되는 과정에서, 세종 6년에는 납조자의 지위를 결정하는 매우 중요한 변화가 있었다. 경기도 감사의 요청에 의하며 납조자가 전지를 자유로이 매매할 수 있는 처분권을 확보하게 되었다. 비로소 경기의 전지소유자들도 공전수조 지역의 전지소유자들과 같이 전지를 배타적으로 소유하고 처분할 수 있는 권리를 확보할 수 있었다. 이와 같은 조치는 과전국가관리체제 형성 이후 납조자의 상승한 지위를 법으로 확정해준 것이었다. 이로써 전주가 과전법의 규정을 근거로 가지고 있던 전지에 대한 권리가 해소되었고, 역시 수조권적 지배도 실제적으로 불가능하였다.

이러한 법적 조치를 통해서 납조자의 지위는 더욱 확고해졌다. 이를 잘 보여주는 것이 예종 1년 납조자를 '전주'라고 호칭한 자료이다. 이미 공전수조 지역의 전지소유자들을 전주로 부르고 있었지만, 납조자를 수조권자와 대칭적으로 언급하는 자료에서 전주로 칭하지 않았다. 그러나 납조자들의 지위가 상승하면서 이들을 수조권자들과 대칭으로 논하면서도 전주라고 칭할 수 있었다.

특히 이 무렵에 정부에서는 납조자의 '납조 거부'에 대한 대책을 논하는 상황이 전개되고 있었다. 납조자의 납조 거부는 과잉 수조에 대한 저항으로 출발하였으나, 이 무렵에 이르면 정부가 대책을 논해야 할 정도로 활성화된 것으로 짐작된다.

이러한 변화의 가운데에서 최종적으로 전객을 대신한 명칭으로 佃夫가 결정되었다. 수조권적 지배는 해소되었지만, 수조권의 분배는 조선전기를 통해서 지속되었으므로 이 양자를 대칭적으로 부르는 명칭은 불가피하였다. 그러므로 이 경우 수조권자를 전주로 납조자를 전부로 호칭하는 것으로 정리되었다. 물론 전부라는 표현으로 전지소유자의 새로운 지위인 '전주'의 뜻을 다 담기 어려웠다. 그러므로 전주와 전부라는 용어를 대칭적으로 표현한 용례를 극히 제한적으로 사용되었다.

이미 사전 수조 지역의 전지소유자의 지위가 공전수조 지역의 전지 소유자의 지위와 같아졌으므로, 전지 소유자 모두를 통칭할 때에도 전부라는 용어를 사용하였다. 또한 전부라는 용어가 전국의 전지 소유자를 齊一的으로 지칭하는 용어가 되면서 『경국대전』에서도 사용되어 법적 용어로 정리되었다. 이는 '田主佃客制'를 대신해서 '田主佃夫制'가 형성되었음을 보여준다.

5. 그간 조선 초기 신분제를 양천제로 주장하는 연구자들은 양인 신분의 齊一性을 강조하였다. 그러나 양인 신분의 제일성이 어떤 과정을 통해서 확보되었는지는 설명하지 못하였다. 위의 검토에 의하면 전지 소유자

인 협의양인은 경기의 전지 소유자들이 전객으로 불리는 동안에는 법적, 실제적으로 제일적인 지위를 가지지 못하였다.

　과전국가관리체제의 정비로 사전수조가 공전수조와 그 부담이 같아지고, 그 변화한 지위를 인정받아 경기의 전지 소유자들이 전지 처분권을 획득하여, 전국의 전지 소유자들과 동일하게 '佃夫'로 호칭되면서, 비로소 협의양인 내의 제일적 지위가 형성될 수 있었다. 따라서 '田主佃夫制'의 형성은 수조권의 분배체제 하에서 전지 소유권자의 齊一的 지위를 경제적, 신분적으로 확보한 의미있는 변화였다(최이돈 「조선초기 佃夫制의 형성과정」 『진단학보』 127, 2016).

제4장 狹義良人과 廣義良人

- 역리와 염간을 중심으로 -

머리말

조선 초기 신분제 연구는 양천제론이 제기된 이후 많은 진전을 보았다. 관련 사료가 정리되면서 신분에 대한 구체적인 실상들이 드러났고, 신분을 보는 입장들도 정리되었다. 그러나 양인을 하나의 신분으로 볼 수 있는 지는 아직 확연하게 정리되지 못하고 있다. 한영우, 유승원은 양인을 천인에 대비되는 유일한 신분으로 이해하는 반면, 이성무는 양인을 몇 개의 신분 중 하나로 이해하고 있다.[1] 최근 필자도 공상인을 별도의 신분으로 볼 수 있다는 견해를 피력한 바 있다.[2]

양인을 단일한 신분이라고 볼 때에 우선 양인으로 호칭되는 범위의 경계가 분명하게 설정되어야 하고, 양인에 속하는 다양한 구성원들의 권리와 의무 역시 같아야 한다. 그러나 그간의 연구에서 양인이라고 호칭되는 구성원의 권리와 의무가 동일하지 않고, 집단의 경계도 분명치 않다는 지적이 되고 있었다.

그러므로 무엇보다도 시급히 검토되어야 할 문제는 양인이라고 지칭하는 집단의 경계이다. 양인의 용어가 사용되는 상황에 따라서 서로 다른 단

---

1) 이성무 『조선 초기 양반연구』 일조각 1980.
  유승원 『조선 초기 신분제 연구』 을유문화사 1987.
  한영우 『조선시대 신분사 연구』 집문당 1997.
2) 최이돈 「조선 초기 공상의 신분」 『한국문화』 38, 2006.

위의 집단을 칭하는 용어로 사용되었다. 이는 단일 신분 집단은 법적으로
우대와 차대를 공유하는 단일한 경계를 가져야 한다는 가정에서 볼 때에
경계가 상이하게 나타나는 양인이라는 용어는 단일 신분을 지칭하는 용어
로서 적절한지 검토해야 할 필요가 있음을 보여준다.

　양인 용어의 문제점을 제기한 이는 이성무였다. 이성무는 양인이 천신분
에 대칭되는 양신분 전체를 의미하기도 하지만 일반평민을 의미하기도 하
였다고 주장하였다. 그러므로 그는 양인을 광의양인과 협의양인으로 나누
고, 광의양인을 양신분, 협의양인을 양인 또는 상인, 평민, 양민으로 부를
수 있다고 주장하였다.3) 한영우는 조선 초기의 양인은 광의양인과 협의양
인이 있다는 이성무의 견해를 인정하였다. 그러나 그는 용례를 검토하면서
협의양인은 농업에 종사하나 군역에 편제되지 않은 평민을 호칭하는 것 같
다고 주장하였다. 또한 협의양인은 법률적인 호칭이 아니요 광의양인만이
법률적인 용어이므로 협의양인은 신분이 될 수 없다고 보았다.4) 이와 달리
유승원은 협의양인의 용례는 양인 중에서 특수한 자를 명기하고 여타의 자
를 일괄적으로 범칭할 때에 나타나는 것으로 보았다. 그는 구체적으로 "양
인이 문무관이나 공상인과 나란히 병기되는 경우가 없지 않았던 것이다.
그러나 이것은 양인이 문무관이나 공상인과 대칭적인 집단이기 때문이 아
니라 단순한 표기상의 편의 때문이었다."라고 협의양인을 '표기상의 편의'
에 의해서 표기한 정도로 그 의미를 가볍게 처리하고 있다.5)

　이미 양인의 용례가 단일하지 않다는 것이 인정된 위에서, 과연 협의양
인의 용례가 표기상 편의를 위한 것이며, 비법제적인 것이었는지를 검토
하는 것은 그리 어려운 과제가 아니다. 협의양인이 나오는 용례들을 검토
하여 어떠한 상황에서 협의양인의 용례가 사용되었는지 검토하고, 좀 더
나아가 협의양인과 병기되어 나오는 집단들을 같이 검토해 보면 협의양인

3) 이성무 「조선 초기 신분사연구의 재검토」 『역사학보』 102, 1984, 215~216쪽.
4) 한영우 앞의 책.
5) 유승원 「양인」 『한국사』 25, 1994, 159쪽.

용례가 가지는 의미가 자연스럽게 드러날 수 있으리라 생각된다.

협의양인과 같이 거론되는 집단은 사족, 역리, 염간, 향리, 공상 등이 그 대표적이다. 필자는 이전의 연구에서 이미 공상의 신분적 성격을 검토하였으며, 이들이 협의양인과는 신분적으로 차이가 있는 집단이라고 주장하였다. 그러나 공상의 신분적 특성을 밝히는 데에 주력하였을 뿐 협의양인의 용례가 가지는 의미는 언급하지 못하였다.[6] 이 장에서는 협의양인과 같이 거론되는 驛吏와 鹽干을 검토하고자 한다. 역리와 염간의 신분을 밝힘으로 광의양인의 의미를 분명히 하고자 한다.

염간과 역리는 광의양인으로 협의양인이 아니었다. 이는 이 집단이 양인을 정의하는 방식에 따라서 양인이기도 하고 아니기도 하다는 것을 보여준다. 그간의 연구에서 역리와 염간이 가지는 지위는 특이한 것으로 나타났다. 역리와 염간은 직역에 긴박되어서 협의양인과 직역을 공유하지 못하였고, 그 직역은 고난함으로 인하여 천역으로 인식되었고 세전되었다. 또한 역리와 염간은 양인 공통의 권리인 사환권도 부여되지 않는 등의 차대를 받고 있었다.[7] 이와 같이 역리와 염간이 받는 차대는 법적, 혈통적인 것으로 신분적인 성격이 있었다.

그러나 그간의 연구에서 이들의 신분적 지위를 양인으로 보고 있다. 이들을 양인으로 보는 가장 중요한 근거는 역리와 염간을 양인으로 호칭하였다는 점이다. 그러나 앞에서 살핀 것처럼 양인의 용례에 대해서 이견이 있고, 이들을 양인으로 호칭한다는 것을 달리 해석할 수 있다면, 이들의 신분적 지위는 달리 설정될 수도 있다. 그러므로 이 장에서는 양인의 용례를 검토하면서 역리와 염간의 신분적 지위를 구명하고자 한다.

사실 조선왕조실록을 보면 역리와 염간을 양인으로 언급하고 있는 자료보다 역리와 염간이 양인과 다름을 보여주고 있는 자료 즉 협의양인과 같

---

6) 최이돈 앞의 논문.
7) 유승원 앞의 책.

이 거론되는 용례가 더 많다. 역리와 염간을 다루는 그간의 연구에서는 이러한 자료의 상황을 균형있게 반영하지 못하였다. 협의양인의 용례를 좀 더 검토하면 어떠한 경우에 협의양인과 역리 염간이 나누어서 표기되고 있는가를 알 수 있고, 협의양인의 용례가 '표기상의 편의'를 위한 것이었는지, 비법제적인 용어였는지를 확인할 수 있다.

만약 역리와 염간이 협의양인과 같이 거론되는 상황이 법제적인 경우로 정리된다면, 역리와 염간은 협의양인과 다른 신분일 가능성이 높다. 그 경우 역리와 염간의 신분적 성격은 다시 한 번 세심하게 검토할 필요가 있는데, 먼저 이들이 받는 차대에 대하여 검토할 것이다. 또한 이들이 직역에 긴박되고 직역을 세습하는 실상도 검토할 것이다. 그간의 연구에서 역리와 염간이 직역을 세습한다는 점이 언급되었으나 이는 그들의 신분을 양인으로 보는 관점에서 된 것으로 이를 좀 더 세심하게 살필 필요가 있다. 이들이 직역을 벗어나는 사례도 보이는데 이에 대해서도 검토해보겠다. 이 장을 통해서 역리와 염간의 신분적 지위가 해명되기를 기대하며, 나아가 조선 초기의 신분의 쟁점이 되고 있는 '광의양인'에 대한 이해에 진전이 있기를 기대한다.

1. 협의양인과 驛吏 鹽干

양인의 용례를 검토하면 광의양인과 협의양인의 용례가 같이 나타나고 있다. 양인의 용례는 조선 건국 초부터 나타나고 있으나, 협의양인은 태종 중엽부터 나타나고 있고, 점차 그 비중이 높아지면서 양인 용례의 주된 부분을 점해가는 것으로 파악되고 있다.[8] 협의양인의 용례는 양인이라는 용

---

8) 한영우 앞의 책, 199쪽. 한영우는 16세기를 전후해서 양인이라 하면 대체로 협의 양인을 가리키는 것이 관례로 되고 있다고 보고 있다.

어가 천인이 아닌 다른 집단과 같이 거론되는 사례를 통해서 확인할 수 있다.[9] 또한 협의양인과 같이 거론되는 집단을 검토하면 자연스럽게 협의양인이 가지는 성격을 밝힐 수 있다.

역리와 염간은 협의양인과 같이 병기되어 나타나는 대표적인 직역이다. 협의양인과 역리 염간이 같이 병기되는 자료를 검토하면서 이러한 자료가 나타나는 상황을 살펴보자. 또한 이러한 자료에 협의양인과 역리 염간 간의 우대나 차대가 나타난다면 이를 정리해보면서 역리 염간의 지위나 협의양인의 의미를 추적해보고자 한다.

역리가 협의양인과 별도의 집단으로 호칭되는 사례는, 예종 1년 도적을 잡은 경우에 주는 상을 규정한 다음을 내용을 통해서 확인할 수 있다.

> 도적을 능히 잡아서 고하는 자가 있으면, 양인은 2계급을 뛰어 올려 관직을 제수하고, 향리, 역리는 신역을 면제하고, 천인은 영구히 양인이 되게 하라.[10]

이 자료에서 도적을 잡는 공을 세운 이들에 대하여 포상을 하면서, 같은 공을 세운 양인, 향리, 역리, 천인을 구분해서 상을 주고 있다. 역리가 양인에 속하지 않고 양인과 별도의 집단으로 파악되고 있다. 그러므로 여기의 양인은 협의양인이라고 볼 수 있다.

이 자료를 통해서 먼저 알 수 있는 것은 협의양인과 역리가 구분되어 언급되는 상황이다. 즉 협의양인이 조정에서 포상 규정을 만들면서 언급

---

9) 양인과 같이 거론되는 집단이 있다고 해서 이를 일률적으로 협의양인의 사례로 파악하는 것은 조심스럽다. 그 한 예로 성종 4년의 기록을 보면 양인과 정병을 구분하여 언급한 사례가 나오고 있으나 그 양인은 앞뒤의 맥락을 검토하면 無役良人을 의미하는 것임을 알 수 있다(『성종실록』 권26, 성종 4년 3월 무오). 따라서 양인이 다른 집단과 병기되어 나오더라도 전후 맥락과 함께 검토되어야 할 것이다.

10) 『예종실록』 권7, 예종 1년 8월 병자.

되었다. 규정을 만드는 자리에서 언급된 것은 협의양인이 가지는 집단적인 경계에 대한 분명한 인식이 있었고, 이를 법조문에 명시해도 문제가 없을 것이라는 합의가 있었기에 가능하였다. 즉 이미 협의양인은 법적인 용어였다.

또한 이 자료를 통하여 알 수 있는 것은 역리가 양인에 비하여 차대를 받고 있다는 점이다. 양인은 관직을 상으로 주고 있으나 역리는 역을 면하는 것을 상으로 받고 있었다. 역리가 받는 차대는 천인과 비교해 볼 때에 그 의미가 좀 더 분명하게 이해된다. 같은 공을 세운 천인은 '영구히 양인'이 되는 상을 받고 있었다. 즉 신분 상승을 할 수 있었다. 그러나 같은 공으로 역리는 신역을 면하는 것에 불과하였다. 역리가 신역을 면함으로 확보한 지위는 단지 협의양인이 되는 것으로 천인이 상으로 확보한 '영구히 양인'과 다를 것이 없었다. 그러므로 역리는 천인이 신분을 상승시킬 수 있는 정도의 공을 세워야 협의양인이 될 수 있는 차대를 받는 지위에 있었다. 그러므로 이 기록을 통해서 역리는 협의양인으로부터 법적으로 구분되고, 또한 법적으로 차대를 받는 지위에 있음을 알 수 있다.

이와 같이 역리가 협의양인과 구분되어서 언급되는 모습은 다른 자료를 통해서도 확인할 수 있다. 다음의 성종 21년 전라도의 수적을 잡기 위한 事目의 내용은 이를 잘 보여준다.

> 강도를 잡아 論賞하는 예에 의거하여 역자는 역을 면제하여 포로 상주고, 자원한 향리나 공사천은 영구히 그 역을 면제하며, 양인 및 벼슬이 있는 사람은 벼슬로 상주도록 할 것이다.[11]

이에 의하면 수적을 잡는 경우 역리는 협의양인과 구분되었다. 양인이 관직을 받았던 것과는 달리 역리는 역을 면하는 것으로 상을 받고 있다.

---

11) 『성종실록』권246, 성종 21년 10월 정축.

이러한 자료가 나타나는 배경도 역시 조정에서 상을 주기 위한 법을 규정하기 위한 상황에서 나타난 것이었다. 또한 그 상의 내용도 역리는 양인에 비하여 분명한 차대를 받고 있음을 알 수 있다.

역리는 군공을 세우는 경우에도 양인과 구분되는 집단으로 나타난다. 이는 세조 13년 이시애 정벌에서 공을 세운 자에게 줄 상을 논하는 다음 기록에 잘 나타난다.

> 정벌에 나갔던 장사에게 論賞할 조건을 의논하였다. 장사와 양인으로서 공이 있는 자는 1등이면 3자급을 뛰어 올리고, 2등이면 2자급을 뛰어 올리고, 3등이면 1자급을 뛰어 올리고, 4등이면 加資하라. 향리, 역리는 면역하고, 천인은 종량하되, 공이 있으면 1등은 종8품, 2등은 정9품, 3등은 종9품의 影職을 주라.12)

이 기록에 의하면 같은 공을 세운 경우에도 역리는 양인과 구분되어서 거론되고 있다. 이 내용은 앞에서 이미 살핀 자료의 내용과 비교할 때 군공이라는 상의 성격만이 달라졌을 뿐 그 기본적인 것은 대동소이하다. 양인에게는 관직을, 역리와 천인에게는 면역과 從良을 상으로 주고 있다. 이상에서 볼 때에 역리는 협의양인과 법적으로 구분되는 집단이었고, 차대를 받는 집단이었다.

염간 역시 역리와 마찬가지로 협의양인에 포함되지 않는 집단이었다. 이는 세종 21년 병조에서 선군을 강화하기 위한 다음과 같은 제안에서 잘 나타나고 있다.

> 대저 선군은 船上의 壯實한 자를 가리어 정하더라도 선상에 익숙한 사람이 적으니, 해변에 항상 거주하고 있는 鹽干이나 고기를 잡아 생활해 가는 사람들로서, 양인은 우선 그 자진 응모하는 것을 허락하여,

---

12) 『세조실록』 권43, 세조 13년 8월 계축.

각 포의 배에 수를 헤아려 나누어 태워서 선상의 일을 관장하여 맡게 하십시오. 그 중에 到數가 많은 자에 대해서는 염간이면 그 도수의 차등을 상고하여 功牌를 주고 양인이면 해령직을 제수하여 권려하는 것이 어떠합니까.13)

여기서 염간은 양인과 다른 집단으로 구분되고 있다. 수고에 대한 보상으로 양인에게는 관직을, 염간에게는 공패를 상으로 주고 있다. 공패는 신역을 면제해 주는 증서였으므로 염간은 역을 면하는 것을 상으로 받고 있었다. 이 내용 역시 협의양인과 염간을 구분하는 것이 법을 정하는 자리에서 결정된 것임을 보여주고 있다. 또한 양인과 염간 사이의 분명한 차대가 있음을 보여주고 있다. 이를 통해서 염간은 협의양인과 법적으로 다른 차대를 받는 지위에 있음을 알 수 있다.

염간이 협의양인과 구분되는 것은 군공에 대한 보상을 논의하는 가운데서도 나타난다. 이는 세종 19년 좌찬성 신개가 변방의 군사에게 군공에 따라서 상을 줄 것을 청하는 다음과 같은 기록을 통해서 확인 할 수 있다.

적의 장수를 사로잡거나 죽인 자는 상으로 벼슬을 다섯 등급 올려 주고, 그 아들이나 동생을 잡는 자는 네 등급을 올려 주며, 장용한 자를 잡는 자는 세 등급을 올려 주고, 평인을 잡는 자는 사람의 수효를 보아서 등급을 차등 있게 올려 주며, 역자, 염간, 공사천구라도 특수한 공로가 있는 자는 천역을 면해 주십시오.14)

이 기록에 의하면 군공을 세우는 경우에 염간은 양인과 다른 집단으로 구분되어 거론되고 있다. 이 자료 역시 규정을 논하는 자리에서 된 것이었고, 염간이 협의양인에 비하여 차대를 받고 있음을 보여주고 있다. 특히 위의 기록에 의하면 염간을 공사천구와 구분하지 않고 일률적으로 묶여서

---

13)『세종실록』권86, 세종 21년 7월 병인.
14)『세종실록』권76, 세종 19년 8월 기묘.

'천역'을 하는 집단으로 언급되고 있는데, 이는 이들에 대한 차대가 어느 정도이었는지 잘 보여준다.

이상의 예에서 볼 때에 역리, 염간은 협의양인과 구분되는 집단으로 거론되는 것을 확인할 수 있었다. 대부분의 사례에서 볼 수 있듯이 역리 염간이 협의양인과 같이 언급되는 경우는 정확하게 역리나 염간을 협의양인과 구분해서 언급할 필요가 있을 때였다. 즉 역리나 염간이 국가에 특별한 공을 세워서 집단에서 벗어날만한 상황이 전개되는 경우였다.

모든 자료에서 공통적으로 차대가 뚜렷하게 드러났는데, 역리, 염간은 협의양인에 비하여 차대를 받는 위치에 있는 것으로 나타났다. 즉 특별한 공을 세운 경우 양인은 관직을 받았고 천인은 '영원한 양인'이 될 수 있었던 반면, 역리와 염간은 그 역을 면하는 상을 받았다. 역리와 염간이 역을 면한 이후의 지위는 천인이 공을 통하여 얻는 '영원한 양인'과 같은 지위로, 협의양인 그 이상도 이하도 아니었다. 그러므로 역리와 염간의 지위는 협의양인에 비하여 차대를 받는 지위에 있었고, 특별한 공으로 지위를 상승시켜야 협의양인에 도달할 수 있었다. 이러한 상황이었으므로 역리와 염간은 공사천과 같이 묶어서 '천역'을 면해야 하는 집단으로 표기 될 만큼 천인과 가까운 집단으로 인식되고 있었다. 이러한 차대로 인해서 역리와 염간은 양인과 같은 부류로 인정되지 않았다. 따라서 협의양인의 용례는 단순히 '표기상의 편의'를 위한 것으로 파악하는 것은 적절하지 않았다. 오히려 협의양인의 용례는 양인으로 묶을 수 없는 다른 성격의 신분을 분명하게 분리하여 표기하기 위한 수단이었다.

또한 역리와 염간이 받는 차대는 법제적인 것이었다. 역리와 염간이 협의양인과 같이 거론되는 모든 사례는 조정의 정책결정과정에서 출원된 것이었다. 당시 조정에서 결정된 것은 그대로 법적인 효력을 가졌다. 신분의 문제를 논할 때 일정집단이 받는 차대가 법적인 것인가는 매우 중요한 요소이다. 그러나 법적인 것의 여부를 결정할 때에 그 기준을 『경국대전』 등

'법전'에 언급된 내용인가에 한정할 필요는 없다. 당시의 『경국대전』 등 법전이 편찬되는 과정을 보면, 법전은 조정에서 결정된 모든 정책을 모우고 상충되는 것을 정리한 것에 불과하였다. 그러므로 조정에서 결정되어 시행되는 정책과정에서 검출된 협의양인의 용례는 법적인 효력을 갖는 용어로 보아도 좋을 것이다. 따라서 역리와 염간은 협의양인에 비하여 법적으로 차대를 받는 집단으로 보는 것이 좋을 것이다.

또한 역리와 염간이 법적으로 차대를 받는 집단으로 파악된다면, 대칭적으로 파악되는 협의양인 역시 법적인 우대와 차대를 표시하는 용어로 보아도 좋을 것이다. 이는 광의양인을 법적인 용어로 보고 협의양인은 법적인 용어로 보지 않은 기존의 견해와는 상치된다. 물론 협의양인이 법적인 용어로 파악된다 하여도 광의양인이 법적인 용어가 아닐 필요는 없다. 광의양인은 여전히 천인에 대칭되는 집단을 지칭하는 용어로 그 역할을 계속 하였으므로 법적인 지위를 계속 가지고 있었다.

부언할 것은 위에서 검토한 자료들을 통해서 볼 때에 이와 같은 협의양인의 자료가 태종 중엽이후 세종대에 빈번하게 나타나기 시작한다는 점이다. 조선 초기 신분제의 틀은 국초의 혼란 속에서 차분하게 정리되지 못하였고, 정변이 정리된 태종대에 그 주요 골간이 정리되었으며, 세종대에 이르러 완성되고 있었다. 이러한 점들을 감안한다면 태종대부터 협의양인이 거론되는 것은 주목할 만한 현상으로 볼 수 있다. 즉 광의양인은 조선 건국 초의 신분제를 단순히 하려는 이상을 보여주는 것이었다. 그러나 시간이 지나면서 직역의 편성을 둘러싸고 다른 지위를 가지는 신분집단들을 갈라낼 수밖에 없는 현실을 배경으로 협의양인이 언급되기 시작한 것으로 생각된다.

이러한 상황 때문에 협의양인의 용례는 혼란을 일으킬 가능성에도 불구하고 광의양인과 같이 사용될 수밖에 없었다. 또한 협의양인은 시간이 가면서 신분제의 분명한 정리와 함께 점차 그 용례가 많아지면서 양인의 중심 용례로 부각되었다.

2. 驛吏 鹽干의 차대와 호칭

역리와 염간은 협의양인이 공통으로 누리는 권리를 가지지 못하고 있었다. 가장 중요한 차대는 이들이 고단하고 천대받는 직역을 세전하면서 그 역에서 벗어날 수 없었다는 점이었다.[15] 그 외에 중요한 차대는 이들이 관직을 가질 수 없었고 과거에 응시할 수 있는 권리도 없었다는 것이다. 관직에 진출하는 것과 과거에 응시할 수 있는 권리를 가지는 것은 양인의 보편적인 권리로 이해되고 있는 만큼 이는 매우 중요한 차대로 평가된다.

이들이 관직을 가질 수 없는 것은 이들이 특별한 공을 세워도 관직을 주기보다는 직역을 면하는 것을 상으로 주는 것을 통해서 알 수 있다. 이는 이미 앞에서 살핀 세종 19년 좌찬성 신개가 군사에게 군공에 따라서 상을 줄 것을 청하는 다음과 같은 기록을 통해서 확인 할 수 있다.

> 적의 장수를 사로잡거나 죽인 자는 상으로 벼슬을 다섯 등급 올려주고, (중략) 역자, 염간, 공사천구라도 특수한 공로가 있는 자는 천역을 면해 주십시오.[16]

역리와 염간은 특수한 공로가 있는 경우에 천역을 면하는 것으로 상을 받았다. 이들이 직역에서 벗어나는 것이 상이 된다는 것은 상대적으로 이들이 직역에 긴박된 상태가 차대를 받는 모습임을 잘 보여주는 것이었다. 이 기록에서 볼 수 있듯이 같은 정도의 공을 세운 공사천구가 천인의 지위를 면할 수 있었던 것을 고려한다면 이들이 직역에 긴박되어 있는 상태는

---

15) 이는 다음 장에서 세습과 관련지어서 상론하도록 하겠다.
16) 『세종실록』 권76, 세종 19년 8월 기묘.

천인에 비견될 수 있는 차대의 상황이었다. 물론 이들이 천역을 면한 후에는 협의양인의 지위를 확보하고, 이후 별도의 공을 세운다면 관직에 진출할 수 있었다. 이미 천역을 면한 이후의 그들의 지위는 역리나 염간 아닌 협의양인의 신분이었으므로 관직 진출이 가능하였다. 이에 비하여 협의양인으로서 역리의 역에 차정된 館軍의 경우에는 그 역은 역리와 같았지만 관직에 진출할 수 있었다.[17] 이는 같은 역을 하여도 역리와 관군 사이에 분명한 신분의 차이가 있었음을 잘 보여준다.

역리는 당연히 과거에 응시할 수 없었다. 이는 직접적인 자료를 통해서 확인할 수는 없으나 역리와 같은 일을 맡았던 관군에 관한 자료를 통해서 짐작할 수 있다. 관군은 역리의 부족으로 설치되었으나, 그 역이 과중하여 양인들이 이에서 벗어나려고 하였으므로 관군의 차정이 쉽지 않았다. 성종대에는 이에 대한 대응으로 관군의 직무를 영구히 고정하는 永定館軍制를 시행하였다. 이후 영정관군제 역시 계속 문제가 제기되면서 치폐를 거듭하였으나,[18] 정부는 영정관군제를 유지하는 쪽으로 정책을 추진하였다. 정부는 관군을 회유하는 방안으로 이들에게 과거의 응시 자격을 부여하는 방안도 논의하였다. 이는 중종 5년 다음의 황해도 문폐사 김우서가 영정관군의 폐단을 가지고 와서 논한 다음의 기록을 통해서 확인할 수 있다.

　　무릇 館軍이 된 자는 본래 양민인데 그 자손이 벼슬길에 통하지 못하는 것은 가엾은 일이므로, 그중에 재능이 있는 자를 문무과와 생원 진사 시험에 응시할 수 있도록 한 것은 이미 법전에 정하여 있거니와, 입법한 지 오래지 않아서 경솔하게 고칠 수 없으며, 평안도의 관군이 된 자도 장차 이것을 본받아 陳訴한다면 반드시 소란하게 될 것입니다.[19]

---

17) 『세종실록』 권40, 세종 10년 윤4월 을사.
18) 『성종실록』 권267, 성종 23년 7월 무인.
　　『중종실록』 권12, 중종 5년 12월 임진.
19) 『중종실록』 권12, 중종 5년 12월 임진.
　　이와 같은 사정은 『중종실록』 권20, 중종 9년 4월 기해조를 통해서도 확인된다.

이 내용에 의하면 황해도의 영정관군에게 과거 응시 자격을 허용하고 있다. 여기서 '입법한 지 오래지 않아'라는 기록을 보면, 이러한 규정이 만들어 진 것은 중종대 언저리로 이해된다. 또한 이에 의하면 황해도의 관군에게는 과거응시 자격이 주어졌으나, 아직 평안도의 관군에게는 이러한 혜택이 주어지지 않았다. 아직 관군에게 과거응시 자격을 부여하는 것이 완전히 정착되지 않은 상태였다. 이러한 상황은 양인이 관군에 '영정'되면서 과거의 응시도 허용되지 않았으나, 이 무렵부터 과거의 응시를 허용하기 시작한 것으로 보여준다. 이와 같이 본래 양인이던 관군에게도 과거응시 자격이 제한적으로 부여되었던 것을 본다면, 그 지위가 확연하게 다른 역리는 과거에 응시할 수 없었음을 짐작할 수 있다.

염리와 염간에 대한 차대는 이들의 호적이 별도로 관리되었다는 점에서도 확인된다. 호적을 별도로 관리하는 것은 천인의 경우와 유사하게 이들이 양인과는 다른 국가 관리 체계 하에 있음을 보여준다. 이는 세종 6년 찰방들이 올린 다음의 계를 통해서 알 수 있다.

> 각 관의 역리들을 소재지의 수령들로 하여금 그 所從來와 자손의 이름, 나이를 평민의 호구 조사하는 예에 따라 갖추어 기록하고 本驛으로 본관을 삼게 하여 각기 호구 장부를 만들어 주고, 문부 네 벌을 만들어서 한 벌은 병조에, 한 벌은 감사영에, 한 벌은 本郡에, 한 벌은 각기 본역에 두었다가, 만약 도피하는 자가 있으면 그 호구 장부를 상고하여 곧 본고장으로 돌려보내고, 호구 장부가 없는 자는 영영 공천에 속하게 하십시오.[20]

이에 의하면 역리의 호구는 별도의 관리를 하였음을 알 수 있다. 보통 양인의 호적은 호조, 본도, 본읍 등에 보관하였음에 비하여 역리의 호적은 병조, 감사영, 본군, 본역 등에 두게 하여 양인들과 섞이지 못하게 하였다.

---

20)『세종실록』권23, 세종 6년 7월 계사.

특히 역리들은 역사하는 역을 본관으로 삼고, 역에서 이탈하는 경우에는 이를 추쇄하여 '영영 공천'을 삼을 정도로 그 차별이 심각하였다. 특히 천인을 삼은 것은 양인이 거주지를 이탈하여 쇄환을 당하는 경우에 받는 처벌이 심하지 않았던 것과 대비되는 조치로, 역리가 차대를 받는 신분적 지위에 있음을 잘 보여준다. 역리는 물론 염간도 역시 양인과는 별도의 적이 만들어져 관리되고 있었다.[21]

이러한 맥락에서 역리와 염간은 범죄로 인하여 타처에 流放되는 경우에도 해당 배속지의 驛이나 鹽所에서 그 본 역을 계속하였다.[22] 이러한 조치 역시 이들은 양인과는 구분되는 집단이었고, 차대받는 집단이었음을 잘 보여준다.

이러한 차대를 받는 역리와 염간은 그 집단을 평가해서 부르는 호칭에서도 차대가 나타나고 있었다. 그 대표적인 호칭은 身賤者였다. 이는 신분이 천한 자라는 의미였다. 이는 다음의 성종 9년 성종이 보충대의 문제와 관련해서 장례원에 내린 전지에서 확인할 수 있다.

> 음직을 받을 수 없는 인원의 비첩소생은 자신이 本孫의 노비가 되어서 도리어 향리, 역리, 염간, 목자 등 身賤者의 소생보다 못하니, 또한 매우 적당하지 못하다. 일체 身良人로서 자기의 계집종이나 아내의 계집종을 첩으로 삼아서 낳은 자녀는 비록 嫡母, 嫡同生이 아니더라도 스스로 고하기를 허락하여 법에 의해서 사실을 조사하여 모두 보충대에 속하게 하였다.[23]

이 내용에 의하면 역리, 염간 등은 '身賤者'로 불리고 있다. 그 의미는 인용문에 언급되는 신양인과 대비되면서 분명해진다. 여기서의 신양인의 의

---

21) 『세종실록』 권121, 세종 30년 8월 신사.
22) 『세종실록』 권48, 세종 12년 5월 갑인.
   『세종실록』 권121, 세종 30년 8월 신사.
23) 『성종실록』 권95, 성종 9년 8월 병신.

미는 전후의 맥락으로 볼 때에 보충대와 관련해서 『경국대전』에 '及良人'으로 언급된 협의양인을 지칭하는 것이었다. 그러므로 여기서 신천자의 의미는 협의양인에 비하여 신분이 천하다는 의미였다.

염간을 신분적으로 천하다고 보는 것은 정종 1년에 언급된 다음의 자료를 통해서도 다시 확인된다.

> 배 타는 格軍에게 직을 처음으로 주었다. 경상도 수군절제사가 청하기를, "배 타는 격군은 염간같이 천한 자가 아니니, 射官의 예에 의하여 직을 주소서."하니, 그대로 따랐다.[24]

여기서도 염간은 천한 자로 표현되고 있다. 격군은 양인이었고 관직을 받을 수 있는 자들이었음에 비교할 때 염간은 관직을 받을 수 없는 천한 자들이었다.

염간등을 천한 자로 파악한 것은 다음의 중종 6년의 기록을 통해서도 거듭 확인된다.

> 정미수는 의논드리기를, 『대전』에 향리, 염한, 목자가 자기비를 취하여 낳은 소생을 아비의 役處에 정역하도록 한 것은 모두가 고역이니 역사를 많이 시키려 함입니다. 그 양천을 분별하지 않은 자는 '本是賤口'이니, 官籍에 있더라도 벼슬길에 통하지 못함은 당연한 것입니다.[25]

이 내용은 염간 등이 자기비를 취하여 낳은 소생의 처우를 논하는 자리에서 언급한 것으로 이에 의하면 염간과 천녀 사이의 소생은 '本是賤口'로 이해되고 있다. 여기서 본시천구라는 의미는 그 본인이 천인이라는 의미를 가질 뿐 아니라, 그 부모의 신분까지 천인임을 언급하고 있다. 그런데 여기

---

24) 『정종실록』 권1, 정종 1년 1월 경인.
25) 『중종실록』 권13, 중종 6년 4월 경진.

서 부모는 염간과 천녀였다. 그러므로 '본시천구'라고 표현한 것은 염간을 천인으로 파악하지 않는다면 언급하기 어려운 내용이다. 즉 위의 자료는 염간이 협의양인과 비교되었을 때 천구로 파악되고 있었음을 보여준다.

역리와 염간이 천구로 파악되고 있었으므로 이 집단들이 하는 역은 천한 것, 천역으로 표현될 수밖에 없었다. 이는 세종 19년 좌찬성 신개가 변방의 군사에게 군공에 따라서 상줄 것을 청하는 다음과 같은 기록을 통해서 확인 할 수 있다.

> 평인을 잡는 자는 사람의 수효를 보아서 등급을 차등 있게 올려 주며, 역자, 염간, 공사천구라도 특수한 공로가 있는 자는 '천역'을 면해 주십시오.26)

이에 의하면 역리나 염간이 공사천과 구분되지 않고 천역을 하는 집단으로 언급되고 있다. 역리 염간과 공사천인은 구분이 없이 모두 천역을 하는 역천자였다.

역리와 염간이 身賤者, 혹은 役賤者로 표현되고 있으나, 이러한 표현은 상대적인 것이었다. 즉 이들이 협의양인과 비교할 때에 나타나는 표현들이었다. 그러므로 이들의 지위가 공사천인들과 비교할 때에는 다를 수밖에 없었다. 그러한 상황에서 이들의 지위를 표현하는 그 대표적인 용례가 '身良役賤'이었다. 이는 성종 15년 평안도의 역리 문제를 논하는 자리에서 화천군 권감이 다음과 같이 논한 것에서 확인할 수 있다.

> 역리의 役은 비록 賤하나 身은 양인이므로, 천례와는 비교할 바가 아닙니다. 그래서 기병 보병을 관군으로 충당하여 수년간 행하여 왔으나 별로 큰 폐단이 없었으니, 다시 고침은 온당하지 못합니다.27)

---

26) 『세종실록』 권76, 세종 19년 8월 기묘.
27) 『성종실록』 권166, 성종 15년 5월 갑진. 驛吏役雖賤 身是良人.

역리는 '역이 천하기는 하였으나 신은 양인' 즉 '身良役賤'으로 불리고 있다. 여기서 주목할 것은 이러한 용어를 사용할 때에 비교의 대상이다. 이는 "천례와는 비교할 바가 아닙니다."라는 언급을 통해서 알 수 있다. 즉 역리는 천인과 비교될 때에는 신양자라고 보고 있다. 이들이 협의양인은 아니었으나, 여전히 광의양인이었다.

이러한 인식은 중종대에 유순이 역리 염간 등이 自己婢에게서 낳은 딸을 從良할 것인지 從賤할 것인지를 논의하는 자리에서 언급한 다음과 같은 내용을 통해서 거듭 확인된다.

> 향리, 역리, 염한, 목자 등은, 그 신은 양이지만 역은 천입니다. 장가 들어 낳은 자식은 절로 아비의 役處에 定役하니, 여자에게는 역이 없지만, 그 소생은 또한 천인에 속하여야 합니다.[28]

여기서도 역리와 염간은 역은 천하지만 신은 양인 자로 이해되고 있다. 역리 염간의 지위가 천인과는 차이가 있다는 관점에서 신양역천이라고 표현한 것이다. 이와 같이 역리 염간이 천인과 그 지위를 비교할 때에, 그 지위가 천인과 다르다는 것을 강조하면서 신양역천이라는 용어를 사용하고 있다.

이상으로 역리 염간을 평가하는 용어로 身賤, 役賤, 身良役賤 등이 거론되었음을 보았다. 용어들은 비교되는 대상에 따라서 달리 사용되었다. 양인과 비교될 때에는 신천, 역천의 용어가 사용되었고, 천인과 비교될 때에는 신양역천의 용어가 사용되었다. 이러한 표현은 역리 염간이 양인에 비해서는 천대받는 지위에 있었으나, 천인에 비해서는 상대적으로 우대받는 지위에 있었음을 보여준다.

이와 같은 이해는 신양역천을 역만 천할 뿐 양인과 같은 지위로 해석하

---

28) 『중종실록』 권13, 중종 6년 4월 경진. 牧子等身雖良 而役則賤者也.

는 입장과 다르다. 역천이라는 표현을 가볍게 해석하여 직업이 천하다는 정도로 해석할 수 있으나, 당시의 직역은 개인의 능력에 따라서 바꿀 수 있는 오늘날의 직업과는 전혀 다른 것이었다. 특히 역리와 염간의 직역은 개인의 능력과 관계없이 혈통에 의해서 그리고 법에 의해서 세습이 강요된 직업이었다. 그러므로 직역의 의미에 신분이 함축되어 있었고, 직역이 천하다는 의미는 신분이 천하다는 의미와 전혀 다르지 않았다. 천하기는 하지만 천인과는 다르다는 것을 강조하기 위해서 신천보다는 다소 어감이 부드러운 역천이라는 표현을 사용한 것에 불과하였다. 그러므로 신양역천으로 표현한 것은 신분이 양인이라는 면을 강조하기 위한 것이 아니라 이들의 신분이 천인과 양인 사이에 처한다는 것을 명시하기 위한 것이었다.

3. 驛吏 鹽干 직역의 세습과 신분 이동

역리와 염간의 신분을 검토할 때, 이들이 직역을 세습하는지 여부를 밝히는 것과 이들이 세습하는 직역을 어떻게 벗어날 수 있는가를 검토하는 것은 중요한 과제이다. 이들이 직역을 세습하는 것에 대해서는 기존의 연구에서도 언급하고 있지만, 기존의 연구는 이들의 신분을 양인으로 간주한 위에서 된 것이었으므로 세습의 중요성이 부각되지 않았다.[29] 그러나 역리와 염간을 양인과는 다른 신분으로 볼 수 있으므로 이들의 세습 여부는 좀 더 구체적으로 살펴볼 필요가 있다. 성종 18년 경연 중 다음과 같은 언급에 의하면 역리는 그 역을 세습하였음을 알 수 있다.

영사 윤호가 아뢰기를, "역리의 역은 부자가 서로 相繼하는데, 어찌 다른 역에 채우겠습니까?"하자, 임금이 말하기를, "역리는 비록 부자가

---

29) 유승원 앞의 책.

서로 전하는 것이라 하더라도 어찌 사위나 고용한 사람이 없겠는가? 병조로 하여금 의논해서 아뢰게 하라."하였다.[30]

이는 군적을 충실히 편성하기 위해 역리의 집에서 장정을 찾아내는 것을 논의한 내용이다. 이에 의하면 누정 파악의 대상이 되고 있는 것은 역리 집에 거하는 사위나 고용인이었고 역리는 아니었다. "역리의 역은 부자가 상계"하는 상황이었으므로 군역의 대상이 아니었다. 즉 역리는 직역을 세습하고 있었다.

역리가 그 직역을 세습하였던 것은 성종 23년의 홍귀달이 언급한 다음과 같은 기록을 통해서도 거듭 확인된다.

> 다른 도의 역리는 자손이 서로 전하여 영세토록 함께 역사하는데, 평안도의 관군은 향리와 군사가 서로 번갈아가면서 번을 서니 폐단이 진실로 많았습니다.[31]

이 기록의 "자손이 서로 전하여 영세토록 함께 역사하는데"라는 구절을 통하여서 역리가 역을 세전하고 있음을 거듭 확인할 수 있다.[32]

역리 뿐 아니라 염간도 그 역을 세습하고 있었다. 의정부에서 언급한 다음의 기록에 의하면 염간도 그 역을 세습하였다.

> 우리 국조에 이르러 태조가 여러 사람의 자기 비첩의 소산을 신량역천으로 삼아 사재감수군에 붙이었으나, 그 딸을 아울러 붙이는 것을 허락하지 아니하였습니다. 이제 사재감에서 여손을 사역시키고자 하나, 전조의 제도에는 신량역천인 자는 모두 그 여손을 사역시키지 않

---

30) 『성종실록』 권199, 성종 18년 1월 정사.
31) 『성종실록』 권267, 성종 23년 7월 무인.
32) 역리가 직역을 세습하는 것은 이후의 자료를 통해서도 계속 확인된다(『선조실록』 권131, 선조 33년 11월 신해).

았으니, 丁吏, 驛吏의 딸이 良夫에게 시집가면 즉시 양인이 되었고, 동류에게 시집가면 이내 그 역을 세웠으며, 염간, 진척의 딸도 또한 같았으며, 수군 여손도 의당 간척의 딸과 같았습니다.[33)]

이 기록은 사재감에 소속된 수군의 여손을 사역시키는 문제를 논의하면서 언급된 부분이다. 이 내용에 의하면 역리 염간의 딸이 같은 동류에게 시집을 가는 경우에는 그 역을 세습함을 알 수 있다. 다만 여기서 '전조' 즉 고려 시대의 것으로 언급되고 있어 조선에 들어서 세습이 유지되었는지 불분명하게 처리되고 있다. 그러나 문맥상 염간의 세습이 조선에 와서는 시행되지 않았다면 이 내용을 언급할 필요가 없는 것이었다. 또한 이 자료에 염간과 같이 거론되는 역리의 경우 앞에서 확인할 수 있었듯이 그 직역을 세습을 하고 있었으므로, 염간 역시 역리와 함께 고려 이래로 당시까지 직역을 세습하고 있는 것으로 보는 것이 자연스럽다.

역리와 염간을 직역 세습집단으로 파악할 때에 검토해야 할 문제 중 하나는 이들이 다른 신분과 결혼을 하는 경우 그 소생은 직역을 세습하였는가의 문제이다. 당시 사회의 성격이 종부적인 경향이 강하였으므로 양인과 천인의 결혼에서도 천인과 양녀가 결혼하는 경우는 그 소생이 아버지를 따라서 천인이 되는 것이 보통이었고, 양인과 천녀가 결혼한 경우는 그 소생이 보충대등을 통해서 양인이 되는 것이 보통이었는데, 역리와 염간의 경우도 유사하였다.

역리 염간이 천녀와 결혼한 경우 그 소생은 아버지의 역을 담당하는 것으로 나타난다. 세종 11년에 보이는 다음의 기록은 역리, 염간이 공사비와 결혼한 경우 그 소생은 아버지의 역을 담당한 것을 잘 보여준다.

本宮의 奴子가 양녀나 補充軍女에게 장가를 들어 낳은 자식에 한해서 公處의 예에 의거하여 본궁에 소속시키고, 공사비가 보충군에게 시

---

33) 『태종실록』 권27, 태종 14년 1월 기묘.

집가서 낳은 자식은 전조에서 판정백성의 예에 의거하여 시행하소서. 염간, 목자, 역리에게 시집가서 낳은 자식은 그대로 역자로 삼는다는 예에 의거하여 각기 그 아버지의 부역하는 곳에 정속시키소서.[34]

이 내용에 의하면 공사비가 역리 염간과 혼인하여서 낳은 소생은 아버지의 역을 잇도록 조치되고 있었다. 그 소생이 아버지의 역을 잇는 것을 보여주는데, 이러한 상황은 자료로 확인되지는 않지만 양녀가 역리 염간과 혼인하여 낳은 소생의 경우에도 적용되었을 것으로 추측된다.

역리의 딸의 경우는 결혼하는 남자의 지위에 따라서 그 자녀들의 지위가 결정되는 것이 보통이었다. 이는 앞에서 인용한 것처럼 "丁吏, 驛吏의 딸이 양부에게 시집가면 즉시 양인이 되었다."라는 기록을 통해서 알 수 있다.[35] 물론 여기서 역리의 딸이 양인이 되었다는 것이 아니라 그 소생이 양인이 되었다고 보아야 할 것이다.

이상에서 볼 때, 역리 염간이 다른 집단 즉 양인이나 천인과의 결혼으로 인해서 낳은 소생은 아버지의 직역을 따르는 것이 일반적이었고, 역리와 염간의 딸은 역시 결혼하는 상대 남자의 지위를 따르는 것이 일반적이었다.

이와 같이 역리와 염간의 세습이 견고하였으므로, 양인이 역리나 염간의 직무를 담당하는 경우에, 이들은 역리 염간과는 다른 집단으로 호칭되었다. 역리의 역을 대신하는 양인을 館軍으로 호칭한 것은 그러한 예에 해당한다. 세종 10년에 병조에서 올린 계에 의하면 평안도의 경우 역리의 역할을 하는 양인을 관군으로 호칭하고 있음을 알 수 있다.

그 거주하는 고을에 소속된 관사에는 원래 정해진 역리가 없기 때문에, 비록 3, 4품의 아들, 사위, 아우, 조카 및 자신이 7품을 지낸 자들도 모두 돌려가면서 관군이 되어 역자로서 부역에 이바지하고 있습니다.[36]

---

34) 『세종실록』 권44, 세종 11년 6월 병술.
35) 『태종실록』 권27, 태종 14년 1월 기묘.

평안도 지역에 역리가 없으므로 역리의 역을 할 수 있는 양인을 차정하여 역을 맡기고 있지만, 이들을 역리라고 부르지 않고 관군으로 표현하고 있다. 이와 같은 상황은 염간의 경우에도 동일하였다. 염간을 대신하여 소금을 만드는 일에 종사하는 이들을 염간으로 칭하지 않고 수군으로 호칭하였다.[37)]

양인이 역리나 염간이 하는 일에 동원되는 것은 불가피한 상황에서 일어나는 것이었지만, 이들이 그 직역을 계속하는 경우에는 그 직역에 긴박되는 일도 있었다. 역리의 경우 '永定館軍'의 설치가 그 좋은 사례였다. 이는 성종 17년 정창손의 다음과 같은 언급을 통해서 알 수 있다.

> 軍戶를 영구히 관군에 배정한 지 이미 오래 되었는데, 또 고쳐서 연한을 정하여 교체하면, 사람들이 구차하게 여겨 역로가 날로 더욱 피폐할 것이니, 청컨대 예전대로 시행하소서.[38)]

이 내용에 의하면 역리가 없는 지역에서 양인으로 역리를 대신하는 관군을 두는 제도가 시행되었다. 그러나 관군의 차정도 쉽지 않자 관군의 역을 세습적으로 고정하는 영정군관제가 모색되었다. 역이 고단하여 차정이 어려운 지역에 대응하기 위한 정부의 마지막 모색이었다. 이러한 동향은 관군에서뿐 아니라 역이 힘들어 쉽게 양인으로 대치할 수 없는 직역의 경우에는 언제든지 나타날 수 있었다. 향리의 경우도 이와 유사한 조치가 나타나고 있다. 세종 11년에 향리가 2,3대를 그 역에 계속 입역하면 면역하지 못하도록 하는 조치가 논의되었다.[39)] 이러한 논의의 결과 『경국대전』에는 향리의 역을 맡게 된 양인은 2대 이상 그 역을 계속하면 그 역에서

---

36) 『세종실록』 권41, 세종 10년 7월 신해.
37) 『세종실록』 권117, 세종 29년 9월 임자.
38) 『성종실록』 권189, 성종 17년 3월 을축.
39) 『세종실록』 권43, 세종 11년 1월 계축.

벗어나지 못하도록 규정하고 있다.[40)]

　이와 같은 영정군관제의 시행이나 향리의 역의 세습을 고착화 시키는 동향은 기존의 역리나 염간이 그 직역의 세습에서 벗어나는 것은 매우 어려움 일이었음을 잘 보여준다. 그러나 역리 염간은 이렇게 강고한 직역의 세습에서 벗어나는 길이 있었다. 이들은 자신들의 직역에서 벗어나기 위해서는 특별한 공을 세워야 하였다. 즉 역리와 염간은 특별한 공을 통해서 직역에서 벗어나 신분을 이동할 수 있었다. 먼저 이들이 군공을 세우는 경우에 직역을 벗어 날 수 있었다. 이는 세조 13년 다음의 기록을 통해서 확인할 수 있다.

　　　정벌에 나갔던 장사에게 상을 줄 조건을 의논하였다. 장사와 양인으로서 공이 있는 자는 1등이면 3자급을 뛰어 올리고, 2등이면 2자급을 뛰어 올리고, 3등이면 1자급을 뛰어 올리고, 4등이면 가자하라. 향리, 역리는 면역하고, 천인은 종량하되, 功이 있으면 1등은 종8품, 2등은 정9품, 3등은 종9품의 영직을 주라.[41)]

　이 기록은 이시애의 정벌에 참여한 자들에게 줄 상을 논하는 자리에서 언급된 것이었다. 이에 의하면 군공을 세운 경우에 역리는 면역을 상으로 받아 직역을 벗어날 수 있었다. 이시애의 정벌에 참여한다는 것이 특별한 상황에서 일어나는 것이었으므로 어느 정도의 공을 세워야 면역이 되는 것인지는 비교하기 쉽지 않다. 그러나 흥미로운 것은 같은 정벌에 참여한 천인은 같은 정도의 공으로 양인이 될 수 있었다. 이는 천인이 신분을 상승시킬 수 있는 정도의 공을 세워야 역리는 직역을 면할 수 있었음을 짐작

---

40) 『경국대전』 이전 향리.
　2대가 연속하여 향리의 역에 복무한 경우에는 비록 그들이 본래 향리의 자손이 아님을 소송하더라도 들어주지 아니하였다. 2대가 연속하여 향리의 역에 복무하였다 함은 祖와 父 2대의 연속 복무를 의미한다.
41) 『세조실록』 권43, 세조 13년 8월 계축.

케 한다. 또한 직역을 벗어난 역리의 지위는 천인이 그 신분을 상승시켜 확보한 양인의 지위와 차이가 없었다. 이는 정부가 역리의 직역을 어떻게 파악하고 있는지를 잘 보여주며, 역리가 직역을 면하는 것이 단순한 직역의 면제가 아니라 신분의 상승으로 보아도 좋을 변화임을 보여준다. 즉 역리는 특별한 공을 통해서 신분을 협의양인으로 상승시킬 수 있었다.

이 기록에 의하면 이미 정벌에 참여한 것으로 역리와 천인은 면역이 되었고, 이에서 추가로 공을 세우면 관직까지 받을 수 있었다. 즉 이들이 정벌에 참여한 공을 통해서 이미 면역을 하여 협의양인이 된 상태이었으므로 추가된 공을 통해서 影職에 불과한 것이었지만 관직을 받는 것은 문제될 것이 없었다.

군공 외에 도적을 잡는 경우에도 직역을 벗어날 수 있었다. 이는 예종 1년 다음과 같은 기록을 통해서 확인된다.

> 도적을 능히 잡아서 고하는 자가 있으면, 양인은 2계급을 뛰어 올려 관직을 제수하고, 향리, 역리는 신역을 면제하고, 천인은 영구히 양인이 되게 하라.[42]

도적을 잡는 공을 세우는 경우 역리는 보상으로 신역을 면제받고 있었다. 여기서도 주목할 것은 같은 공을 세운 천인의 경우에는 '영구히 양인'이 되는 상을 받고 있다는 점이다. 이러한 내용 역시 정부가 역리가 역을 면하는 것을 천인이 신분 상승을 하는 정도로 파악하고 있었음을 잘 보여준다.

이상으로 볼 때에 역리와 염간은 군공을 세우거나 그에 준하는 특별한 공을 세워야 역을 면할 수 있었다. 역리가 역을 면하여 얻은 지위는 협의양인이 되는 것이었는데, 이는 같은 공을 세운 천인이 얻은 '영구히 양인'

---

42) 『예종실록』 권7, 예종 1년 8월 병자.

의 지위와 같은 것이었다. 그러므로 당시 조정에서는 역리가 역을 면하는
것을 천인이 양인으로 신분을 상승시키는 것과 같은 정도로 파악하고 있
다. 이는 역리와 염간이 직역을 면하는 것이 단순히 직역의 이동이 아니고
신분을 상승시키는 것이었음을 보여준다.

맺음말

1. 이상과 같이 광의양인의 신분적 지위를 역리와 염간을 통해서 검토
해 보았다. 그간 역리와 염간의 지위는 양인 내에서 특이한 것으로 밝혀졌
으나, 양인으로 호칭된다는 점이 강조되면서 그 신분적 지위는 양인으로
이해되었다. 그러나 그간의 연구에 의하면 양인의 용례는 협의양인과 광
의양인으로 나누어지고, 단일 신분으로 볼 수 없는 요소들도 나타나고 있
다. 특히 역리와 염간은 협의양인에 속하지 않는 대표적인 집단으로 나타
난다. 그러므로 역리와 염간의 신분을 양인의 용례와 연결해서 재검토한다
면, 역리와 염간의 신분에 대하여 좀 더 진전된 이해를 가질 수 있을 것으
로 생각하였다.

먼저 역리와 염간이 양인으로 불린다는 것은 중요한 쟁점이 될 수 있으
므로 역리와 염간이 양인으로 호칭되는 자료와 호칭되지 않는 자료를 같
이 검토해보았다. 자료의 전반적인 상황을 볼 때 역리 염간을 양인으로 명
시하는 자료보다는 역리 염간을 협의양인이 아닌 것으로 보는 자료가 더
욱 많았다. 이는 기존의 연구에서 배려하지 못한 부분이다.

기존의 연구에서는 협의양인이 역리 염간 등의 집단과 병기되는 것을
'표기상'의 문제로 가볍게 이해하거나, 협의양인은 법적인 용어가 아닌 것
으로 처리하여, 협의양인은 신분과 관련이 없는 것으로 보았다. 그러나 역
리 염간과 같이 거론된 협의양인의 용례는 거의 모든 자료가 역리와 염간

의 법적인 지위가 협의양인과 다름을 명기하기 위한 것이었다. 즉 역리와
염간이 협의양인에 비하여 법적으로 차대를 받는 집단이었음을 분명하게
보여주고 있다. 이는 역리와 염간의 신분적 지위를 파악할 때에 이들이 광
의양인으로 호칭되고 있다는 점에 구애되지 않고, 그 실제적 지위에 즉해
서 검토해야 할 필요성을 보여준다.

2. 이에 역리와 염간의 신분적 실상을 이들이 받는 차대로부터 검토하
였다. 이들이 받는 차대의 가장 중요한 것은 천역으로 인식되는 고된 직역
을 벗어나지 못하고 세전하는 것이었다. 당연히 이들은 관직에 나아갈 수
없었고, 과거응시의 자격도 가지지 못하였다. 또한 이들이 차대를 받는 집
단이었으므로 호적도 양인과는 별도로 관리되고 있었다. 특히 이들이 호
적에 명기된 직역의 지역을 벗어나는 경우에는 추쇄되어 노비가 되는 엄
한 처벌을 받고 있었다. 또한 이들은 죄를 범하여 형을 받는 경우에도 양
인과는 구별을 받았는데, 유형을 받는 경우에 양인과는 달리 유배되는 지
역의 역이나 염소에서 형을 받았다.

역리와 염간이 받는 차대는 칭호에도 반영되었다. 이들은 '身賤者' '賤口'
'役賤者' 등으로 천인과 별다른 차이 없이 불렸다. 이러한 호칭은 이들이
양인에 비해서 차대를 받는 지위에 있었음을 잘 보여준다. 그러나 이들의
신분적 지위가 분명하게 천인보다는 높았다. 그러므로 이들의 지위가 천
인과 비교될 때에는 그 지위가 다르다는 것이 강조되면서 '身良役賤'라는
호칭이 사용되었다. 이들의 지위가 협의양인보다는 낮았지만 여전히 광의
양인에는 포함되어 천인보다는 우대받는 집단으로 인식되었다.

그러나 여기서 부언할 것은 '신양역천'의 호칭에서 '역천'의 의미를 기존
의 연구에서 지적하는 것처럼 '신양에 부속적인 의미로 가볍게 생각해서는
안 된다는 점이다. 역천의 의미는 직역이 천하다는 것인데, 역리와 염간의
직역은 단순히 직업이 아니었다. 즉 그 직역이 법으로 규정되어 혈통을 매
개로 세습되고 있었다. 그러므로 역리와 염간의 직역은 신분적 의미를 함

축하고 있었다. 그러므로 '역천'의 당시대적 의미는 '신천'과 큰 차이가 있는
것이 아니었다. 따라서 신양역천에서의 역천의 의미를 직업으로 해석하여
신분은 양인이지만 천한 직업을 가진 것으로서 해석하는 것은 당시의 실상
과 거리가 있는 해석일 수밖에 없다. 오히려 이는 양인과 천인 사이에 있는
신분을 표현하기 위해 그 시대에 맞게 합성한 조어로 이해해야 할 것이다.
즉 신양역천을 양인과 천인 사이에 있는 별도의 신분을 가진 집단을 칭하
는 용어로 보는 것이 당시의 의미를 살리는 것으로 생각된다.

  3. 다음으로 역리와 염간이 세습과 그 직역에서 벗어나는 문제를 검토
해 보았다. 역리와 염간의 세습은 기왕의 연구에서도 지적한 바 있다. 그
러나 기왕의 연구에서는 역리와 염간의 신분을 양인으로 파악하고 있었으
므로 세습은 부차적인 관심사였고, 특히 직역을 벗어나는 것을 신분의 이
동이라는 면에서 파악하지 않았다. 그러므로 이 장에서는 역리와 염간의
세습 문제를 좀 더 심도 있게 살펴보고, 그 직역을 벗어나는 문제도 검토
해 보았다. 먼저 역리와 염간이 그 직역을 세습하는 실상을 검토하였다.
역리와 염간 직역의 세습은 여러 가지 자료를 통해서 분명하게 확인할 수
있었다.

  역리와 염간이 신분을 세전하는 문제를 다룰 때에, 이들이 타 신분 집단
과 결혼을 하여 얻은 소생의 신분이 어떻게 결정되는가는 주요 검토 과제
가 된다. 이를 역리 염간이 천인이나 양인과 혼인하는 경우를 통해 살펴보
았다. 역리나 염간이 양인 천인 등 다른 신분의 여인과 결혼을 하는 경우
는 종부적 원리가 강하게 작용하는 시대적 분위기에 따라서 그 소생의 직
역은 역리와 염간을 잇는 것으로 나타났다. 같은 원리에 따라서 역리나 염
간의 딸이 양인이나 천인과 결혼을 하는 경우에는 그 소생의 지위는 아버
지 되는 양인이나 천인을 따라가는 것이 일반적이었다.

  역리나 염간은 직역에 결박되고 그 직역을 세습하였으나 군공이나 이에
준하는 특별한 공을 세우면 역에서 벗어날 수 있었다. 구체적으로 보면 특

별한 공을 세울 때에 역리와 염간은 역을 면하는 상을 받았고, 양인은 관직을, 노비는 양인이 되는 상을 받았다. 역리와 염간은 특별한 공을 통해서 직역의 세습에서 벗어나 그 신분을 상승시킬 수 있었다. 그러나 역리와 염간이 역을 면하여 확보한 지위는 협의양인이었다. 이는 같은 공을 세운 공사비가 상으로 얻은 '永久從良'과 같은 지위였다. 이러한 상황은 역리와 염간의 지위가 실제로는 노비와 크게 다르지 않았음을 보여준다.

4. 이상으로 역리와 염간의 신분적 지위를 검토할 때, 이들은 협의양인에 비하여 차대를 받는 직역에 긴박되어 그 직을 세습하였고, 특별한 공을 세운 경우에 협의양인이 될 수 있는 협의양인과는 별도의 신분이었음을 구명하였다. 물론 이들은 광의양인에 속하였으므로 천인과는 분명히 구분되는 신분이었다.

첨언할 것은 협의양인의 용례가 나오는 시기가 태종대 후반부터라는 점이다. 태종 중반 이전에는 광의양인의 용례만 나타나고 있어, 양인은 천인과 대칭되는 집단으로 파악되고 있다. 그러나 그 이후에 협의양인의 용례가 나타나면서 양인이 천인 외에 다양한 집단들과 대비되면서 나타났다. 용어상 혼란의 가능이 있었음에도 불구하고 협의양인의 용례를 사용하게 된 원인은 조선 초기 신분제의 정착과정에서 나타나는 혼란으로 이해할 수 있다.

즉 다양한 신분이 조선 건국의 주체로 참여하면서 건국 초기의 신분 질서는 이완될 수밖에 없었고, 계층 간의 위계질서를 정비하는 신분제에 대한 구상도 느슨해 질 수 있었다. 그러나 신분을 단순화하려는 이상은 직역체제의 편성과 같은 현실적인 문제에 부딪히면서 조절될 수밖에 없었다. 그러므로 조선 초기 광의양인은 태종 중반부터 몇몇 직역과 협의양인으로 분리되기 시작하였고,[43] 세종대에 이르면 정착되어 광의양인과 협의양인

---

43) 제도적으로도 태종대 이전에는 신분을 논하기에 여건을 갖추어지지 못하고 있었다. 신분을 밝히는 가장 기초가 되는 자료는 호적이었다. 호적에는 四祖가 기록되었다. 사조의 기록이 확보되지 않은 상태에서 본격적으로 신분제를 논하는 것

은 별도의 신분으로 정리된 것으로 이해할 수 있겠다.[44]

협의양인의 용례가 나타나면서 광의양인의 용어는 단일 신분을 지칭하는 기능은 상실하였으나, 여전히 천인에 대칭되는 집단을 지칭하는 법적인 칭호로서의 기능은 유지하였다. 다만 협의양인이 신분을 지칭하는 용어로 광범위하게 사용되면서 광의양인의 용례는 축소될 수밖에 없었다(최이돈 「조선초기 협의의 양인의 용례와 신분」 『역사와 현실』 71, 2009).

은 사실상 어려웠다. 정부에서는 태종 8년에 이르러서야 호적에 사조를 기록하는 것을 정비하였다(『태종실록』 권16, 태종 8년 11월 정묘; 『태종실록』 권16, 태종 8년 11월 을사). 이와 같은 상황이었으므로 건국 이래 가장 중요한 신분제의 과제였던 양천 변정의 문제도 태종대에 이르러서야 정비될 수 있었다.

44) 세종대에 들어서 신분제가 정비되는 모습은 그간 필자가 다른 연구를 통하여서 밝힌 현상과 동일하다(최이돈 「조선 전기 현관과 사족」 『역사학보』 184, 2004; 최이돈 「조선 초기 잡직의 형성과 그 변화」 『역사와 현실』 58, 2005).

제3부

廣義良人

제5장 鄕吏의 지위와 신분

머리말

조선 초기의 신분제 연구는 그간의 꾸준한 연구로 그 역사상이 좀 더 선명해지고 있다. 양천제론의 제기로 기존의 통설의 한계가 지적되면서 연구에 활기를 불어넣어 신분제에 대한 이해가 깊어졌다.[1] 그러나 여전히 좀 더 검토해야 할 부분들도 남아있다. 양인이 단일한 신분인가의 문제는 최근 주요 쟁점이 되고 있다.

필자도 이에 관심을 가지고 몇몇 신분집단에 대해서 검토하였다. 검토의 결과 양천제론이 주장하는, 양인을 단일한 신분집단으로 보는 것은 적절하지 않다고 보았다. 양인 내에 법제적으로 권리와 의무를 달리하고, 이를 혈통적으로 세습하는 여러 집단이 있음을 확인할 수 있었다.[2]

이 장에서 검토하려는 향리도 기존의 연구에서 쟁점이 될 수 있는 신분집단이다. 그간의 연구를 보면 향리를 보는 견해가 상충되고 있다. 향리에 대한 본격적인 연구는 이성무에 의해서 되어졌다. 그는 조선 초기에 이르러 군현제의 정비과정과 향리의 移屬 등으로 향리의 지위는 고려에 비하여 현격하게 하락하였다고 보았다. 또한 향리의 역과 신분적 지위를 검토

1) 이성무 『조선 초기 양반연구』 일조각 1980.
   유승원 『조선 초기 신분제 연구』 을유문화사 1987.
   한영우 『조선시대 신분사 연구』 집문당 1997.
2) 최이돈 「조선 초기 공상의 신분」 『한국문화』 38, 2006.
   최이돈 「조선 초기 협의의 양인의 용례와 신분」 『역사와 현실』 71, 2009.

하여 향리의 신분을 사족과 양인 사이에 있는 하급지배신분인 중인층으로 분류하였다.3) 이성무는 품계를 받는 존재로서 호장층을 강조하고, 또한 향리가 면역하여서 상급지배신분인 사족으로 상승할 수 있는 일정한 면역조건을 가지고 있었으므로 양인 천인과는 엄격히 구별되는 하급지배신분이었음에 틀림없다고 보았다.4)

그러나 이성무가 지적하듯이 향리 중에 가장 많은 구성원인 색리층의 경우 그 사회경제적 처우는 천인과 다름이 없는 역인이었다.5) 천역을 진다는 의미는 최근의 연구에 비춰어 보면 천인에 준하는 신분일 수 있음을 의미하였다.6) 따라서 향리는 양인보다도 못한 신분적 지위를 가질 수 있음을 의미하는 것이었다. 그러므로 대다수의 향리가 양인보다도 못한 천역을 진다면 그 신분이 지배신분일 수 있는가라는 의문이 제기된다. 즉 '천역을 지는 지배신분'이라는 조어가 가능한가의 문제가 제기된다.

이수건은 향리의 신분을 호장을 중심으로 검토하였다.7) 그는 호장직이 세습되는 것을 설명하면서 향리의 성격을 하급지배신분으로 부각시키고자 하였다. 즉 출자를 검토하면서 향리는 土姓에서 吏族으로 분지되었으며, 몇몇 토성이족의 가계가 향리의 상층부인 호장직을 독점하고 있다고 보았다.8) 그는 쟁점이 될 수 있는 색리층에 대해 언급하면서, 이들은 토성 향족이 아닌 가리층이었다고 파악하고, 조선시대 향역을 천시 내지 고역시 했던 것은 바로 이들 계층이었다고 주장하였다.9) 이러한 견해는 향리를 토성이족 중심으로 파악하고, 향리의 천역의 문제는 가리층과 연결시켜

---

3) 이성무「조선 초기의 향리」『한국사연구』 5, 1970, 92쪽.
4) 이성무 앞의 책.
5) 이성무 앞의 책.
6) 최이돈 앞의 논문(2006).
7) 이수건「조선조 향리의 일 연구」『문리대학보』 3 영남대 1974.
   이수건『조선시대 지방행정사』 민음사 1989, 268~310쪽.
8) 이수건 위의 책 282쪽.
9) 이수건 앞의 책 285쪽.

쟁점을 피해가고자 하였던 것이다.

그러나 이수건의 연구에도 여전히 쟁점이 남는다. 향역의 고역을 괴로워하였던 이들은 단지 가리층에 한정되지 않았다. 또한 호장의 세습을 설명하고자 하였으나, 단지 호장직의 세습적 경향을 설명하는데 그치고 말았다. 즉 토성 이족은 선대에서 분지한 토성 사족의 지원 하에 향직을 지속적으로 유지하는데 유리하였을 뿐이었다. 그러므로 그는 향리 전반적인 지위를 설명하는데 성공하지 못하였다.10)

한영우는 양천제론의 입장에서 향리에 대하여 이성무와는 다른 견해를 제시하였다. 그는 먼저 중인이라는 용어 자체가 조선 전기에는 존재하지 않았다고 주장하면서 향리가 중인임을 인정하지 않았다. 그는 특히 전역을 하고 있는 향리의 모습을 주목하면서, 향리가 "일반양인보다 법제적으로 하위에 있었다."11)고 주장하였다. 그는 구체적으로 향리의 면역과정을 검토하면서 향리가 지는 향역은 농민이 지는 군역보다 천시되었고, 향리가 공을 세우면 향역을 면제시켜 일반양인과 동격의 대우를 하였다고 주장하였다.12)

그는 이와 같이 향리의 법제적인 지위를 강조하면서도 향리의 현실적 지위도 같이 고려하였다. 그는 향리가 부력, 지식, 학문, 향촌사회 영향력 등의 면에서 그 현실적 지위는 일반양인보다 상위에 있었다고 보았다. 그

---

10) 김준형은 조선 전시기의 향리에 대한 연구사를 검토하면서, 그간의 향리 연구에 이용된 자료가 "특정 계층 세력의 특수한 입장이나 지역적 특수성을 반영하고 있는 경우가 많다."고 지적하고 있다. 따라서 그는 "향리직을 수행하는 구성원 전체를 총체적으로 분석하지 않으면 향리층의 계층적 성격을 제대로 파악할 수 없다."라고 제언하였다(김준형 「조선시대 향리층 연구의 동향과 문제점」『사회와 역사』 27, 1991, 172쪽).

11) 한영우『조선시대 신분사 연구』집문당 1997, 19쪽.

12) 이러한 입장은 이성무와 극명하게 대비가 된다. 즉 이성무는 향리가 향역을 면하면 사족이 된다고 보고 있고, 그 입장에서 향리가 하급지배신분이 된다고 주장하고 있다.

는 이성무가 주목하였던 향리의 위세있는 모습, 즉 하급지배 신분으로 정리하였던 부분을 현실적 지위로 치환하여 처리하고 있다.

한영우가 법제적인 지위를 강조하는 것은 신분을 해명할 때에 우선시해야 할 조건은 법제적인 것이므로 동의가 된다. 그러나 그는 향리의 현실적 지위는 양인보다 높고, 법제적 지위는 양인보다 낮다고 보고 있으나, 정작 향리의 신분을 양인이라고 규정하여 향리의 법제적, 현실적 지위가 신분과 어떻게 연결되는지 설명하지 못하고 있다.

유승원 역시 향리를 본격적으로 논한 것은 아니었으나, 한영우와 유사하게 "향리가 점하는 실제상의 사회 경제적 위치는 대체로 평민에 비해 높았다고 보아 무방할 것이나, 법제적 위치에만 국한해 본다면 평민보다 아래에 있었다고 할 수 있다."[13]라고 한영우와 비슷한 견해를 제시하였다. 그의 주장은 한영우가 지적한 현실적 지위를 실제상 지위로 설명하는 정도의 차이만 있다. 그러나 유승원은 향리는 '독립된 신분집단'으로 볼 수 있다는 견해도 피력하고 있다.[14] 신분의 구명에 있어서 중요한 것은 법제적 지위였고, 향리가 법제적으로 양인과 다른 지위에 있다는 주장을 좀 더 추구한다면, 이러한 결론을 확인하는 것은 어렵지 않을 것으로 생각이 된다. 그러나 그는 이에 대하여 구체적인 논의를 하고 있지 않다.

이와 같은 연구 상황에서 볼 때에, 향리의 신분은 분명하게 정리되지 못하고 있다. 그 근본적인 이유는 사료 상에 향리의 지위가 다양하게 나타나기 때문이다. 한 신분 내에서 지위의 다양한 편차는 인정할 수밖에 없지만, 향리에게서 보이는 '천역을 하는 지배신분'이라는 극단적인 편차는 여전히 납득하기 어렵기 때문이다.

그러나 한영우가 향리의 지위를 법제적인 지위와 현실적인 지위로 나누어 보고, 법제적인 지위를 중심으로 설명해 보려고 하였던 견해에는 동의

---

13) 유승원 『조선 초기 신분제연구』 을유문화사 1987, 78쪽.
14) 유승원 위의 책 92쪽.

가 된다. 다만 한영우는 향리의 법제적인 지위의 연장선에서 그 신분을 설정하지 못하였다. 양인을 하나의 신분이라고 보는 입장이여서 이를 더 이상 추구하지 않은 것으로 보인다. 그러나 최근의 연구에 의하면 양인 내에도 다양한 신분이 존재할 수 있으므로, 향리의 법제적인 지위의 연장선에서 그 신분을 다시 정리해보는 것은 필요하다.

그러므로 본연구는 먼저 향리의 현실적인 지위를 검토하고자 한다. 그간의 연구에서 향리의 현실적인 지위는 상당히 높은 것으로 파악되었다. 그러나 향리의 현실적 지위는 단일한 모습으로만 나타나지 않고 있다. 상당수의 자료에서 향리가 매우 고단한 상황에서 벗어나기 위하여 백방으로 노력하는 모습을 보여주고 있다. 이는 향리의 법제직인 지위에 상응하는 현실적 모습이었다. 그러므로 이러한 착종하는 향리의 현실적인 모습을 정리하는 일을 이장의 일차적인 과제로 삼고자 한다.

다음으로 검토할 것은 향리의 법제적인 지위이다. 신분의 구명에 있어서 가장 중요한 것은 그 집단의 법제적인 지위이다. 향리가 법적으로 어떠한 우대와 차대를 받는지 검토할 것이다. 법제적 지위를 검토할 때에 우대와 차대를 중심으로 논할 수밖에 없고, 이에 상대되는 집단과의 비교가 불가피한데, 향리 자료에 가장 많이 비교의 대상으로 거론되는 협의양인과 비교하여서 검토할 것이다. 즉 법적으로 향리는 협의양인에 비하여 어떠한 차대와 우대를 받았는지를 검토하고자 한다.

마지막으로 향리 직역의 세전을 검토하고자 한다. 향리의 신분을 검토하기 위해서 법적인 지위의 세전 여부를 검토하는 것은 필수적이기 때문이다. 직역을 세전한다는 것은 혈통에 의해서 우대와 차대가 세습된다는 의미를 가지므로 이를 통해서 향리의 신분을 구명할 수 있다. 이와 더불어 향리의 신분이동에 대해서도 검토하고자 한다. 향리가 자신의 신분을 어떻게 벗어날 수 있었는가, 그리고 벗어난 이후의 신분은 어떠한 신분이었는가 등을 검토해보고자 한다. 이장의 검토를 통해서 향리의 지위와 신분이 좀 더 선명해지기를 기대한다.

1. 향리의 지위

1) 향리의 현실적 지위

(1) 향역과 향직

향리의 지위를 현실적인 지위와 법제적인 지위로 나누어서 검토하고자
한다. 법제적인 지위는 법전을 중심으로 하는 법적으로 규정된 권리와 의
무를 중심으로 검토할 수 있는 반면, 현실적인 지위는 법적으로 규정된 것
은 아니었으나, 향리가 사회경제적 혹은 정치적으로 가지는 것으로 인정
되는 지위였다. 대부분의 신분에서는 현실적인 지위는 법제적인 지위를
바탕으로 형성되어서 양자 사이에 괴리는 적었고, 이를 나누어 설명할 필
요가 없었다. 그러나 그간의 연구에서 향리의 경우는 특이하게 그 차이가
크게 있는 것으로 지적되었다. 그러므로 향리의 지위를 구명하기 위해서
향리의 현실적인 지위와 법제적인 지위를 나누어서 검토할 필요가 있다.
먼저 향리의 현실적 지위를 검토해 보고자 한다.

조선왕조실록에는 향리의 현실적인 지위를 보여주는 다양한 자료가 나
타나고 있다. 그간의 연구에서 향리의 현실적 지위는 양인보다 높은 것으
로 설명하고 있으나, 자료에 의하면 단일한 모습은 아니다. 향리는 정치경
제적으로 양인을 압도하는 상당한 위세를 가진 모습도 보여주면서 한편으
로는 양인보다도 못한 매우 고단한 모습도 보여주고 있다.

먼저 향리의 현실적 지위가 양인보다 위세가 있는 모습을 보여주는 기
록들을 살펴보자. 조선왕조실록에 자주 나타나는 향리들은 토지를 겸병하
고, 양민을 점탈하여 경작에 사용하는 등 경제적으로 위세가 있는 모습으

로 많이 나타나고 있다. 그 한 예로 태종 6년 좌정승 하윤은 다음과 같이 향리의 경제적 위세를 지적하고 있다.

> 품관과 향리들이 전토를 널리 점령하고, 流亡人을 불러들여 竝作하여 그 반을 거두니, 그 폐단이 私田보다도 심합니다. 사전 1결에서는 풍년이 든 해에만 2석을 거두는데, 병작 1결에서는 많으면 10여 석까지는 취합니다. 流移者는 이것을 빙자하여 역을 피하고, 影占者는 이것을 빙자하여 容隱하니, 부역이 고르지 못한 것이 오로지 여기에 있습니다.[15]

이에 의하면 향리가 대토지를 소유하고, 불법적으로 유망인을 점유하여 토지를 경작하게 하고, 고율의 지대를 취하고 있음을 알 수 있다. 향리가 경제적으로 대단한 위세를 가지고 있는 모습을 보여준다. 특히 품관과 동등하게 거론되어서 품관에 준하는 경제적 위세를 가지고 있음을 보여준다.

세종 20년에도 유사한 사례가 보인다. 대사헌 안숭선은 아래와 같이 향리의 위세를 언급하고 있다.

> 간사한 아전이 백성의 걱정거리가 되어 온 것은 오래 되었습니다. 향곡에서 늙기까지 조세를 많이 거두어 백성을 괴롭히는 데에 익숙하여, 혹 백성의 전지를 남의 명의로 점령하여 농장을 많이 설치하고 꺼림 없이 제멋대로 욕설을 부리니, 의지할 곳 없는 고독한 백성은 원한을 머금고 억울하게 되어 진실로 불쌍하다고 여겨집니다.[16]

이 자료 역시 향리들이 토지를 광점하고 농장을 설치하면서 백성을 괴롭히고 있음을 보여준다. 이 내용이 앞의 것과 다른 점은 '조세를 많이 거두어'라는 지적으로 알 수 있듯이 조세를 거두는 향리 업무가 향리의 경제

---

15) 『태종실록』 권12, 태종 6년 11월 기묘.
16) 『세종실록』 권80, 세종 20년 3월 무술.

적 위세에 기여하고 있음을 보여주고 있다.

업무와 관련하여 위세를 부리는 것은 향리가 경제만이 아니라 정치적 위세도 가지고 있음을 보여주는 것으로, 정치적 위세는 세종 5년 판돈녕부사 권홍이 다음과 같이 좀 더 구체적으로 지적하고 있다.

> 각 관청의 향리로서 父祖 때부터 그 임무가 전래되어 백성들이 수령보다도 더 무서워하니, 奸吏들을 推覈하는 법을 세워서 백성들을 좀먹는 폐단을 막게 하소서.[17]

권홍은 백성들이 수령보다 향리를 두려워한다고 지적하고 있다. 이와 같은 지적은 과장된 면이 있는 것으로 생각되나, 향촌에서 향리들이 상당한 정치적 위세를 가지고 백성을 부리고 있음을 보여준다.

향리의 정치적 위세를 좀 더 강조한 자료들도 나타난다. 태종 6년 사헌부에서 수령이 향리의 눈치를 보고 있다고 다음과 같이 지적하고 있다.

> 수령을 褒貶하는데 德行과 等第를 汎稱하고 實效의 유무를 논하지 아니하는 까닭에, 수령은 힘써 虛譽를 구하고, 使臣과 過客에게 아첨하며, 품관과 향리에게 잘 보이려 하여, 힘써 행해 실효가 있는 자 없습니다.[18]

이는 수령이 포폄을 잘 받기 위해서 품관과 향리에게 잘 보이려고 하고 있음을 지적하고 있다. 당시에 정부에서 하는 수령의 평가에 있어서 실적보다는 향촌에 소란이 없는 것을 중요시하자, 수령들이 행정으로 평가를 받기보다는 문제를 일으키지 않으려는 데에 초점을 두면서 품관과 향리의 비위를 맞추고 있음을 짐작할 수 있다. 이러한 상황에서 향리의 정치적 위

---

17) 『세종실록』 권20, 세종 5년 5월 정미.
18) 『태종실록』 권11, 태종 6년 12월 을사.

세가 가볍지 않았음을 알 수 있다.

이상에서 볼 때, 향리의 경제 정치적 위세는 상당한 것이었다. 이러한 향리의 경제 정치적 위세를 구체적으로 보여주는 것이 세종 29년 봉산 지역의 향리였었던 이준의 다음과 같은 행적이다.

> 황해도 봉산의 記官 이준이 전장을 널리 장만하고, 아내 셋을 데리고 살면서 양민 5가호를 남몰래 점령하여 부리면서 갈아먹는 땅 여러 결을 속여 숨기고, 부역을 피하며, 백성들의 땅은 강제로 사고, 또 賭租를 많이 받아들입니다. 또 관가에서 사냥을 한다고 칭탁하여 군인과 백성을 많이 거느리고 몰이꾼이라 호칭하여 깃대들을 나누어 주어서 산에 올라 짐승을 쫓게 하고, 활 잘 쏘는 자들도 더불어 쏘아 잡는 놀이를 하면서 민간에 며칠씩 묵고 모든 이바지를 시킵니다.[19]

이는 향리가 향촌에서 가지는 경제 정치적 위세를 아주 구체적으로 잘 보여주고 있다. 이와 같은 사례는 향리가 향촌에서 상당한 위세를 가지고 있음을 보여주고 있다. 이러한 자료들은 그간의 연구에서 향리를 하급지 배신분으로 파악하는 근거가 되어왔다.

그러나 조선 초기에 향리의 현실적인 지위는 이상과 같은 위세를 부리는 모습으로만 나타나지 않고 있다. 향리는 오히려 양인보다도 경제사회적으로 불안정한 모습을 보여주고 있다. 이를 잘 보여주는 것이 향리가 향역의 부담으로부터 도피하는 모습을 보여주는 자료이다. 세종 18년 판중추원사 이순몽은 다음과 같이 향리가 역을 피하여 도망치는 모습을 언급하고 있다.

> 향리의 자손이 그 역을 피하려고 하여 다른 고을에 도망가 살면서, 이로 인하여 역을 면하는 사람이 흔히 있는데, 각 고을의 京在所와 그

---

19) 『세종실록』 권115, 세종 29년 5월 기유.

고을로 하여금 스스로 점호하여 그들로 하여금 충당해 정하게 한다면, 토지에 안착한 백성들은 거의 서로 동요하는 폐단이 없을 것입니다. 신은 本鄕의 일로 이를 관찰하건대, 이같이 역을 피하는 사람이 상당히 많으므로, 감히 좁은 소견으로 고명한 천총을 번거롭게 합니다.[20]

이순몽은 향리가 역을 피하기 위하여 다른 지방으로 도망가서 살고 있다고 보고하고 있다. 이순몽은 '상당히 많으므로'라는 표현을 하고 있는 것으로 보아서 이러한 경우가 빈번하였음을 알 수 있다.

향리가 역을 피하여 국경을 넘어서 중국까지 도망가는 모습도 보인다. 다음의 예조에서 지적한 내용은 이를 잘 보여준다.

宣州 향리 김난 등 26구와 평양부 관노 내은백 등 13구가 앞서 신역을 피하기 위하여 요동 지방에 도망가서 살다가, 근래 革除되던 연간에 본국으로 돌아와서 각각 예전 역사에 복귀하였사온데, 지금 起取를 당하였으므로 갖추어 사유를 올리오니, 이것을 조험하기 바랍니다.[21]

이에 의하면 선주의 향리 26인이 요동지방으로 역을 피하여 도망을 하였던 것을 알 수 있다. 향리가 역을 피하기 위하여 타국까지라도 도망할 수 있으면 도망하는 모습을 보여준다. 이는 향리의 역이 과중하였음을 보여주는 것이다.

이와 더불어 향리가 역을 피하기 위하여 승려가 되는 일도 빈번하였다.

度牒의 법이 『경국대전』에 실려 있으나, 그 가운데 향리, 역자, 관노들이 역을 피하고자 법을 위반하고 머리를 깎는 자가 더욱 많았다. 금후에 향리와 역리로서 중이 될 자는 그 고을에 고하고, 고을에서는 관찰사에게 전보하고, 관찰사는 예조에 이문하게 하소서. (중략) 이를 위

---

20) 『세종실록』 권71, 세종 18년 11월 병오.
21) 『태종실록』 권13, 태종 7년 4월 계묘.

반하고 중이 된 자는 참형에 처하고, 족친과 이웃 사람으로서 알고도
고하지 않은 자는 장 1백 대를 때리고, 수령으로서 검거하지 아니한 자
는 파출하소서.[22]

이는 향리가 역을 피하고자 중이 되는 경우가 빈번했음을 보여준다. 승
려가 되어서 역에서 도피하는 일은 양인의 경우도 빈번하였으나, 향리의
경우는 양인에 비하여 '더욱 많다'는 기록을 보면 향역이 양역에 비하여
부담이 더 컸고, 이를 피하는 일에 향리들이 더욱 적극적이었음을 짐작케
한다.

이와 같이 향리가 역에서 도망치려는 이유는 무엇보다도 향역이 고단하
였기 때문이었다. 성종 22년 성종은 다음과 같이 향리 역의 고단함을 지적
하였다.

苦役은 鄕吏보다 더 심한 것이 없는 까닭으로 다투어 면하기를 구
하려고 한다. 그러나 어찌 이들에게 다 면하도록 할 수가 있겠는가?
만약 武才가 다른 사람보다 뛰어나서 1명이 10명을 대적할 만한 사람
이 있다면 그들에게 정벌에 따라가도록 할 것인데, 그 정식을 높여서
뽑도록 하라.[23]

향역이 그 어떤 역보다 고역임을 성종은 '더 심한 것이 없는' 것이라고
지적하고 있다. 이 내용에 의하면 향리들의 향역이 고단하였으므로, 양인
들이 회피하는 정벌에 적극 지원하고 있음을 보여준다. 향리의 지원자가
많아 정부에서는 이를 다 수용하지 못하고 있었다. 이는 향역이 고단하다
는 것의 실제를 짐작케 한다.

향역이 고달픈 것을 성종 15년 동부승지 성건도 다음과 같이 지적하고

---

22) 『예종실록』 권8, 예종 1년 10월 정축.
23) 『성종실록』 권254, 성종 22년 6월 무오.

있다.

州縣에서는 오로지 향리로써 유지하는데, 향역이 매우 고달파서 사
람마다 향역을 면할 것을 생각합니다. 그런데 지금 변경으로 옮길 것
을 자원하는 자에게 향역을 면제해 주면, 향리로서 응모하는 자가 반
드시 많을 것이니 매우 未便합니다.24)

여기서도 향역이 고된 것을 '매우 고달파서'라고 표현하고 있다. 이 자
료의 내용을 보면 향역의 고달픔의 정도를 짐작케 한다. 즉 북방지역의 이
주는 양인의 경우에는 범죄로 인한 처벌의 수단으로 사용되고 있었으므
로25) 모든 양인들이 꺼려하는 것이었으나, 향리들은 면역을 위해서 적극
응하고 있었다. 이는 향역의 고달픔을 구체적으로 보여준다.

이상에서 볼 때 향리들의 향역은 고역이었고, 특히 양역보다도 매우 괴
로운 것이었다. 이는 향리들이 양인은 꺼려하는 정벌에 참여하거나, 북도
의 사민에 적극 응하여 향역을 면하려고 노력하는 모습에서 잘 나타난다.
이러한 모습을 통해서 볼 때 향리의 현실적인 지위는 양인보다 못하였다.

이와 같이 향리의 현실적 지위가 양인에 비하여 우세한 모습과 취약한
모습이 상반되게 나타나고 있었다. 이러한 모습을 종합하면 향리의 신분
이 '부단히 천역에서 도망치려 하는 지배신분'이라는 납득하기 어려운 정
의도 가능할 것이다. 이러한 모순된 현상은 고려 말 향리 신분의 여광과
조선조에 들어서 법제적으로 하락한 향리 지위 사이의 상충으로 해석할
수도 있다. 그러나 이러한 설명만으로는 충분하지 못하다. 상당한 시간이
흐른 세종대에도 이러한 현상이 부분적으로 나타나고 있기 때문이다.

서로 상반된 향리의 현실적 지위를 설명하는 실마리는 역시 사료를 통
해서 구할 수밖에 없는데, 이에 좋은 단서를 제공하는 것은 세종 31년 의

---

24) 『성종실록』 권162, 성종 15년 1월 임진.
25) 『세조실록』 권2, 세조 1년 9월 병술.

정부의 다음과 같은 언급이다.

> 함길도 경성부 사람 全慶 등이 말하기를, "본래 하삼도의 향리로서
> 향역을 길이 면제받고 이곳으로 入居하였다가, 土官을 제수 받아 六房
> 의 책임을 맡게 되었으므로 벼슬길이 열리게 되어 모두 감격하여 기뻐
> 하였다. 그러나 절제사가 종성으로 군영을 옮긴 이후로 戶長, 記官, 將
> 校, 通引을 使喚이라 부르게 되어서 벼슬길이 막힐 뿐 아니라, 자손까
> 지도 향역을 면하지 못하게 되었으니, 바라옵건대 土官遞兒를 마련하
> 여 새로 이사 온 백성을 편안하게 하옵소서."라고 합니다. 26)

이는 향리 전경이 처한 전후 상황을 상세히 보여준다. 향리 전경은 향역
을 면하기 위하여 북방지역의 사민을 택하였다. 입거로 전경은 향역을 면
하게 되어 향리의 신분을 벗어났다. 그러나 그는 토관을 제수 받고 '육방
의 책임'을 맡는 즉 향직을 맡게 되었다. 향역을 피하여 사민까지 하였는
데 다시 향직을 맡고 있다. 그러나 그는 향직을 맡게 된 것에 대하여 '감격
하고 기뻐하였다.'라고 표현할 만큼 매우 즐거워하고 있다.

이 내용은 향역은 모든 향리가 사민을 통해서라도 피하고 싶은 것이었
으나, 향직은 '감격하고 기뻐' 담당하고 싶은 자리였음을 보여준다. 향역은
양역보다도 심한 고역이었으나, 향직은 경제적, 정치적으로 위세를 부릴
수 있는 기회를 주는 자리였다. 조선왕조실록에서 구체적인 위세를 부린
모습을 보여주는 향리는 예외 없이 향직을 가지고 있었다.

그러나 모든 향리가 향직을 담당하기 어려웠다. 향직은 향리뿐 아니라
양인도 임명될 수 있어 향리만의 직이 아니었고, 향직의 수 역시 극히 제
한되어서 소수의 향리들만이 가질 수 있었다. 그러므로 대부분의 향리들
은 향직을 맡을 수 있는 가능성이 극히 적었다. 대부분 향직에 임명되지
못하는 향리들은 향역을 면할 수 있는 기회만 있으면 전쟁에 참여든 북방

---

26) 『세종실록』 권123, 세종 31년 9월 경인.

지방의 사민이든 그 기회를 적극적으로 이용하였다. 전경도 그러한 경우였다.

향리수와 향직의 비율이 어떠하였는지는 분명하지 않다. 단편적인 자료를 통해서 추측해 볼 뿐이다. 세종 9년 제주 찰방 김위민이 언급한 다음의 기록은 이러한 추측을 가능케 한다.

> 옛날에 안무사 趙原이 일시적인 편의로써 양민 가운데 글자 아는 사람 30여 명을 뽑아서 典吏라 명칭하고, 기록하는 벼슬아치의 구실을 대신하게 하던 것이 지금까지 고쳐지지 못하였습니다. (중략) 제주의 각 고을 향리수가 6백여 인이 되는데, 그 가운데 어찌 글자 지식에 전리가 하는 일을 맡을만한 자가 없어서 따로 전리를 두어서 奉足보다 우대해 주고 병역에 갈 사람을 줄일 것입니까?[27]

이 기록에 의하면 제주도의 향리 수는 600여명이었으나, 향직을 맡는 인원은 30여 명에 불과하였다. 향리의 수가 향직을 맡는 인원에 비하여 20배 정도 많았음을 알 수 있다. 제주도의 사례에 불과하지만, 김위민은 향리 대 향직의 비율에 대하여 별다른 언급을 하지 않고 있는 것을 보아서, 다른 지역도 향리수가 향직수의 20배 정도 되는 것은 일상적인 것으로 보인다.

그러나 향리수가 향직에 비하여 일상적인 수준을 넘는 경우도 많았던 것으로 추정된다. 성종 21년 임중이 종사관으로 있으면서 경험한 바를 언급하면서, "下三道에는 향리와 노비가 정수 외에도 십 배가 되는 곳이 있으니"[28]라고 지적하였다. 이는 지역에 따라서는 향역을 지는 향리의 수가 규정을 크게 초과하여 십 배까지 이르고 있음을 알 수 있다. 이러한 경우 향직수에 비하여 향리수는 더 많을 수밖에 없었다.

---

27) 『세종실록』 권35, 세종 9년 6월 정묘.
28) 『성종실록』 권236, 성종 21년 1월 정축.

그간의 연구에 의하면 극소수의 향직이나마 향리들이 고르게 나누어 차지하기 힘들었다. 토성 이족의 집안에서 향직을 독점하는 경향까지 있었다.29) 그러므로 극소수의 향리만 향직을 가질 수 있었고, 이들만이 현실적으로 위세있는 모습을 보일 수 있었다. 그러므로 대부분의 향리는 고역인 향역을 부담하면서 그 현실적인 지위는 양인보다도 못하여 기회만 있으면 향역을 벗어나려고 노력하는 상황이었다. 그러므로 소수의 향직으로 말미암는 향리의 위세를 향리가 가지는 보편적인 지위로 인정하기 어렵다.

특히 향직의 보유에 따른 향리의 위세는 다음절에서 언급할 것처럼 국가적으로나 사회적으로 당연한 것으로 인정받지 못하였다. 정부에서는 향직을 바탕으로 하는 향리의 위세를 직권의 남용내지 비리로서 파악하고, 이를 다양한 방법으로 규제하려고 노력하였다. 그러므로 보편적 향리가 가지는 현실적인 지위는 양인보다 높은 것으로 보는 것은 적절하지 않다.

(2) 향직 비리에 대한 규제

앞 절에서 향직으로 인한 향리가 누리는 위세는 소수의 향리가 가지는 것으로 향리의 보편적인 지위로 보기에는 적절치 않다고 보았다. 본 절에서 추가적으로 살피고자 하는 것은 향리가 향직으로 누리는 위세는 사회적으로도 인정되지 않은 것이었다는 점이다.

정부에서는 향리가 향직을 통해서 가지는 위세를 지위의 남용이나 비리로 보고 이를 규제하고 있었다. 이는 향리가 향직을 통하여 부리는 위세가 법적으로는 물론 사회적으로도 인정되지 않는 위세였음을 보여준다.30) 그간의 연구에서 향리에 대한 정부의 규제는 향리의 지위의 변화와 관련해

---

29) 이수건 앞의 논문.
30) 조선 초기 정부의 향리 규제로 인하여 향리의 지위가 하락하는 것은 많은 연구자에 의해서 지적되고 있다. 그 대표적인 것이 이성무의 앞 논문이다. 이성무는 군현제의 정비와 향리 이속의 과정을 언급하면서 정부에서 향리를 규제하면서 향리의 지위가 하락한 것으로 설명하고 있다.

서 많이 지적되었다. 이 장에서는 기왕에 지적된 것과의 중복은 피하면서 신분에 관련된 부분만 검토하고자 한다.

향리에 대한 규제는 성종대에 이르러 비로소 시작되었다. 그 이전에는 이 문제가 정식으로 거론된 적이 없다. 건국 초기에 아직 이 문제를 다룰 만한 여력이 없었기 때문으로 이해된다. 정종은 그 2년에 13개 조항의 민을 위한 정책을 발표하면서 향리 관련해서 다음과 같이 명하였다.

> 외방에 있는 品官, 鄕吏가 良民을 占奪한 자가 있으면, 금년 10월까지 한하여 자수하게 하여 죄를 면하게 할 것이요, 기한이 지나도록 자수하지 않아 남에게 고발되는 자는 중한 죄로 처단하라.31)

이에 의하면 향리로 양민의 토지를 점탈하는 자에 대하여 정부는 규제를 하고 있다. 그러나 아직 적극적으로 규제 방안을 제시하기보다는 자수하라고 권유하는 단계에 있었다. 이와 같은 소극적인 방안에 그친 것은 일차적으로 정부의 중앙집권력에 한계가 있었고, 한편으로는 향촌의 문제에서 품관과 향리가 같이 거론되는 상황에 연유하였다. 이 시기까지만 하여도 향리는 임내를 관리하면서 품관과 그 지위에 큰 차이가 없었다. 그러므로 정부에서는 향리 규제의 필요성은 인식하고 있었으나, 품관과 향리가 같이 묶여 있는 상황에서 적극적으로 규제하는 것은 쉽지 않았다.

이러한 경향은 태종대 초반에도 비슷하였다. 여전히 향리의 문제는 품관에 연관된 문제로 처리되었다. 이는 태종 6년 좌정승 하윤 등이 지적한 다음의 내용을 보아 알 수 있다.

> 品官과 鄕吏들이 田土를 널리 점령하고, 流亡人을 불러들여 竝作하니, (중략) 流移者는 이것을 빙자하여 역을 피하고, 影占者는 이것을 빙자하여 容隱합니다. 32)

---

31)『정종실록』권3, 정종 2년 7월 을축.

여기서도 향리가 품관과 같이 향촌 폐단의 주체로 거론되고 있다. 이에 대하여 정부에서는 아직 적극적인 방안을 제시하지 못하고 문제를 제기하는데 그치고 있다. 이러한 소극적인 대응은 역시 중앙정치력의 한계와 향리가 품관과 같이 연칭되고 있는 현실에 기인하였다.[33]

그러나 태종 중반에 정치가 안정되어 지방의 문제를 개혁하기 위한 적극적인 대책이 나오게 되면서 향리에 대한 규제도 변화하였다. 군현제를 정비하고 수령직을 강화하였고, 속군현을 주현화하고 임내를 정리하면서 향리의 위상은 행정 사역인으로 하락하였고, 품관과 그 지위를 달리하는 상황이 전개되었다.[34]

이러한 상황 변화의 결과 세종대에 이르면 품관과 향리는 분명하게 그 지위에서 구분되었고, 이후 향리는 품관과는 확연하게 구분되어 별도의 규제 대상으로 부각되었다. 이러한 상황에서 정부는 향리의 비리에 대하여 매우 적극적인 대응을 하게 되었다. 세종 5년 판돈녕부사 權弘이 진언한 다음과 같은 내용이 그 대표적인 예이다.

> 각 관청의 향리로서 父祖 때부터 그 임무가 전래되어 백성들이 수령보다도 더 무서워하니, 奸吏推覈之法을 세워서 백성들을 좀먹는 폐단을 막게 하소서.[35]

권홍은 향리가 저지르는 비리를 막기 위해서 별도의 법을 만들 것을 요청하였다. 그는 품관과 별도로 향리만을 분명하게 대상으로 지적하면서 추핵하는 법을 만들 것을 제안하고 있다. 이때에 만들어진 간리추핵법은 『경국대전』 「형전」 원악향리조의 원형이 되었을 것으로 추정된다.

---

32) 『태종실록』 권11, 태종 6년 11월 기묘.
33) 『태종실록』 권13, 태종 7년 6월 계미.
34) 이수건 앞의 논문.
35) 『세종실록』 권19, 세종 5년 5월 정미.

이후 향리의 비리에 대한 처벌은 계속 강화되었다. 세종 11년에 형조에서 다음과 같이 향직 비리를 규제하기 위하여 강화된 처벌 규정을 제안하였다.

> 이제부터 향리로서 영세민을 침해하여 徒罪를 범한 자는, 청컨대 杖刑을 집행한 뒤에 영구히 그 도의 잔폐한 역의 역리로 귀속시키고, 流罪를 범한 자는 장형을 집행한 뒤에 영구히 다른 도 잔폐한 역의 역리로 귀속시키며, 그 백성을 침해한 향리를 사람들로 하여금 고발하게 하고, 즉시 심리하지 않는 관리도 아울러 율문에 의하여 죄를 주도록 하소서.36)

이에 의하면 향직을 통해 '영세민'을 침해한 향리에 대한 처벌을 강화하였다. 범죄한 향리를 타 지역에 역리로 영구히 삼는 조치를 취하였다. 향리를 타 지역의 역리로 삼는 것은 토호적 지위를 말살하려는 조치였다. 특히 영구히 역리로 삼는다는 것은 역리 신분으로 만든다는 것이었다. 역리는 양인과는 별도의 신분이었으므로37) 향리가 역리가 된다는 것은 신분의 변화를 주는 것으로 강력한 규제였다. 이와 더불어 향직 비리를 백성들에게 적극 고소하게 하였다. 향직의 비리는 결국 그 피해가 백성에게 미치는 것이었는데, 백성이 적극 고소할 수 있도록 조치하여서 이를 근본적으로 막아보려는 노력이었다. 당연히 향리의 비리가 고소되면 수령은 고소를 접수한 즉시 향리를 심리하도록 하였다. 이러한 조치는 향직 비리를 규제하기 위한 매우 적극적인 방안이었다.

이와 같은 향리 규제는 향리를 역리로 삼는 것과 백성들에게 비리를 행한 향리를 고소하도록 하는 것이었는데, 이 규정들은 이후 좀 더 다듬어졌다. 먼저 향리를 역리로 삼는 처벌의 내용이 더욱 강화되었다. 이는 세종

---

36) 『세종실록』 권43, 세종 11년 12월 계유.
37) 최이돈 「조선 초기 협의의 양인의 용례와 신분」 『역사와 현실』 71, 2009.

이 그 30년에 명한 다음과 같은 명령을 통해서 알 수 있다.

> 황해도의 站路가 허술하니 부성해지기까지 향리로 徒罪와 流罪를
> 범한 자 중에서 만일 頑惡이면 온 가족을 모두 站吏에 永屬시키라.[38]

이에 의하면 죄를 범한 향리를 본인은 물론 가족까지 처벌하여 역리로
삼고 있다. 역리에 영속시킨다는 것은 역리의 역을 세전한다는 의미였으
므로 역리의 신분이 된다는 것이었다. 죄를 범한 향리 본인의 신분이 변하
면 당연하게 그 직계의 가족의 신분에도 영향을 줄 수 있었는데, 위의 명
령은 이를 보다 분명하게 명시하여 전 가족이 역리가 되도록 하고 있다.
이는 정부의 향직 비리에 대한 척결의지를 분명하게 보여준다.

또한 죄를 범한 향리를 백성들이 고소하도록 하는 규정도 좀 더 다듬어
졌다. 이는 사헌부 대사헌 안숭선이 세종 20년에 한 다음과 같은 요청에
잘 나타난다.

> 『속전』에 "頑惡鄕吏는 사람들이 고발할 것을 허가하라." 하였으니,
> 아전을 제어하는 법이 갖추어져 있습니다. 그러나 수령이라는 자들이
> 이 법을 文具로만 여겨서 좋은 법이 시행되지 못하고, 교활한 아전들이
> 악독한 짓을 함부로 부리니 백성들의 받는 폐단은 이루 다 말할 수 없습
> 니다. 지금부터는 품관과 교생에게 고발하도록 하고, 한결같이 『육전』에
> 의거하여 악한 버릇을 통렬히 징계하되, 만일 알면서도 고발하지 않은
> 자가 있게 되면 율을 상고하여 죄를 매기어 이로써 사람을 경계할 것
> 입니다.[39]

원악향리를 고발하도록 한 규정을 좀 더 정비하고 있다. 즉 고소의 주체
를 품관과 교생 등으로 분명하게 명시하고 있다. 일반 양인도 교생이 될

---

38) 『세종실록』 권119, 세종 30년 3월 기유.
39) 『세종실록』 권80, 세종 20년 3월 무술.

수 있었던 당시의 상황을 고려한다면 이러한 고소의 허용으로 향리가 양인에 대하여 불법적인 위세를 부리기 쉽지 않는 상황이 되어가고 있음을 짐작케 한다. 또한 '알면서도 고발하지 않은 자'에게도 죄를 주도록 조치하여 고소를 적극적으로 활성화하고 있다.

이러한 향리가 향직을 바탕으로 하는 비리에 대하여 적극적인 규제가 나타나면서 비리는 제한될 수밖에 없었고, 향직을 바탕 한 위세도 제한될 수밖에 없었다. 다음의 세종 12년 형조에서 올린 제안은 이를 잘 반영하고 있다.

> 각 고을의 향리들이 품관에게 무례하다 하여 품관이 스스로 독단하여 구타해서 혹은 억울하게 인명을 해치는 예가 있사오니, 이제부터 향리가 서울에 올라와서 무례한 짓을 한 자는 경재소에서 이를 법관에 고하고, 지방에서 무례를 범한 자는 품관이 수령에게 고하여 율에 따라 과죄하여, 스스로 독단하여 구타 상해하는 일이 없도록 하소서.[40]

이는 향리를 품관으로부터 보호하는 규정으로, 품관과 향리의 지위가 확연하게 나누이고 있음을 알 수 있다. 태종 중엽이후 시행된 일련의 조치를 통해서 향리의 지위는 확연하게 하락하면서, 품관들은 무례한 향리를 구타함은 물론 목숨을 위협하는 일까지 있었다. 이러한 상황에서 정부는 위와 같이 오히려 향리는 보호하는 조치를 취하였다.

향리의 지위 변화를 보여주는 사례가 세종 30년에도 나타난다. 향리가 품관의 아내를 폭행한 사건이 있자, 조정에서는 이 향리의 죄를 원악으로 규정하여 사형에 처하여야 한다고 논하였다.[41] 폭행에 대한 처벌로 사형이 거론되는 것은 품관과 향리의 지위가 확연하게 구분되고 있음을 잘 보여준다. 이러한 상황에서 향리의 위세는 급격하게 축소될 수밖에 없었다.

---

40) 『세종실록』 권47, 세종 12년 7월 계묘.
41) 『세종실록』 권119, 세종 30년 8월 갑인.

이상에서 볼 때에 향리가 향직을 통하여 가지는 위세는 경제 정치적으로 상당한 것이었으나, 이는 소수의 향리만이 가지는 것이었고, 또한 사회적으로나 법적으로 정당한 것으로 인정되지 않았다. 그러므로 향리가 향직으로 가지는 위세는 향리의 보편적인 지위로 인정하기 어렵다.

2) 향리의 법제적 지위

향리의 신분을 구명하기 위해서는 향리가 가지는 현실적 지위보다 법제적 지위를 밝히는 것이 필요하다. 현실적인 지위가 사회적으로 인정된 지위라면, 법제적인 지위는 사회적 인정은 물론 국가에 의해서 법으로 보장받은 지위였기 때문이다. 또한 법제적인 지위가 세습된다면 이를 신분으로 보아도 무방하기 때문이다.

향리의 법제적인 지위는 일차적으로『경국대전』등 법전을 통해서 살필 수 있다. 그러나 법전에는 내용이 제한되어 있어 이를 통해서 향리의 법적인 지위를 살피기에는 부족하다. 향리의 법제적 지위는 법전에 명시된 것 외에 각종 정책의 결정과정에서 언급된 내용을 통해서 살필 수 있다. 그러므로『경국대전』의 규정을 근간으로 하고, 여타의 자료에 나타나는 향리에 관한 언급을 통해서 향리의 법적인 지위를 살피고자 한다.

향리의 법적 지위를 검토할 때에 먼저 주목되는 것은 향리가 법적으로 양인과 다른 집단으로 나누이고 있다는 점이다. 세조 6년 사민을 모집할 때에 募民體察使 黃守身이 언급한 다음과 같은 구절은 이를 잘 보여준다.

> 양인으로서 徙民의 모집에 응하는 자는 적고, 향리, 공천, 사천 가운데 모집에 응하는 자가 많습니다. 신이 생각하건대 주현이 조잔하고 번성하는 것은 향리와 관노의 많고 적은 것에 달려 있는데, 만약 다 모집에 응하도록 허락한다면 주현이 장차 공허하여지게 되고 공천이 거의 다 없어질 것입니다.[42]

여기서 황수신은 향리를 양인과 분리해서 언급하고 있다. 황수신이 이렇게 나누어서 언급한 것은 형식적인 것이 아니었다. 여기에 나타나지 않지만, 정부에서는 사민에 응모한 이들에게 그 소속된 집단에 따라서 별도의 보상을 계획하고 있었다. 사민으로 이주하는 것은 고통스러운 것이었으므로 양인에게는 관직을, 향리에게는 면역을, 공사천에게는 종량을 보상으로 부여하고 있었다. 그러므로 향리는 양인과는 다른 법적인 보상이 필요한 집단으로 양인과 법적으로 다른 집단이었다.

향리는 양인과 다른 집단으로 나타날 뿐 아니라 양인에 비하여 차대를 받는 집단으로 나타난다. 이러한 차대는 이들이 공을 세웠을 때의 대우에서 잘 나타났다. 이는 예종 1년 형조에서 올린 다음의 기록으로 알 수 있다.

> 도적을 능히 잡아서 고하는 자가 있으면, 良人은 2계급을 뛰어 올려 관직을 제수하고, 鄕吏 驛吏는 身役을 면제하고, 賤人은 영구히 양인이 되게 하라.43)

이는 도적을 잡은 자들에게 포상하는 내용을 기록한 것이다. 이에 의하면 공을 세운 자들은 그들이 속한 신분에 따라서 다른 포상을 받았다. 양인에게는 관직으로 포상하고 있는 데에 비하여, 향리에게는 신역을 면제해주는 것으로 상을 주고 있었다. 향리가 신역을 면제 받는다는 의미는 분명하게 영구히 양인이 된다는 의미였다.44) 향리가 도적을 잡는 것 외에도 다양한 공을 세울 수 있었는데, 이 경우 거의 예외 없이 향리는 역을 면하는 것을 상으로 받았다. 따라서 향리는 공을 세우는 경우에도 양인에 비하여 차대를 받는 지위에 있었다.

이와 같이 향리가 공을 세워도 관직을 받지 못한다는 견해는 이성무의

---

42) 『세조실록』 권19, 세조 6년 1월 정미.
43) 『예종실록』 권7, 예종 1년 8월 병자.
44) 최이돈 앞의 논문.

연구와 상충된다. 이성무는 향리 중 호장의 경우에는 5품까지 품계를 받는 것으로 파악하였다. 이러한 주장이 옳다면, 향리가 공을 세우는 경우에 면역을 상으로 받는 것이 아니라 품계를 올려 받는 것이 타당하였다. 그러나 향리에 대한 포상을 기록한 어느 자료에도 이에 대한 언급이 보이지 않는다. 호장이 품계를 받는다는 이해는 고려시기 향리의 직제를 조선까지 확대 해석하면서 나타난 잘 못된 해석으로 이해된다. 호장을 포함한 모든 향리는 향역을 면하기까지 관직을 받을 수 없었다. 향리가 맡는 향직은 당연히 관직으로 인정되지 않았고, 향역의 연장선에서 파악되고 있었다.

향리는 관직을 받을 수 없었으므로 양인과 달리 자신이 이룬 성취도 정당하게 인정받지 못하였다. 그 대표적인 것이 태조 1년에 정부에서 취한 다음과 같은 조치였다.

> 여러 주의 향리 가운데 과거에 오르거나 공을 세운 사람 외에, 本朝의 通政 이하의 향리와 고려 왕조의 奉翊 이하의 향리는 모두 본역에 돌아가게 할 것이다.[45]

이에 의하면 향리 출신의 품관들은 지위를 인정받지 못하고 향역을 져야 하였다. 조선의 통정대부나 고려의 봉익대부는 고급관품이었는데, 이들이 능력으로 이룬 성취를 혈통 까닭에 인정받지 못한 것이다. 이는 협의양인의 경우 능력으로 성취한 지위가 부정되지 않았던 것과 좋은 대조를 보인다. 따라서 향리는 이미 조선 건국기부터 법제적으로 양인과 다른 대우를 받았다고 보아야 할 것이다.

향리가 법적으로 차대를 받는 모습은 의관제도를 통해서도 잘 나타났다. 태종 16년 예조에서는 향리의 복식을 다음과 같이 제안하였다.

---

45) 『태조실록』 권1, 태조 1년 9월 임인.

전에 수교하여 行移한 안에, 향리가 官門을 진퇴할 때와 大小使客
을 迎送할 때에는 頭巾을 쓰고, 보통 때에는 坎頭를 쓴다고 하였는데,
이로 인해 각사의 이전이나 평민과 다름이 없어져, (향리가) 점점 날이
갈수록 무례하게 됩니다. 이전과 같이 方笠에 黑漆하여서 쓰고 다니도
록 하고, 역리도 또한 전례에 의하도록 하소서.46)

이 내용에 의하면 향리는 방립을 착용하고 하고 있다.47) 이러한 조치를
취한 것은 향리가 두건을 쓰면 '평민과 다름이 없어' 무례해지고 있기 때
문이었다. 그러므로 이들을 양인과 구분하기 위해서 방립을 써야 하였
다.48) 역리 역시 향리와 같이 방립을 쓰도록 하고 있는데, 이는 향리가 역
리와 유사한 지위에 있었음을 보여준다.

이에 비하여 양인이 향직을 맡는 경우에는 방립을 쓰지 않았다. 양인이
향직을 맡게 되는 경우에 방립을 쓰게 할 것인가의 문제는 조정에서 논의
가 있었으나, 방립은 향리를 양인과 구분하기 위한 차대였으므로 양인이
향직을 하는 경우에는 방립을 쓰지 않는 것으로 결정되었다.49)

향리가 법적으로 차대를 받는 것은 의례에서도 잘 나타난다. 향리는 수

---

46) 『태종실록』 권31, 태종 16년 1월 을사.
47) 태종 15년 향리의 복제를 논하면서 두건을 쓰는 것이 결정되었다. 태종 15년의
    논의는 우왕 13년에 제도를 그대로 가져와 형식을 갖춘 것에 불과하였다. 이러한
    복제는 조선조에 들어서 변화한 향리의 지위를 반영한 것이 아니었으므로 이후
    본격적인 검토가 필요하였다(『태종실록』 권29, 태종 15년 4월 경자).
48) 이러한 결정에 대하여 이성무는 태종 15년의 논의와 연결시켜서 호장과 기관층은
    방립을 쓰지 않았을 것으로 해석하고 있다. 그러나 이후의 향리의 방립착용에 대
    하여 조정에서 논의한 자료들에 의하면 모든 향리로 묶어서 논의하고 있고, 호장
    층을 구별하지 않고 있다. 그러므로 호장층이 방립을 쓰지 않았다고 볼 수 있는
    근거가 없다. 자료에 표기된 바와 같이 향리 모두가 방립을 썼다고 보는 것이 타
    당할 것이다.
49) 『성종실록』 권26, 성종 4년 1월 임인.
    여러 고을의 향리는 거의 다 양민으로 假屬하므로 모두가 草笠을 쓰는데, 그 유
    래가 이미 오래 되었으니, 다른 도의 예에 따라 方笠을 쓸 수 없습니다. 청컨대
    예전대로 하게 하소서."하니, 그대로 따랐다.

령에 대하여 俯伏之禮를 행하였다. 부복지례를 행하는 이유를 문종 1년 의
정부에서는 다음과 같이 밝히고 있다.

> 천하 모든 지방의 풍속이 각각 다른데, 우리나라 향리의 俯伏之禮는
> 尊卑의 명분이 지극히 엄하니, 진실로 아름다운 풍속입니다. 비록 중국
> 사람이 웃을지라도 부끄러울 것이 못되니, 가볍게 옛 풍속을 변하는
> 것은 마땅하지 못합니다.50)

이에 의하면 의정부는 부복지례가 존비의 명분을 분명히 규정하기 위한
의례라는 것을 밝히고 있다.51) 그러므로 부복지례는 향리가 의례에서도
차대를 받는 위치에 있었음을 보여준다.

이상에서 볼 때 향리는 양인에 비해서 여러 가지 면에서 법적으로 차대
를 받았다. 이러한 차대를 받는 향리의 지위를 종합하여서 표현한 것이 향
리에 대한 賤稱이다. 향리는 천인으로, 향역은 천역으로 불려졌다. 대표적
인 기록이 성종 15년 왕이 언급한 다음과 같은 기록이다.

> 軍戶는 본래 良民이었고 鄕戶는 본래 '賤人'이었는데, 지금 양민으
> 로 '천역'을 하게 함은 옳지 못하다. 더구나 당초에 이미 향호로 역사에
> 붙이게 하였는데, 지금 향호와 군호를 겸용함은 어째서인가?52)

평안도 역로에 어려움이 있자 그 대책을 논하는 자리에서 성종은 향호
를 천인으로, 향역을 천역으로 표현하고 있다. 물론 여기서 향호는 향리를

---

50) 『문종실록』 권6, 문종 1년 3월 신해.
51) 이 논의는 문종 1년 평안도 도체찰사 김종서가 "중국 사람이 향리의 부복지례를
    보고 또 웃으니, 청컨대 이제부터 부복지례를 없애주십시오."라고 제안하면서 논
    의되었다. 향리가 부복지례를 행하는 것은 외국 사신들에 의해서도 특이하게 받
    아들여졌음을 알 수 있다.
52) 『성종실록』 권166, 성종 15년 5월 정미. 軍戶本是良民, 鄕戶本是賤人, 今以良
    民, 供賤役未便.

의미하였다.53) 조정의 공식 자리에서 향리를 천인으로 호칭하고 있다. 물론 향리를 천인으로 부르고 있는 것은 향리가 노비와 그 지위가 같다는 의미는 아니었다. 향리는 협의양인은 아니었으나, 광의양인에 속하고 있었다. 그러므로 여기서의 천인이라는 칭호는 양민 즉 협의양인과 비교한 상대적인 호칭으로 이해할 수 있다. 그러나 이러한 천칭의 사용은 향리를 양인에 비해서 차대를 받는 집단으로 인식하고 있었으므로 가능하였다.

또한 향리가 지는 역을 천역으로 명시하고 있었다. 향리의 역이 가장 고단한 역이었다고 지적되고 있지만, 역이 고단하다고 해서 천역이 될 수는 없었다.54) 여기서 천역의 의미를 천한 직업 정도로 보는 것은 적절하지 않다. 당시의 역은 대개 세전되었으므로 오늘날의 직업과는 다른 것으로, 그 의미는 천한 신분, 천한 집단이 하는 역으로 해석해야 적당하다.

향리를 천인으로 호칭한 용례는 많지 않다. 그러나 사료의 문맥을 꼼꼼히 읽으면 향리를 천인과 같이 취급하는 경우는 흔하였다. 그러한 사례를 세종 17년 병조에서 언급한 다음의 기록을 통해서 살필 수 있다.

> 활쏘기와 말타기를 연습시켜 이름을 기록해 계달하여 그 1등에 들어간 사람으로 군인은 土官을 상으로 제수하고, 향리, 역자, 공사천인은 면포 5필을 상주고, 2등에 들어간 사람으로 군인과 천인을 논할 것 없이 면포 3필을 상으로 주어 권려하는 문을 열도록 하소서.55)

이는 병조에서 평안도와 황해도 지역의 변고에 대비하여 백성들에게 활쏘기와 말 타기를 훈련시키고, 성적이 우수한 이들에게 포상할 것을 요청

---

53) 상동조. 이보다 앞서 향리가 館役을 할 때에 북경으로 가는 짐바리와 본관의 역사를 한 몸으로 겸했으므로 힘겨웠는데, 군호로 관역을 하게 한 후부터 鄕戶의 마음에는 스스로 그 역을 영원히 면한 것으로 여겼습니다.
54) 苦役은 鄕吏보다 더 심한 것이 없는 까닭으로 다투어 면하기를 구하려고 한다(『성종실록』 권254, 성종 22년 6월 무오).
55) 『세종실록』 권67, 세종 17년 9월 을유.

한 기록이다. 이에 의하면 1등의 경우에 두 집단으로 나누어 군인을 한 집
단으로 나머지 향리, 역자, 공사천인을 한 집단으로 하여서 그 포상의 내
용을 달리하고 있다. 그런데 2등의 경우에는 군인과 천인으로 그 집단의
호칭을 압축하고 있다. 즉 향리, 역자, 공사천인을 모두 묶어서 천인으로
처리하고 있다. 즉 향리는 역자와 함께 공사천인과 싸잡아 천인으로도 호
칭될 수 있는 집단이었다. 향리는 비교되는 군인 즉 협의양인에 비해서 천
한 집단이었다.

이와 유사한 사례는 세조 6년 사민의 문제에 대하여 언급한 다음의 기
록을 통해서도 거듭 확인할 수 있다.

지금 듣건대 향리, 공사 천구들 가운데 모집에 응한 자들이 국가에
서 아직 이주시켜 보내기도 전에 마음대로 本役을 이탈하여 관을 배반
하거나 주인을 배반한다고 하니, 이것은 크게 불가한 것이다. 攸司에서
법에 의거하여 免賤書를 발급한 다음이라야 바야흐로 영원히 양인이
되도록 허락하라.56)

이에 의하면 사민에 응모한 향리와 공사천에게 보상으로 면역을 약속하
였다. 그러나 정부에서 정식으로 면역 조치를 취하기 전에 향리와 공사천
이 미리 양인으로 행세하는 일이 발생하였다. 이에 대한 대책을 논의하면
서 세조는 '면천서'를 받는 후에야 영원히 양인이 되도록 하라고 명하고
있다. 여기서 향리가 역을 면하는 것을 '면천'으로 표현하고 있다. 즉 향리
도 천인이었으므로 역을 면하기 위해서는 면천서가 필요하였다. 이는 향
리의 법적인 지위가 천인과 다름이 없이 취급되었음을 보여준다.

이상의 검토에서 볼 때 향리는 법제적으로 양인에 비하여 차대를 받는
집단이었다. 이는 보편적인 향리의 현실적인 지위가 양인에 비하여 낮았
던 것과 일맥상통하다. 부언할 것은 이러한 향리의 법제적인 지위는 호장

56)『세조실록』권19, 세조 6년 1월 정미.

층의 경우에도 동일하였다. 향리에 대한 법제적인 지위를 논할 때의 조정에서 공식적 호칭을 향리로 통일하였다. 호장만을 별도로 구분하여 논의한 사례는 찾을 수 없다. 향리가 방립을 쓰거나, 부복지례를 행함에 있어서 호장도 예외일 수 없었다. 그러므로 호장층을 포함해서 향리는 법제적으로 양인에 비하여 차대를 받는 지위에 있었다.

2. 향리의 신분

1) 향리 직역의 세습

향리의 법제적인 지위가 협의양인에 비하여 차대를 받는 것은 밝혔으나, 이러한 지위가 신분과 연결되기 위해서는 향리의 법제적인 지위가 세습되는가의 여부를 검토할 필요가 있다. 법제적 지위가 세습된다면 이를 신분으로 이해할 수 있기 때문이다.

그간의 연구에서도 향리가 그 지위를 세습하는 것으로 밝히고 있다. 특히 이수건은 호장층을 중심으로 향직까지 세습될 수 있는 가능성을 제시하고 있다. 그러나 향직은 소수의 향리만 가질 수 있었고, 이를 세전하는 어떠한 법적 규정도 가지고 있지 않았기 때문에 향직을 세전하는 것은 입증하기 쉽지 않다. 그러므로 향리 지위의 세전은 역시 법제적인 지위의 중심이 되는 향역을 중심으로 논의될 수밖에 없다.

향리가 그 직역을 세습하고 있는 실상은 여러 자료를 통해서 확인할 수 있다. 제주도 찰방 김위민의 다음과 같은 지적은 그 대표적인 예이다.

> 향리는 그 역을 世傳하여 그 고을과 함께 흥망을 같이 합니다. 그러나 제주에서 향리는 일하지 않고 오로지 典吏에게 일임합니다.[57]

여기에 "향리는 그 역을 세전하여"라고 직접적으로 언급하고 있어, 향리는 향역을 세전하고 있음을 분명하게 알 수 있다. 향리는 향역을 매개로 해서 법제적인 지위를 형성하고 이를 세전하였다.

향리가 그 직역을 세전하는 것은 이와 같은 직접적인 언급을 통해서 뿐 아니라 향리와 그 자손이 같은 역을 지고 있는 실상을 통해서도 확인할 수 있다. 이는 세종 15년 병조에서 언급한 다음의 기록에 잘 나타난다.

> 이제 파저강에 출정한 사람 중에 향리로서 軍功 1등이 된 사람은 功牌를 주어 자손에게까지 吏役을 면제하고, 2등은 자기 자신의 이역을 면제하고, 3등은 3년 동안 이역을 면제하소서.58)

이는 군공을 세운 향리에게 그 공에 따라 부여하는 상의 내용을 논의한 것이다. 이에 의하면 공을 세운 향리에게 상으로 향역을 면제해 주고 있는데, 주목되는 것은 1등상의 경우에는 본인은 물론 자손에게까지 향역을 면제해 주고 있다는 점이다. 이는 향리가 그 향역을 본인은 물론 자손까지 지고 있음을 보여준다. 이와 같이 향역을 본인은 물론 자손이 같이 지는 사례는 조선왕조실록의 여러 곳에서 확인된다.59) 이는 향리의 향역이 세전되고 있었음을 보여준다.

향역의 세전은 매우 엄격하게 시행되었다. 그러므로 심지어 향리가 노비와 결혼하여 낳은 아들에게도 향역을 세습하도록 강제하였다. 이는 성종 22년 이평이 언급한 다음과 같은 기록을 통해서 알 수 있다.

> 『대전』 가운데에 향리가 자기의 婢를 취하여 낳은 아들은 아비의 役을 따라 定役에 처한다고 하였으니, 從良하는 길도 넓은 것입니다.60)

---

57) 『세종실록』 권37, 세종 9년 6월 정묘.
58) 『세종실록』 권59, 세종 15년 6월 을유.
59) 『세종실록』 권123, 세종 31년 9월 경인.
60) 『성종실록』 권258, 성종 22년 10월 임신.

이 내용은 보충대에 소속될 수 있는 자격을 논하면서 언급된 내용이다. 이에 의하면 양인이 천녀를 취하여 낳은 아들은 천인으로 삼았으나, 향리가 천녀를 취하여 낳은 아들은 천인으로 삼지 않고 향리로 삼고 있다. 이는 조정에서 향리의 확보를 위해서 향역의 세습을 강력하게 관리하고 있음을 잘 보여주고 있다.[61]

향리의 향역이 강력하게 세전되었던 실상은 향리가 그 자손이 없어 향역을 세전하기 어려운 경우에는 외손으로 대신하여 향역을 지우는 현상으로도 잘 알 수 있다. 이는 세종 11년의 충청도 감사의 다음과 같은 보고에 잘 나타나 있다.

> 각 고을에 향리가 혹은 스스로 구하기도 하고 혹은 향리의 수효가 적기 때문에 자기 外孫으로서 定役하기도 하고, 혹은 다른 고을의 사람으로서 정역하기도 합니다. (중략) 혹 3대 혹 2대를 연달아 立役한 자와 비록 자신이 입역하였더라도 求屬을 자원하는 자는 면역을 허락하지 말아서 州郡을 실하게 하소서.[62]

이에 의하면 향리를 확보하기 위해서 향역을 외손에게도 지우고 있었음을 확인할 수 있다. 또한 이 자료는 향리 혈통이 아니었더라도, 2,3대 연속 향역을 하였거나, 혹은 당대에 입역한 자라도 자원한 자는 향역을 세전하도록 하고 있음을 잘 보여준다. 이 규정은 이후 좀 더 다듬어져 『경국대전』에도 올라간다. 즉 『경국대전』에는 2대를 연이어 입역을 한 경우에는 향리의 자손이 아니라도 향역을 세전하도록 규정하고 있다.[63] 이는 정부가 향역의 확보에 매우 적극적이었음을 보여주는 것으로, 이러한 상황에서 향역의 세전은 엄격할 수밖에 없었다.

---

61) 『성종실록』 권271, 성종 23년 11월 을해.
62) 『세종실록』 권43, 세종 11년 1월 계축.
63) 『경국대전』「이전」 향리. 2대를 입역하였다는 것은 조와 부가 연이어 향역을 하였다는 것을 의미하였다.

이와 같이 향리의 향역은 강력하게 세습되었다. 이는 향리가 양인과 다른 법적 지위를 세전하고 있음을 보여주는 것으로, 향리가 양인과는 별도의 신분임을 잘 보여준다. 즉 향리는 협의양인에 비해서 차대 받는 신분이었다.

2) 향리의 신분 이동

향리는 그 직역을 세습하였지만, 직역에서 벗어날 수 없는 것은 아니었다. 향리가 그 직역을 벗어날 수 있는 경우는 몇 가지의 상황에서 가능하였다.[64] 공을 세우거나, 과거에 급제하거나, 三丁一子로 서리가 되어서 거관하는 등이 그것이다. 이는 세종 12년에 형조에서 언급한 다음과 같은 내용에 잘 나타나 있다.

주와 군의 향리가 역을 면하는 법은 제술업에 급제한 사람, 진사 생원 출신자, 특별한 군공을 세운 업적이 현저하여 功牌를 받은 사람, 잡과출신으로 이미 관직을 지내고 都目에서 去官한 사람, 三丁一子로 뽑아 올려 본 지방 장관의 신고로 鄕役을 면제 받은 사람 등은 그 文案을 상고하여 전례대로 鄕役을 면제하게 한다.[65]

이에 의하면 향역을 면할 수 있는 길이 3가지로 정리되어 있다. ① 공을 세운 자 ② 과거에 합격한 자 ③ 삼정일자로 서리직을 거관한 자 등이다. 이를 하나하나 검토해 보자.

---

64) 이성무 위의 논문 86쪽.
65) 『세종실록』 권50, 세종 12년 1월 병오.

(1) 공을 세운 자

향리는 공을 세우면 공패를 받아 향역을 면할 수 있었다. 향리가 공을 세울 수 있는 가장 큰 기회는 군공이었고 군공의 외에도 상당히 다양한 영역에서 공을 세울 수 있는 기회가 주어졌다. 그러한 경우를 하나하나 검토해 보자. 먼저 군공을 세운 경우를 검토해보자. 세종 15년에 병조에서 언급한 다음과 같은 내용을 통해서 향리가 군공을 세우면 향역을 면할 수 있었음을 알 수 있다.

> 『兵典謄錄』에 군공에 대한 포상이 세 등급이 있으니, 교전하여 머리를 벤 자와 생포한 자를 1등으로 삼는데, 군관과 군인은 3급을 뛰어 올려서 벼슬로 상을 주고, 향리는 本曹에서 전지를 받들어 공패를 주고 자손에게 역을 면제하고, 역자와 염간은 공패를 주고, 보충군이 될 것을 허락하며 자원에 의하여 充軍한다.[66]

이에 의하면 군사로 출정한 향리가 공을 세우면 공패를 받고, 자손까지 면역되었음을 알 수 있다.[67] 이러한 포상제도는 일회에 그치지 않고,『병전등록』에 기록되어서 지속적으로 운용되었다.

그러므로 향리가 군공에 의해 면역을 받는 사례는 빈번하게 나타날 수 있었다. 세조대에도 이시애란에서 공을 세운 향리들에게 다음과 같이 포상하였다.

> 정벌에 나갔던 장사에게 論賞할 조건을 의논하였다. 장사와 양인으로서 공이 있는 자는 1등이면 3자급을 뛰어 올리고 2등이면 2자급을 뛰어 올리고 3등이면 1자급을 뛰어 올리고 4등이면 加資한다. 향리, 역리는 면역하고 천인은 종량한다.[68]

---

66) 『세종실록』 권60, 세종 15년 5월 경진.
67) 『세종실록』 권60, 세종 15년 6월 을유.

세부적으로 세종대에 언급한 것과는 다소 차이가 있지만, 기본적으로 향리가 공을 세우면 향역을 면하는 포상을 받는 것은 동일하였다. 물론 군공을 세워도 공이 적어서 공패를 받을 정도가 되지 못하면 면역되지 못하였다.[69)]

향리는 군공 외에 도적을 잡는 경우도 군공에 준하는 공으로 인정받아 면역되었다. 이는 예종 1년 한명회 등이 올린 다음의 내용에 잘 나타난다.

군인이나 백성으로서 능히 도적을 체포한 자에게는 벼슬로 상을 주되, 세 자급을 뛰어 올리고, 면포로 상을 받고자 원하는 자에게는 면포 1백 필을 주며, 천구는 免賤시키고, 향리와 역자는 역을 면제시키며, 論功하는 等第는 모두 적군을 잡은 것과 같이 한다.[70)]

이에 의하면 도적을 체포한 경우에 향리는 '적군을 잡은 것'과 같은 공을 세운 것으로 인정받고 역을 면할 수 있었다. 향리가 水賊을 잡은 경우도 이에 준하여 대접을 받았다.[71)] 또한 향리가 변방을 방어하기 위하여 하는 훈련에 좋은 성적을 내는 경우에도 군공에 준하는 상을 받아 면역이 되었다.[72)]

향리는 군공 외에도 다양한 면역의 기회가 있었는데, 북방 특정지역에 이주하는 경우에도 면역을 받았다. 이는 세종 15년 병조에서 올린 다음의 제안에 잘 나타난다.

만약 그 도 안에서 이주시킬 수 있는 民戶가 2천 2백 호가 못 된다면, 충청도, 강원도, 경상도, 전라도 등의 도에서 자원하여 이주할 사람

---

68) 『세조실록』 권43, 세조 13년 8월 계축.
69) 『태종실록』 권33, 태종 17년 1월 병오.
70) 『예종실록』 권8, 예종 1년 11월 경인.
71) 『성종실록』 권35, 성종 4년 10월 신사.
72) 『세종실록』 권59, 세종 15년 6월 기해.

을 모집하되, 양민이라면 그곳의 토관직을 주어 포상하고, 향리나 역리
라면 영구히 그의 吏役을 해제하여 주며, 노비라면 영구히 풀어주어
양민이 되게 하여 주어야 합니다.[73]

이에 의하면 향리가 徙民을 응하는 경우도 영구히 향역을 면할 수 있었
다. 사민의 기회는 조선 전기를 걸쳐서 여러 차례 있었고, 그 경우에 향리
는 향역을 면할 수 있었다.

이 외에도 향리는 다양한 기회를 통해서 공을 세우면 면역될 수 있었다.
금산지를 찾아내거나,[74] 온천을 찾거나,[75] 특정의 섬을 찾는 경우도[76] 그
공을 인정받아 향리는 면역이 될 수 있었다. 이상과 같이 향리는 국가에
다양한 공을 세워서 그 향역을 면할 수 있었다.

부언할 것은 공을 세우면 신분을 상승시킬 수 있는 길은 향리에게만 열
려있는 것이 아니라 천인에게도 같이 열려 있었다는 점이다. 이미 앞에서
살핀 것처럼 세조 13년 군공에 대한 포상에서 "향리, 역리는 면역하고 천
인은 종량한다."[77]라고 향리와 천인을 같이 포상하고 있다. 주목할 것은
향리나 천인이 그 공으로 얻은 지위가 같았다는 점이다. 즉 뒤에서 상론되
겠지만, 향리가 면역하여 얻은 지위는 협의양인이었는데, 천인이 면역을
하여도 협의양인이 되었다.

이는 세종 15년 사민에 응모한 향리와 천인이 얻는 지위를 보아도 분명
하게 확인이 된다. 그 때에 병조에서는 "향리나 역리라면 영구히 그의 吏
役을 해제하여 주며, 노비라면 영구히 풀어주어 양민이 되게 하여 주어야
합니다."[78]라고 보다 구체적으로 밝히고 있다. 향리가 영구히 역을 벗어나

---

73) 『세종실록』 권59, 세종 15년 11 경자.
74) 『태종실록』 권33, 태종 17년 10월 갑진.
　　『세종실록』 권92, 세종 23년 1월 신축.
75) 『세종실록』 권80, 세종 20년 4월 신미.
76) 『세종실록』 권107, 세종 27년 8월 무오.
77) 『세조실록』 권43, 세조 13년 8월 계축.

는 것과 노비가 영구히 양민이 되는 것은 협의양인이 되는 것으로 같은
지위를 의미하였다. 이상에서 볼 때 향리가 군공을 통해서 그 신분을 상승
시킬 수 있는 길은 향리만이 가지는 별도의 길은 아니었다.

(2) 과거에 급제한 자

향리가 과거에 합격한 경우에도 향역을 면할 수 있었다. 『원육전』에 의
하면 향리가 과거를 통해서 면역할 수 있는 길을 세부적으로 규정하고 있
다. 즉 '제술업에 급제한 사람과 진사 생원 출신자' 그리고 '잡과 출신으로
이미 관직을 지내고 도목에서 거관한 사람'으로 구체적으로 명시하고 있
다.79) 문과의 경우에는 합격자로 한정하고 있지만, 잡과의 경우에는 잡과
에 합격하고 기술직을 거관을 한 경우에 한하고 있다.

규정상으로는 이러하였지만, 실제로 향리가 과거를 볼 수 있고, 급제할
수 있었을까? 먼저 향리가 과거를 볼 수 있었을까? 향리가 과거를 볼 수
있음을 보여주는 자료는 다수 보인다. 연산군 8년 윤필상 등은 다음과 같
이 향리가 과거를 볼 수 있음을 지적하고 있다.

> 옛말에 "어진 이를 등용할 적에는 귀천을 가리지 않는다."하였고, 향
> 리의 자손이 원래부터 벼슬길에 구애가 없었으며, 문과나 무과에도 또
> 한 응시하게 하였다.80)

이에 의하면 향리의 과거 응시가 가능하였음을 알 수 있다. 그러나 이
내용은 좀 더 자세하게 살펴볼 필요가 있다. 먼저 살필 것은 '향리의 자손
이 원래부터 벼슬길에 구애가 없었으며'라는 구절이다. 향리는 분명하게
관직을 가질 수 없었다. 고려 말 조선 초에 이미 관품을 가진 이도 향역으

---

78) 『세종실록』 권59, 세종 15년 11 경자.
79) 『세종실록』 권47, 세종 12년 1월 병오.
80) 『연산군일기』 권43, 연산군 8년 4월 병오.

로 돌려보낸 것은 이를 잘 보여준다.[81] 그러므로 향리는 특별한 군공을 세워도 양인에게 주는 것처럼 관직을 주지 않고, 향역을 면하게 해주었다. 일단 향역을 면해야 양인이 되어서 관직에 진출할 수 있었다. 그러므로 위의 내용은 사실과 어긋나고, 따라서 향리가 "문과와 무과에도 또한 응시하게 하였다."라는 부분도 사실과 다르다. 즉 향리가 관직에 나아가고, 과거에 응시할 수 있었다는 것은 사실이 아닌 것이다.

그러면 위의 내용이 거짓일까. 위의 내용을 자세히 보면 그 대상을 향리가 아니라 '향리의 자손'이라고 표현하고 있어서 주목된다. 즉 향리의 자손이라고 표현한 것을 향리로만 해석하지 않는다면 위의 기록은 사실일 수 있다. 당시의 용례에 의하면 三丁一子로 거관하여 이미 향역을 면한 이들을 향리라고 지칭하는 것은 일반적이었다. 삼정일자인 향리가 서리직을 거관하면 이미 양인이 되었지만 이들에게는 향리출신이라는 의미에서 향리라는 호칭이 계속 따라다녔고, 심지어 향리출신이라는 이유로 불이익을 주려는 동향도 지속되었다.[82] 그러므로 위의 자료에서 '향리의 자손'을 향역을 지고 있는 향리로 해석한다면 사실이 아니나, 이미 향역을 면하였지만, '향리'로 불리는 이들에 대한 언급으로 본다면 사실일 수 있다.

조선왕조실록에 의하면 이와 유사한 자료들이 자주 보인다. 연산군 8년에 성준 등도 이와 비슷한 내용을 다음과 같이 언급하고 있다.

> 향리는 서리에 속하여 거관 후에 혹 甲士로 들어가기도 하고, 혹 騎兵이나 正兵에 속하기도 하고 잡과에 시험을 치기도 하는 것이 전례로 되어 있습니다.[83]

---

81) 『태조실록』 권1, 태조 1년 9월 임인.
82) 윤무함은 이미 삼정일자로 거관하여 학생이 되었으나, 여전히 향리로 호칭되었고, 향리출신이었다는 것으로 불이익을 받고 있었다(『연산군일기』 권43, 연산군 8년 4월 병오).
83) 『연산군일기』 권43, 연산군 8년 4월 병오.

이 내용 역시 향리가 잡과에 응시할 수 있다고 해석할 수 있는 자료이다. 그러나 그 내용을 유심히 살피면 향역을 하는 향리 즉 향리신분인 자가 잡과를 시험 칠 수 있다는 의미는 아니었다. 여기서 핵심은 '거관 후에'에 라는 구절에 있다. 이 내용을 차례대로 보면, 향리가 삼정일자로 서리가 되고 '거관 후에' 이미 양인이 되어서 잡과에 응시하고 있다는 내용이다. 그러므로 향리가 과거를 통해서 신분을 상승시키는 것은 이미 삼정일자로 향역을 면한 이후의 일로 보는 것이 타당할 것이다.

유사한 사례를 하나만 더 검토하자. 조선왕조실록에 의하면 과거에 급제한 인물들이 향리출신이었다고 언급하는 사료들을 찾을 수 있다. 세조 2년에 다음과 같은 기록이 그 대표적인 것이다.

> 삼정일자를 가려서 吏胥를 삼았고, 正科에 등제한 데 이르러서는 어엿한 벼슬에 올라서 나라의 將相이 된 자가 진실로 一族에 그치지 않사오니, 또한 선비는 농가에서 나온다는 뜻입니다.[84]

이 내용은 향리가 과거에 급제하여 장상이 된 것을 보여주는 예로 해석될 수 있다. 그러나 이 내용 역시 유심히 살펴보면 향리가 향직을 수행하면서 과거에 급제하였다는 것은 아니었다. 향리가 삼정일자로서 이서가 되고, 이서직을 거관한 후에 정과에 급제하는 과정을 함축해서 보여주고 있다. 향리가 이미 서리직을 거관한 이후에는 그 신분은 협의양인이었으므로 당연히 과거를 볼 수 있었다. 물론 이미 서리를 거관한 후에도 향리 혹은 향리자손이라는 칭호는 따라다녔으므로 향리가 등제한 것으로 기록상 남을 수 있었다.

정황적 증거로 볼 때에도 향역을 지는 향리가 과거를 보고 합격하는 것은 불가능하였다. 향리는 모두 16세가 되면 향역을 져야 하였다. 향역은

---

84) 『세조실록』 권3, 세조 2년 3월 정유.

가장 고단한 역이었으므로 향역을 지면서 과거를 준비하기에는 어려움이 있었다. 심한 경우에 향리는 16세가 되기 이전부터 향역을 지기도 하였다. 이는 성종이 그 21년 관찰사들에게 보낸 명령에 아래와 같은 잘 지적되고 있다.

> 여러 고을 수령이 향리를 많이 내보내어서 그 값을 거두고, 나이가 차지 아니한 자를 사역하기 때문에 비록 나이가 젊고 자질이 아름다운 자가 있어도 학습할 수 없다.[85]

이에 의하면 향리가 16세부터 향역을 하였으나, 일부 지방의 수령들이 이미 그 이전의 나이에서부터 향역을 지우고 있었다. 그러한 연유로 향리는 향직을 맡기 위해서 글을 알아야 하는 것이 필수적이었으나, 이를 위한 '학습'을 할 시간도 주어지지 못하고 있었다. 이러한 상황에서 제주지역에서는 향리 대신에 글을 아는 양인으로 향직을 맡게 하는 사례도 있었다.[86] 이러한 사정은 제주지역만이 아니라 다른 지역도 비슷하였을 것으로 생각된다. 그러므로 향리 중에 문자를 익힌 이들이 향직에 쉽게 접근할 수 있었고, 이러한 상황에서 토성에서 분지된 향리 가문이 문자를 전수하면서 향직을 독점하는 경향을 보일 수 있었다.[87]

이상의 자료를 검토할 때에 향리는 과거를 통하여 향역을 벗어나 신분을 상승시킬 수 있었다. 그러나 좀 더 자세히 그 내용을 살피면, 향리의 신분으로 과거에 합격한 것이 아니라 이미 양인이 되고 나서 여전히 향리 출신으로 호칭되면서 과거에 합격한 것으로 나타난다. 그러므로 과거는 향리에게 신분상승의 길이 되기 어려웠다.

---

85) 『성종실록』 권242, 성종 21년 7월 계축.
86) 『세종실록』 권35, 세종 9년 6월 정묘.
87) 이수건 앞의 책.

(3) 三丁一子로 서리직을 거관한 자

향리는 삼정일자의 경우에 향역을 면할 수 있었다.[88] 향리의 아들이 3명 이상이면 그 중에서 한 아들은 일정한 조건을 갖추어 향역을 면할 수 있었다. 삼정일자의 면역 규정은 『원육전』에 다음과 같이 기록되어 있다.

　　三丁一子로 뽑아 올려 본 지방 장관의 신고로 향역을 면제 받은 사람은 그 文案을 상고하여 전례대로 향역을 면제하라.[89]

이에 의하면 삼정일자 즉 향리의 3명의 아들 중에서 1인은 수령의 허락을 득하여 향역을 면할 수 있었다. 구체적으로 대종 17년의 기록에 의하면 안성의 향리가 삼정일자로서 군수의 인정을 받아 향역을 벗어나 헌부의 서리가 되었다.[90]

그러나 향리가 삼정일자로 향역은 지지 않더라도 아직 완전히 향리의 신분을 벗어난 것은 아니었다. 삼정일자는 향역을 벗어나더라도 중앙부서의 서리직을 하여야 하였고, 서리직을 만료하여 거관하여야 완전히 향리의 신분을 벗어날 수 있었다. 세종 5년의 이조에서 올린 아래의 기록은 그것을 잘 보여준다.

　　각도 각관의 아전으로서 三丁一子는 陳省을 받아 吏典에 입속된 후, 혹 도망가 숨고 나타나지 아니하거나, 혹은 물러가서 역을 피한 사람의 총수가 47명이니, 청컨대, 각 도로 하여금 금년 7월 그믐날을 기한으로 하여 돌아와 벼슬하기를 재촉할 것이며, 그 기일에 미치지 못

---

88) 『세종실록』 권74, 세종 18년 9월 을사.
　　3명인 경우 1인에게 면역의 길을 열어주었으나, 6명의 아들인 경우에 2명에게 면역의 길을 허용해 준 것은 아니었다. 3명 이상의 아들인 경우 모두 1명의 아들만 향역을 면할 수 있었다.
89) 『세종실록』 권47, 세종 12년 1월 병오.
90) 『태종실록』 권33, 태종 17년 6월 을사.

한 자는 모두 환역시키도록 하소서.[91]

이에 의하면 향리들이 삼정일자로서 중앙의 부서의 이전으로 임명되었는데, 이들이 역을 하지 않고 도망을 가자, 이에 대한 대책을 강구하였다. 대책에 의하면 향리 출신 이전들이 역을 하지 않는 경우, 이들을 다시 향역으로 환속시키고 있다. 향리가 삼정일자로 향역을 완전하게 면할 수 있었다면, 이미 그 신분이 양인이었으므로 이전의 역을 수행하지 않는다고 다시 향역에 환속하는 것은 적절치 않았다. 향역의 환속이 거론될 수 있었다는 점은 향리 출신 이전들이 완전하게 향역에서 벗어난 것이 아님을 보여준다.

그러므로 삼정일자로 중앙에서 서리의 역을 지는 이들의 아들들은 여전히 향역을 지고 있었다. 단종 2년에 보이는 아래의 사례는 이를 잘 보여준다.

행호군 김이는 본래 한산의 향리로서 승정원 아전이 되었는데, 세종 때에 특별히 명하여 사복시에 근무하게 하였다. 지금 靖難할 때에 또 공이 있었으니, 그 여러 아들도 免鄕하게 하라.[92]

이 내용에 의하면 김이는 삼정일자로서 승정원의 아전이 되었으나, 그 아들들은 여전히 향역을 지고 있었다. 김이가 정난에 공을 세우자 비로소 그 공으로 김이의 아들들이 면향되었다. 이는 삼정일자라도 중앙부서의 서리의 역을 완전하게 마쳐야 향역을 면하는 신분이 될 수 있었음을 보여준다.

삼정일자로 서리직을 거관하여야 향리는 향역을 완전히 면할 수 있었으나, 제도가 정비되면서 서리의 거관이 점점 어려워지고 있었다. 서리직의 거관에 필요한 기간이 점차 늘어나고 있었기 때문이었다. 그러므로 서리

---

91) 『세종실록』 권20, 세종 5년 4월 정묘.
92) 『단종실록』 권12, 단종 2년 8월 계사.

직을 하여도 늙기까지 거관하지 못하는 경우가 빈번하게 나타나고 있었다. 그러므로 정부에서는 늙도록 서리직을 하다가 병이 나서 거관을 못하는 경우에 대한 방안을 마련하기도 하였다. 다음의 세종 10년 이조의 기록은 이를 잘 보여준다.

> 삼정일자로서 진성을 받고, 노병으로 종사하지 못하는 자에게는 일찍이 내리신 교지에 따라 아들로 하여금 대신 종사하게 하고, 거관할 때에는 아버지의 직을 주고, 그 나머지의 아들들도 향역을 면제하는 것은 미편합니다. 청컨대 이제부터는 노병으로 인하여 아들을 종사하게 한 자는 그 자신만 거관토록 하소서.93)

위의 내용은 삼정일자로 서리에 임명된 자가 노병으로 거관하지 못하는 경우에 치리 방안을 논한 것이다. 향리가 '노병'으로 서리직을 거관하지 못한 경우, 정부에서는 그 아들 중 하나로 서리직의 남은 종사 기간을 대신 채우게 하여 거관한 것으로 인정해 주었다. 따라서 이 경우 그의 모든 아들들은 향역을 면할 수 있었다. 그러나 이러한 일이 빈번하여 향역을 질 향리의 수가 줄어들자, 이조에서는 면역의 혜택을 줄였다. 즉 아버지를 대신하여 서리의 역을 진 아들만 향역을 면제해 주고, 나머지 아들들은 여전히 향역을 지도록 조치하였다. 이러한 조치는 삼정일자로 향직을 면하는 길이 점차 좁아지고 있음을 잘 보여준다.

이에 더하여 수령들은 삼정일자로 서리로 나아가는 것을 방해하고, 심지어 이미 삼정일자로 서리에 나가 있는 자들까지 불법으로 불러들여 다시 향역을 지게 하였다.94) 이는 현실적으로 향리가 삼정일자라는 조건을 갖추어도 실제로 이를 통해서 향역을 면하는 것은 쉽지만 않았음을 잘 보여주고 있다. 그러나 이러한 여건이 악화되고 있었음에도 불구하고 향

---

93) 『세종실록』 권42, 세종 10년 12월 경진.
94) 『태종실록』 권33, 태종 17년 6월 을사.

리가 삼정일자로서 향역을 면하여 신분을 상승시킬 수 있는 길은 부정되지 않았다.[95]

이상의 검토에서 향리는 여러 경우에 향역을 벗어나 신분을 상승시킬수 있음을 알 수 있었다. 특히 삼정일자로 서리직을 거관하여서 향역을 벗어날 수 있는 길은 향리만이 가지는 신분상승의 길이었으며, 가장 이용하기 편한 길이었다. 물론 과거를 통한 길도 있었지만 이 경우에 해당하는 사례들은 이미 향역을 면한 이후의 과정으로 보이므로 이를 통한 신분의 상승은 어려웠다. 공을 세워 공패를 받고 신분을 상승시키는 것은 향리뿐아니라, 역리 등 하급양인은 물론, 공사노비에게도 열려 있었으므로 특별하지 않았다. 그러므로 삼정일자의 길이 향리에게는 열려 있었다는 점은 향리 신분의 주요한 특징이었다. 이는 향리의 신분상 지위가 조선에 들어서 많이 하락하였지만, 일정 부분 그 지위를 인정하여 상승할 수 있는 길을 제도적으로 열어준 결과였다고 생각된다.

첨언하고자 하는 것은, 향리가 향역을 면하여 신분을 상승시키면 어떠한 신분이 되는가이다. 향리가 면역한 이후의 지위에 대해서는 연구자 간에 합의가 이루어지고 있지 않다. 향리가 면역하면 사족이 되는 것으로 보는 견해도 있고, 양인이 되는 것으로 보는 견해도 있기 때문이다. 이에 대하여 검토해 보자. 먼저 향리가 삼정일자로 그 신분을 상승시킨 경우의 지위는 어떠하였는지를 살펴보자. 이는 연산군 8년의 다음과 같은 기록을 통해서 살필 수 있다.

> 성준 이극균은 의논드리기를, 향리는 서리에 속하여 거관 후에 혹 갑사로 들어가기도 하고, 혹 기병이나 정병에 속하기도 하고, 잡과 시험을 치기도 하는 것이 전례로 되어 있습니다.[96]

---

95) 『경국대전』 「이전」 향리.
96) 『연산군일기』 권43, 연산군 8년 4월 병오.

이에 의하면 향리가 향역을 벗어난 뒤에 하는 직역이 드러난다. 향역을 벗어난 향리는 기병, 정병이 되었다. 물론 잡과에 응시할 수도 있었다. 이와 같은 기정병의 역은 협의양인들의 역이었다. 이를 볼 때에 향역을 면한 향리는 협의양인의 신분이었다. 구체적 사례를 보면 연산군대에 향리 윤무함은 삼정일자로 서리를 거관하면서 학생으로 호칭되었다.[97]

향리가 공을 세워서 향역을 벗어난 경우도 그 지위는 양인이었다. 다음의 세종 28년의 기록은 향리가 사민에 응하여 향역을 벗어난 이후의 지위를 잘 보여준다.

> 향리 된 자가 향역을 면하면 (중략) 武才가 있으면 甲士에 取才하여 관직을 받고 赴防하게 되고, 文吏의 재주가 있으면 도내의 土官에 임명하게 되니, 벼슬길에 실로 통하지 않는 점은 없을 것입니다.

이에 의하면 사민의 공으로 향역을 면한 이후의 진로를 알 수 있다. 향역을 면한 향리는 무재가 있으면 갑사에 응시할 수 있었고, 문재가 있으며 토관에 나아갈 수 있었다.[98] 갑사와 토관에 나아갈 수 있는 신분은 협의양인이면 가능한 것이었다. 구체적인 사례로 향리였던 전경은 사민으로 향역을 면하고 나서 협의양인의 신분이 되어 토관직을 맡기도 하였다.[99] 따라서 향리가 직역을 벗어나 신분을 상승시킨 이후의 신분은 협의양인이었다.

맺음말

1. 이상으로 향리의 지위와 신분에 대하여 검토하였다. 먼저 향리의 지

---

97) 상동조.
98) 『세종실록』 권111, 세종 28년 1월 계사.
99) 『세종실록』 권123, 세종 31년 9월 경인.

위를 현실적인 지위와 법제적인 지위로 나누어 검토하였다. 향리의 현실적 지위는 다양한 모습으로 나타났다. 향리가 정치경제적으로 상당한 위세를 가진 모습을 보여주었다. 경제적인 면에서 향리들이 불법으로 토지를 겸병하고, 양민을 점탈하여 경작에 사용하는 등의 모습을 보여주었다. 또한 향리는 정치적으로도 위세가 있어 심지어 백성들이 수령보다 향리를 더 무서워하고, 수령이 향리의 눈치를 보는 모습도 보여주었다. 이러한 향리의 모습은 향리가 향촌에서 상당한 위세를 가진 것으로, 이러한 모습을 근거로 그간의 연구에서는 향리를 하급지배신분으로 파악하기도 하였다.

그러나 조선 초기의 향리의 현실적 지위는 이와 같은 위세를 부리는 모습으로만 나타나지 않고 고단한 모습으로도 나타나고 있다. 향리는 향역의 과중한 부담에 시달리고 있었고, 이를 벗어나려고 노력하였다. 향리가 역을 피하여 국내외의 다른 지역으로 도망하는 모습은 빈번하였고, 승려가 되는 일도 자주 있었다. 향리들은 국가에서 인정하는 면역의 길도 적극 이용하였다. 군공을 세우려고 전쟁에 나아가거나, 북방의 사민에 적극 응하는 등 공을 세워 향역을 면하려고 노력하였다. 이와 같이 향리들이 양인들이 꺼리는 전쟁이나, 북방의 사민에 적극 참여하는 모습은 이들의 현실적 지위가 일반 양인보다도 못한 것을 보여준다.

이와 같이 향리는 위세를 부리는 모습과 양인보다 못한 모습으로 상반된 형태를 나타내고 있는데, 이러한 상반된 향리의 현실적 지위를 어떻게 설명할 수 있을까. 이는 향역과 향직을 나누어 설명해 봄으로써 그 이해의 실마리를 마련할 수 있다. 향역을 지는 향리의 모습은 고단하였고, 향직을 행하는 향리의 모습은 위세가 있었다. 즉 향역은 고단하여 향리들이 모든 방법을 통해서 피하고 싶은 것이었으나, 위세를 부여하는 향직은 모든 향리가 소망하는 것이었다. 따라서 향직과 향역은 향리가 가지는 권리와 의무로도 이해될 수 있다. 그러나 향리에게 있어서 향역은 모두 지는 것이었으나, 향직은 모든 향리가 고루 가질 수 없었다. 향직은 그 수가 제한되어

있었고, 향리가 아닌 양인도 담당할 수 있었다. 특히 특정지역에서는 토성
이족이 향직을 독점하는 경향도 나타나고 있었다. 그러므로 대부분의 향
리들은 향직에서 소외되고 향역의 의무만이 남아있었다.

더욱 중요한 것은 향리가 향직으로 인해서 가지는 위세는 법적으로나
사회적으로 인정되는 지위가 아니었다. 오히려 정부는 향직을 바탕으로
하는 향리의 위세를 제거해야 할 비리로 파악하여 다양한 방법을 통해서
규제하려고 노력하였다. 이는 태종대 중반 이후 나타난 지방제도나 신분
제의 정비과정에서 잘 나타나고 있었다. 특히 奸吏推覈法 등의 향리 규제
법이 만들어지면서 향직의 위세는 더욱 위축되었다. 이러한 향리의 상황
을 종합할 때에 대부분 향리들의 현실적인 지위는 위세가 있는 모습이라
기보다는 향역에 시달리는 양인보다 못한 어려운 처지였다고 볼 수 있다.

2. 향리의 지위에서 현실적 지위보다 더욱 중요한 것은 법적 지위였다.
향리의 법적 지위를 검토할 때에 먼저 눈에 띄는 것은 향리가 양인과 구별
되고 있다는 점이다. 향리는 천인에 대칭되는 집단인 광의양인에는 포함
되었으나, 협의양인과는 구별되는 집단으로 나타난다. 이러한 구별은 형식
적인 것이 아니었고, 집단 간의 법적인 대우를 분명히 명시하기 위하여 구
분하는 것이었으므로, 향리가 법적으로 양인과 구분되는 집단이었음을 보
여준다.

좀 더 구체적으로 살피면 향리는 양인에 비하여 차대를 받는 집단이었
다. 이는 향리가 공을 세워 상을 받는 경우에 극명하게 나타났다. 포상을
받는 경우를 보면, 공을 세운 양인에게는 관직을 주는 데에 비하여 향리에
게는 신역을 면제해 주었으므로 향리는 차대를 받고 있었다.

향리는 복식이나 의례에서도 양인에 비해 차대를 받았다. 향리는 양인
과 구분하기 위해서 방립을 쓰도록 하였고, 수령에 대한 예에서도 부복지
례를 행하도록 하였다. 이러한 구분은 존비를 분명히 명시하기 위한 조치
였으므로 향리가 차대를 받는 지위에 있었음을 알 수 있다.

향리는 관직도 가질 수 없었다. 이는 조선 초기부터 분명하였다. 태조 1년 향리 출신의 고위품관들을 향역을 지게 하였는데, 이는 향리가 혈통 때문에 능력으로 이룬 성취를 인정받지 못하는 모습이었다. 조선왕조를 통해서 양인이 능력으로 이룬 성취가 부정되지 않았음을 본다면, 향리는 이미 조선 건국기부터 양인과 달리 취급되었음을 알 수 있다. 이후에도 향리는 관직을 가질 수 없었고, 공을 세운 경우에도 관직이 아닌 면역을 상으로 받고 있었다.

이와 같은 향리의 법적인 지위를 종합적으로 보여주는 것이 향리에 대한 賤稱이었다. 향리를 천인으로, 향역을 천역으로 호칭하였다. 물론 향리는 엄연하게 노비와는 구분되었으므로 천인으로 호칭되어도 이는 상대적인 의미를 가지는 것이었다. 즉 향리가 협의양인과 비교할 때에 천하다는 의미였다. 그러나 이와 같은 호칭은 향리가 협의양인에 비해 차대를 받고 있을 뿐 아니라, 협의양인과는 다른 신분이었음을 의미하고 있다.

이와 같은 향리에 대한 법적인 차대에서 호장층도 예외는 아니었다. 기존에 호장층은 색리층에 비하여 별도의 지위를 가지는 것으로 주장하는 연구들이 있었지만, 향리는 향리 신분 전체를 칭하는 공식 호칭이었고, 법적인 지위를 논하는 자리에서 호장층만을 별도로 우대한 자료는 찾을 수 없다. 호장층 역시 양인에 비하여 법적으로 차대를 받는 지위에 있었다.

3. 이상으로 향리의 법제적인 지위가 협의양인에 비하여 차대를 받는 것이었음을 알 수 있으나, 이러한 법제적 지위가 신분과 연결되기 위해서는 법제적인 지위가 세습되는가의 여부를 검토할 필요가 있다. 법제적 지위가 세습된다면 이는 신분으로 이해할 수 있기 때문이다. 향리의 법적 지위의 핵심은 향역과 관련되는 것이었는데, 향역의 세전은 다양한 자료들을 통해서 확인할 수 있다. 향역의 세전을 직접 언급한 자료도 보이고, 간접적으로 이를 보여주는 자료도 보인다. 구체적으로 향역을 본인은 물론 그 자손까지 같이 지고 있음을 보여주는 자료들도 다수 찾을 수 있다. 이에 비해서

향직은 세전되지 않았다. 기왕의 연구에서 향직의 세전에 대해서 언급하고 있으나, 이는 그 가능성이 검토되었을 뿐으로, 이를 실증할 수 있는 자료는 찾기 힘들고, 오히려 그 반대의 자료는 다수 노출되고 있다.

국가에서는 향역의 세전을 매우 엄격하게 관리하였다. 향리가 자기비와의 결혼하여 낳은 아들에게 향역을 세습하도록 하는 조치나, 향리 자손이 없는 경우에 외손에게 그 직역을 세습하도록 하는 조치 등은 이를 잘 보여준다. 심지어 혈통적으로 향리출신이 아니었더라도 2대 연속 향역을 하는 경우 향역을 세습하도록 강제하는 규정이 『경국대전』에 보이고 있는데, 이는 정부에서 향리 직역의 세습을 특별하게 관리하고 있음을 보여준다. 이상에서 볼 때에 향리는 법제적으로 양인과는 다른 지위를 세전하고 있었다. 그러므로 향리는 협의양인과는 다른 신분 즉 차대를 받는 신분이었다.

4. 향리는 그 직역을 세습하였지만, 직역에서 벗어날 수 없는 것은 아니었다. 향리는 직역을 벗어나 신분을 상승시킬 수 있었다. 이는 몇 가지의 상황에서 가능하였다. 공을 세우거나, 과거에 급제하거나, 삼정일자로 서리가 되어서 거관하는 등의 경우에 향리는 신분 상승이 가능하였다. 먼저 향리는 공을 세우면 향역을 면할 수 있었다. 공을 세울 수 있는 가장 큰 기회는 군공이었고, 군공의 외에도 향리는 도적을 잡는 경우, 북방지역에 사민에 응모하는 경우 등 다양한 기회가 있었다. 향리는 국가가 인정하는 공을 세우면 향역을 면하여 신분을 상승시킬 수 있었다. 그러나 공을 세워서 그 신분을 상승시키는 것은 향리만이 아니라 노비의 경우에도 적용되었으므로 이는 향리만의 신분상승의 길은 아니었다.

향리가 과거에 합격한 경우에도 향역을 면할 수 있었다. 즉 향리는 문과에 급제, 생원 진사시에 급제하거나, 잡과에 급제하여 거관하면 향역을 면할 수 있었다. 구체적으로 향리가 과거를 보거나 과거에 합격한 듯이 서술하고 있는 사료도 볼 수 있다. 그러나 이러한 사료를 좀 더 자세히 검토해 보면, 향역을 지는 향리가 과거를 보거나 과거에 급제한 것이 아니라 이미 삼정일자로서 향역을 면하여 양인이 된 이들이 과거를 보고 합격한 것으로 해석할 수 있다.

향리는 16세부터 향역을 져야 하였고, 심한 경우에는 16세가 되기 이전부터 향역을 지기도 하였다. 그러므로 현실적으로 향리가 고단한 역인 향역을 지면서 과거를 준비하고 합격한다는 것은 불가능하였다. 또한 향리는 관직이 허용되지 않고 있었으므로 당연히 역을 면하기 전에는 과거의 응시도 불가하였다. 그러한 현실에도 불구하고 향리가 과거에 합격한 것처럼 표현되었던 것은, 당시의 용례에 의하면 향리가 향역을 면하는 경우에도 향리 혹은 향리자손이라고 불리는 것이 일반적이었으므로, 기록상 향리가 과거에 응시할 수 있고, 급제하였던 것처럼 표현되었기 때문이었다.

향리는 삼정일자의 제도를 통해서 향역을 면할 수 있었다. 삼정일자는 향리가 3명 이상의 아들을 가지는 경우 한 아들에게는 향역을 면할 수 있는 길을 열어주는 제도였다. 향리가 삼정일자에 해당하는 경우 바로 면역되는 것은 아니었고, 서리직을 담당하여 일정기간 복무하고 거관에 이르러야 그 역을 완전히 벗어날 수 있었다. 서리직을 하는 중에는 신분적으로는 여전히 향리였다. 그러나 향리가 삼정일자로 서리직을 거관하는 길은 제도가 정비되면서 점차 좁아져 갔다. 따라서 향리가 서리직에 늙도록 종사하여도 거관을 못하는 경우도 자주 있었다. 또한 수령이 향역을 확보하려고 삼정일자인 경우에도 서리직으로 나아가는 것을 방해하는 일도 빈번하였다. 그러나 향리가 삼정일자의 제도를 통해서 신분을 상승시킬 수 있는 길은 계속 인정되었다.

이상과 같이 향리는 다양한 방법으로 그 직역을 벗어나 신분을 상승시킬 수 있었다. 향리가 향역을 벗어나 상승시킨 신분적 지위는 협의양인이었다. 이는 향역을 벗어난 이들이 가지는 직역을 통해서 확인된다. 향리를 벗어난 이들은 정병이나 기병 혹은 학생 등의 직역을 가졌고, 이들이 갑사 취재나 잡과 등에 응시하고 있었다. 이러한 직역이나 진로는 모두 협의양인이 가질 수 있는 것이었으므로 이들이 신분상승으로 성취한 신분은 협의양인이었다.

5. 이상에서 볼 때, 향리는 분명히 협의양인과는 다른 신분이었으나, 그 직역을 벗어나 신분을 상승시킬 수 있는 합법적인 길도 열려 있었다. 즉 향리는 한편으로 협의양인에 비하여 차대 받는 법적 지위를 세전하고 있었고, 한편으로는 협의양인이 될 수 있는 합법적인 길을 가지고 있었다. 이러한 양면성을 그대로 가지고 있는 것이 향리 신분의 특징이었다.

그간의 연구에서는 이러한 양면성을 그대로 인정하지 못하고, 한 면만을 강조하는 경향이 있었다. 그러나 이는 향리의 신분이나 나아가 조선 전기의 신분제를 보는 균형 잡힌 시각이 되기 어렵다. 그간의 연구에 의하면 천인의 경우에도 군공을 세우거나 다양한 국가가 인정하는 공을 세우면 양인이 될 수 있는 합법적인 길이 열려 있었다. 또한 실제로 이 길을 통해서 신분을 상승시키는 이들이 있었다.[100] 이러한 경우 합법적인 길이 열려 있음만을 강조하거나, 소수 인원이 신분을 상승시킨 사례만을 강조한다면 공사천도 그 상위의 신분인 양인과 다름이 없는 신분으로 볼 수 있다. 유사한 사례로 양인에게 과거에 응시할 수 있는 길이 열려 있다는 것만을 강조하여, 양인을 그 상위의 신분과 동일한 신분으로 보는 것도 같은 오류를 범할 수 있다.

그러므로 신분을 보는 균형 잡힌 시각이 필요한데, 정부는 향리의 경우 신분에 따라 법적인 차대를 가하고 이를 세전하도록 강제하는 규정을 마련하면서, 한편으로는 신분상승이 가능하도록 합법적인 길을 열어 놓고 있었다. 그러므로 향리를 통해서 보여주는 조선 초기 신분제는 '닫혀있지만 열려있고, 열려있지만 닫혀있는' 특이한 구조를 가진 것이었다. 이는 오늘날의 관점에서 보면 혼란스러운 것인데, 음과 양의 원리와 태극의 조화를 바람직한 것으로 이해하고 있던 성리학적 사유체계에 의해서 사회를

---

100) 정현재 「조선 초기의 노비면천」 『경북사학』 5, 1982.

운영하던 당시 유학자의 입장에서 본다면 매우 조화롭고 자연스러운 것이 었다(최이돈「조선초기 향리의 지위와 신분」『진단학보』110, 2010).

제6장 補充軍의 형성과 신분

머리말

조선 초기의 신분제 연구는 양천제론이 제기되면서 한 단계 심화되었다. 논쟁이 진행되면서 많은 사실들이 밝혀졌고 이론도 정립되었다.[1] 그러나 조선 초기 신분제를 정립하기 위해서는 좀 더 검토해야 할 문제들이 남아있다. 우선적 필요한 것은 양천제론에서 주장하는 양인이 권리와 의무에서 동질한 신분집단인가를 검토하는 일이다. 그 아 우대와 차대가 나타나는 것을 보여주는 자료가 다수 노출되고 있다. 이러한 우대와 차대가 계층적인 것인지 신분적인 것인지를 충분히 검토하는 것이 필요하다.

최근 필자도 연구를 통해서 양인은 동일한 신분이 아니라는 주장을 하였다. 양인 내의 몇몇 직역을 가진 집단들이 법적으로 차대를 받는 지위를 가지고 있었으며, 이러한 차대를 받는 지위를 세전하고 있었기 때문이었다.[2] 이장에서 다루려고 하는 보충군도 양인 신분의 다양한 면모를 검토하는데 흥미로운 주제의 하나이다.

보충군의 성립은 조선 초기의 양천의 변정에서 기인하였다. 고려 말의

---

1) 이성무 『조선 초기 양반연구』 일조각 1980.
　유승원 『조선 초기 신분제 연구』 을유문화사 1987.
　한영우 『조선시대 신분사 연구』 집문당 1997.
2) 최이돈 「조선 전기 현관과 사족」 『역사학보』 184, 2004.
　최이돈 「조선 초기 잡직의 형성과 그 변화」 『역사와 현실』 58, 2005.
　최이돈 「조선 초기 공상의 신분」 『한국문화』 38, 2006.
　최이돈 「조선 초기 협의의 양인의 용례와 신분」 『역사와 현실』 71, 2009.

혼란기를 겪으면서 양천이 섞이어 신분제가 정리되지 못하였고, 이를 정리하는 것은 조선의 개국 이후 가장 중요한 과제가 되었다. 조선의 관원들은 양천의 변정을 위해서 양인도 천인도 아닌 이들을 신량역천으로 분류하였다. 태종대에 이르면 신량역천을 바탕으로 보충군이 형성되었고, 보충군은 다양한 변모를 보이다가 세조 말에 일단 폐지되었다.

신량역천의 형성에서 보충군의 폐지까지 그 일련의 과정은 몇 가지 점에서 매우 흥미롭다. 우선 신량역천의 형성은 조선 건국세력이 분명하게 신분제에 대한 입장을 노출한 것으로 이를 어떻게 파악하느냐는 신분제 연구에 매우 중요한 과제가 될 수 있다. 그러나 그간 이 문제는 제한된 입장에서 검토되었다. 즉 신량역천이 천인이 아니라는 점만을 강조하면서 신량역천층의 창출이 양천제적 질서를 보여주는 증거로만 해석하는 경향이 있었다. 그러나 당시의 자료를 보면, 이들은 천인이 아니었지만, 양인도 아니라는 것을 보여주는 자료가 산재하고 있다. 이러한 다양한 자료를 적극적으로 검토하지 않은 것은 양인은 한 신분이라는 선입관이 작용한 결과라고 생각이 되는데, 양인이 단일한 신분이 아닐 수 있다는 연구들이 발표되고 있으므로 이에 대하여 좀 더 검토해 볼 필요가 있다.

다음으로 관심을 끄는 것은 신량역천이 보충군으로 통합되고 변화되는 일련의 과정이다. 이 과정은 매우 역동적으로 전개되었는데, 이는 보충군만의 단독 변화가 아니라 상호 맞물리는 집단과의 상호관계 속에서 나타나고 있다. 그러므로 이를 검토하면 보충군이 어떠한 집단적 성격을 가지는지 알 수 있을 뿐 아니라 조선 초기의 신분제가 어떻게 형성되는지를 짐작해 볼 수 있다.[3]

---

3) 조선 초기 신분제의 주요과제의 하나는 조선 초기의 신분제가 어떻게 형성되는가를 밝히는 것이다. 그간 조선 초기 신분제의 논쟁이 좀 더 효과적으로 진행되지 못한 원인 중 하나는 조선은 개국과 동시에 일정한 신분제를 가지고 있다는 전제 하에 논쟁이 진행되는데 기인하였다. 그간 조선 초기의 신분제가 어떻게 형성되었는지에 대한 관심이 적었다.

신량역천에 대해서는 일찍이 유승원에 의해서 검토되었다.[4] 그는 신량역천에 대하여 검토하면서 이들이 보충군으로 통합되는 과정까지 정리하였다. 그는 이 논문의 결론에서 "그들에게 있어 이미 양인이라는 사실은 확고부동한 것"[5]이라고 주장하고 있다. 그러나 이 논문은 신량역천이나 보충군을 양인으로 보고 있는 자료에만 주목하여, 그 반대로 이들을 양인으로 보고 있지 않는 자료에 대해서는 관심을 표하지 않았다. 따라서 신량역천이나 보충군이 양인 내에서 별도의 신분일 수 있다는 점은 열어 놓지 않았다.

그러나 이미 유승원도 신량역천이 양인에 비해서 차대를 받고, 그 차대를 세전하고 있음을 인지하였다. 다만 그는 신량역천을 '현실상으로 고역을 세전함으로써 고정된 계층'이라고 표현하면서 그 차대를 '현실상'의 것으로 해석하였고, 따라서 이들을 계층집단으로 파악하고 있다.[6] 그러므로 이미 세전의 여하는 검토되었으므로, 차대가 현실상의 것인지 법적인 것인지만 검토하면 이들이 신분집단인지 계층집단인지 확인할 수 있다.

보충군의 신분에 대한 본격적인 연구는 전형택에 의해서 이루어졌다.[7]

양천제를 주장하는 입장을 보면, 양천제는 마치 조선의 개국과 동시에 형성된 듯한 입장을 취한다. 그러나 조선 개국주체들은 조선의 신분제를 어떻게 만들지 확고한 입장을 가지고 있지 않았고, 시간을 가지고 이를 논의하면서 만들어 가고 있었다. 양천제론에서 가장 기초가 되고 중요한 개념인 '양인'의 용례가 단일한 신분 범주로 나타나지 못한 것은 조선 초기 신분제가 서서히 만들어지는 과정에서 나타난 대표적인 '혼란'이었다.

그러므로 조선 초기의 신분제가 어떻게 형성되었는가를 고려한다면 신분제의 논쟁은 좀 더 효율적일 수 있다고 생각하는데, 참고로 필자는 조선 초기의 신분제의 형성은 태종대에 그 윤곽이 드러나기 시작하여 세종대에 그 형태가 분명해 지는 것으로 보고 있다.

4) 유승원 『조선 초기 신분제연구』 을유문화사 1987.
5) 유승원 위의 책 256쪽.
6) 유승원 위의 책 257쪽.
7) 전형택 「보충군 입역규례를 통해서 본 조선 초기의 신분구조」 『역사학보』 30 31, 1982.

그는 매우 소상하게 보충군의 형성과 변화를 검토하였다. 보충군의 신분과 관련지어 영속보충군이 있었다는 점을 지적하였다. 그러나 그의 주된 관심은 보충군 신분의 성격을 밝히는 것이 아니어서 보충군의 신분에 대해서는 적극적으로 논하지 않았다. 오히려 그는 조선 초기의 신분구조에 관심을 기울여 보충군의 운영에 반영된 조선 초기의 신분제는 양반, 양인, 천인으로 구성된 것이라고 결론을 내고 있다.

지승종은 노비 신분을 밝히는 관점에서 보충군을 논하였다. 매우 정치한 연구로 보충군의 설치 및 변화과정을 보충대까지 연결시켜서 설명하고 있어 보충군을 이해하는데 크게 도움이 된다. 그러나 그 관점은 노비의 신분세습을 설명하기 위한 것으로 보충군의 신분에 대해서는 크게 관심을 기울이지 않고 있다.[8]

저자도 보충군에 대하여 관심을 표현하였다.[9] 보충대의 논의를 통해서 사림파가 가졌던 신분제 인식을 살펴보았다. 기왕의 연구에서 사림파가 등장하면서 양천제가 반상제로 변화한다는 전제 하에 사림파가 보수적인 신분제를 추구하였다는 가설이 제시되었다.[10] 그러나 사림파의 신분제에 대한 입장을 보여주는 자료는 매우 제한되어 있어 이러한 가설을 논증하는 것은 쉽지 않은 과제이다. 저자는 사림파가 보충대의 논의에 적극적으로 참여하는 것을 주목하고, 이 논의에 나타난 사림파의 신분인식을 검토하고자 하였다. 연구 결과 필자는 사림파가 보수적인 신분인식을 가지고 있었다는 기존의 주장과 달리 사림파의 신분제에 대한 입장은 오히려 개방적이고 진보적인 것이라고 주장하였다. 그러나 이 연구는 정작 보충군의 신분에 대해서는 관심을 표하지 않았다.

이와 같은 연구 상황에서 볼 때, 신량역천과 보충군은 그 직역을 세전하고 있었고, 영속보충군도 존재하였다. 특히 최근 양인을 단일한 신분으로

---

8) 지승종 『조선 전기 노비신분연구』 일조각 1995.
9) 최이돈 「16세기 사림의 신분제 인식」『진단학보』 91, 2001.
10) 한영우 『조선시대 신분사연구』 집문당 1997.

보는 것은 적절하지 않다는 연구들을 감안 할 때, 신량역천과 보충군의 신분에 대하여 좀 더 검토할 여지가 있다. 그러므로 이 장에서는 먼저 신량역천이 형성되는 과정을 살펴보고, 나아가 보충군의 설치과정도 검토하고자 한다. 이들의 신분을 살펴보기 위해서 먼저 신량역천과 보충군의 법제적 지위를 검토해 보고, 그 지위를 세전하는지 여부도 정리하고자 한다.

이장의 검토를 통해서 신량역천과 보충군의 신분에 대하여 이해가 더욱 깊어지기를 기대한다. 또한 보충군의 형성과정과 변화를 통해서 불가분의 관계를 맺으면서 진행되었던, 조선 초기 신분제의 형성과정에 대한 이해도 가질 수 있기를 기대한다.

1. 보충군의 형성과정

1) 신량역천의 형성

보충군의 성립과정을 더듬어 가면 그 단초는 조선 초기 양천의 변정과정에서 기인하였다. 양천의 변정이 필요한 것은 고려 말 어지러운 정국으로 양천의 구분이 혼란된 것에서 연유하였다. 이 문제는 양천의 연원을 밝혀줄 근거 자료의 소실로 조선 개국 이후에도 쉽게 해결되지 않았다. 해결의 그 중요한 계기는 태조 6년 태조가 변정도감에 명한 다음과 같은 명령이었다.

> 良賤에 대한 일은 賤籍에 명백한 자는 賤으로 하고, 良에도 賤에도 문적이 분명하지 않은 자는 身良役賤으로 하여 官司의 使令으로 정하여 붙이라.[11]

---

11) 『태조실록』 권12, 태조 6년 7월 갑술.

이 내용에 의하면 태조는 양천의 원활히 변정하기 위해서 양, 천외에 신량역천이라는 집단을 설정하고 있다. 신량역천은 그 혈통이 분명치 않아 양인일 수도 있고, 천인일 수도 있었다. 그러므로 이들을 '신량신천'으로 표현할 수 있었겠으나 어감상 신량역천으로 정리한 듯하다. 따라서 '역천'의 의미는 직업이 천하다는 의미와는 다르다. 당시의 직역은 세전하는 것이었으므로 '역천'의 의미는 '신천'과 별 차이가 없었다. 결과적으로 '신량역천'이 의미하는 바는 '身良身賤'과 다르지 않았다.

이는 태조 7년에 좀 더 명백하게 정리된다. 이때에 "양천에 대한 일은, 良籍이 명백한 자는 從良하고 賤籍이 명백한 자는 從賤하며, 양천의 적이 모두 명백하지 못한 자는 신량역천으로 결정하였다."라고 규정하였다.12) 여기서 일단 분명한 것은 신량역천은 양인에도 천인에도 속하지 않는 집단이라는 점이다. 기존의 연구에서 주장한 것처럼 신량역천을 양인으로 처리하고자 하였다면, 이들을 별도로 신량역천으로 나누지 않고 종량시켜야 하였다. 그러나 정부에서는 이럴 의사가 없었다. 즉 이들을 종천이나 종량시키지 않고, 신량역천으로 별도의 집단으로 규정하였다.

신량역천은 태조 7년 다음과 같은 태조의 명에 의해서 보다 분명하게 그 지위와 역할이 정리되었다.

> 이제부터는 良籍이 분명하지 못한 자는 외방 각 고을에 소속시키지 말고, 京中 各司의 使令과 성문 院館의 把直 같은 것에 정속시키도록 허락하라. 특별히 보기 드문 공을 세운 자가 있으면 마땅히 벼슬과 상을 주고, 그 딸자식과 외손은 영구히 양인이 되게 하라.13)

이에 의하면 신량역천은 서울의 관사에 속하게 되었고, 사령과 파직 등을 맡도록 그 역할이 결정되었다. 이 내용에서 더 중요한 것은 신량역천의

---

12)『태조실록』권13, 태조 7년 4월 경진.
13) 상동조.

딸자식과 외손의 지위를 결정한 것이다. 여기서 신량역천의 딸자식과 외손은 '영구히 양인'이 되도록 조치하고 있다.[14] '영구히 양인'이라고 구체적으로 언급한 것은 신량역천의 딸과 그 외손자는 신량역천에서 벗어나 신분적으로 양인이 된다는 것을 분명하게 보여준다. 이는 또한 그 아들은 신량역천의 역을 계속하여 '영구히 양인'이 되지 못한다는 점을 표현하고 있다. 즉 신량역천은 남계를 통해서 역을 세전하였다고 추측할 수 있다.

신량역천에 대한 인식이 이러하였으므로 태조 7년 이후 이들의 직역을 분명하게 구별하기 위하여 각사의 사령으로 두지 않고 사수감에 별도로 소속시켰다.[15] 이후 태종 2년 승추부에서는 신량역천을 다시 '각사의 倉庫와 여러 都監에 賤隷의 역'에 동원할 것을 제안하였으나[16] 이는 받아들여지지 않았다.

신량역천이라는 새로운 신분의 범주가 정해지자, 이에 상응하는 여러 집단이 이에 소속되었다. 먼저 태종 1년에는 양녀가 천구의 아내가 되어서 낳은 아들이 신량역천에 소속되었다. 이는 예천부원군 권중화가 올린 다음과 같은 상소에 의해서 촉발되었다.

> 원컨대 이제부터는 천구가 양인과 서로 통하지 못하게 하고, 양녀로서 이미 천구의 아내가 된 자는 또한 이혼하게 하고, 혹 영을 어기는 자가 있게 되면, 그 죄를 종의 주인에게 미치게 하소서.[17]

권중화가 제안한 요지는 양천의 교혼을 금하자는 것이었다. 정부에서 이러한 요청을 받아들이면서 "賤口가 良女에게 장가들어 낳은 자식을 사수감에 속하게 하라. 이는 신량역천이기 때문이다."라고 명을 내렸다. 양천의

---

14) 양인이 된다는 의미는 신량역천의 역이 없다는 의미와 같았다(『태종실록』 권26, 태종 13년 8월 병자).
15) 『태종실록』 권3, 태종 2년 6월 계축.
16) 상동조.
17) 『태종실록』 권2, 태종 1년 7월 갑인.

교혼 소생을 신량역천으로 규정하고 있다. 이들의 신분은 양인에도 천인에도 속하기 어려웠으므로 이미 만들어진 신량역천에 포함시킨 것이다.

태종 3년에는 정부조직이 개편되면서 사수감은 사재감에 통합되었다.[18] 사수감이 사재감으로 변화하면서 신량역천은 사재감에 붙여졌고, 이후로도 신분이 불명한 자는 사재감에 붙여졌다.[19]

이후 자기비첩의 소생들도 사재감에 소속되었다. 이는 태종 5년 의정부의 다음과 같은 언급에 잘 나타난다.

> 祖父의 婢妾 소생은 본래 동기의 골육이므로, 오로지 천한 노비의 예로 사역시킬 것이 아니니, 財主가 문서를 만들어서 사역을 放免하고, 자기 비첩소생은 영구히 放良하고, 사재감 수군에 채우라.[20]

이에 의하면 자기비첩의 소생 역시 사재감에 소속되고 있었다. 자기 비첩의 소생은 이미 태조 6년에 시행한 放良의 조치로[21] 천인을 면하였으나 완전히 양인이 되지 못하고 있다가, 이 언급이 보이는 태종 5년 이전 어느 시기부터 신량역천으로 분류되어서 사재감에 속하게 된 것으로 보인다.

이후 태종 13년 사헌부에서 다음과 같이 제안하면서 신량역천은 그 수가 더욱 늘게 된다.

> 이미 정장한 良賤相訟 가운데 지금까지 미결인 것은 전에 판결이 있든지 없든지를 논하지 말고 모조리 사재감 수군에 소속시켜서 억울함을 풀어 주소서.[22]

---

18) 『태종실록』 권5, 태종 3년 6월 을해.
19) 『태종실록』 권10, 태종 5년 8월 정축.
20) 『태종실록』 권10, 태종 5년 9월 무술.
21) 『태조실록』 권12. 태조 6년 7월 갑술.
22) 『태종실록』 권26, 태종 13년 9월 계미.

정부는 양천변정의 소송이 제기된 경우 판결 이전에라도 소송 중인 이들을 사재감에 소속시켰다. 이전에는 양천 변정의 문제가 제기되면 재판을 통해서 양 혹은 천 그리고 신량역천으로 나누어 결정하고, 그 결정에 따라서 신량역천으로 변정된 이들은 사재감에 붙이도록 하고 있었다. 그러나 이러한 판결이 쉽지 않자, 판정도 하지 않고 변정의 문제가 있는 경우는 일률적으로 사재감에 속하도록 결정한 것이다. 이로서 사재감에 소속되는 신량역천은 수가 늘었다.23)

2) 보충군의 형성

신량역천은 태종 중반에 이르러 변화를 겪는다. 태종대 중반부터 조선의 신분체계는 본격적으로 정비되었는데, 신량역천 역시 이에서 벗어날 수 없었다. 이 시기의 변화는 사족이 지배 신분으로서의 지위를 분명히 하는 과정에서 일어났다. 문음의 특권을 매개로 사족이 신분으로 정리되면서 서얼이 새로운 신분으로 형성되고 기술직이 천시되면서 사족직과 기술직의 분화가 일어나고 있었다.24)

서얼이 별도의 신분으로 형성되는 과정에서 신량역천은 변화를 받게 되었다. 즉 사족에게 부여한 문음의 특권이 처의 소생에게 한정되지 않고 첩소생에게도 확대되면서 서얼신분이 형성되고, 이 과정에서 필연적으로 신량역천도 영향을 받았다. 앞에서 언급하였듯이 천첩의 소생은 사족과 비사족 소생을 구분하지 않고, 모두 신량역천으로 사재감에 소속되었다. 그러나 태종 14년 관원들의 비첩소생에게 관직을 주는 변화가 생기면서 사재감의 신량역천은 영향을 받았다. 이 변화는 의정부에서 다음과 같이 제

---

23) 『태종실록』 권26, 태종 13년 11월 정해.
24) 최이돈 「조선 전기 현관과 사족」 『역사학보』 184, 2004.
　　최이돈 「조선 초기 잡직의 형성과 그 변화」 『역사와 현실』 58, 2005.
　　최이돈 「조선 초기 서얼의 차대와 신분」 『역사학보』 204, 2009.

안하면서 촉발되었다.

> 各司 奴隷는 부모가 함께 천인인 경우에도 오히려 限品의 관직을 받는데, 勳舊之臣의 婢妾 所出을 상의원 상림원에 예속시켜 식자를 개통한 자를 골라서 限品의 관직에 충당하도록 하는 것이 어떻겠습니까? 임금이 명하였다. 2품 이상의 자기 비첩의 아들은 영구히 양인으로 삼고 5품까지 한하라. 금후로는 공사 천첩을 자기 비자로써 贖身하도록 허락하고 그 소생의 아들은 윗 조항의 예에 의하라.[25]

의정부에서는 천인들도 관직을 받고 있는 현실을 지적하면서 문음이 부여되는 관원의 비첩소생에게 관직을 부여하는 것을 제안하고 있다. 문음의 혜택을 천첩의 소생에게까지 확대하고자 한 것이다. 흥미로운 것은 이러한 제안에 대한 왕의 응답이다. 왕은 2품 이상의 자기 비첩의 소생을 '영구히 양인'으로 삼으라고 답하고 있다. 의정부에서는 비첩소생에게 관직을 줄 것을 요청하고 있는데, 왕은 영구히 양인을 삼을 것을 명하고 있다. 이는 비첩소생인 신량역천은 '영구히 양인'이 아닌 다른 신분이었으며, 또한 신량역천은 관직을 받을 수 없는 신분이었음을 보여준다. 즉 신량역천이 관직을 받기 위해서는 먼저 영구히 양인이 되는 과정이 필요하였다.

위의 내용에 의하면 문음이 허용되지 않는 3품 이하 5품까지의 관원의 비첩소생에 대하여서도 조치를 취하였다. 그러나 그 조치의 내용은 다만 속신을 허락한다고만 명시하고 있다. 이는 이미 태조 6년에 비첩소생의 放良이 결정되었던 것을 생각한다면 매우 모호한 조치였다. 그러나 이렇게 일단 처리될 수밖에 없었던 것은 2품 이상에게는 문음이 일률적으로 허용되고 있었으므로, 문음의 연장선에서 비첩소생에 대해서도 영구 종량을 부여하는 것을 쉽게 결정할 수 있었으나, 3품 이하의 경우에는 문음의 혜택이 顯官에 한하고 있었으므로 2품 이상과 같이 일률적으로 정리하기 어

---

25) 『태종실록』 권27, 태종 14년 1월 기묘.

려웠다.26) 그러므로 이 문제는 다시 거론될 수밖에 없었다. 일단 이러한 결정으로 사재감에 속해있던 2품 이상의 관원의 비첩소생이 사재감을 벗어났다.

태종 14년의 결정에 의해서 2품 이상의 비첩자손은 사재감을 벗어났으나, 그 이하의 관원의 비첩자손에 대한 우대는 유보되자, 태종 15년 의정부와 육조에서는 이에 대하여 다음과 같이 제안하였다.

> 2품 이상의 비첩소생은 이미 성상의 윤허를 받아 限品 受職하였습니다만, 3품 이하의 비첩소생은 아직도 아울러 윤허를 받지 못하였습니다. 3품 소생은 6품에 한하고, 4품 소생은 7품에 한하고, 5,6품 소생은 8품에 한하고, 7,8품 소생은 9품에 한하고, 9품 權務의 소생은 學生에 한하고, 庶人의 소생은 白丁에 한하소서. (중략) 職牒을 받은 자로서 明文이 있는 자의 자손을 모두 '限品子孫'이라고 칭하는 것을 허용하여 軍役에 세우며, 윗 조목의 각 품관의 천첩 자손의 소생으로 스스로 속신할 수 있는 자도 윗 항목의 예에 의하여 군역에 세우며, 각 품관의 천첩소생으로 스스로 속신할 수 있는 자는 군역을 지우소서.27)

이에 의하면 3품 이하 비첩의 소생은 일단 속신하여 '군역'을 진 후 관직을 받는 것으로 결정되었다. 이들은 일정기간 군역을 져야 영구 양인이 되어 관직에 나아갈 수 있었다. 여기서 흥미로운 것은 관직을 가지지 못한 서인의 비첩소생까지 언급되고 있다는 점이다.28) 이는 이러한 규정의 목적이 관원의 비첩소생이 관직에 나아갈 수 있도록 한다는 초기의 의도와 배치되는 것이었다. 이러한 혼란은 조정에서 신량역천을 어떻게 처리할 것인지에 대하여 아직 충분한 합의를 가지지 못하였음을 보여준다.

---

26) 최이돈「조선 전기 현관과 사족」『역사학보』184, 2004.

27)『태종실록』권29, 태종 15년 3월 병오.

28) 이러한 동향은 태종 14년 6월 종부법이 시행된 것과 연관될 것으로 추측된다(『태종실록』권27, 태종 14년 6월 무진).

이러한 조치가 결정되자, 그 결정이 있던 바로 그날 이들에게 군역을 부여하기 위해서 별도의 군종으로 보충군을 설치하였다. 이는 병조의 다음과 같은 제안으로 설치되었다.

> 大小人員의 限品子孫으로 일찍이 사재감의 수군에 소속한 자와 누락되어 閑役에 있는 자를 추쇄하여 모두 보충군에 소속시키고, 또 이제부터 각 품의 비첩소생은 그 아비가 죽은 뒤에 사재감에 소속하는 것을 면제하여 아울러 보충군에 소속시키고, 또 각 품직의 천첩소생으로 속신한 자는 자기의 비첩소생의 예에 의하여 보충군에 소속시키소서.[29]

이에 의하면 보충군을 만들고 관원의 비첩소생을 보충군에 소속시켰고, 이미 사재감에 속한 각 품의 비첩소생도 보충군으로 이속시켰다. 이 외의 신량역천은 여전히 사재감에 소속되어 있었다. 이러한 분리는 관원 비첩의 소생을 우대하기 위해 보충군을 만든 것이었으므로 당연하였다.

대간은 비첩소생에게 관직을 준다는 것에 대하여 반대하였다.[30] 그러나 이와 같은 조치의 기본적인 의도는 문음의 연장선상에서 관원에 대한 우대조치였으므로 반대는 지속되지 않았다. 오히려 이후 이 조항은 좀 더 체계를 갖추면서 정리되었다. 세종 16년에는 父의 관직 뿐 아니라 祖의 관직도 보충군이 역을 지는 기간이나 받는 관직에 영향을 주도록 결정되었다.[31] 이미 문음의 부여가 부는 물론 조의 관직에 입각해서 운영되고 있었으므로 보충군이 받을 관직이 조와 부의 지위와 연동되는 것은 당연하였다.

이와 같이 보충군은 관원의 비첩소생을 우대하기 위한 것이었으므로, 그 외의 신량역천이 보충군에 입속하는 것은 제한하였다. 그러므로 신량역천은 보충군과 사재감에 나누어져 관리되었다.[32] 이는 사재감의 수군에

---

29) 『태종실록』 권29, 태종 15년 3월 병오.
30) 『태종실록』 권29, 태종 15년 4월 경진.
31) 『세종실록』 권64, 세종 16년 6월 신미.
32) 『태종실록』 권29, 태종 15년 4월 신미.

속해있던 모든 신량역천이 보충군으로 이전하지 않고, 관원의 비첩소생만 이전한 결과였다.

그러나 점차 신량역천은 다시 보충군으로 일원화되는 과정을 거쳤다. 가장 먼저 보충군에 합류한 부류는 간척의 무리들이었다.[33] 의정부와 육조에서는 다음과 같이 이를 제안하였다.

"各領의 隊副는 雜役을 면하게 허용하여, 전적으로 무예를 강습하고 番을 나누어 시위하게 하소서. 중외에서 稱干稱尺으로 전조의 예에 의하여 보충군을 3천명을 정하여 세우고, 6천명으로 봉족을 삼되, 그 가운데 鹽干만은 옛날 그대로 本役에 둠이 어떠하겠습니까?" 의논하여 아뢴 바대로 시행하라고 명하였다.[34]

이에 의하면 간척을 보충군에 소속시키고 있다. 이미 태종 13년부터 간척을 신량역천으로 파악하고 있었고, 이들에 대하여 사재감수군에 준하는 지위를 주고 있었으나[35] 이들을 사재감에 소속시키지는 않았다. 그러나 보충군이 설치되면서 이들을 보충군에 소속시키는 조치가 취해진 것이다. 당시 양천불명자나 일반양인의 비첩소생이 여전히 사재감에 소속되어 있던 상황에서 간척을 먼저 보충군에 소속시킨 것은 간척의 지위를 양천불명자나 일반 양천교혼 소생보다 나은 것으로 본 것이 아닌가 생각된다.

이후 태종 17년에는 양천불명자도 보충군에 소속시켰다. 이는 사헌부에서 양천불명자를 보충군에 소속하도록 다음과 같이 제안하여 이루어졌다.

---

33) 자료의 선후관계는 검토가 요청된다. 조선왕조실록에는 보충군이 설정된 후, 간척이 먼저 소속되고 관원의 천첩소생이 합류한 것으로 되어 있으나, 보충군이 설치되기 바로 전의 논의가 천첩소생의 군역부여였음을 고려한다면, 천첩소생의 군역부여가 결정되고 여기에 필요한 보충군이 설정되어서 천첩소생이 소속되고, 이어서 간척이 합류한 것으로 보는 것이 타당할 듯하다.

34) 『태종실록』 권29, 태종 15년 3월 병오.

35) 『태종실록』 권26, 태종 13년 8월 병자.

京外의 公私賤이 訴良하는 노비는 정한 기한이 없고, 決訟하는 것도 끝이 없으니, 이달 초1일 이전에 공사천이 소량하여 끝나지 않은 사건은 시비를 묻지 말고 모두 보충군에 붙이고, 이미 일찍이 從賤한 뒤에 그날 이전에 오결한 것을 呈文하지 않은 경우에는 일체 금지하소서.36)

이에 의하면 태종 17년에 이르기까지 양천변정이 마무리되지 않고 있었다. 양천을 밝히는 명확한 자료가 없는 상황에서 판결 자체가 쉽지 않았기 때문이다. 이에 사헌부에서는 이들을 판결하지 말고 모두 보충군에 붙이자고 요청한 것이다. 이러한 요청은 보충군과 사재감을 나누려는 정책에 반하는 것이었다. 그러므로 일상적으로는 대간이 공조를 취하는 것이 보통이었으나, 사간원에서 사헌부의 제안에 대하여 반대하였다. 그러나 태종은 양천불명자를 보충군에 소속시키도록 명하였다. 이후 신량역천은 모두 보충군에 소속되는 방향으로 정리되었다.37)

그러나 계속 논란이 되었던 것은 양천교혼 소생이었다. 보충군을 만든 처음의 의도가 관원의 비첩소생을 우대하고자 하는 것이었고, 신분제도 점차 정비되면서 관원의 비첩소생과 양인의 비처소생을 나누려는 동향은 오히려 강해지고 있었기에 쉽게 정리되지 못하였다. 이러한 동향은 세조 5년 추쇄도감에서 언급한 다음의 기록에 잘 나타난다.

선덕 7년 7월 초1일 이후에 공사의 비자가 양부에게 시집가는 것을 일체 금지한다. 만약 영을 범하는 자가 있으면 형률에 의거하여 논죄하고, 법을 범하여 낳은 남녀는 아비를 따라 양인이 될 수가 없으며, 각기 관청이나 주인에게 돌려준다. 그 1품 이하의 동반 서반의 流品, 문무과 出身人, 생원, 성중관, 유음자손 가운데 공사의 비자에게 장가들어 첩으로 삼은 사람과 평민으로서 나이 40세가 되도록 아들이 없어서 공사의 비자에게 장가가서 낳은 자녀는 예대로 마땅히 양인으로 삼

---

36) 『태종실록』 권34, 태종 17년 9월 무인.
37) 『세종실록』 권9, 세종 2년 9월 병인.

는다.38)

이에 의하면 이미 선덕 7년(세종 14년) 이후에 양인의 비처소생은 양인
이 될 수 없도록 결정되었다. 더욱이 평민의 경우에는 양천교혼 자체를 금
하였다. 다만 예외적으로 40세 이상으로 아들이 없어서 불가피하게 비첩
을 얻어서 낳은 소생만 양인이 될 수 있다고 규정하고 있다. 따라서 양인
의 비처소생이 보충군에 속하는 것은 제한되었다.

이와 같이 양천 교혼을 금하는 결정은 세종 29년,39) 세조 5년에40) 거듭
천명되었다. 이러한 똑같은 명령이 거듭 천명되는 상황은 세종 14년의 명
이 있음에도 불구하고, 여전히 공사비가 양부에게 시집을 갔고, 그 소생의
처리는 조정에서 문제가 되었기 때문이었다.

양천교혼이 계속되면서 출생한 소생을 보충군에 들이지 않고 신량역천
으로 별도로 관리하는 것은 쉽지 않았다. 그러므로 결국 세조 7년에 이르
면 양인의 비처소생도 보충군으로 포괄된다. 이는 세조 7년 세조가 형조에
명한 다음과 같은 기록에 의해서 확인된다.

> 형조에 전지하기를, 천순 5년 2월 26일 이전에 동반, 서반 및 문무
> 과, 생원, 진사, 성중관, 유음자손이 공사비에게 장가들어 첩으로 삼은
> 자의 자녀로 이미 종량한 자는 다시 속신하지 말게 하고, 공사비가 양
> 인인 지아비에게 시집가서 낳은 자녀로서 이미 종량한 자는 보충군에
> 영속하라.41)

이에 의하면 공사비가 양인 남편을 얻는 경우에도 보충군에 속하도록
허용하고 있다. 여전히 양천의 교혼 소생이 생기는 현실을 무시할 수 없었

---

38) 『세조실록』 권18, 세조 5년 10월 계축.
39) 상동조.
40) 상동조.
41) 『세조실록』 권24, 세조 7년 6월 무술.

기 때문이었다. 그러나 정부에서는 이들이 보충군에 소속되는 것을 허용
하면서도, '영속'이라는 단서를 분명히 하여서 이들이 보충군역을 세전해
야 할 것을 천명하였다. 이로서 영속보충군이 만들어졌다.

양인의 천처소생까지 보충군에 합류하면서 모든 신량역천이 보충군에
소속되었다. 이는 보충군을 만들어 관원의 비첩소생을 우대하였던 처음의
의도와는 배치되는 것이었다. 그러나 이는 외형적인 모습이었고, 보충군은
내부적으로 이원적인 운영을 통해서 초기의 보충군 설치의 의도를 관철하
고 있었다. 즉 보충군을 관원의 비첩소생으로 거관하여 관직에 나아갈 수
있는 '거관보충군'과 보충군에 영속되어서 직역을 세전할 '영속보충군'으로
나누어 운영하고 있었다. 보충군 입속의 문은 넓게 열어 놓았으나, 그 거
관하여 신분을 상승시킬 수 있는 길은 관원의 비첩소생에 한하여 제한하
고 있었다. 이에 대해서는 뒤에 보충군 직역의 세전을 논하면서 자세히 언
급하겠다.

2. 보충군의 법적 지위

다음으로 신량역천과 보충군의 법제적인 지위가 어떠하였는가를 살펴
보자. 신량역천과 보충군의 법적인 지위를 살펴볼 때에 일단 먼저 지적할
수 있는 것은 신량역천과 보충군이 양인과 법적으로 구분되는 집단이었다
는 점이다. 우선 신량역천은 양인과 분명하게 나뉘었다. 이는 태종 9년 의
정부에서 언급한 다음과 같은 지적에서 잘 나타난다.

사재감에 속한 身良人과 소송으로 부당하게 속공된 노비가 많이 도망
하여, 장차 이들이 양인이 되어 조정에 혼잡하게 섞이게 될 것입니다.[42]

---

42) 『태종실록』 권18, 태종 9년 9월 을미.

이에 의하면 '신량인' 즉 신량역천은 양인과 법적으로 구분되는 집단이었다. 그러므로 이들이 구별되지 않고 양인과 섞이는 것은 사회의 질서를 어지럽히는 것으로 간주되었다.

신량역천은 물론 보충군도 양인과 법적으로 나누어진 집단이었다. 세종 19년 다음의 예조에서 언급한 것을 보면 보충군과 양인은 나누어서 호칭되고 있었다.

> 그 壇과 廟를 간수하는 사람은 근처에 거주하는 양인이나 보충군, 공천 중에서 일소마다 각기 2호를 정하고, 부역을 면제하여 항상 간수하여 청소하게 하소서.[43]

이는 예조에서 壇廟의 제도를 만들어 상정하면서 언급한 것으로 보충군이 양인과 별도의 집단으로 언급되고 있다. 이와 같이 보충군이 법적으로 양인과 구분되는 것을 보여주는 자료는 이외에도 다수 있다.[44]

이와 같이 신량역천과 보충군은 양인과는 법적으로 구분되는 집단이었다. 그러나 이들은 양인으로도 호칭되었다. 태종 17년 태종이 언급한 다음의 내용이 이를 잘 보여준다.

> "公私로 訴良하는 자는 시비를 묻지 말고 모두 보충군에 붙이는 법이 대단히 미편하니, 청컨대, 파하소서."하였다. 임금이 말하였다. (중략) 보충군은 모두 良人이다. 양인이 적고 천인이 많은 것이 나라에 무슨 이익이 되는가?[45]

이에 의하면 보충군을 양인으로 호칭하고 있다. 그 맥락을 검토해 보면 양천불명한 이들을 천인에 소속시킬지 혹은 보충군에 소속시킬지를 논하

---

43) 『세종실록』 권76, 세종 19년 3월 계묘.
44) 한 예로 『세조실록』 권30, 세조 9년 1월 임인조를 들 수 있다.
45) 『태종실록』 권34, 태종 17년 10월 무술.

는 자리에서 언급된 것이다. 태종은 양천불명한 자들을 천인으로 삼기보
다 보충군으로 삼는 것이 낫다고 보고 있다. 즉 여기서 양인이라는 지적은
이들이 천인은 아니라는 의미였다. 그러므로 보충군은 천인과 대칭이 되
는 집단을 지칭하는 의미를 가진 양인 즉 광의양인에 속하였다. 그러므로
보충군은 협의양인은 아니었지만, 광의양인에 속하였다.

신량역천과 보충군은 협의양인과 법적으로 구분되는 집단이었으므로
이들은 국가에서 별도로 관리되고 있었다. 먼저 이들이 별도로 관리되고
있는 것은 이들의 籍이 양인과 다른 것을 보아서 알 수 있다. 이들의 적은
보충군안으로 별도 관리되고 있었다. 이는 세종 12년 다음과 같은 한성부
의 지적을 통해서 알 수 있다.

> 한성부에서 아뢰기를, 各色補充軍의 자매와 외손자들은 본시 정한
> 신역이 없으므로, 이미 선덕 4년 5월 20일에 병조에서 수교한 바에 의
> 해 영원히 양인의 신분을 얻게 하여 왔사온데, 이들을 아울러 補充軍
> 案에 등록하는 것은 미편합니다.[46)

이에 의하면 보충군적이 별도로 만들어지고 있었다. 보충군은 양인 신
분과 그 적을 달리해야 하여 보충군안에 등록되고 있었다. 그러므로 보충
군안은 일반 군적과는 달리 호적과 비슷하게 자매와 딸까지도 기록되고
있었고, 실제로 보충군의 호적과 같은 역할을 하고 있었다.[47)

이러한 성격을 가지고 있었기에 세조 11년 호패를 만드는 과정에서도
보충군안을 다음과 같이 특별하게 관리하였다.

> 호패를 다 준 뒤에 공천에 속한 것과 보충군인 등은 만일 구별하여
> 두는 것이 없으면 반드시 遺漏를 가져올 것이니, 청컨대 分臺敬差官으

---

46) 『세종실록』 권49, 세종 12년 9월 계묘.
47) 『세종실록』 권50, 세종 12년 10월 경진.

로 하여금 두 건을 성안하여 한 건을 그 읍에 간직하고, 公賤案 한 건은 도관에 보내고 補充軍案 한 건은 병조에 보내어 뒷날 상고에 빙거하소서.48)

이는 호패를 만드는 과정에서 보충군안과 공천안이 양적과는 별도로 특별히 관리되고 있음을 보여준다. 특히 보충군안과 공천안이 같이 거론되고 있는 것은 보충군의 지위가 공천에서 멀지 않는 것을 짐작케 한다. 이와 같은 추측은 세종 4년에 다음 형조의 언급에 의해서 확인된다.

各色補充軍들이 당초 정속할 때에 누락되어 形止案에 들지 아니하고 閑役에 있는 자는, 그 전에 역사하던 본주에게 돌려주고, 여러 양반의 비첩이 낳은 자손으로 일정한 기한 안에 현신하지 아니하고 뒤에 발견된 자는, 전에 내린 교지에 의하여 관정의 소속으로 하소서.49)

이에 의하면 보충군이 형지안에 기록되고 있음을 알 수 있다. 문맥상 여기의 형지안은 보충군안을 의미하는 것이었다. 통상 형지안은 양인들이 기록되어 있는 양적과는 달리 노비들의 문적을 지칭하는 것으로 앞에서 언급한 공천안과 같은 의미였다.50) 이와 같은 호칭은 보충군안이 양적과는 차이가 있고, 노비안과는 거리가 멀지 않게 인식되고 있었음을 보여준다. 그러므로 보충군은 양인에 비해 차대를 받는 지위에 있음을 알 수 있다.

이들이 양인과 달리 관리되고 있었던 것은 이들이 지니는 호패 양식에서도 잘 나타난다. 세조 9년 호패를 만들면서 다음과 같이 보충군은 별도의 형식에 의해서 호패를 만들었다.

보충군에서 거관한 妾子는 某子 某年甲 本貫 形貌를 쓰고, 未去官

---

48) 『세조실록』 권37, 세조 11년 10월 임오.
49) 『세종실록』 권16, 세종 4년 6월 무신.
50) 『세종실록』 권49, 세종 12년 8월 경인.

人은 某婢妾子 某年甲 形貌를 쓸 것이다.51)

이는 호패사목에 나타난 것으로, 보충군은 거관한 경우와 거관하지 못한 경우의 호패 양식이 달랐다. 보충군이 거관한 경우는 그 형식이 양인과 같았다. 보충군이 거관하여 관직에 나아가면 이들은 이미 영구 양인이 되었으므로 이들의 호패가 양인과 다를 이유가 없었다. 그러나 거관을 못한 이들은 '某婢妾子'로 표현하여 이들이 양인과는 다름을 분명하게 표시하고 있다. 특히 보충군 중에서 거관보충군의 경우 장차 보충군을 거관하여 영구 양인이 될 수 있는 조건을 가지고 있었지만, 적어도 보충군에 속하여 있는 동안은 비첩자로 그 지위를 분명하게 명시하여 차대하고 있었다. 이 역시 보충군의 지위가 양인에 비해 법적으로 차대 받는 지위에 있음을 잘 보여준다.

이와 같이 신량역천과 보충군은 양인과 다른 집단이었고, 양인에 비하여 차대를 받는 지위에 있었다. 이들이 차대 받는 지위에 있는 것을 포괄적으로 보여주는 것이 세종 12년 세종의 다음과 같은 언급이다.

내가 들으니 良人으로서도 문적이 없는 자가 상당히 많다 하니, 그 양인으로서의 계보가 분명하지 않은 자는 보충군에 예속하는 것이 옳고, 계보에는 흠이 없는데 다만 문적이 없다하여 (보충군에) 예속하는 것은 옳지 않다. 이 사람은 본시 양인인데 다만 소청을 당하여 억울하게 양인의 자격을 빼앗긴 것뿐이다. 이 문제에 대하여 토의하여 올리라.52)

이 내용에서 세종은 문적이 없다고 하여 계보에 문제가 없는 양인을 보충군에 올리는 것은 부당하다고 지적하고 있다. 이에 의하면 양인이 보충군이 되는 것은 '양인의 자격을 빼앗기'는 억울한 일이었다. 이는 보충군의

---

51) 『세조실록』 권30, 세조 9년 1월 임인.
52) 『세종실록』 권50, 세종 12년 11월 을묘.

포괄적인 지위가 양인에 비하여 차대 받는 지위임을 분명하게 보여준다.

구체적으로 신량역천과 보충군이 받는 차대는 이들이 관직을 가질 수 없다는 것으로 잘 나타난다. 태종 15년 대사헌 이은은 다음과 같이 신량역천이 관직을 가지지 못함을 지적하고 있다.

> 개국한 이래로 태조는 윗 항의 소생들을 영원히 良으로 만들어 주고, 本孫으로 하여금 강제로 명령하여 사용하지 못하게 하였으니, 은혜가 지극히 두터웠습니다. 그러나 오히려 그들이 조정의 반열에 섞일 것을 염려하여 사재감의 수군에 정속시키도록 『육전』에 실려 있어 성헌이 되었습니다.[53]

여기서 이은은 신량역천을 사재감에 배속시킨 이유로 '조정의 반열에 섞일 것을 염려'한 조치라고 밝히고 있다. 즉 신량역천은 관직을 가질 수 없는 지위에 있었기 때문이다.

이러한 사정은 신량역천이 보충군에 배속된 이후에도 같았다. 이미 앞에서 검토한 바와 같이 보충군이 관직에 나아가기 위해서는 우선 '영구 양인'이 되어야 하였다. 이는 보충군이 관직을 가질 수 없음을 잘 보여준다. 그러므로 세종 10년 보충군에게 관직을 부여하는 논의가 있자, 사간원에서는 보충군에게 관직의 제수한 사례가 없다고 반대하였다.[54] 이는 보충군이 먼저 양인이 되지 않고는 관직을 가지지 못하였음을 거듭 확인해준다.

신량역천과 보충군은 형법상으로도 양인에 비하여 차대를 받았다. 이는 신량역천과 보충군의 진고법을 통해서 잘 나타난다. 신량역천에 대한 진고법은 태종 6년에 의정부에서 다음과 같이 제안하면서 시행되었다.

> 의정부에서 속공된 노비를 진고하는 법을 올리니 그대로 따르다. 양

---

53) 『태종실록』 권29, 태종 15년 4월 경진.
54) 『세종실록』 권42, 세종 10년 10월 병신.

인과 천인임을 분변할 수 없는 자와 비첩의 소생은, 모두 천인을 면하고 身良이 되도록 허락하여, 사재감 수군에 붙였습니다. 그런데 완악한 무리들이 성상의 덕을 몸받지 아니하고, 오히려 부족하게 여겨 도망쳐 숨어서 役을 피하는 자가 매우 많으니 장차 이름을 훔쳐 양반과 섞이는 폐단이 있을 것입니다. 원하건대, 오는 10월 초 1일을 기한으로 하여 그 전에 현신하지 아니하는 자는, 전에 相訟하던 자와 본주인의 친족에게 陳告하도록 허락하여 아울러 從賤하도록 하되, 반은 진고한 자에게 주고 반은 屬公시킬 것입니다.[55]

의정부에서는 신량역천으로 사재감의 역을 지지 않고 도망간 이들이 있음을 지적하면서, 이에 대한 대책으로 이들을 진고하게 하고, 진고를 당한 신량역천은 '從賤'시킬 것을 제안하였다. 이와 같은 처리 방식은 신량역천의 지위가 양인과 분명히 다름을 보여준다. 양인이 역을 하지 않는다고 하여 색출하여 노비로 삼은 예는 없었다. 그러므로 신량역천의 지위는 협의 양인과는 달랐고, 오히려 천인에 가까웠다고 보는 것이 타당하다.

태종 9년의 기록에 의하면 신량역천의 진고법을 실시하는 이유를 설명하면서 실시하지 않으면 "장차 이들이 良人이 되어 조정에 혼잡하게 섞이게 될 것이다."[56]라고 언급하고 있다. 그러므로 신량역천은 양인이 아니었고, 이들이 역에서 도망쳐서 양인과 같이 행사하는 것은 기존 질서를 파괴하는 것이었으므로, 이들을 찾아내어서 노비로 삼는 것은 당연하다고 보았다.

보충군의 경우에도 진고법은 시행되었다. 이는 세종 2년 형조에서 제시한 다음의 언급에 잘 나타난다.

干이니 尺이니 하여, 보충군에 붙였다가 뒤에 병역을 회피한 자는, 이미 각기 소속된 관청의 노비로 영구히 매이게 하였으며, 사삿집의

55) 『태종실록』 권11, 태종 6년 6월 갑자.
56) 『태종실록』 권18, 태종 9년 9월 을미.

노비로서 보충군에 붙였다가 뒤에 병역을 회피한 자는, 그 本孫으로 하여금 자진 신고하게 하소서. 이제부터 관청의 노비로서 보충군에 붙였다가 뒤에 도망하여 빠져서 병역을 회피한 자는, 위의 규례에 의하여 영구히 그 관청에 예속하게 하소서.[57]

이 자료에 의하면 보충군이 역을 도피하였다가 잡히는 경우에 노비가 되는 벌을 받는 것을 알 수 있다. 이러한 처벌은 보충군의 법제적인 지위가 협의양인에 비해서 차대 받는 것이었음을 잘 보여준다.

이와 같은 보충군의 형법상 지위가 취약한 것은 당시에도 논란거리가 되었다. 세종 2년 좌의정 박은은 다음과 같이 이러한 문제점을 지적하였다.

대개 이 보충군이란 것이 이미 양인이 되었으니, 비록 그 남정으로서 마땅히 軍으로 세운 자는, 죄가 大逆이 아니면 참으로 천인이 될 이치가 없는 것인데, 하물며 부녀로서 立軍에 해당하지 못할 자까지 도피하였다는 죄로 천인이 되게 한다면, 한 사람의 자손으로서 하나는 양인이 되고, 하나는 천인이 되게 될 것입니다.[58]

박은은 양인의 경우 대역의 죄가 아니면 천인이 될 수 없는 것을 지적하면서, 역을 벗어난 보충군을 추쇄하여서 천인으로 삼는 것은 적절하지 못하였다고 지적하였다. 이러한 문제의 제기는 보충군을 협의양인으로 보는 경우는 정당하였으나, 이들은 협의양인이 아니었으므로 수용되지 않았다. 이후에도 여전히 보충군을 이탈하여 진고된 이들은 노비로 삼았다. 심지어 당시의 관원들은 진고된 보충군은 물론 이미 영구 양인으로 간주되던 보충군의 자매까지도 같이 연루시켜서 처벌하여 천인으로 삼아야 한다고 주장하였다.[59]

---

57) 『세종실록』 권7, 세종 2년 3월 정해.
58) 『세종실록』 권9, 세종 2년 9월 병인.
59) 『세종실록』 권12, 세종 3년 7월 정해.

세종 14년에는 보충군이 전주인과 싸우면 다시 노비로 삼은 규정도 만들었다. 이는 형조의 다음과 같은 지적에 잘 나타난다.

> 보충군인 수정이 일찍이 본주인인 반윤의 집에서 역사를 하였는데, 지금 이미 몸을 贖하게 되매, 반윤을 길가는 사람처럼 대하고, 손으로 잡고 서로 싸우기까지 하니 도리에 어긋남이 매우 심합니다. 윗사람을 능멸하는 기풍이 더 자라도록 두어서는 아니 될 것이오니, 수정에게 장 1백 대에, 유 3천 리를 贖으로 바치게 하고, 본 주인으로 하여금 도로 잡아다 역사하게 하고, 지금부터는 속신한 노비로서 본주인과 욕하고 서로 싸운 사람은 위의 항목의 예에 의거하여 논죄하고, 그 주인에게 돌려주어 역사하게 하소서.[60]

관원들은 보충군 수정이 본 주인이었던 반윤과 싸웠다고 수정을 다시 노비로 삼도록 하였고, 또한 이와 같은 판례를 규정으로 삼아서 앞으로도 이러한 사례가 있으며 같이 처리하도록 결정하고 있다. 본주인 반윤은 특별한 직위에 있는 인물이 아니었다. 이러한 조치는 보충군과 본주인의 관계에서 기인한 처리였다. 이러한 처리는 종이 주인과 다투는 경우에 처리하는 방식과 별반 다르지 않는 것으로 보충군이 가지는 형법상의 지위는 노비에 가까움을 잘 보여준다.

이러한 상황을 종합할 때에 신량역천과 보충군의 법적인 지위가 양인에 비하여 차대를 받는 것이었음을 잘 알 수 있다.

형조에서는 관원들의 의견을 수렴하여 진고된 보충군의 자매까지 천인으로 삼고자 하였다. 그러나 세종은 보충군 자매는 천인으로 삼지 말 것을 명하였다.
60) 『세종실록』 권57, 세종 14년 8월 기해.

3. 보충군 직역의 세전 및 면역

1) 직역의 세전

이상의 검토를 통해서 신량역천과 보충군이 양인에 비하여 법적으로 차대를 받는 지위에 있음을 알 수 있다. 다음으로 신량역천과 보충군이 이러한 차대를 받는 지위를 세전하고 있는가, 또한 어떻게 이들이 이러한 지위를 벗어날 수 있었는가의 문제를 검토하고자 한다. 먼저 이들이 직역을 세전하고 있었는가를 검토해보자.

신량역천의 경우 직역의 세전을 직접적으로 언급하고 있는 자료는 찾기 힘들다. 이는 신량역천은 만들어진 후 10여 년 뒤에 보충군에 소속되면서 신량역천의 세전이 분명하게 부각될 만큼 길게 운영되지 않았기 때문이다. 그러나 간접적으로 사재감에 속한 신량역천이 그 직역을 세전하였다는 것을 보여주는 자료는 다수 있다. 그 한 예로 신량역천이 사재감의 직역을 이탈했을 때에 이들을 추쇄하여서 다시 사재감에 환속하는 조치를 들 수 있다. 이는 태종 13년 의정부에서 올린 다음과 같은 언급으로 알 수 있다.

> 身良水軍을 사재감에 還屬시켰다. 의정부에서 형조도관의 정문에 의거하여 아뢰었다. 일찍이 교지를 받은 가운데에, "신량 수군으로서 陳告하는 자는 돈으로 상을 주고, 그 수군은 사재감에 환속시킨다."고 하였으나, 관리가 '還屬'이라는 두 자의 뜻을 해석하지 못하여 능히 거행하지 못합니다. (중략) 수군은 아울러 모두 추쇄하여 사재감에 환속시키고 진고한 자는 돈으로 상을 주소서.61)

이에 의하면 진고된 신량역천은 다시 사재감에 환속시켰다. 이러한 조치에 대하여 관리들이 쉽게 동의하지 못하고 환속의 뜻이 무엇인가라는

---

61) 『태종실록』 권26, 태종 13년 11월 기해.

의문을 제기하고 있었다. 진고된 자들을 '從賤'하도록 결정하고도, 별다른 조치 없이 다시 사재감에 환속하도록 명하는 것에 대하여 관원들이 이해할 수 없었던 것이다. 이에 의정부에서는 환속의 의미를 진고된 신량수군을 다시 사재감에 소속시키는 것으로 분명하게 정리하였다.

이는 정부가 신량역천을 사재감에 다시 소속시키는 것을 '종천'시키는 것과 같은 조치, 즉 신분적 조치로 이해하고 있음을 보여준다. 그러므로 이 조치는 사재감에 속한 신량역천의 지위가 이미 '종천'에 접근한 수준이었음을 보여주며, 또한 신량역천이 사재감에 소속되는 것이 일시적인 것이 아니라 영속되는 것이었음을 보여준다. 즉 신량역천은 사재감에 속하여 그 지위를 세전하고 있었다.

보충군의 경우 직역을 세전하는 것은 여러 자료를 통해서 알 수 있다. 우선 보충군이 공사비와 결혼하여 낳은 소생을 보충군역에 정속시키는 것으로 보아서도 짐작할 수 있다. 이는 세종 11년 형조에서 올린 다음의 내용을 통해서 확인 할 수 있다.

> 公私婢가 보충군에게 시집가서 낳은 자식은 前朝에서 判定百姓의 예에 의거하여 시행하고, 鹽干, 牧子, 驛吏에게 시집가서 낳은 자식은 그대로 역자로 삼는다는 예에 의거하여 각기 그 아버지의 부역하는 곳에 정속시킬 것입니다.[62]

이에 의하면 보충군은 염간, 목자, 역리의 예에 의해서 그 아들에게 아버지의 역을 잇도록 하고 있다. 이러한 예는 보충군이 염간등과 비슷한 처지에 있는 것을 전제로 한 조치였다. 염간 등은 이전 연구에서 밝혀진 것처럼 양인과 별도의 신분으로 직역을 세전하고 있었다.[63] 그러므로 보충군 역시 이들과 같이 직역을 세전하는 집단으로 보는 것이 타당할 것이다.

---

62)『세종실록』권44, 세종 11년 6월 병술.
63) 최이돈「조선 초기 협의의 양인의 용례와 신분」『역사와 현실』71, 2009.

보충군 직역의 세전은 직접적인 언급을 통해서도 확인된다. 영속보충군
의 존재가 그것이다. 다음 세조 7년의 자료는 이를 명확하게 보여준다.

천순 5년 2월 26일 이전에 동반, 서반, 및 문무과, 생원, 진사, 성중
관, 유음자손이 공사비에게 장가들어 첩으로 삼은 자의 자녀로 이미
종량한 자는 다시 속신하지 말게 하고, 공사비가 양인인 지아비에게
시집가서 낳은 자녀로서 이미 종량한 자는 보충군에 영속되게 하라.[64]

위의 자료에 의하면 관원 천첩의 자녀를 제외한 양인이 천처와 결혼하
여 낳은 소생은 보충군에 '영속'시키고 있다. 보충군에 영속시킨다는 의미
는 이들이 보충군을 벗어나지 못하고 그 직역을 세전하는 영속보충군이
된다는 것이었다. 여기서는 양인의 천처소생만을 영속보충군으로 거론하
고 있지만, 이는 이들의 보충군 소속여부가 거론되면서 이렇게 표현된 것
이었고, 여기서 대칭적으로 언급된 관원의 비첩소생의 보충군 즉 거관보
충군이 아닌 이들은 모두 영속보충군이었다고 볼 수 있다.

거관보충군의 경우에도 이들이 거관하여 관원으로 진출하기 전에는 보
충군의 직역을 세전할 수밖에 없었다. 이는 세조 12년 보충군 경중의 경우
를 기록한 다음의 내용을 통해서 짐작할 수 있다.

신의 조부 檢校政丞 慶補가 자기의 여종을 취하여 첩으로 삼아 아
비 慶大衆을 낳고 죽었습니다. 그 후 갑오년에 국가에서 각 품관의 賤
妾의 자손을 상세히 심리하여 모두 보충군에 속하게 하니, 신의 아비
도 또한 거주하는 성주의 補充案에 녹명이 되어 병조에 역사했는데 거
관하지 못하고서 죽었습니다. 신이 또 역을 계승하여 지금 임기가 차
서 응당 거관해야 하는데도 병조에서는 신의 아비가 본시 決屬된 立案
이 없다고 하여 이를 방지했습니다. 비록 결속된 입안은 없지만 부자
가 역을 계승한 지가 이미 40여 년이나 되었는데도 거관하지 못하니,

64) 『세조실록』 권23, 세조 7년 6월 무술.

원통하고 민망함을 견딜 수가 없습니다.65)

이에 의하면 경중의 아버지 경대중은 품관의 천첩소생으로 거관보충군
이었다. 그러므로 일정기간 역을 수행하면 거관할 수 있었으나, 경대중은
거관하지 못하고 죽었다. 이에 그의 아들인 경중은 직역을 세전하여 보충
군에 들어갈 수밖에 없었다. 경중 역시 보충군에 편입되어 이 자료가 거론
되는 세조 12년까지 이미 40여 년을 역을 지고 있었으나 아직 보충군을
거관하지 못하였다.

이러한 상황은 관원의 비첩소생으로 거관보충군이더라도 거관하지 못
하면 그 소생은 직역을 세전할 수밖에 없었음을 보여준다. 즉 거관보충군
도 아직 보충군에 속해있는 시기에는 영속보충군과 같이 직역을 세전하였
다. 그러므로 이미 앞에서 살핀 바와 같이 호패를 만들면서 거관하지 못한
이들의 호패에 분명하게 천첩의 소생임을 명시하고 있었다.

신량역천과 보충군은 남계로서 그 직역의 세전하였으나, 그 여계는 그
직역을 세전하지 않는 것이 원칙이었다. 그러나 이는 다소의 변동과정이
있었다. 이미 태조는 신량역천의 여계에 대해서는 그 직역을 세전하지 못
하도록 다음과 같이 결정하였다.

이제부터는 良籍이 분명하지 못한 자는 외방 각 고을에 소속시키지
말고, 경중 각사의 사령과 城門 院館의 파직 같은 것에 정속시키도록
허락하라. 특별히 보기 드문 공을 세운 자가 있으면 마땅히 벼슬과 상
을 주고, 그 딸자식과 외손은 영구히 양인이 되게 하라.66)

이에 의하면 신량역천의 딸과 여손은 영구히 양인이 되어서 그 직역을
면하였다. 그러나 이는 태종 14년 관원의 비첩소생이 관직을 가지도록 결

---

65) 『세조실록』 권39, 세조 12년 9월 을유.
66) 『태조실록』 권13, 태조 7년 4월 경진.

정되면서 신량역천 여계의 지위는 변동이 있었다. 이는 태종 14년 다음과 같은 언급에 잘 나타나 있다.

　　"정축년 이후에 양인인지 천인인지 文契가 분명하지 않아 수군에 충당된 여손 외에 자기 비첩소생을 사재감에 붙인 자의 여손은 길이 수군을 면하게 하라."[67]

　여기서 비첩소생의 여손과 양천불명자의 여손을 구분하여서 언급하고 있다. 즉 비첩소생의 여계는 그 직역을 면하는 것으로 결정하였으나, 그 외의 여손들은 그 직역을 담당하도록 즉 직역을 세전하도록 결정하였다. 이러한 조치는 관원 비첩소생의 지위를 여타의 신량역천과 구분하면서 취해진 것으로, 양천불명인 신량역천의 여손은 역을 세전해야 하였다. 그러나 이러한 차대는 양천불명자도 보충군에 참여하게 되면서 해소되었다.[68]

　이후 보충군의 딸과 여손은 영구히 양인이 되어 보충군에서 면역되었다. 그러나 이들이 직역의 세전을 면하는 경우에도 양인과 완전하게 동등한 대우를 받는 것은 아니었다. 보충군의 딸이라는 조건이 이들을 따라다녔다. 이는 세종 16년 공신도감에 내린 세종의 다음과 같은 명으로 알 수 있다.

　　공신의 적장자로서 적실에 자식이 없고 양첩에 자식이 있는 경우, 그 양첩의 자식을 충의위에 속하도록 하되, 그 중에서 工商의 딸, 恋女, 보충군의 딸, 역리의 딸이 낳은 자식은 그때에 임하여 전지를 받아

---

67) 『태종실록』 권27, 태종 14년 1월 기묘.
　　이 번역은 본문과 차이가 있다. 본문의 내용의 원문은 "丁丑年已後, 於良於賤, 文契不明, 充水軍女孫外, 自己婢妾所生, 屬司宰監者女孫, 永玄水軍"이라고 되어 있으나, '永玄水軍'이라는 구절은 해석이 되지 않는다. 그러므로 전체의 문맥을 고려하여 이를 永免水軍으로 해석하는 것이 적절하다고 보았다.
68) 『세종실록』 권49, 세종 12년 9월 계묘.

서 시행함을 영구한 항식으로 삼으라.69)

이 내용에 의하면 보충군의 딸은 협의양인과는 다른 대우를 받고 있었다. 양녀가 공신의 첩이 되어 낳은 소생은 충의위에 속할 수 있었으나, 보충군의 딸이 공신의 첩이 되어 낳은 소생은 차대를 받고 있었다. 이미 보충군의 딸의 경우는 이미 영구히 양인이 되었으나 법적으로 여전히 차대를 받았음을 보여준다.

이상과 같이 신량역천과 보충군이 협의양인에 비하여 차대를 받는 법제적 지위를 세전하고 있었다. 이는 신량역천과 보충군의 신분이 광의양인이었으나, 협의양인에는 속하지 않는 별도의 신분이었음을 보여준다.

보충군이 양인 내에 별도의 신분이라는 것은 논증되었으나, 보충군이 조선 초기의 신분체계에서 점하는 위치는 어떠하였을까? 이를 밝히는 것은 쉽지 않은 과제이다. 그러나 다음의 세종 16년 예조 좌참판 권도가 언급한 다음의 내용을 보면 보충군이 전체의 신분에서 점하는 지위를 짐작할 수 있다.

오늘날 양민이라 부르는 자는 등급이 하나가 아니옵니다. 비록 衣冠 閥閱의 후손이 아니라 하더라도 上下內外의 구별이 있는 자가 있고, 상하내외의 구별이 없이 대대로 평민인 자가 있으며, 몸은 천하지 아니하되 천민과 다름이 없는 자가 있으니, 驛吏 補充軍 같은 자들까지도 통틀어 양민이라고 하옵니다. 우리나라에서 族屬을 밝게 구별하는 습속이 생긴 지 오래었으니, 衣冠 閥閱之家에서 모제의 아들을 버리고 서자를 종손으로 세움은, 비록 상하가 있고 내외를 구별하는 자의 아들이라 하더라도 오히려 불가하게 여기옵는데, 하물며 천민과 다름이 없는 자의 아들을 덮어 놓고 良人이라 하여 세우게 되면, 그를 종손으로 여겨 공경함을 즐겨 하겠나이까.70)

---

69) 『세종실록』 권64, 세종 16년 4월 기사.
70) 『세종실록』 권64, 세종 16년 4월 계해.

다소 길지만 이 내용은 조선초기의 신분질서를 체계적으로 언급한 매우 소중한 자료이다. 이 내용은 사족이 후사로 종손을 세울 때에 양첩의 자식만 있을 경우에 양첩의 자식으로 종손을 세울 것인가 아니면 형제의 아들로 종손을 세울 것인가를 논의한 것이었다. 이 내용을 언급한 권도는 예조를 대변해서 '족속'을 구별하기 위해서, 양첩의 자식보다는 형제의 아들로 후사를 세워야 한다고 주장을 하고 있다. 권도는 이러한 주장을 하면서 혈통의 차를 고려하여 몇 개의 신분집단을 나누고 있다.

권도는 신분을 일차적으로 크게 세 집단으로 나누고 있다. ① 의관 벌열, ② 양인, ③ 천인으로 구분하고 있다. 여기의 의관 벌열은 앞뒤의 기록을 참조하면 사족을 지칭하는 것이었다.[71] 그러므로 권도는 당시의 신분을 일차적으로 사족, 양인, 천인으로 나누고 있음을 알 수 있다. 또한 권도는 양인을 다시 셋으로 나누고 있다. 이는 ① 상하내외의 구별이 있는 자, ② 세세로 평민인 자, ③ 역리나 보충군과 같은 자 등이다. 여기서 세 집단을 호칭하는 용어가 다소 선명하지 못한데, 지금까지 검토해 온 바와 그간의 연구를 고려하여 이를 다음과 같이 정리할 수 있다.

먼저 역리, 보충군이 양인 내의 별도의 집단으로 분류되고 있다. 여기서 역리와 보충군을 '몸은 천하지 아니하되 천민과 다름이 없는 자'로 표현하고 있는데, 이러한 표현 방식은 신량역천을 다르게 표현한 것에 불과하였

今之稱良者, 等級非一, 有雖非衣冠閥閱之裔, 而有上下內外之別者, 有雖無上下內外之別, 而世爲平民者, 有身非賤而與賤不異者, 至若驛吏補充軍, 亦通謂之良.

71) 이 자료를 해석하면서 의관 벌열까지 양신분에 해당하는 것으로 보는 연구자도 있다. 이 주장에 의하면 의관 벌열도 양첩이 될 수 있다는 주장이 된다. 이는 인용문의 문맥상의 의미에서 보거나, 사족은 양첩이 될 수 없었던 당시의 현실에서 보아서 적절한 해석으로 보기 어렵다.
당시 사족을 첩으로 삼는 것은 법에 의해서 금하고 있었고(『성종실록』권141, 성종 13년 5월 경오), 또한 사족이 첩이 될 수 없었으므로 처첩의 분정에서 분정의 대상이 되는 여자가 사족인가 여하를 따지는 것이 처첩을 구별하는 관행이었다(최이돈「조선전기 현관과 사족」『역사학보』184, 2004).

다. 즉 역리와 보충군을 신량역천의 한 부류로 파악하고 있다. 보충군의 경우는 이상의 검토를 통해서 밝혔듯이 협의양인과는 별도의 신분이었다. 역리 역시 이미 기왕의 연구에서 협의양인과 다른 신분이라고 밝혀져 있다.[72] 그러므로 역리 보충군을 양인내의 별도 신분으로 보고 있음을 알 수 있다.

이렇게 볼 때 역리 보충군과 대비되는 '세세로 평민인 자'의 의미도 분명해진다. 이는 本系가 평민이라는 의미로 세종 초반에 자주 언급되었던 '本系常人'[73])과 같은 의미로 이해된다. 이는 구체적으로 앞에서 검토한 보충군과 대칭적으로 나타나는 협의양인을 지칭한다고 볼 수 있다. 그러므로 권도는 양인 내의 협의양인과 보충군, 역리 등이 별도의 신분으로 나뉘고 있음을 보여주고 있다.

양인 중에서 '상하내외 구별이 있는 자'는 그 표현이 다소 모호하다. 상하내외라는 의미는 추상적으로는 禮의 질서와 연결시켜 예의를 갖추고 있는 집단으로 볼 수 있고, 또한 신분직역과 연결시켜 상하 구분이 있는 관직을 가진 집단으로 이해할 수도 있다. 신분제와 연관시킬 때 이 집단이 가지는 관직에 관심이 가는데, 이 집단이 가지는 관직의 범주는 이와 비교되는 상하의 집단과 비교하면 그 윤곽이 드러난다. 아래 집단인 협의양인은 대부분 관직이 없는 서민이었으나, 본계상인의 사례에서 볼 때 기본적

---

72) 최이돈 「조선 초기 협의의 양인의 용례와 신분」 『역사와 현실』 71, 2009.

73) 본계상인이라는(『세종실록』 권44, 세종 11년 5월 갑술) 용어는 이미 연구자들에 의해서 주목된 용어이다. 이 용어는 세종대 초에만 나타나는 특이한 용어로 조선의 신분제의 형성과정을 상징적으로 보여주고 있다. 즉 태종대에서 세종대에 걸쳐 사족과 양인이 신분으로 구분되면서 관직체계도 이에 상응한 변화를 보이면서 사족직과 비사족직을 나누는 변화가 진행되었다. 세종대 초반은 이러한 변화가 진행되고 있는 와중이었는데, 이러한 상황에서 보다 명확하게 신분으로서의 양인을 표현하고자 하는 의도에서 '본계상인'이라는 혈통을 분명히 하는 용어가 사용되었다. 그러나 이미 세종대 후반에 이르면 사족과 양인이 확연하게 구분되었으므로 이와 같은 용어의 사용은 불필요하게 되었다.

으로 비유품직은 가질 수 있는 집단이었다.[74] 위의 집단인 사족은 사족직
을 가지는 집단이었다. 그러므로 이 집단에 상응하는 관직은 비유품직이
나 사족직이 아닌 관직으로 압축된다. 이러한 관직은 유품직이면서 잡직
인 기술직이 대표적인 것이었다.

그러므로 권도는 기술직을 가진 관원집단을 협의양인과 구분되는 별도
의 신분집단으로 보고 있었다. 이와 같은 인식은 태종대부터 형성되기 시
작한 신분제의 변화와 연결하여 설명해 볼 수 있다. 즉 태종대부터 조선의
신분질서가 정리되면서 서얼 신분이 형성되기 시작하였고 그에 대칭되는
사족신분도 그 윤곽이 분명해져가고 있었으며, 서얼이 기술직에 진입하면
서 기술직이 잡직으로 인식되어 기술직과 사족직의 분화가 일어나고 있었
다.[75] 그러므로 위의 내용을 이러한 변화와 연결지어 볼 때 권도가 지적하
는 '상하내외 구별이 있는 자'로 구분되는 집단은 서얼과 기술직이 중심이
되는 집단을 지칭하는 것으로 이해할 수 있다.

권도가 서얼, 기술직의 집단을 협의양인과 나누어서 파악하고 있는 것은
매우 흥미롭다. 이는 기존의 연구에서 조선 후기에 이르러서야 형성된다고
지적되고 있는 중인신분이 이미 이 시기에서부터 '중인'이라는 용어와는 관
계없이, 사족은 물론 협의양인과 구분되는 별도의 신분으로 인식되고 있음
을 보여준다. 다만, 권도가 이들의 서얼, 기술직으로 분명하게 언급하지 않
고 '상하내외 구별이 있는 자'라고 표현한 것은 다소 애매하다. 그러나 이러
한 애매한 표현을 사용한 이유는 이러한 언급이 된 세종 16년에는 기술직
이 사족직으로부터 확연하게 분리되지 않고, 분리가 진행 중이었던 상황이

---

74) 이 부분은 본계상인에 대한 논의를 통해서 세종 초에 분명하게 정리되었다(『세종
  실록』권49, 세종 12년 9월 을사).
75) 최이돈 「조선 초기 잡직의 형성과 그 변화」『역사와 현실』58, 2005.
  세조 12년 양성지는 사대부를 門蔭士大夫, 雜職士大夫로 나누고 이를 平民과
  대비시키고 있는데, 이 역시 사족직과 잡직을 나누어 호칭하는 한 방법이었다(『세
  조실록』권40, 세조 12년 11월 경오).

었음을 감안하면 이해할 수 있겠다. 세종 말기 이후에는 이들은 잡직을 가지는 집단으로 사족직을 가지는 사족과 확연하게 분리되었다.[76]

이상으로 볼 때에 권도는 조선 초기의 신분제가 크게 사족, 양인, 천인의 세 신분으로 구성되고 있고, 양인 내에도 별도의 신분이 존재하여 역시 세 신분으로 나뉘고 있음을 언급하고 있다. 이와 같은 권도가 제시한 조선 초기의 신분체계는 최근 연구와 비교할 때 충분히 설득력이 있는 것으로 이해된다. 이와 같은 조선 초기의 신분질서에서 볼 때에, 보충군의 신분적 지위는 사족, 양인, 천인 중에서 양인에 속하였고, 양인 내에서는 세 신분 중 하단에 위치한 신분이었다.

2) 직역의 면역

이상으로 신량역천과 보충군이 그 직역을 세전하는 별도의 신분인 것은 살펴보았다. 신량역천과 보충군이 이러한 직역을 벗어나 신분상승을 할 수 있었을까? 신량역천의 경우는 그러한 사례를 찾을 수 없다. 신량역천이 만들어진지 얼마 되지 않고 보충군으로 전환되었기 때문이었다. 보충군의 경우에는 그 직역을 벗어나 신분을 상승시킨 경우가 많았다. 보충군은 그 혈통에 따라 직역을 세전하는 보충군과 이를 벗어날 수 있는 보충군으로 나뉘고 있었다.

직역을 세전하고 있는 보충군은 보충군에 영속된다는 의미에서 '영속보충군'이라 명명할 수 있었고,[77] 그 대상이 관원의 비첩소생이 아닌 이들을 망라하였으므로 '잡색보충군'으로도 호칭되었다.[78] 이에 비하여 거관하여 직역에서 벗어나 신분을 상승시킬 수 있는 보충군은 '거관보충군'으로 명

---

76) 최이돈 「조선 초기 잡직의 형성과 그 변화」 『역사와 현실』 58, 2005.
　　최이돈 「조선 초기 서얼의 차대와 신분」 『역사학보』 204, 2009.
77) 『세조실록』 권24, 세조 7년 6월 무술.
78) 『세종실록』 권42, 세종 10년 10월 병신.

명되었고, 그의 대상이 관원의 비첩소생이었으므로 '첩산보충군'으로도 칭할 수 있다.

거관보충군의 호칭에 대해서는 세종 16년의 병조의 다음과 같은 언급을 통해서 확인할 수 있다.

> 『속육전』에 일컫은 거관할 차례를 당한 각 품의 妾產補充軍의 자손은, 곧 윗 항의 去官補充軍이오니, 그 아비의 직품이 비록 부당하였더라도 육전의 祖品을 받아 거관하는 것을 따르게 하옵소서.[79]

이에 따르면 관원의 첩소생인 첩산보충군은 거관보충군으로 명명되고 있음을 확인할 수 있다. 이들은 단지 관원의 비첩소생이라는 이유로 혈통적인 특권을 따라서 거관하여 영구히 양인이 되어 신분을 상승시키고 관직에 나아갈 수 있었다.

거관보충군이 거관하는 기준은 무엇이었을까. 이는 세종 16년 병조의 다음과 같은 언급으로 알 수 있다.

> 이 앞서 各色의 보충군으로 2품 이상의 妾產은 근무한 날수를 계산하지 아니하되, 3품으로부터 7,8품에 이르기까지의 첩산은 그 근무한 날수의 많고 적음을 상고하고, 품급에 따라 서용하였습니다.[80]

이에 의하면 2품 이상의 관원의 비첩소생은 바로 영구 양인이 되었으므로 보충군에 소속될 필요도 없이 관직에 나아가고 있었다. 3품 이하에서 8품에 이르는 비첩소생은 보충군을 거관하여 관직에 임용되었는데, 관직 임용시 고려하는 조건은 두 가지임을 알 수 있다. 이는 보충군에 '근무한 날수'와 '아버지의 직품' 이었다. 그러므로 보충군이 관직에 나아가기 위해

---

79) 『세종실록』 권64, 세종 16년 6월 신미.
80) 상동조.

서는 일정기간의 보충군에 근무하여야 하였고, 또한 아버지가 관원이어야
하였다.

세종 후반에 이르면 거관보충군의 관직진출이 적체되자, 관직에 나가지
못해도 보충군에 10년을 근무하면 거관할 수 있는 길을 마련하였다.[81] 또
한 60세가 되기까지 거관하지 못하는 경우가 있었으므로 60세가 되면 除
役하는 규정도 마련되었다.[82] 이 경우에는 늙어서 역을 감당할 수 없기 때
문에 제역되는 것이었다. 그러나 거관 이전에 제역되는 경우에는 그 직역
을 자손에게 세전하였다.

영속보충군은 거관하여 신분을 벗어날 수 없었다. 특이하게 세종 10년
에는 이들을 한품 거관하는 방안이 논의되기도 하였다.[83] 그러나 이는 쉽
지 않았다. 대표적으로 사간원에서는 다음과 같이 이를 적극 반대하였다.

> 3품 이하의 천첩소생과 雜色補充軍 출신 대부, 대장을 취재하여 한
> 정된 품계에 서용하도록 명하였습니다. (중략) 그러나 잡색보충군 같은
> 것은 품계를 한정하여 벼슬을 주는 법을 일찍이 정하지도 못하였는데,
> 더불어 시험하여 서용하니 그 불가함이 여덟 가지입니다.[84]

이에 의하면 보충군을 거관보충군인 천첩소생과 영속보충군인 잡색보
충군으로 나누어서 언급하고 있다. 이중 관원의 천첩소생은 이미 한품의
관직에 나아갈 수 있었으므로 당연히 쟁점이 되는 것은 잡색보충군의 관
직 임명이었다. 대간은 잡색보충군에게 관직을 허용하는 것은 불가하다고
강하게 주장하였다. 대부분의 관원들이 이에 동의하였으므로 잡색보충군

---

81) 먼저 세종 31년 보충군이 10년을 근무하면 거관하는 규정이 만들어졌다(『세종실록』
   권124, 세종 31년 4월 계해). 이후 문종 즉위년 이는 1,000일로 조정되었다(『문종실
   록』 권5, 문종 즉위년 12월 병자).
82) 『세종실록』 권46, 세종 11년 11월 경오.
83) 『세종실록』 권41, 세종 10년 9월 계유.
84) 『세종실록』 권42, 세종 10년 10월 병신.

의 관직 진출은 불가하였다.[85]

보충군의 관직 임명과 관련하여 검토해야 할 것은 보충군은 일정 시간
이 지나면 대장이나 대부의 직을 맡았다는 점이다.[86] 거관보충군은 물론
영속보충군도 그 입역한 날 수를 기준으로 대부나 대장이 될 수 있었다.
대장과 대부의 직은 관직으로도 인정될 수 있었으므로 이에 대한 검토가
필요하다. 태종 15년 대간은 칭간칭척을 보충군에 소속시키는 것을 반대
하면서 이들이 대장 대부가 될 것을 다음과 같이 염려하였다.

> 병조의 受敎 내에 稱干稱尺이라 하는 자는 모조리 보충군에 소속시
> 키라 하였으나, 干尺이란 것은 前朝의 제도에 役賤身良으로 적에 올려
> 서 역을 정하여 조정의 반열에 통하지 못하게 하였습니다. 지금 만약
> 이들을 보충군에 소속시키게 되면, 서반의 대장과 대부의 직책을 받게
> 되어 그 실마리가 열리게 되니, 실로 미편합니다.[87]

대간들은 보충군이 관원의 비첩소생을 우대하기 위하여 만든 것임을 강
조하면서 칭간칭척을 보충군에 소속시키는 것으로 반대하였다. 특히 간척
을 보충군에 포함시키면 이들에게도 대장 대부의 직을 주어야 하고, 이로
인해서 관직을 주는 '실마리'가 열리지 않을까 염려하였다.[88]

그러나 보충군이 대장 대부가 되는 것과 거관하여 관직을 가지는 것은
별도의 일이었다. 또한 대장 대부가 되는 것 자체는 관직으로 인정되지 않
았다. 보충군만이 아니라 일반 군직의 대장 대부직도 차대를 받고 있었다.

---

85) 이와 같은 요청은 수용되지 않은 것으로 추정된다. 세종 11년의 언급에 의하면
　　여전히 관원 소생 보충군만 관직에 나아갈 수 있었다(『세종실록』 권46, 세종 11
　　년 11월 경오).
86) 『태종실록』 권33, 태종 17년 5월 임진.
87) 『태종실록』 권29, 태종 15년 4월 경진.
88) 이와 같은 대간의 이해는 아직 잡직계의 정리가 되지 않은 상황에서 나올 수 있
　　는 염려였으나, 세종대의 잡직의 논의과정에서 대장 대부의 지위가 잡직계에 준
　　하는 지위로 정리되었다.

이는 세종 18년 세종의 다음과 같은 언급으로 알 수 있다.

> 동반에는 이미 9품을 설치하고 또한 權務의 직임을 두었다. 그러나
> 서반에는 비록 9품이 있긴 하나, 대장 대부는 流外庶人의 직이니, 서
> 반에 제수되는 자는 거의 모두가 8품에 초탁 임명되고 있어 循資之法
> 에 위배된다. 9품을 증설하여 그 폐단을 제거토록 하라.[89]

이에 의하면 대장 대부는 서반의 9품 관직이기는 하였으나, 비유품직으
로 서인이 임명되는 관직으로 정리되고 있다. 따라서 대장 대부는 차대를
받아 관원이 가지는 권리를 가지지 못하였다.[90] 일반 군직의 대장 대부의
지위가 이러한 상황이었으므로[91] 그에 비하여 차대를 받는 보충군의 대장
대부는 당연히 관직으로 인정되지 못하였다.

이상으로 볼 때에 관원의 비첩소생만 직역을 벗어나 신분을 상승시킬
수 있었다. 단지 관원의 자녀라는 이유로 거관보충군이 되어 신분을 상승
시킬 수 있도록 한 것은 거관보충군제가 관원들에게 신분적 성격을 가진
특권을 부여한 것이었다. 다만 초기에는 이러한 특권이 거의 모든 관원에
게 주어졌고, 아직 관직제가 신분제와 연관이 적었으므로 이를 신분적 특
권이라고 칭하기에는 적절치 않았다. 세종 16년의 기록에 의하면 8품 이
상의 모든 관원의 소생이 거관보충군이 될 수 있었다.[92] 그러나 신분제가
정비되면서 관직제도와 신분제가 서로 연동되게 되었고, 이러한 특권을

---

89)『세종실록』권73, 세종 18년 윤6월 계미.
90) 그러한 한 예로 대장 대부는 관원이 가지는 죄를 지었을 때에 왕에게 계문한 후
　　에 죄를 주는 특권을 가지지 못하였다(『세종실록』권44, 세종 11년 5월 갑술).
91) 대장 대부의 지위가 차대를 받는 지위가 된 것은 태종 15년 천첩소생의 관직 진
　　출이후 보충군의 대장 대부직에 대한 관직 부여의 논의가 제기되면서 나타나는
　　현상으로 추정된다. 이렇게 상정하는 것은 태종 11년 녹과를 개정하는 과정에서
　　는 대장 대부에 대한 특별한 차대는 나타나지 않고 있기 때문이다(『태종실록』권
　　21, 태종 11년 5월 병인).
92)『세종실록』권64, 세종 16년 6월 신미.

가지는 관원은 축소되었다. 따라서 거관보충군이 될 수 있는 특권은 신분 제적 특권의 성격을 더해갔다.

거관보충군이 될 수 있는 관원의 범위가 축소되는 과정을 살피면, 먼저 세종 초에는 공상천례 출신 관원들이 이러한 특권을 상실하였다. 이는 세종 11년 형조에서 올린 다음과 같은 제안으로 시작되었다.

천첩 자손 속신법에 添設과 공상천례의 자손을 분별하지 않은 것은 외람하기 짝이 없사오니, 청하건대 이제부터 前朝 3품 이하와 본조의 공상천례 자손의 속신은 한결같이 모두 금지하고, 위항의 공사천인으로 이미 속신한 자도 또한 개정하도록 하소서.[93]

이에 의하면 형조에서는 첨설직 관원과 공상천례 관원의 천첩소생이 속신하지 못하도록 제한하고 있다. 구체적으로 이들이 거관하여 관직에 진출하는 것을 막았다. 이러한 변화는 세종 초반에 나타나는 공상천례 관원들을 유품직에서 몰아내고, 나아가 잡직계 관원으로 그 지위를 한정하는 변화와 같이 진행되었다.[94] 이러한 제안으로 인해서 첨설직 관원과 공상천례 출신의 관원은 그 자녀가 거관보충군이 되어 신분을 상승시킬 수 있는 특권을 가질 수 없었다.

이후 세종 17년에는 고려조의 관원들에게도 부여하던 거관보충군의 특권을 제한하였다. 또한 거관보충군이 받을 관품도 그 祖父가 받는 실직을 기준으로 하여 부여하는 조치가 취해졌다. 이는 병조에서 올린 다음의 기록을 통해서 알 수 있다.

병조에서 아뢰기를, "보충군을 祖父의 관직으로써 관품을 제한하여 거관하는 법은 『속형전』에 기재되었으나, 다만 원전에는 대개 문음으

---

93) 『세종실록』 권46, 세종 11년 12월 을해.
94) 최이돈 「조선 초기 잡직의 형성과 그 변화」 『역사와 현실』 58, 2005.

로 출신한 사람은 모두 본조의 관작을 사용하고, 전조의 관작은 사용하지 않으니, 청컨대, 홍무 25년 7월 이후에 그 조부의 實職을 받은 사람으로서 정하기로 하소서."하니 그대로 따랐다.[95]

이에 의하면 고려조에 받은 관품은 인정하지 않았다. 또한 조선에서 받는 관품도 '실직'이 아닌 경우는 인정하지 않았다. 이러한 변화는 그 기준이 문음제도였다. 즉 문음의 제도가 정비되면서 문음제도의 규정이 그대로 거관보충군의 운영에도 적용되었다. 이미 세종 7년부터 문음의 운영방식이 변화하여 본조의 관작과 실직을 기준으로 하여 운영되었다.[96] 그러므로 거관보충군의 특권을 부여하는 방식도 문음제도와 연동되었다. 당시 문음을 기준으로 사족신분이 형성되고 있었던 것을 감안한다면, 거관보충군의 특권도 결국 사족신분에게 부여되고 있음을 보여준다.

이후 세종 후반 서얼이 기술직에 진출하였으나, 기술직 역시 체아직으로 운영되고 실직이 부여되지 않았으므로, 기술직 관원의 자손은 거관보충군의 대상이 아니었다. 이와 같은 변화에 따라서 정비된 거관보충군의 범위를 세조 7년 형조에서 올린 다음과 같은 내용을 통해서 확인 할 수 있다.

천순 5년 2월 26일 이전에 동반, 서반 및 문무과, 생원, 진사, 성중관, 유음자손이 공사비에게 장가들어 첩으로 삼은 자의 자녀로 이미 종량한 자는 다시 속신하지 말게 하고, 공사비가 양인인 지아비에게 시집가서 낳은 자녀로서 이미 종량한 자는 보충군에 영속되게 하라.[97]

이에 의하면 첩의 자손으로 거관보충군이 될 수 있는 범주가 구체적으로 나열되고 있다. 이를 검토해 보면 문무관과 성중관 등의 관원이 그 범

---

95) 『세종실록』 권69, 세종 17년 7월 갑술.
96) 『세종실록』 권29, 세종 7년 7월 임오.
97) 『세조실록』 권23, 세조 7년 6월 무술.

위에 속하였다. 여기의 문무관에서는 동서반 정직 즉 실직이었으므로 당연히 기술직은 배제되었고,[98] 성중관은 사족이 진출하는 관직이었으므로 이에 해당하였다. 이외에 문무과, 생원, 진사 등 과거의 급제자들이 사족에 준하는 지위를 부여받고 이에 속하였다.[99] 결국 거관보충군 특권의 부여는 사족에 한정하여 부여되면서 기술직 관원은 이에서 탈락하였다.[100]

이상의 검토를 통해서 보충군직을 벗어나서 신분을 상승시킬 수 있는 것은 혈통에 의한 것이었다. 그러나 이외에도 보충군은 특별한 공을 세우면 신분을 상승시킬 수 있었다고 추정된다. 천인도 공을 세우면 신분을 상승시키는 사례들이 나타나는 것을 보면, 보충군도 특별한 공을 세우면 그 직역을 벗어나 신분을 상승시킬 수 있었을 것으로 추정된다. 그러나 사례로 확인되지 되지 않아 추정에 그친다.

맺음말

1. 이상으로 보충군의 신분에 대하여 검토해 보았다. 이를 정리하면서 결론을 맺고자 한다. 먼저 보충군의 성립과정을 살펴보았다. 보충군의 형성과정을 더듬어 가면 그 단초는 조선 초기 양천의 변정과정에서 비롯하였다. 양천의 변정은 고려 말 혼란했던 시기에 양천의 구분이 혼란된 데서

---

98) 기술관과 서얼은 朝士로 인정되지 않았고, 이들의 명단은 仕版에도 포함되지 않았다(최이돈 「조선 초기 서얼의 차대와 신분」 『역사학보』 204, 2009, 178쪽). 기술관에게는 체아직을 부여하였으므로, 동서반정직과 구분하였다(『명종실록』 권 15, 명종 8년 11월 갑진).

99) 문무과 합격자에게는 그 자와 손까지, 생원 진사는 그 본인에 한하여 사족의 지위를 인정하고 있었다(『중종실록』 권55, 중종 20년 8월 무신).

100) 이와 같은 거관보충군의 운영이 사족중심으로 되어졌다는 결론은 전형택이 보충군의 운영을 검토하면서 조선 초기의 신분제의 구성을 양반, 양인, 천인으로 파악한 것과 유사한 결론이다(전형택 앞의 논문).

연유하였다. 양천의 연원을 밝혀 줄 수 있는 근거 자료의 소실로 조선의 개국 이후에도 이 문제는 쉽게 해결되지 않았다. 이는 태조 6년 "良에도 賤에도 문적이 분명하지 않은 자는 신량역천으로 한다."는 명에 의해서 돌파구가 마련되었다. 태조는 양천을 원활히 변정하기 위해서 신량역천이라는 별도의 집단을 설정하였다. 신량역천은 양인도 천인도 아니었다. 기존의 연구에서 주장한 것처럼 신량역천을 양인으로 처리하고자 하였다면, 이들을 별도로 신량역천으로 나누지 않고 從良하여 양인에 포함시켜야 하였다. 그러나 정부에서는 이들을 별도로 나누었다.

흥미로운 것은 신량역천의 딸자식과 외손은 '영구히 양인'이 되도록 조치하고 있다는 점이다. 여기서 '영구히 양인'이라는 용어를 구체적으로 언급한 것은 신량역천의 딸과 그 외손자는 신량역천에서 벗어나 영구히 양인이 된다는 것을 분명하게 보여준다. 이는 동시에 그 아들은 신량역천의 역을 계속하여 '영구히 양인'이 되지 못한다는 점을 표현하고 있다. 즉 신량역천은 남계를 통해서 역을 세전하였다.

신량역천이라는 새로운 집단의 범주가 정해지자, 상응하는 여러 집단이 이에 소속되었다. 먼저 태종 1년에는 양녀와 천인의 소생이 신량역천에 속하게 되었다. 또한 태종 5년 무렵에는 자기비첩소생도 신량역천에 참여하였다. 자기 비첩의 소생은 이미 태조 6년에 放良의 조치를 통해서 천인은 면하였으나 완전히 양인이 되지 못하고 신량역천에 속하게 된 것이다. 이후 태종 13년에는 양천변정의 소송에 연루된 이들을 판결 이전에라도 신량역천에 소속시켰다. 판결이 쉽지 않자 취해진 특단의 대책이었다. 이로 인해서 여러 집단이 신량역천에 속하게 되었는데, 이들은 모두 양인에도 천인에도 속하기에 적절하지 못한 집단들이라는 공통점을 가지고 있었다.

2. 신량역천은 태종 중반에 이르러 변화를 겪는다. 태종대 중반부터 조선의 신분체계는 본격적으로 정비되었는데, 신량역천 역시 이에서 벗어날 수 없었다. 태종 14년 관원들의 비첩소생에게 관직을 주는 조치는 매우 큰

변화였다. 이 조치로 서얼신분이 형성되었는데, 이는 당연히 관원의 비첩소생으로 신량역천에 속해있던 이들에게 큰 변화를 주었다.

태종 14년 의정부에서는 비첩소생에게 관직을 줄 것을 요청하였고, 왕은 이에 대하여 2품 이상 관원들의 비첩소생을 영구히 양인을 삼을 것을 명하였다. 신량역천이 관직을 받기 위해서는 먼저 영구히 양인이 되는 과정이 필요하였기 때문이다. 이후 태종 15년에는 3품 이하의 비첩의 소생 역시 관직을 받는 것으로 결정되었다. 이들은 2품 이상 관원의 비첩소생과는 달리 일정 기간 군역을 져야 하였다. 이러한 조치가 결정되자 이들에게 군역을 부여하기 위해서 별도의 군종으로 보충군을 설치하였다. 이후 신량역천 중 관원의 비첩소생은 보충군에 이속시켰고 나머지 신량역천은 그대로 사재감에 남게 되었다.

그러나 나누어 운영하는 것이 문제가 있자, 신량역천은 다시 보충군으로 일원화되는 과정을 거쳤다. 가장 먼저 보충군에 합류한 부류는 간척으로 이들은 태종 14년에 보충군에 소속되었다. 이후 태종 17년에는 양천불명자들이 보충군에 소속되었다. 마지막까지 보충군에 합류가 계속 논란이 되었던 것은 양인과 천녀가 결혼해서 낳은 소생이었다. 보충군을 만든 것이 관원의 비첩소생을 우대하고자 한 것이었으므로, 정부는 양인의 천처소생이 보충군에 입속하지 못하게 하고, 오히려 양천의 교혼을 법으로 금하였다. 그러나 법으로 금하여도 양천 교혼이 계속되는 현실이 지속되자, 결국 세조 7년에 이르면 양인의 비처소생도 보충군에 포함시켰다.

양인의 비처소생까지 보충군에 소속되면서 보충군을 만든 의도와는 달리 모든 신량역천을 보충군에 소속시키는 결과가 되었다. 그러나 이는 외형적인 모습에 불과하였고, 그 내부에서는 이원적인 운영을 통하여 관원의 비첩소생을 우대하였다. 즉 정부는 보충군을 관원의 비첩소생으로 거관하여 보충군을 벗어날 수 있는 거관보충군과 보충군에 영속되어서 직역을 세전하는 영속보충군으로 나누어 운영하였다. 즉 정부에서는 보충군의 입속은 넓게 하였으나 거관하여 영원히 양인이 될 수 있는 길은 통제하여서, 관원의 비첩자손을 우대하고자 하는 초기의 의도를 관철하였다.

3. 다음으로 신량역천과 보충군의 신분을 살피기 위해서 우선 이들의 법적 지위가 어떠한지 살펴보았다. 먼저 지적할 수 있는 것은 신량역천과 보충군이 양인과 법적으로 나누어 호칭되는 집단이라는 점이다. 신량역천과 보충군이 양인과는 확연이 나뉘어 호칭되는 것은 여러 사례를 통해서 확인된다. 또한 신량역천과 보충군은 천인과는 다른 집단으로도 나타난다. 즉 이들은 호칭으로 볼 때 양인도 천인도 아니었다. 이들은 광의양인으로 천인과 구분되면서 또한 협의양인과도 구분되었다.

이들은 협의양인과 다른 집단이었으므로 국가에서 이들을 별도로 관리하고 있었다. 이들이 국가로부터 별도 관리되고 있는 것은 이들의 적이 양인이나 천인과는 별도로 관리되고 있는 것을 통해서 알 수 있다. 이들의 적은 보충군안에 기록되어서 별도로 관리되고 있었다. 보충군안은 일반 군적과는 달리 호적과 비슷하게 자매와 딸까지도 기록하고 있었다. 보충군안은 천시되어서 형지안으로 불리기도 하였다. 이는 보충군안이 양적보다는 노비안과 가깝게 인식되고 있었음을 보여준다. 이들이 양인과 별도로 관리되고 있는 것은 이들이 가지는 호패의 형식에서도 잘 나타난다. 세조 9년 호패사목에 의하면 보충군은 그 호패에 '某婢妾子'라고 명시되고 있어 양인과 호패 양식에서 차이가 있었다.

신량역천과 보충군이 법적으로 받는 차대를 가장 잘 보여주는 것은 이들이 관직을 가질 수 없다는 것이었다. 신량역천은 물론 보충군이 관직을 가질 수 없었다는 것은 여러 사례를 통해서 거듭 확인된다. 이들이 관직을 가지기 위해서는 일단 '영구히 양인'이 되어 직역을 벗어나는 과정이 필요하였다.

신량역천과 보충군이 차대를 받는 지위에 있었다는 점은 형법상의 지위에서도 잘 드러난다. 이들은 형법상 지위가 협의양인과 달랐으므로 이들이 받는 처벌은 무거웠다. 이들이 직역을 벗어나는 것은 고발의 대상이었고, 고발당한 신량역천과 보충군은 '從賤'하는 처벌을 받았으며, 그 일부는 고소자에게 노비로 지급되었다. 이와 같은 혹독한 처벌은 신량역천과 보충군의 형법적인 지위가 양인에 비해서 차대를 받는 것이었음을 보여준다. 이와 같이 종천되는 처벌을 받는 것은 당시에도 과도한 것이라는 논의가 있었으나, 이들의 지위가 협의양인과 달랐으므로 차대는 계속 유지되었다.

4. 이상의 검토로 신량역천과 보충군이 양인에 비하여 법적으로 차대를 받는 지위에 있음을 알 수 있었다. 그러나 이러한 법제적인 지위를 신분으로 연결하기 위해서는 이들이 차대를 받는 지위를 세전하고 있었는지를 검토하는 것이 필요하다. 검토의 결과 신량역천과 보충군은 그 직역을 세전하고 있었다. 신량역천의 경우 직접적으로 세전을 언급한 기록은 보이지 않으나, 주변 자료를 통해서 세전하는 것이 확인된다. 보충군의 경우는 그 세전 여부가 보다 분명하게 드러난다. 보충군이 그 직역에 영속되는 것을 직접적으로 보여주는 자료가 있기 때문이다. 그러므로 신량역천과 보충군은 모두 그 직역을 세전하고 있었다.

5. 신량역천과 보충군은 남계로 그 직역을 세전하였다. 여계는 그 직역을 세전하지 않는 것이 일반적이었다. 그러나 이들의 경우에도 양인과 완전하게 동등한 대우를 받는 것은 아니었다. 즉 보충군의 딸이라는 조건은 계속 따라다녔고, 법제적으로 불리하게 작용하는 경우도 있었다.

이상의 검토로 신량역천과 보충군은 협의양인과는 별도의 신분인 것을 살펴보았다. 이들은 그 직역을 벗어나 신분을 상승시킬 수 있었을까? 조선 초기의 여러 자료를 보면, 역리나 염간 등 보충군과 그 지위가 비슷한 신분들은 물론 천인까지도 특별한 공을 세우면 그 직역을 벗어나 그 신분을 높일 수 있었다. 그러므로 보충군도 공을 세우면 그 직역을 면하였을 것으로 생각된다. 그러나 그 구체적인 사례는 찾기 힘들다.

자료에 의하면 이미 앞에서 언급한 것처럼 보충군의 일부는 그 혈통에 따라 직역을 벗어나 신분을 상승시킬 수 있었다. 즉 보충군 중 아버지의 혈통에 따라서 직역을 벗어날 수 있는 '거관보충군'이 존재하였다. 거관보충군은 태종 14년 관원의 비첩소생에게 관직을 부여하는 과정에서 형성되었다. 이들은 보충군에 일정기간 복무한 후에 거관하여 관직에 임명되면서 그 신분을 상승시킬 수 있었다.

2품 이상의 관원의 비첩소생은 문음의 혜택을 받는 것이었으므로, 바로 영구 양인이 되어 보충군에 소속될 필요도 없이 관직에 나아가고 있었다. 그러나 3품 이하의 비첩소생은 '근무한 날 수'와 '조, 부의 직품'을 고려하여 거관하여 관직에 나아갔다. 그러나 거관보충군도 거관하여 직역을 벗어나지 못하고 죽으면 그 역은 자손에게 세전되었다. 즉 보충군은 거관하여 직역을 벗어나지 못하는 상황에서는 영속보충군이나 거관보충군을 막론하고 직역을 세전하는 차대를 받는 신분이었다.

관원의 비첩소생에게 신분을 상승시킬 수 있는 길을 열어준 것은 관원에게 신분적 특권을 부여한 것이었다. 다만 건국 초기에는 신분제가 정비되지 못하였고, 거의 모든 관원에게 이러한 특권이 부여되어서 이를 신분적 특권으로 칭하기에 적절하지 않았다. 그러나 신분제가 정비되면서 관직제는 신분제와 연동되어 정비되었고, 당연히 거관보충군의 특권을 부여하는 대상도 변화하였다. 따라서 거관보충군의 특권을 가지는 관직 수는 점차 축소되어 갔다.

세종 초에는 공상 천인 관원들이 먼저 거관보충군이 되는 특권을 상실하였다. 이는 세종 초반에 나타나는 공상 천인 관원들을 유품직에서 몰아내고, 나아가 잡직계 관원으로 그 지위를 한정하는 관직체계의 변화와 같이 진행되었다. 공상 천인 관원은 혈통 까닭에 자신이 이룬 성취적 지위를 인정받지 못하였고 거관보충군의 특권마저 상실하였다.

이후 세종 후반 서얼의 신분이 형성되고, 기술직이 서얼의 관직이 되어 잡직으로 인식되면서 기술직 관원들도 거관보충군의 특권을 상실하였다.

즉 문무관과 성중관 등 사족직, 유음자제, 그리고 사족에 준하는 대우를
받았던 과거급제자 등이 거관보충군의 특권을 가질 수 있었다. 즉 거관보
충군의 특권을 사족의 신분적 특권으로 정리하였다.

이상의 검토를 통해서 볼 때, 신량역천과 보충군은 협의양인에 비하여
차대를 받는 법적 지위에 있었고, 이와 같은 지위를 세전하고 있었다. 그
러므로 신량역천과 보충군은 광의양인이었으나, 협의양인에는 속하지 않
는 별도의 신분이었다. 이와 같이 보충군의 신분적 지위를 규정할 때에 남
는 문제는 보충군이 조선 초기의 신분체계에서 점하는 위치가 어떠하였는
가의 과제이다.

이 과제는 앞으로 좀 더 천착되어야 할 많은 과제와 연결되므로 단언하
기는 어렵지만, 세종 16년에 예조참판 권도가 언급한 당시의 신분체계를
설명하는 내용은 많은 시사를 주고 있다.[101] 이 내용에 의하면 권도는 당
시의 신분체계를 크게 사족, 양인, 천인으로 나누어 파악하고, 양인은 다시
3개의 신분으로 구성되는 것으로 보았다. 보충군은 양인을 구성하는 3개
의 신분 중 최하위에 속하는 신분으로, 역리나 염간 등 특수직역자들과 같
은 신분적 지위를 가진 것으로 파악되었다(최이돈 「조선초기 보충군의 형
성과정과 그 신분」『조선시대사학보』 54, 2010).

---

101)『세종실록』권64, 세종 16년 4월 계해.

제7장 工商의 신분

머리말

　조선 전기 신분제를 밝히는 데 있어서 양천제의 제기와 그에 따른 논쟁은 신분사 연구에 이론과 실증의 면에서 큰 기여를 하였다. 논쟁이 진행되면서 기왕에 노출되었던 자료들이 새로운 관점에서 재검토되고, 새로운 자료도 발굴되어 신분제의 실증적인 면에 진전이 있었다. 또한 신분에 대한 정의, 신분제를 바라보는 관점 등이 재정리 되면서 신분에 대한 이론적인 면에서도 발전이 있었다.[1] 논의가 진행되면서 양천이 조선 전기의 신분제도에서 가장 중요한 경계라는 합의도 이루어졌다.[2]

　그러나 여전히 쟁점으로 남는 문제는 양신분 내의 여러 계층을 신분으로 볼 것인가, 계층으로 볼 것인가의 문제이다. 즉 양인은 법적으로 권리와 의무에서 동질 집단인가의 문제가 남는다. 양인은 천인이 아닌 천인 밖의 집단이라는 외형적인 분류 뿐 아니라 내적으로 신분적인 통일성을 가

---

1) 한영우 「조선 초기의 사회계층과 사회이동에 관한 시론」 『제8회 동양학학술회의 강연초』 1977.
　이성무 『조선 초기 양반연구』 일조각 1980.
　한영우 「조선 초기 신분계층연구의 현황과 문제점」 『사회과학논평』 창간호 1982.
　송준호 「조선양반고」 『한국사학』 4, 1983.
　이성무 「조선 초기 신분사연구의 재검토」 『역사학보』 102, 1984.
　한영우 「조선 초기 사회계층연구에 대한 재론」 『한국사론』 12, 1985.
　유승원 『조선 초기 신분제 연구』 을유문화사 1987.
　한영우 『조선시대 신분사 연구』 집문당 1997.
2) 이성무 앞의 책.

지는 집단이어야 하는데, 양인 내의 신분적 동질성이 무엇인가를 좀 더 검토해 볼 필요가 있다.

이러한 문제의식 위에서 이 장에서는 조선 초기의 공인과 상인의 신분적 지위를 검토해 보고자 한다.[3] 그간의 연구성과들은 공상의 지위는 양인 내에서도 좀 특별한 것으로 지적하고 있기 때문이다. 공상에 대한 연구는 강만길에 의해서 시작되었다.[4] 그는 경제적인 관점에서 공장을 연구한 것이었으나, 공장의 成分과 受職이라는 장을 두고 있다. 공장의 성분에서는 공장이 양인 중심으로 옮겨가고 있다고 지적하였고, 관직과의 관계에서는 잡직의 설치과정을 논하였다. 이성무는 잡직계를 정리하면서 공상의 지위를 검토하였다. 그는 잡직계를 '천인이 받는 관직과 관계'라는 정도의 이해를 가지고 처리하고 있어 공상이 잡직계의 주요 구성원이라는 점에 별다른 관심을 표하지 않고 있다.[5] 그는 조선 초기의 신분제를 "양신분 중에 양반, 중인, 양인이 분화되어 있다."고 보는 입장에 서있었으므로 공상을 양인의 한 부류 정도로 인식하고 있었다.

한영우는 양인이 하나의 신분이고 사농공상은 양인 내의 직업 계층으로 이해하고 있었으므로 공상에 대한 별도의 체계적인 구명을 하지 않았다. 그러나 한영우가 공상에 대해서 '과거응시자격이 신분적으로 금지된 것'[6]이라고 언급하고 있는 점은 흥미롭다. 공상에게 과거응시자격이 '신분적'으로 금지되었다면 이를 양인으로 볼 수 있는가라는 의문이 제기된다. 한영우는 공상의 과거응시 금지에 대해 거듭 언급하고 있어[7] 공상을 좀 더

---

3) 공인과 상인은 엄연히 다른 직역이었으나, 당시 신분과 관련된 상당수의 자료는 공인과 상인을 공상으로 묶어서 취급하고 있어 당시 국가의 입장에서 볼 때에 같은 묶음으로 파악되는 직역들이었던 것으로 이해된다. 그러므로 이 장에서는 이를 존중하여 이들이 같이 처리되는 범위 내에서 논의를 전개하고자 한다.
4) 강만길 「조선 전기 공장고」『사학연구』12, 1961.
5) 이성무 앞의 책.
6) 한영우 앞의 책 26쪽.
7) 한영우는 「조선 초기 신분계층연구의 현황과 문제점」에서 최영호의 연구를 검토

깊이 검토해 볼 필요성을 제기하고 있다. 이성무와 한영우의 공상에 대한 입장이 이러하였으므로 양천제의 논쟁에서도 공상의 문제는 별다른 논의의 대상이 되지 않았다.

양천제의 틀을 종합적으로 정리한 유승원은 공상의 신분적 지위에 대하여 깊이 있게 검토하였다. 이는 공상의 지위에 대한 정리 없이 양천제론은 그 논리적 일관성을 가질 수 없음을 깊이 인식한 결과로 생각된다. 먼저 그는 공장에 대하여 잡직계의 설치과정을 중심으로 검토하면서 공장의 신분적 지위를 검토하였다.[8] 그는 양천제론의 입장에서 공장을 양인과 천인으로 나누어 설명해 보려고 노력하였고, 잡직계의 설치 과정을 "공상천례를 합리적으로 수용하는 유외관직을 별도로 설치하는 문제"라고 '합리적'인 조치로 이해하고 있다. 그러나 이미 유품직을 가지고 있던 공장이 잡직계를 부여받는 차대에 대해서는 별다른 논평을 하지 않고 있다.

유승원의 이러한 입장은 그의 저서를 통해서 보다 분명하게 정리되어 있다. 그는 공상의 신분적 지위에 대하여 다음과 같은 생각을 제시하고 있다.

> 그(공상)가 다른 경로로 입사하려 할 경우에 공상의 직업을 가졌다는 이유로 유품직의 진출이 금지되었을 것으로 단정할 수 없다는 것이다. 과거의 응시나 관학의 입학에 지원자의 생업조건까지 조사하고 문제삼 았을지는 의심스럽다. 더구나 공상인의 자손이 그 부조의 직업이 미천 했다는 이유만으로 사환권의 제약을 받았다고는 생각하기 어렵다.[9]

그는 공상 본인이 다른 경로로 입사, 즉 과거 응시를 통해서 유품직에 진

하면서 최영호가 공상의 과거응시불가를 지적한 것은 언급하고 있다. 그러므로 한영우는 이 연구에서 영향을 받았을 가능성도 배제할 수 없다. 그러나 최영호는 위 논문에서 공상의 과거응시불가를 제시하였을 뿐 논증하였다고 볼 수는 없다. 그러므로 이러한 입장은 한영우의 것으로 보아도 무방하다고 생각한다.

8) 유승원 앞의 책.

9) 유승원 앞의 책 103쪽.

출할 수 있었고, 공상의 자손이 사환권의 제약을 받지 않았다고 가정하고 있다. 또한 그는 이러한 가정을 근거로 "공상인은 어디까지나 하나의 직업집단에 불과한 존재이지 법제적인 세습집단=신분집단은 아니었다."10)라는 결론을 도출하고 있다. 유승원은 가정을 바탕으로 이와 같은 결론을 내린 이유를 "공상인의 권리는 인정도 부인도 되지 않은 채 불투명하게 나타난다."11)라며 자료의 불분명함을 이유로 들고 있다. 이러한 유승원의 주장은 공상의 신분적 지위를 보여주는 결정적인 자료가 거의 없다는 상황을 고려할 때에 공감이 간다.

그러나 아래와 같은 몇 가지의 이유로 공상의 지위에 대하여 좀 더 검토해볼 여지가 있다.

① 이미 연구에 드러나 있듯이 공상의 사환권을 부정하는 자료가 다수 제시되고 있다. 일반양인의 사환권을 부정하는 기록이 없다는 점을 상기해 본다면 공상의 사환권 부정은 특이한 현상이다.

② 공상은 이미 유품직에 임명되어 관원으로서 활동하고 있는 이들까지도 단지 공상이라는 이유로 잡직계라는 별도의 산계를 만들어 천인과 함께 소속하도록 하는 차대가 시행되고 있었다. 특히 공상을 천인과 함께 묶어서 처리하고 있다는 점은 특별한 것으로 생각이 된다.

③ 공상은 양인의 보편적인 의무라고 파악되는 군역도 지지 않아, 군역의 관점에서 보아도 공상은 일반양인의 범주에 속하지 않았다.

④ 아직 가설에 불과하지만 최영호나 한영우는 공상의 과거응시가 불가하였다는 주장을 하고 있으므로, 이를 좀 더 정밀하게 검토해 볼 필요가 있다.

---

10) 위와 같음.
11) 위와 같음.

이러한 연구 상황을 종합할 때에 공상의 지위는 일반양인과는 다른 특이한 것으로 이해 될 수 있고 좀 더 검토할 소지가 있는 것으로 생각된다. 그러므로 이 장은 공상의 신분적 지위를 검토해 보고자 한다. 공상에 대한 전면적인 검토는 후일의 과제로 미루고 쟁점이 될 수 있는 다음과 같은 몇 가지의 과제를 중심으로 검토하고자 한다.

① 공상이 관직에 임명될 수 있었는가? 공상이 관직에 임명되었던 것을 보여주는 자료는 많다. 그러나 역시 많은 자료가 공상의 관직 임명을 근본적으로 부정하고 있으며, 또한 구체적으로 공상을 관직에서 배제하려는 의도를 가진 정책들이 시행되었다. 이러한 사례를 정리하면서 공상과 관직의 관계를 검토해 보고자 한다.

② 공상이 과거에 응시할 수 있었는가? 양인이 과거에 응시할 수 있었다는 주장이 양천제의 중요한 입론이었다. 그 입론에 의하면 당연히 공상도 과거에 응시할 수 있어야 한다. 공상의 과거 응시 가능성 여부를 논증하는 것은 매우 중요한 과제이지만 그 실상을 단적으로 보여주는 자료는 이제까지 발견되지 않고 있어 연구자들을 어렵게 하고 있다. 그러나 그 과제의 중요성을 고려할 때에 직접적인 자료가 보이지 않으면 보조적인 자료라도 동원하여서 그 실상을 추적해 보아야 한다고 생각한다.

③ 공상 관원의 대우는 어떠하였는가? 공상의 관직 제수를 원칙적으로 금하고, 이를 위해서 구체적인 정책들을 시행하였으나, 공상 관원들이 배출되고 있었다. 이는 천인들이 관직에 진출하고 있었던 것과 같은 이유로 국가의 운영과 관리에 현실적으로 공상의 손길이 필요하였고, 일정한 공을 세운 공상에게는 상직을 내릴 수밖에 없었기 때문이었다. 그러나 이들에게는 관원으로서의 권리가 부여되지 않는 별도의 잡직계를 부여하고 있었다. 그러므로 잡직계의 설치 과정을

검토하면서 공상 관원의 지위를 검토해 보고자 한다.

④ 공상의 세전은 어떠하였는가? 공상의 신분을 논함에 있어서 공상의 세전 여부를 검토하는 것은 필수적인 것이다. 그러나 공상의 세전을 보여주는 자료는 지극히 제한되어 있어 세전 여부를 단정하기 힘들다. 다만 공상과 관직, 공상과 과거에 관련되는 자료를 검토하는 과정에서 공상에 대한 차대가 공상 본인에 그치는 것인지, 아니면 공상의 자손을 포함하는 것인지 검토하고자 한다. 그리고 이를 공상의 세습에 대한 단편적인 자료와 연결시키면서 공상의 세전에 대한 실마리를 찾아보려고 한다.

이와 같은 검토를 통해서 공상 신분에 대한 이해가 증진되고, 나아가 조선전기의 신분에 대한 인식이 깊어지기를 기대한다.

1. 공상과 관직

공상과 관직의 관계를 검토할 때 가장 먼저 눈에 띄는 것은 공상에게 관직을 주어서 안 된다는 주장이 여러 곳에서 언급되고 있다는 점이다. 이미 고려에서도 공상이 관직에 임명되었고, 조선에서도 공상이 관직에 임명되는 것이 현실이었는데, 이와 같은 주장이 제기되고 있는 것은 흥미로운 것이다. 그러므로 이 문제를 검토하면서 공상과 관직의 문제에 접근해 보고자 한다.

공상에게 관직을 줄 수 없다는 견해는 조선 태조대부터 나타나고 있다. 태조 7년의 다음과 같은 언급은 이를 잘 보여준다.

官爵을 설치한 것은 조정을 높이고 天職을 다스리기 위한 것입니다.

마땅히 현명하고 유능하며 공평하고 정직한 사람을 뽑아서 관작을 맡겨야 될 것인데, 고려 왕조의 말기에는 工商이나 賤隷가 顯官의 임명을 받게 되어 조정을 더럽히고 욕되게 하였습니다. 그전부터 내려오는 폐해가 고쳐지지 않아서 마침내 지금까지 이르게 되었으니, 원컨대 지금부터는 공상이나 천례들이 만약 공로가 있으면 財貨로써 상을 주고, 관직에 임명하지 말아서, 名器를 소중히 하고 조정을 높여야 할 것입니다.[12]

공상에게는 관직을 주지 말자고 제안하고 있다. 이 내용에서 공상에 관직을 부여하는 것을 고려 말기 이래로 당시까지의 관행이라고 지적하고 있다. 그러므로 '지금부터'라고 시행 시기를 언급하면서 이러한 관행을 폐지하여 고려 말 이래의 폐단을 해소하자고 제안하고 있다. 여기서 공상이 관직을 가지게 되는 것을 일상적인 절차에 의한 것이라기보다는 공을 세우는 등 특별한 상황에서 나타나는 것으로 이해하고 있다. 즉 공에 대한 논상으로 부득이 하게 공상에게 관직이 주어졌다는 인식이었다. 그러므로 이들은 공상에게 공로가 있더라도 상을 재화로서 주고 관직은 주지 말 것을 요구하고 있다. 특히 주목되는 것은 공상을 천인과 같이 묶어서 언급하고 있다는 점이다. 양인과 천인 사이에는 신분적으로 큰 차이가 있다는 것이 그간 연구의 중요한 주장인데, 공상을 양인에서 분리해서 천인과 같이 언급하고 있다.

그러나 왜 공상에게 관직을 줄 수 없는 지는 충분히 설명하지 않고 있다. 단지 "현명하고 유능하며 공평하고 정직한 사람을 뽑아서 관작을 맡겨야 될 것인데"라는 언급에서 볼 때 공상이 현명, 유능, 공평, 정직하지 못하여 관직을 맡을 수 없다고 보고 있다. 현명, 유능 등의 재질은 개개인의 차가 있는 것인데, 공상 전체를 포괄적으로 거론하면서 재질을 논한 것은 공상이 생득적 기질에 의해서 관직을 맡기에는 부적절한 것으로 보고 있

---

12) 『태조실록』 권15, 태조 7년 11월 계미.

는 듯한 인상을 준다.

이러한 인식은 다른 곳에서도 분명하게 확인된다. 정종대에 언급되는 "사는 농에서 나오고 공과 상은 참여하지 못하는 것이다."[13] 라는 지적도 위의 내용과 일맥상통한 것이다. 그 이유는 밝히고 있지 않지만 공상은 사가 될 수 없고, 따라서 공상에게 관직을 줄 수 없다는 논리가 형성된다. 이러한 인식은 역시 농, 공, 상을 단순하게 직업으로 인식하고 있지 않음을 보여준다. 농, 공, 상을 단순한 직업으로 본다면 공상이 역시 단순한 직업인 사가 될 수 없다고 단정할 수는 없는 것이다.

이러한 공상에게 관직을 줄 수 없다는 인식은 인식에 그치지 않고 실제로 공상에 대한 다양한 차대로서 표현되었다. 한 사례로 세종 13년 명화적을 잡기 위한 논상의 규정에도 공상에게는 관직을 줄 수 없다는 원칙을 분명하게 하고 있다. 의금부에서 제시한 다음과 같은 내용에 이러한 원칙이 잘 나타난다.

　　강도들의 장물을 받아 감춘 자가 죄를 두려워하여 고하지 아니하고, 그것을 혹 들었거나 본 자도 對質하기를 꺼려서 역시 고발하지 아니하오니, 청하건대 한성부로 하여금 五部와 성 밑 10리에 두루 효유하여, 장물을 감추어 둔 자와 보고 들은 자로서 맨 먼저 고하면, 良人은 상으로 벼슬을 주고, 工商 賤隷는 상으로 면포 50필을 주고, 아울러 그 죄를 면해 주며, 그것을 보고 들고 와서 고하는 자의 고한 바가 비록 사실이 아닐지라도 역시 論罪하지 말게 하소서.[14]

이 내용에서 양인은 공에 대한 보상으로 벼슬을 상으로 주고 공상에게는 면포를 상으로 주어 공상을 양인에서 나누어 처리하고, 오히려 공상을 천인과 하나로 묶고 있다. 이러한 정책은 공상에게는 관직을 줄 수 없다는

---

13)『정종실록』권3, 정종 2년 1월 기축.
14)『세종실록』권52, 세종 13년 4월 계축.

원칙에서 기인한 것이었다. 여기서 공상은 양인, 천인과 병렬적으로 나열되고 있는 것으로 보아서 공상은 이미 협의양인은 아니었고, 천인도 아닌 존재 즉 광의양인에 속하였음을 알 수 있다.

공상에게 관직보다 재화로 포상하는 것을 원칙으로 하는 예는 다른 곳에서도 보인다. 척석군을 모을 때에도 이러한 원칙은 적용되었다. 세종은 그 원년에 다음과 같이 척석군의 모군 원칙을 제시하고 있다.

돌팔매질하는 자들이 건장하고 날래어 쓸모가 있음직하므로, 태조대왕 때에 隊伍를 형성하게 하였는데, 근래에 폐지되었으니 지금 자진하여 대오를 만든다면, 工商賤隷에 대해서는 그 戶稅를 면제하고, 양가의 자제는 등용하겠다.[15]

이에 의하면 척석군을 모군하는 대가로 공상천례에게는 호세를 면하도록 하고 있으나, 양가의 자제에게는 관직을 줄 것을 조건으로 제시하고 있다. 여기의 양가 자제는 포괄적인 용어로 이해되나 척석군이라는 직역을 고려할 때, 여기서의 의미는 협의양인을 지칭하는 것으로 해석이 된다. 여기서도 공상을 양인에 넣지 않고 천인과 같이 묶어서 처리하고 있다.

이러한 상황이었으므로 공상은 納粟補官에서도 그 대상이 될 수 없었다. 이는 세종 32년 양성지가 납속책을 논하는 데서 다음과 같이 잘 드러나고 있다.

그 다음에는 벼슬을 파는 법령이온데, 대개 벼슬을 파는 데는 工商賤隷 외에 良人을 가려 함흥이나 평양 이북에 곡식을 바치는 자에게 西班 軍職을 주되, 종9품은 1백 석, 정9품은 2백 석으로 例를 삼아, 종5품은 9백 석, 정5품은 1천 석으로 하고, 원래 관직이 있는 자는 1백 석마다 한 資級을 더해 주되 모두 5품에 이르러 그치게 하소서.[16]

---

15) 『세종실록』 권3, 세종 1년 4월 무자.

국방 강화를 목적으로 평양, 함흥 이북 지방에 군자곡을 저장하기 위해 납곡책을 논하고 있다. 공상과 천인을 제외한 양인에게는 납곡을 하면 그 대가로 관직을 주고 있다. 여기서도 공상은 협의양인과 구분되고 천인과 같은 부류로 파악되고 있다.

그러나 특별한 경우 공상에게 상으로 관직을 주는 것은 현실적으로 나타나고 있었다. 이러한 경우는 조정의 문제가 되었다. 주로 대간이 문제로 삼았다. 그 한 사례로 최항 등 사간원이 올린 다음의 상소를 들 수 있다.

> 大慈庵 津寛寺를 짓는 諸色 工匠으로서 上林園의 직을 받는 자와, 그 別監 구실의 화원의 무리로서 官爵을 받는 자가 매양 批目에 외람되게 많은 것을 봅니다. (중략) 만약 工匠 賤隷의 무리이라면 비록 공로가 있다 하더라도 米穀으로 상주는 것이 옳고 이들에게 布帛을 내려주는 것도 또한 옳은데, 어찌 외람되게 관직을 주어서 士類의 名分과 섞이게 하겠습니까?[17]

이 내용은 대간들이 공장들과 화원들에게 관직을 상으로 준 것을 문제 삼은 것인데, 여기서도 여전히 공상에게는 미곡이나 포백 등 물건으로 상을 내려주는 것이 타당하다는 인식이 드러나 있다. 그러므로 특별한 경우 공상에게 상으로 관직을 주는 것은 대간의 탄핵 대상이었다.

이상에서 공상은 양인에서 구분되어 천인과 같이 파악되고 있었고, 관직은 줄 수 없다는 인식이 형성되고 있었다. 또한 이러한 인식 위에서 실제로 공상에게 관직을 주는 것은 제한되었고, 특별히 관직을 주는 경우에는 대간 탄핵의 대상이 되고 있었다. 이는 공상의 지위가 협의양인과는 다른 것임을 보여준다.

---

16) 『세종실록』 권127, 세종 32년 1월 신묘.
17) 『문종실록』 권4, 문종 즉위년 10월 경자.

2. 공상과 과거

1) 과거 응시의 규제

공상에게 관직을 주는 것이 이념적으로 불가능한 것으로 인식되어 있었다. 그러므로 공을 세우더라도 관직을 상으로 주는 것은 원칙에 어긋난 것이었고, 납속으로 관직을 주는 것도 금기시되었다. 또한 상으로 관직을 주는 특별한 경우도 대간 탄핵의 대상이었다. 이러한 상황 하에서 과연 공상이 과거시험을 보는 것은 가능한 것이었을까? 그간의 연구에서 과거에 응시할 수 있는가의 여부는 양인의 중요한 특권으로 강조되었다는 점에서, 공상의 지위를 살피는데 과거 응시 여부에 대한 검토는 중요하다. 이를 분명하게 보여주는 자료는 찾아지지 않는다. 그러므로 당시 조정에서 진행된 몇몇 논의를 종합하면서 공상의 과거 응시 여부를 논의해 보자.

과거 응시의 문제를 검토하기 전에 먼저 갑사의 취재와 관련해서 공상이 거론된 내용을 검토해 보기로 하자. 공상의 과거 관련 사례가 적은 상황에서 이 자료에는 관원들의 공상에 대한 인식을 잘 나타나 있어 공상과 과거응시의 문제를 검토하는데 도움이 된다. 다음은 태종 10년 사헌부의 상소로 공상의 갑사 취재 문제를 거론한 기록이다.

> 지금 甲士를 취재할 때에 祖係를 묻지 않고 오직 弓矢와 膂力의 능함만을 취하여, 商工 賤隷도 관직을 받아 縉紳의 子弟와 더불어 어깨를 비겨 나란히 서게 되니, 진신의 자제들이 동류가 되기를 부끄럽게 여깁니다. 빌건대, 병조로 하여금 그 四祖를 상고하고, 다른 사람에게 保擧를 책임지게 하여 取才를 허락하소서.[18]

---

18)『태종실록』권19, 태종 10년 4월 정사.

사헌부에서는 갑사의 취재에 공상천례가 응시하는 것이 불가하다고 주장하고 있다. 그 이유는 응시 자격에 '祖系'를 따져야 한다는 것이었다. 혈통에 의해서 공상은 천례와 같이 갑사가 될 수 없다는 주장이다. 또한 공상으로 갑사의 취재에 임하는 것을 방비하기 위한 방법으로 사헌부에서는 ① 四祖를 살피도록 하고 ② 보거를 통해서 보증인을 세우는 것을 제시하고 있다. 이 논의를 통해서 사헌부에서는 혈통의 관점에서 공상이 갑사에 응시하는 것조차도 문제를 삼고 있다는 점과 또한 공상의 갑사에 응시를 막기 위한 방법으로 사조를 살피거나 보거를 이용하는 방법을 제시하고 있다는 것은 알 수 있다.

공상과 과거의 문제를 처음 거론한 것은 태종 17년에 사간원에서 제시한 다음의 기록이다.

"우리나라의 科擧法은 한갓 재주만 시험함에 그치는 것이 아니라 또한 族屬을 분변하니, 원컨대, 이제부터는 生貟試, 東堂鄕試에 나오는 자는 각기 그 거주하는 고을의 申明色이 그 족속을 상고하여 赴試할 자를 錄名하여 그 官長에게 올리면, 그 관장이 監司에게 올리고, 감사가 다시 고찰하여 시험에 나오는 것을 허락하게 하소서. 京中의 漢城試는 한성부와 京在所로 하여금 살펴 三貝의 文字 및 戶口를 갖추게 하소서. 鄕試와 漢城試에 합격한 자 및 館試에 나오는 자는 成均正錄所에서 또한 윗 항의 明文을 고찰한 뒤에 赴試하게 하소서. 신명색과 경재소는 工商, 巫覡, 雜色, 賤口의 자손과 불효의 不道를 범한 자를 드러내되, 정록소에서 精察하지 못한 자는 憲司가 규찰하여 엄히 법으로 다스리게 하소서." 임금이 보고 留中하였다.[19]

이 내용은 과거에 응시할 수 없는 부류와 이들의 과거 응시를 막는 방법을 언급하고 있다. 먼저 과거에 응시할 수 없는 대상으로 '工商, 巫覡, 雜色, 賤口의 자손' 등을 거론하고 있다. 이에 의하면 공상은 과거 응시의 대

---

19) 『태종실록』 권33, 태종 17년 2월 경진.

상이 아니었다. 또한 이들의 과거 응시를 막기 위한 방법도 구체적으로 논하고 있다. 규찰의 주체로 지방의 시험은 신명색을, 서울에서의 시험은 한성부와 경재소를 선정하고 있다. 규찰방법은 호구와 '三貝의 文字'를 통하는 방법을 취하고 있다. 즉 호구를 통해서 四祖를 살피고, 보증인을 세우는 방법이었다. 이와 같은 규제방법은 갑사취재에 대해 사헌부에서 제안한 것과 그 기본 방법이 같았다. 다만, 그 담당부서가 명시되었다는 점이 갑사취재에서 제시한 방법보다 구체화되었다. 이러한 제안을 조정에서는 어떻게 처리하였는지가 분명치 않다. 『태종실록』에서는 태종이 이 안건을 '留中'하였다고 기록하고 있어 이 안의 최종 결정은 분명치 않다. 일단 단정적인 결론은 유보하더라도 이 논의를 통해서 관원들은 공상이 과거에 응시하는 것을 문제 삼고 있었고, 이를 막기 위해서 사조의 확인과 보증인을 세우는 방법 등을 구상하고 있었던 것을 확인할 수 있다.

　이후 공상의 과거 응시 문제를 논의한 기록은 한동안 보이지 않는다. 상당한 기간이 지난 후 만들어진 『경국대전』에는 과거 응시 불가자를 규정하고 있다. 이에 의하면 범죄하여 영영 서용하지 않는 자, 장리의 자, 재가로 실행한 부녀의 자손, 서얼자손 등은 문과, 생원, 진사시에 赴試하는 것을 허용하지 않았다.[20] 이 내용에는 공상에 대한 언급이 없다. 그렇다면 공상이 과거를 볼 수 있었을까? 이 내용은 포괄적인 규정이 아닌 것으로 보인다. 이는 당연히 과거 응시의 대상이 될 수 없는 賤口의 자손 등에 대한 언급이 보이지 않기 때문이다. 이 내용은 연구자들이 지적하였듯이 과거를 볼 수 없는 자에 대한 포괄적인 규정이 아니라 양반으로서 시험에 응시할 수 없는 자들을 거론한 제한적 규정으로 이해된다.[21] 또한 과거에 응시가 불가한 자들을 규정하고 있으므로 이들을 과거응시에서 막을 수 있는 방법도 규정되어 운영되었을 것으로 생각되지만, 이에 대한 언급도 보이지 않고

---

20) 『경국대전』 「예전」 제과.
21) 이성무 앞의 책 54쪽.

있다. 그러므로 위의 조문은 매우 불완전한 규정으로 생각된다.

이후 과거운영에 대해 추가 규정은 중종대에 보인다. 이는 잘 알려진『대
전후속록』의 다음과 같은 구절이다.

> 擧子를 錄名할 때에 四祖에 모든 사람이 아는 顯官이 있지 않다면,
> 외방인은 保單字와 경재소에서 3명이, 경중에 거하는 이는 보단자와
> 해당의 部의 관원 3명이 이름을 적어 올린 후에 부시를 허용한다.[22]

이 내용은 과거 응시에 부적격인 자를 규제하는 규정으로『경국대전』에
는 보이지 않던 부분을 규정하고 있다. 여기서 주목되는 것은 그 규제 방
법이 매우 낯익은 방법이라는 것이다. 즉 ① 四祖를 살피는 것, ② 보증인
을 필요로 하는 것, ③ 경재소를 이용하는 것 등의 방법으로 이미 공상을
갑사나 생원시에 응시하지 못하게 하자고 제한하면서 언급되었던 방법들
이 동원되고 있다. 이러한 내용은『경국대전』에 보이지 않았던 내용이지
만, 이때에 새롭게 신설되었다고 보기보다는『경국대전』의 이면에서 시행
되고 있던 관행이 이때에 조문화된 것으로 보고 싶다. 이미 규제의 대상
이『경국대전』에 명시되어 있었으므로『경국대전』에 규정이 되어 있지 않
았다고 해도 규제 방법 역시 운영되고 있었다고 볼 수 있기 때문이다.

이면에서 운영되고 있던 이러한 조문이『대전후속록』에 실리게 된 계기
는 무엇이었을까? 이러한 의문에 답해주는 것이 중종 33년 사헌부 상소
중에 보이는 다음과 같은 기록이다.

> 科擧는 국가의 중대한 일입니다. 반드시 四祖의 이름을 기록한 것을
> 상고한 뒤에 응시를 허가하는 것은 그 族類를 변별하여 벼슬길을 맑게
> 만들기 위한 것입니다. 근래에는 인심이 예스럽지 않아서 庶孽, 市井
> 子孫, 賤隷의 소생이 다 安分하지 않고, 혹은 호적을 고치거나, 혹은

---

22)『대전후속록』「예전」제과.

四祖에 거짓 職銜을 入籍하거나, 淫婦의 자식이 保員의 이름을 거짓으로 서명하여 외람되게 試場에 나아가 간혹 급제하는 자도 있습니다. (중략) 그 거짓 서명한 자와 외람되이 입적시킨 것이 발각된 자는 상례대로 멀리 옛 장부를 상고하여, 아울러 호적을 함부로 고친 것을 치죄하는 등의 일과 간사한 행위를 방지하는 節目을 該曹에게 속히 마련하여 시행하게 하소서.[23]

이 내용에 의하면 과거의 응시에 규제의 대상이 되고 있는 '庶孼, 市井子孫, 賤隷의 소생'이 과거에 응시하고 있다는 것이다. 이는 이들이 응시가 허용되어서가 아니라 위에서 언급된 대로, 호적을 허위로 고치거나, 사조의 벼슬을 속이거나, 보증인의 이름을 위조하여 과거에 응시하고 있었다. 여기서 분명한 것은 과거를 볼 수 없는 대상과 그에 대한 규제방법이 이미 이전부터 운영되고 있었다는 점이다. 규제의 대상은 서얼, 천례의 소생, 시정자손 등 구체적으로 언급하고 있는데, 여기의 시정자손은 지금까지 검토해온 문맥에서 볼 때 공상의 자손으로 파악해도 전혀 무리가 없다.

규제하는 이유는 상세히 밝혀져 있지 않지만 '安分'이라는 표현에 주목할 필요가 있다. 이는 분수를 지킨다는 의미를 가지는 것으로 여기의 '분'은 문맥상 신분과 같은 의미로 사용되고 있다. 즉 시정자손은 신분상 과거를 볼 수 없다는 것이다. 또한 규제방법으로 호적과 보증인에 의한 방법이 운영되고 있었음을 알 수 있다.

이 문제가 조정에 제기된 것은 불법으로 규제를 이탈하는 사례가 노출되었기 때문이었다. 이러한 사헌부의 문제제기로 인해서 예조에서는 이에 대한 대책을 제안하였다. 예조에서 제안한 대책이 무엇이었는지는 알 수 없다. 그러나 사헌부에서는 예조의 대책이 충분하지 않다고 다음과 같이 지적하였다.

---

23)『중종실록』권88, 중종 33년 8월 계해.

근래 과거법이 엄중하지 않아서 庶孼, 市井子孫, 賤隷와 淫婦의 소생이 戶籍을 追改하기도 하고 거짓으로 保負의 이름을 빌어서 함부로 試場에 들어가곤 하여서 명분이 크게 훼손되니 누군들 개탄하지 않겠습니까. 전일 신들이 이 뜻을 아뢰고 該曹로 하여금 防奸節目을 만들도록 청하였던 것입니다. 지금 예조의 공문을 보니 매우 소략할 뿐 아니라, 承傳에 기재된 뜻 또한 아울러 기입하지 않아서 매우 소략합니다. 전지를 받들어 推考하여 절목을 다시 만들게 하소서.[24]

사헌부에서는 예조에 보다 적극적으로 조문을 만들 것을 요구하였다. 이러한 사헌부의 지적에 중종도 동의하면서 예조에 더욱 보완할 것을 명하였다. 이에 예조는 더욱 보완된 규정을 만든 것으로 생각되나 어떠한 규정을 만들었는지 확인할 수 없다. 이 논의에 의해서 규정이 확정되어 이 규정의 일부가 『대전후속록』에 실린 것으로 추측된다. 『대전후속록』에 실린 부분은 규제방법에 대한 것만을 기록하고 있다. 규제의 대상은 이미 당연한 것으로 합의되어 있었으므로 거론할 필요가 없었기 때문이었다.

이상에서 볼 때 『대전후속록』 이전부터 과거 금지 대상과 그 규제방법에 대한 합의가 있었음을 알 수 있다. 또한 공상은 과거를 볼 수 없는 대상이었으며, 호적과 보증인을 통한 규제의 방법을 통해서 과거 응시를 제한하고 있었다.

2) 과거 응시 규제의 시기

그렇다면 언제부터 공상에 대한 과거 응시 규제가 시행되었을까? 직접적으로 이 문제를 거론한 자료는 거의 없으므로 중종대부터 역으로 거슬러 가면서 유관한 자료를 검토하여 그 시기를 추정해 볼 수밖에 없다. 먼저 주목되는 자료는 성종 16년 대사간 한언 등이 유자광의 아들에게 과거

---

24) 『중종실록』 권88, 중종 33년 8월 기사.

를 허용하는 문제에 관하여 올린 箚子의 다음과 같이 언급이다.

　　科擧의 법은 오래되었으며, 국가에서 祖宗 때부터 이 법을 첫째로
중하게 여겼습니다. 그 당초 이름을 기록할 때에 四館이 모여 의논해
서, 그 四祖를 상고하고 또 내외 족친의 보증을 상고하며 사조 안에 만
일 현달한 벼슬이 없으면 또한 本貫을 京在所에 물어서 질정하여 그
중에 만일 작은 瑕疵라도 있으면 내치고 기록하지 않게 하였으니, 과
거의 법이 중함이 이러합니다. 더구나 孼産의 자나 노예의 자손이겠습
니까? 지금 유자광 최적은 얼산이고 조득림은 노예입니다. 비록 한때
의 勳勞로 고관에 참여하기는 하였으나, 서얼과 노예의 자손이 과거에
참여하지 못하는 것은 『大典』에 실려 있는데, 어찌 한두 신하의 연고
로 인하여 조종 만세의 법을 무너뜨릴 수 있겠습니까? 삼가 바라건대,
특별히 내려진 명을 거두소서.25)

　사간원에서는 유자광과 조득림의 아들이 서얼과 노예의 자손이므로 과
거 응시를 허용해서는 안 된다고 주장하고 있다. 특히 "서얼과 노예의 자
손이 과거에 참여하지 못하는 것은 『大典』에 실려 있는데"라고 언급한 부
분은 주목이 된다. 여기의 대전은 시기상으로 볼 때 『경국대전』을 뜻하는
것으로 해석하는 것이 자연스러운데, 『경국대전』에는 이러한 규정이 나오
고 있지 않다. 그러므로 이러한 주장은 분명히 오류인데, 문제는 이 논의
가 계속되면서 이러한 주장은 여러 차례 거듭 언급되고 있으나, 어느 누구
도 이러한 주장에 대하여 문제를 삼지 않고 있고, 이 내용을 기록한 사관
도 별다른 언급 없이 『성종실록』에 기록하고 있다.26) 이는 이미 『경국대
전』에 기록된 규제대상과 별도로 합의되고 있는 규제의 대상이 있었음을
짐작케 한다.

---

25) 『성종실록』 권179, 성종 16년 5월 무인.
26) 『성종실록』 권179, 성종 16년 5월 경진.
　　『성종실록』 권180, 성종 16년 6월 기묘.

또한 위의 기록에 의하면 규제 방법 역시 시행되고 있었다. 규제방법으로 "그 四祖를 상고하고" "本貫을 京在所에 물어서" 등을 언급한 것을 보면, 규제방법은 사조를 살피고, 경재소를 이용하는 등의 방법으로 『대전후속록』에서 제시하고 있는 것과 그 기본 내용이 같다. 그러므로 이를 통해서 성종 16년 이전에 『경국대전』 외에 과거에 대한 규정이 관행으로 운영되고 있었음을 확인할 수 있는데, 이를 지금까지 검토한 내용과 연결시켜 본다면, 이 관행 내에 규제 대상으로 공상 역시 포함되어 있었을 것으로 생각된다. 이러한 생각이 옳다면, 이미 성종 16년보다 좀 더 이른 시기에 공상의 과거 응시를 금하고 있었다고 보아야 할 것이다.

이러한 관행이 설정되었을 시기를 좀 더 추적해 볼 때 주목되는 것은 세종 14년의 서경에 대한 논의이다. 주지하다시피 서경은 관직 임명 시에 행해지는 신원 확인의 절차였다. 과거의 급제 역시 핵심관원으로 진출할 수 있는 진입로였다는 점에서 본다면 서경에서 신분을 파악하는 기준은 과거의 응시자격의 기준과 별반 다르지 않았을 것으로 생각된다. 이러한 점은 서경에서 신원을 파악하는 기본입장을 검토해 볼 필요가 있다. 서경의 기본 입장은 세종 14년 대사헌 신개의 상소에서 다음과 같이 확인된다.

> 전하께서는 여러 관원에게 교지를 내리시어 모두 署謝하게 하고, 臺閣에게 명백히 명하여 工商, 賤隸, 庶孽로서, 여러 사람이 다 아는 사람을 제외하고는 世係와 애매하고 자질구레한 긴절하지 않은 일은 의논하지 말고, 자기의 마음과 행실의 선악이 선비의 氣風에 관계되는 것만 바로 의논하여, 선한 사람은 먼저 署經하고, 악한 사람은 뒤에 서경하되, 만약 그 악이 중한 사람은 서경하지 아니하여 격려와 권장을 보일 것입니다.[27]

이 내용은 사헌부에서 전관원에 대하여 서경을 할 수 있도록 해달라고

---

27) 『세종실록』 권57, 세종 14년 8월 무자.

요청한 상소의 일부이다. 당시 서경은 5품 이하만을 대상으로 시행하고 있었는데, 대간들은 서경을 전관원에 확대하여서 시행해 달라고 요구하면서, 서경의 강도를 심하게 하지 않고 최소한으로 하겠다고 제안하고 있다. 대간이 서경에 임하는 기준은 '世係'와 '氣風'이었다. 여기서 관심을 모으는 것은 世係의 문제인데, 이에 대하여 대간은 '공상, 천례, 서얼로서 여러 사람이 다 아는 사람'만을 문제 삼겠다고 언급하고 있다. 공상은 천례 서얼과 함께 서경을 통과할 수 없는 집단임을 보여주고 있다. 서경의 조건이 이러하였다면, 당연히 과거의 응시조건도 이와 같았으리라 추정된다. 오히려 서경의 범위는 핵심관원만을 대상으로 한 것이 아니었으므로 핵심관원이 되는 과거의 응시조건이 더욱 까다로웠을 것으로 추정된다.[28]

이와 같은 추정이 옳다면, 과거금지의 대상과 그 규제의 방식은 세종 14년 이전까지 소급되는 것인데, 이러한 상황에서 다시 주목되는 것이 이미 앞에서 살핀 바 있는 태종 17년 공상의 과거금지를 요청한 자료이다. 이미

---

28) 그러면 이러한 서경의 원칙이 확립된 것은 언제부터일까? 공상과 관련하여서 서경의 기준이 제시된 가장 빠른 기록은 정종 2년의 대간이 언급한 다음과 같은 기록이다.

   "士는 農에서 나오고 工과 商은 참여하지 못하는 것인데, 지금 관교의 법이 한번 행하여지니, 工商 賤隸도 오히려 冒濫하게 仕進하는 뜻이 있습니다. 만일 그대로 인습하여 고치지 않으면 반드시 조정이 혼잡하게 될 것입니다. (중략) 엎드려 바라건대, 전하께서는 관교의 법을 고쳐 특별히 대성으로 하여금 1품 이하의 告身을 署出하게 하여, 백관을 바르게 하소서."(『정종실록』 권3, 정종 2년 1월 기축).
   이 역시 5품 이하로 되어 있는 서경의 범위를 전 관원으로 넓혀줄 것을 요청한 내용이다. 서경의 범위를 넓혀달라고 하는 가장 핵심적인 이유는 서경의 범위를 좁히면 공상천례가 고위관직에 오르는 것을 막을 길이 없다는 이유였다. 그러므로 이 내용은 세종 14년의 서경에 관한 내용과 대동소이한데, 다소 차이가 있다면, 공상을 서경의 대상으로 당연하게 언급하는 것이 아니라 서경에서 공상을 걸러야 하는 이유를 설명하고 있다는 점이다. 공상을 가려야 하는 이유를 "士는 農에서 나오고 工과 商은 참여하지 못하는 것"이라고 설명하고 있다. 이는 아직 공상을 서경으로 걸러야 하는 것에 대하여 완전한 합의가 이루어지지 못한 상황임을 짐작케 한다.

태종 17년의 논의에서 사간원은 과거규제 대상으로 공상을 지적하였으며, 과거 응시를 막는 규제방안으로 사조의 확인과 보증인을 세우는 방법을 제시하고 있다.29) 앞에서 이 자료를 검토하면서 공상의 과거 규제의 자료로 단정하지 못한 것은 사간원의 제안이 수용되었는지 여부가 확인되지 않았기 때문이다. 『태종실록』에는 태종이 이 건의에 대하여 '留中'하였다고 기록하고 있을 뿐이다. '留中'의 의미는 일단 가부간의 결론은 보류가 된 상태라고 볼 수 있으므로, 앞의 검토에서 이 자료를 공상의 과거 응시를 금하는 직접적인 자료로 보지 못하고, 좀 더 구체적인 자료를 찾아 시기를 따라 내려가면서 검토를 하였다.

그러나 이상의 검토를 통해서 이러한 규정이 만들어진 시기를 세종 14년 이전으로 소급할 수 있다고 생각되므로, 공상의 과거 문제를 논한 유일한 자료인 이 논의를 좀 더 긍정적으로 검토해보아야 할 것으로 생각된다. 우선 태종 17년 이후 세종 14년까지 사이에 별다른 논의가 보이지 않는 상황에서 세종 14년에는 공상의 과거응시 금지 조치가 확인된다면, 태종 17년의 '유중'한 조치를 부결로 보기 어렵다. 조정에서 부결된 사안이 별다른 조정의 논의 없이 갑자기 그 결정이 뒤집힌 것으로 나타나기는 어렵기 때문이다. 오히려 모든 관원들이 자연스럽게 동의하여 결정하였으므로 별다른 격론이 없었고, 실록에도 별다른 추가되는 논의가 없는 것으로 이해하는 것이 자연스럽다.

또한 유중을 이렇게 해석할 수 있다는 가능성을 부여하는 것은 당시 이 문제와 같이 건의되었던 안건들의 처리과정이다. 태종 17년 사간원에서 공상의 과거응시 금지 안건과 동시에 올린 안건은 2건이 더 있었다. '科田의 陳告受田'의 안건과 '妻妾의 분변'의 안건이었다. 당시 이 안건들은 공상의 안건과 함께 유중으로 처리되었다. 그러나 흥미로운 것은 그 중에 한 안건인 '과전' 건은 뒤의 자료에 의하면, 건의된 조항 그대로 건의된 시기

---

29) 『태종실록』 권33, 태종 17년 2월 경진.

에 바로 결정된 것으로 확인이 된다.[30] 그러므로 당시 실록에 기록된 유중 이라는 것이 부결을 의미하는 것으로 보기 힘들다. 이러한 상황들을 종합 할 때에 태종 17년 공상의 과거 응시를 금하는 안건도 일시적으로 留中되 었으나 바로 풀리어 조정에서 결정되었을 것으로 추측된다. 그러므로 '공 상의 과거 응시 금지' 결정은 태종 17년에 시행되었다.

3. 공상 관원의 차대

1) 유품직 공상 관원의 차대

공상에게 관직을 주는 것이 이념적으로 부정되었고, 공상이 과거에 응 시할 수 있는 길도 봉쇄되었지만, 현실적으로 공상은 관직에 진출하고 있 었다. 공상에게 관직이 주어지는 것은 공상이 국역에 동원되어서 이룬 성 과와 관련되는 것이었다. 공상이 특별한 공을 세운 경우에는 비유품직뿐 아니라 유품직에도 임명되었다. 공상의 관직 진출 특히 유품직의 진출은 조정의 중요한 논란거리였고, 대간들은 이를 저지하려고 노력하였다. 그러 나 이들의 진출을 막을 수 없을 때에는 이들에게 관원으로서 주는 특권을 제한함으로써 차대를 가하려 하였다.

이들에 대한 차대는 관직체계를 달리하여, 관원으로서 가지는 특권을 제 한하는 것으로 귀결되었는데, 이는 두 단계로 나누어서 진행되었다. 그 과

---

30) 『태종실록』 권33, 태종 17년 3월 정미조에 의하면 호조에서 分田의 법으로 啓聞 을 올렸는데, "永樂 15년 2월의 受敎에, '그 給田한 정상을 보아 그 陳告한 선 후로써 折給하라.' 하였으므로, 앞을 다투어 진고하나 오히려 미치지 못할까 염 려하여 土風이 不美하니, 금후로는 한결같이 진고함을 금단하소서."라고 하고 있다. 여기서 영락 15년 2월은 앞의 사헌부에서 안건을 올린 시기로 이때에 유중 으로 처분되었던 안건이 실제로는 수용이 된 것으로 파악된다.

정을 유품직 공상 관원에 대한 차대와 비유품직 공상 관원에 대한 차대로 나누어 살필 수 있다. 먼저 조정에서 문제가 된 것은 유품직 공상 관원에 대한 것이었다. 이들에 대한 체계적인 규제는 세종대에서부터 나타났다.

가장 먼저 공상 관원에 대한 차대가 부각된 것은 '啓聞治罪'의 특권을 부여하는 과정에서 나타났다. 계문치죄는 관원이 죄를 지은 경우에 재판관이 독단적으로 형량을 결정하지 않고 왕에게 물어서 판결하는 제도였다. 이는 관원을 보호하기 위한 제도로 관원의 재판상 특권이었다. 문무관에게 계문치죄의 권한을 부여한 것은 세종 5년 세종의 다음과 같은 명에 의해서 되었다.

> 6품 이상, 東班 參外와 蔭職이 있는 자손 등의 笞罪는 敎旨를 받들어서 의금부에 내리어 시행하되, 이를 恒式으로 할 것이다.

세종이 사헌부, 형조, 의금부에 명한 것으로, 여기서 교지를 받들어서 처리한다는 것은 계문치죄한다는 것을 함축하고 있다.[31] 이러한 문무관에 대한 계문치죄의 부여에 공상 관원들은 빠져 있었다. 이는 세종 5년 사헌부에서 계한 다음의 자료로 확인된다.

> "문무관과 3품 이상의 蔭職子孫들이 十惡, 奸盜, 非法殺人, 법을 굽히고 장물을 받은 것, 私情을 쓴 것 이외에 해당하는 태형과 장형은 금년 정월 16일의 수교에 의거하여 모두 의금부로 옮겨 보내어 시행할 것입니다. (중략) 그러나, 工商과 賤隷들은 비록 參上이라도 또한 전례에 의하여 태죄와 장죄는 바로 단죄할 것입니다."라고 하니, 그대로 따랐다.[32]

---

31) 『세종실록』 권19, 세종 5년 1월 기해.
32) 『세종실록』 권21, 세종 5년 7월 신묘.

여기의 '정월 16일의 수교'는 앞에서 인용한 문무관의 계문치죄를 명한 내용이었다. 따라서 본 내용은 문무관의 계문치죄의 부여에 대한 구체적인 사항을 처리하기 위한 방법을 논의한 것이다. 이에 의하면 공상 관원은 천례 관원과 더불어 계문치죄의 대상이 아니었다. 이때의 논의에서는 분명하지 않았지만 계문치죄의 부여는 공상과 천례 관원 외에 常人官僚 즉 협의양인 관원에 대해서도 부여되지 않았다. 이는 세종 12년에 이르러서야 형조판서 김자지가 "벼슬이 있는 자는 비록 本系常人에 속한 자라도 취지 논결하라."는 전교가 있었다고 언급하고 있어서[33] 상인관원의 대우는 별도로 처리되었음을 짐작케 한다.

그러므로 계문치죄의 논의에서 조정에서는 관원들을 土族 출신의 관원, 常人 출신의 관원, 工商 賤隷 출신의 관원 등의 세 부류로 나누어 파악하여 각각 다른 대우를 하고 있었다. 사족 출신에게는 참하관까지 계문치죄가 허용되었으나,[34] 공상천례의 출신의 경우에는 참상관에게까지도 계문치죄가 허용되지 않았다. 常人출신의 관원에게는 세종 12년까지 불분명한 상태였다. 그러나 세종 12년경에 이르면 상인출신의 관원에게도 계문치죄가 허용되었고,[35] 이러한 계문치죄 확대 속에서 공상천례 관원들에게도 계문치죄를 허용할 것인지가 논의의 대상이 되었다.

이미 앞에서 살핀 대로 공상은 常人의 범주에서 논의되지 않고 賤隷와 묶어서 같은 대우를 받고 있었는데, 상인에게 계문치죄가 허용되면서 공상에게도 확대 허용할 수 있는가의 문제가 논의되었다. 공상 관원은 상인 관원과 동일하게 문무산계를 받고 있었고, 관직도 유품직을 받고 있었으므로 관계나 관직 상으로 볼 때에 이러한 논의가 가능하였다. 세종 12년 형조판서 김자지가 "모든 工商 賤隷로서 벼슬을 받은 자가 죄를 범하여 論決할 때를 당하면, '벼슬 있는 자는 비록 本系常人에 속한 자라도 取旨論決

---

33) 『세종실록』 권48, 세종 12년 4월 계미.
34) 『세종실록』 권49, 세종 12년 9월 을사.
35) 『세종실록』 권48, 세종 12년 4월 계미.

하라.'는 전교를 인용하여 즉시 죄를 받지 않게 된다."라는 지적을 통해
서 공상 관원 특히 양인 공상 관원의 계문치죄의 문제가 제기되고 있음
을 확인할 수 있다.

공상과 천례 관원에 대한 계문치죄 부여의 문제가 제기되어 조정의
논란이 있자, 세종은 다음과 같이 본계상인과 공상의 차이에 대하여 언
급하였다.

> 本系常人이라고 일컫는 것은 공상천례를 말함이 아니다. 비록 世族
> 은 아닐지라도 낮은 벼슬에 있는 西班 8품, 東班 9품 이상의 사람을 가
> 리킨 것이다. 만약 司謁, 司鑰, 舞隊 따위는 비록 직은 있더라도 流品
> 의 例에 들지 아니한다. 무릇 문무관의 범죄한 자들에게 取旨하여 贖罪
> 하게 한 것은 士君子를 우대하자는 까닭이니, 비록 세족이 아니라도 공
> 상천례가 아니면 그 벼슬이 있음을 인하여 역시 우대함이 가하다.[36]

이 내용에 의하면 세종은 본계상인을 '世族은 아닐지라도 낮은 벼슬에
있는 서반 8품 동반 9품 이상의 사람'으로 정의하고 공상천례는 여기에 속
하지 않음을 분명히 하고 있다. 그러므로 여기서 常人이라는 용어 속에 공
상이 포함되지 않고 있음을 분명하게 알 수 있다. 따라서 공상관원에게는
계문치죄의 권한이 부여되지 않았다. 그러나 이러한 세종의 명료한 해석
에도 불구하고 미진한 부분이 남아있었다. 즉 세종이 '사알, 사약, 무대' 등
비유품관의 관직명까지 거론하면서 본계상인이 비유품관이 아니라 유품관
이라는 것을 강조하고 있기 때문이다. 이는 본계상인이 유품관원인 경우
를 강조한 것인데, 이러한 세종의 언급은 유품관원 공상에게는 계문치죄
할 수 있다는 인상을 남겼다. 그러나 일단 이 논의에서의 결론은 공상 관
원은 계문치죄의 대상이 될 수 없다는 것이었다.

이 문제는 얼마 되지 않아서 다시 제기되었다. 찬성 허조는 "지금은 참

---

36) 상동조.

외관과 蔭官의 자제들까지도 반드시 모두 啓達하여 그 죄를 논단하기 때문
에, 文武의 士族 이외에 工商 賤隷의 무리도 반드시 계달해 죄를 논단하고
있다."37) 라고 이 문제를 다시 언급하고 있다. 이미 세종에 의해서 분명하
게 결정된 문제가 다시 제기되는 것은 앞에서 언급한 대로 세종의 언급에
논의의 소지가 있었기 때문이었다.

다시 논란이 되면서 세종의 의도가 분명하게 노출되었는데, 세종은 "工
商, 賤隷, 雜職者는 士類와 대열을 같이 하지 못함은 물론이나, 만약 동서반
의 직위에 참예한 자는 그 직임이 구별이 없는 이상 대우에 있어 다를 수
있겠는가."라고 계문치죄의 문제는 문무관 즉 유품관 여하의 문제로 파악
하였다. 즉 같은 유품직은 공상이라도 다르게 대우할 수 없다는 것이 세종
의 입장이었다. 세종이 자신의 입장을 분명하게 제시하자, 계문치죄를 통
해서 공상 관원을 차대하려던 논의는 지속되기 어려웠다.

이에 관원들은 공상 관원을 차대하기 위해서 새로운 접근이 필요하였
다. 관원들은 계문치죄에 국한하지 않고 논의의 폭을 확대하면서 보다 근
본적인 대안을 제기하였다. 새로운 제안을 세종 12년 정초는 다음과 같이
제시하였다.

> 중국의 관제에는 각 품마다 모두 雜職이 있어 유품에 참예하지 못하
> 오나, 우리나라의 관제는 雜類의 구별이 없기 때문에 공상, 천례, 조례,
> 소유, 나장, 장수의 무리일지라도 직임만 얻을 것 같으면 모두 조관 반
> 열에 참예하고 있으니 심히 미편한 일입니다. 바라기는 서반 관직을 줄
> 이고 따로 잡직을 설정하시어 문무관의 지위를 높이도록 하옵소서.38)

대신들은 공상 관원을 차대하려는 입장을 관철하기 위해서 보다 근본적
인 방법을 제시하였다. 우선 세종이 반대의 의사를 표현한 계문치죄의 건

---

37)『세종실록』권49, 세종 12년 9월 을사.
38) 상동조.

을 계속 주장하지 않고, 우회해서 '朝班 參與'의 건으로 이 문제에 접근하는 방식을 취하였다. 조반 참여는 관원이 조회에 참여하는 것이다. 조회는 관원이 왕을 알현하는 정기적인 예식으로 이에 참여는 일정한 자격이 요청되었고, 참여자격이 있는가 여부는 관원을 분류하는 중요한 지표로 작용하였다. 그러므로 관원들은 이러한 새로운 기준을 제시하면서 보다 본격적인 방법으로 관직체계를 손질하여 공상 관원들에게 '雜織'을 부여하여 공상이 유품직에 섞이는 문제를 해결하려 하였다.

이렇게 적극적으로 공상 관원을 차대하는 이유를 논의 중에서 찬성 허조는 다음과 같이 설명하고 있다.

> 지금은 참외관과 蔭官의 자제들까지도 반드시 모두 啓達하여 그 죄를 논단하기 때문에, 문무의 사족 이외에 工商 賤隸의 무리도 반드시 계달해 죄를 논단하고 있어, 아마도 장래에는 사류와의 혼잡을 일으키어 良賤의 등위가 없을 것입니다.[39)]

이 내용에서 주목되는 것은 관원을 사족과 공상천례로 그 출신을 나누고, 그 차이를 '양천의 등위'로 설명하고 있다는 점이다. 여기서 공상은 천례와 별다른 차이 없이 하나로 묶어서 '천'에 분류되고 있다. 이미 공상이 常人에 속하지 못하였다는 점은 앞의 논의에서 분명해 졌는데, 이 자료를 통해 거듭 확인된다. 물론 여기서 '천'의 의미를 일방적으로 천신분으로 볼 수만은 없는 것이지만, 이미 같은 유품직을 가진 관원을 대상으로 논하는 것인 만큼 기능보다는 생득적인 면을 논하는 것이 분명하다. 공상을 천인과 같이 묶어서 지칭하였다는 것은 이미 이들의 생득적 지위가 양인과는 차이가 있음을 보여주는 것으로 이해된다. 관원들의 적극적인 입장 표명과 잡직계 설치 제안에 대하여 세종은 공감을 표하였고, 이를 연구하도록 명하였다.

---

39) 상동조.

이후 이 문제에 대한 논의가 지속되면서 공상천례를 유품직에서 나누자
는 입장이 힘을 얻어갔다. 그러한 움직임이 구체적인 성과를 보인 것은 세
종 24년 유품직 공상천례에게 사옹원에 직을 주는 조치였다. 이는 다음과
같이 병조에 의해서 제안되었다.

> 諸色工匠에게 일시의 공으로 상을 주어 西班軍職에 임명하여 朝班
> 에 섞여 있게 하니 매우 옳지 못합니다. (중략) 청하옵건대, 司甕에 四
> 番을 합하여 司直 12인 내에서 4인을 혁파하고, 7품 司正 8인에 4인을
> 더 하고, 8품 副司正 8인에 또 8인을 더하고, 정9품 給事 12인에 8인
> 을 가설하고, 종9품 副給事 12인에 또 12인을 더하여, 각기 그 本番의
> 司甕 등에서 천전하는 遞兒와 각 色掌 등의 체아는 이전의 都目의 수
> 효대로 하고, 그 나머지 각 품의 결원은 工匠과 雜技 등으로 임시에
> 賞職하게 하소서.40)

공장의 조반참여를 막기 위해서 이들을 사옹원의 관직에 임명하도록 제
안하고 있다. 사옹원은 유외잡직으로 분류되어 있었고, 이미 유외잡직에게
는 조반의 참여가 금지되어 있었으므로 공장에게 사옹원의 직을 부여한
것은 잡직을 만들지 않고도 공장의 조반 참여를 못하게 하는 성과를 얻을
수 있는 방법이었다. 이 제안은 수용되었고, 이를 통해서 유품직을 가졌던
공상천례는 비유품직의 대우를 받는 처지가 되었다. 이러한 조치를 원활
히 시행하기 위해서 사옹원에 자리도 대폭 마련하였다.

공상 관원에게 비유품직인 사옹원의 직을 주면서, 조반의 참여 문제는
자연스럽게 해소되었으나, 이 조치는 잡직계의 신설을 제안하였던 근본적
인 안과는 아직 거리가 있었다. 그러므로 비유품직 내에서 공상의 지위 문
제는 좀 더 논의될 수밖에 없었다. 이는 다음절에서 다루고자 한다.

---

40)『세종실록』권98, 세종 24년 11월 계미.

2) 비유품직 공상 관원의 차대

공상 관원에게 사옹원직을 주게 되면서 공상 관원은 비유품직에 편입되었다. 비유품직은 유품직 내에서 공상을 분리하려는 논의 속에서 이미 유외잡직으로 호칭되면서 유품직과의 차별성이 커졌고, 따라서 비유품직은 지위가 하락하고 있었다.[41] 이러한 비유품직 내에서 공상이 점하는 위치는 어떠하였을까. 이 문제를 검토하기 전에 먼저 유념할 것은 유품직 공상이 비유품직으로 배치되기 전에도 비유품직에 공상 관원들이 배치되어 있었다는 점이다.

비유품직 내에 공상이 배치되어 있었다는 점은 세종 16년 예조에서 언급한 다음과 같은 내용으로 확인할 수 있다.

> "慣習都監의 管絃盲人은 재주를 시험하여 직책을 받도록 이미 일찍이 立法되어 있으나, 그 중에 賤口에 관계된 자는 재주를 시험하여 직책을 받지 못하니, 諸色匠人의 賤口受職의 예에 의하여, 流品 이외의 雜職에 재주를 시험하여 서용하게 하소서."하니, 그대로 따랐다.[42]

이는 관현맹인의 취재를 논하는 내용인데, 이에 의하면 이미 공상이 비유품직에 서용되고 있었음을 알 수 있다. 구체적으로 사옹원에도 공상 관원이 배치되고 있었다. 유품직 공상 관원이 사옹원으로 배치된 것은 세종 25년인데, 그 이전에도 사옹원에 공상이 배치되어 있었다. 이는 다음의 세종 18년의 논의를 통해서도 확인된다.

> 그대의 말이 진실로 옳다. 그러나 판수이면서도 관직을 받은 것은 지금에 시작된 것이 아니고 예로부터 있었다. 또 사옹원의 관직은 공

---

41) 최이돈 「조선 초기 잡직의 형성과 그 변화」 『역사와 현실』 58, 2005.
42) 『세종실록』 권66, 세종 16년 11월 무술.

상천례들도 모두 받게 되었는데, 아마 모두가 그 사무를 반드시 맡지
는 못할 것이다.43)

이에 의하면 사옹원에 이미 공상천례가 배치되고 있었음을 알 수 있다.
그러므로 유품관내에 있던 공상 관원들이 사옹원에 배치되면서, 기존의
비유품직 내에 있던 공상 관원들과 통합되었을 것으로 생각된다.

그러면 비유품직 내에서 공상 관원은 어떠한 대우를 받았을까? 결론적
으로 말하자면 공상 관원의 입지는 비유품직 내에서도 위축되고 있었다.
비유품직 내에는 양인, 공상, 천인 등의 관원들이 망라되고 있었는데, 양인
관원의 경우에 그 지위가 상승하였고, 상대적으로 공상과 천인 관원들의
지위는 더욱 위축되었다. 이러한 동향은 유품직 공상이 사옹원에 배치되
기 이전부터 나타났다. 이는 세종 15년에 예조에서 유외잡직 양인관원들
에게는 '계문치죄'의 권한을 부여하자는 다음과 같은 논의를 통해서 파악
된다.

도화원, 상의원, 사옹방, 아악서, 충호위 등은 비록 잡직일지라도 본
래 천인이 아니므로, 그 참상은 성중관의 예에 의해 계문하여 논죄하
게 하옵소서하니, 그대로 따랐다.44)

비유품직 관원들은 유품관들과는 달리 계문치죄하는 특권을 가지지 못
하였는데, 이때에 이르러서 비유품직 관원중 양인인 경우는 참상관에 한
하여 계문하여 치죄하게 되었다. 유품관은 참외관까지 계문치죄하는 조치
가 취해지고 있는 상황이었으므로 참상관에 국한한 조치는 제한적인 우대
였지만 비유품직 내에서 양인은 일정한 우대를 받고 있었다.

잡직 내에 양인을 우대하려는 움직임은 유품직 공상이 사옹원에 배치된

---

43) 『세종실록』 권75, 세종 18년 10월 정묘.
44) 『세종실록』 권59, 세종 15년 2월 무술.

후에 보다 확대되어서 세종 26년에는 비유품직의 참외관까지도 계문치죄하는 혜택이 부여된다. 세종이 잡직 양인관원에게 참외관까지 계문치죄를 확대하라고 다음과 같이 명하고 있다.

　　도화원, 상의원, 사옹, 아악, 충호위는 그 벼슬들이 비록 유품 밖의 것이기는 하나 천인은 아니다. 참상은 성중관의 예에 따라 啓聞한 뒤에 시행하라는 것은 이미 일찍이 입법되었다. 지금 散官의 제수를 받은 사람의 冠帶, 承蔭, 坐罪 등 여러 가지 일은 문무관 실직을 받은 사람과 다름이 없는 것으로, 산관의 제도는 매우 중대한 것이다. 위의 상의원 등의 각인도 또한 서반 산관의 직을 받은 것이니, 지금부터는 만약 범법하는 일이 있을 때에는 다만 참상만이 아니고 참외에 이르기까지, 문무관의 예에 따라 임금의 뜻을 물어 시행하는 것을 영구한 常用의 법으로 하라.[45]

이에 의하면 유외잡직도 산계는 유품관과 동일하게 문무산계를 주고 있으므로, 이를 근거로 한다면 이들을 유품관과 달리 대우할 이유가 없었다는 것이다. 그러므로 양인인 유외잡직은 참외관까지 계문 후 치죄하는 우대를 받게 되었다.

그러나 이러한 조치에서 공상 관원들은 양인관원에서 분리되어 혜택을 받지 못하였다. 오히려 이러한 조치를 한 며칠 뒤에 공상 관원들은 사옹원에서 상림원으로 옮기는 조치를 당하였다. 세종 26년 의정부에서는 다음과 같이 이를 제안하였다.

　　우리나라에서는 양천의 구별이 매우 엄격한데, 前項의 공장과 잡기를 가진 자는 대개가 천민으로서 사옹원 諸員 등 都目 去官의 제도를 적용하는 관직을 주어 양천이 혼잡하게 됩니다. 그러므로 지금부터는 사옹 4번의 각 품 내의 사직 4인, 부사직 4인, 사정 4인, 부사정 4인,

---

45)『세조실록』권105, 세종 26년 7월 임신.

급사 8인, 부급사 8인은 그대로 계속 사옹 제원의 벼슬을 주며, 사직 4인, 부사직 4인, 사정 8인, 부사정 12인, 급사 12인, 부급사 16인을 제외하고는 상림원에 예속시켜서 工匠, 雜技, 賤口 등에게 제수하여 양천을 구별하게 하십시오.46)

이는 공상 관원을 다시 상림원으로 옮기자는 제안이다. 상림원은 사옹원과는 달리 이전부터 천인들이 임명되는 부서로 파악되고 있어 유외잡직 내에서도 별도로 구분되어 있었다.47) 이 조치는 당시 관원들이 공상관원을 사옹원직에 임명을 하여 비유품직으로 처리하는 것만으로 아직 충분하지 못하였다고 생각하였음을 보여준다. 이는 특히 비유품직 내의 양인들을 우대하는 조치를 추진하면서 공상 관원들을 구분하여 차대하기 위한 것이었다. 이러한 조치의 의도를 잘 보여주는 것은 위의 인용문에서 "상림원에 예속시켜서 工匠, 雜技, 賤口 등에게 제수하여 양천을 구별하게 하십시오"라는 대목이다. 이 대목에 의하면 역시 공상을 잡기 천구와 함께 良賤 중에서 賤으로 분류하고 있다. 여기서 공상은 천구와 별도로 언급하고 있으므로 이는 분명하게 천인공상만이 아닌 양인공상까지 포괄하여 지칭하는 것으로 보인다.48) 공상을 천구와 같이 '賤'으로 분류한 것은 관원들이 공상과 천례를 별다른 차이 없이 인식하고 있음을 보여주는 것이다. 상림원으로 옮기는 조치는 공상 관원을 비유품직 관원 내에서도 차별하는 것이었다.

그러나 이들에게 여전히 문무산계를 부여하고 관직명도 유품직과 같은

---

46) 『세종실록』 권105, 세종 26년 윤7월 임오.
47) 流外雜職 가운데에서 상림원에는 內奴를 붙이고, 전악서에는 妓孫 및 公賤으로 서 채워 정하되, 만일 법을 범한 바가 있으면 비록 參上일지라도 형법에 의하여 바로 처벌을 행하고, 도화원, 상의원, 사옹방, 아악서, 충호위 등은 비록 잡직일지라도 본래 천인이 아니므로, 그 참상은 성중관의 예에 의해 계문하여 논죄하게 하옵소서(『세종실록』 권59, 세종 15년 2월 무술).
48) '공장과 잡기를 가진 자는 대개가 천민'이라는 인식을 가지고 있었으므로 제한적이기는 하였다.

호칭으로 부르고 있어서 아직 그 경계가 분명한 것이 아니었다. 이에 공상 관원을 분리하기 위해서 추가 조치가 필요하였는데, 그 핵심은 별도의 관직체계를 만드는 것이었다. 그러므로 위의 상소에 이어서 의정부에서는 아래와 같은 내용을 제안하고 있다.

> 상림원의 직품 중에 산관도 역시 무반인 산관을 제수하기 때문에 다른 문무 實職의 품관들과 다름이 없어서 또한 온당하지 아니하오니, 정5품 奉事校尉와 奉務校尉, 종5품 承進校尉와 承供校尉, 정6품 修任校尉와 修職校尉, 종6품 愼功校尉와 愼課校尉, 정7품 服效副尉, 종7품 服勤副尉, 정8품 典功副尉, 종8품 尙功副尉를 두고, 정9품 給事, 종9품 副給事는 예전대로 資給 없이 임명하도록 하옵소서하니, 그대로 따랐다.[49]

공상 관원을 위해서 기존의 문무산계와는 다른 별도의 산직체계가 제안되었고, 세종에 의해서 받아들여졌다. 이 조치를 통해서 비로소 제도적으로 공상 관원은 완전히 분리되었다.

공상관원이 잡직계를 받는 것은 양인공상이나 천인공상을 막론한 것이었음을 위의 논의과정에서 알 수 있었다. 이는 세종 27년 세종이 병조에 명령한 다음의 기록에서 다시 확인된다.

> 各司의 諸色匠人과 商賈에 이름을 둔 자는 비록 양인에 속하더라도 대장 대부를 제수하지 말고 모두 상림원의 職을 주라.[50]

각사 공상의 직을 맡는 양인에게 잡직계를 주고 있다. 그런데 이와 같은 명령이 새삼스럽게 내려진 이유는 무엇일까? 이미 유품관에 속하였던 공상천례는 사옹원으로 모아진 뒤에 다시 상림원에 통합되면서 잡직계를 받

---

49) 『세종실록』 권105, 세종 26년 윤7월 임오.
50) 『세종실록』 권110, 세종 27년 11월 경진.

은 상태이므로 여기의 '각사의 제색장인'라는 구절 내에서 '각사'를 볼 때
에 이 명령은 유외잡직에 배치되어 있던 공상들을 대상으로 한 것이었다.
즉 비유품직 내에 흩어져 있던 공상 관원들을 상림원으로 모우면서 취해
진 조치로 이해된다. 이를 위해서 이미 상림원은 세종 26년 사용원으로부
터 많은 인원을 넘겨받았는데, 세종 27년에 다시 대폭 증원을 했다.[51] 상
림원에 증액된 인원을 정리해보면 상당히 많은 인원을 증원하는 조치를
취하였음을 알 수 있다.[52] 이는 유품직은 물론 다른 유외잡직에 임명되던
공상의 수가 상당했음을 보여준다.

  이에서 한걸음 더 나아가 세종 31년에는 잡직계를 받은 관원의 관직명
도 유품직과는 다른 명칭을 쓰기에 이르렀다. 공상 관원들은 상림원에 따
로 수용되었고, 산계도 이미 바뀌었으나, 관직명은 유품관들과 여전히 같
은 명칭을 사용하고 있었다. 이에 그 구분을 분명하게 하기 위해서 관원들
의 논의를 통해서 세종 31년에 "司直은 管事로, 副司直은 副管事로, 司正은
典事로, 副司正은 副典事로"고쳤다.[53] 이로써 잡직계 설치 이후 공상천례
출신의 관직자들을 구분하는 조치가 마무리 되었다.

  그러나 공상 관원들이 잡직계로의 통합은 완전한 것은 아니었다. 문종
대의 군기감에 관한 자료에 의하면 여전히 양인장인에게는 서반 군직을
주는 사례가 노출되기 때문이다.[54] 그러한 통일 되지 않은 동향은 유외잡

---

51) 『세종실록』 권109, 세종 27년 7월 경인.
52) 사용원 상림원 관원의 변화표

	관사 (사직)	부관사 (부사직)	전사 (사정)	부전사 (부사정)	급사	부급사	총수
세종 24년 사용원 증액	-4		4	8	8	12	28
세종 26년 사용원⇒ 상림원	4	4	8	12	12	16	56
세종 27년 상림원 증액	2	2	4	8	23	19	58

53) 『세종실록』 권123, 세종 31년 1월 신묘.
54) 유승원 위의 책 403~404쪽.
    『문종실록』 권8, 문종 원년 6월 병술; 『문종실록』 권9, 문종 원년 9월 무술.

직의 형성과정에서 나타나는 비균질적 과정에 기인한 것으로 생각된다.
한 예로 아악서와 같은 곳은 부서 자체에 별도의 산계를 가지고 있었는데,
잡직계가 만들어진 이후인 세종 30년에 내부의 양인 관원과 천인 관원을
나누기 위하여 양인이 받을 수 있는 산계를 새롭게 마련하였다.55) 이후 아
악서는 성종 2년에 이르러서야 다른 유외잡직과 통일된 산계를 사용하게
되었다.56) 이러한 사정이었으므로 잡직체계는 잡직계를 만든 이후에도
통일성을 기하기 어려웠다. 그러나 이러한 비통일성은 서서히 해소되어
간 것으로 보인다.57)

그 결과 세조 6년에 이르면 상림원의 직으로 모아두었던 공상천례 관원
들을 본래의 활동하는 부서로 소속시키는 조치가 취해졌다.58) 이 조치는
잡직계 통일에 대한 자신감의 소산이었다고 생각된다.59) 이 조치로 인원
을 받는 부서들은 상의원, 군기감, 교서관, 공조, 선공감 등이 거론되었는
데, 이 부서들은 상의원을 제외하고는 잡직부서로 파악되지 않았던 곳이
다. 이후 이 부서들은 잡직이 배치되는 부서로 파악된다. 배치된 이들은
당연히 잡직계를 가졌을 뿐 아니라 상의원에서 가지고 있던 별도의 관직
명도 가지고 간 것으로 파악된다.60) 이러한 조치는 이미 별도의 잡직계가
부여되었으므로 유품과 잡직이 섞이는 혼란이 없이 공상들을 해당부서에
소속하도록 하여 관리에 효율을 높이는 계기가 되었으리라 생각한다. 이

---

55) 『세종실록』 권119, 세종 30년 2월 신유.
56) 『성종실록』 권11, 성종 2년 7월 계유.
57) 『경국대전』 「이전」 잡직. 이러한 현상은 잡직 부서의 최종적인 통일안이 되는 『경
    국대전』에까지 노출된다. 즉 위와 같은 비균질성의 결과로 장악원의 양인들은 예
    외적으로 문무산계를 받도록 규정되고 있다.
58) 『세조실록』 권21, 세조 6년 8월 갑진.
59) 물론 이미 세조 3년에 90명을 감원하는 조치로 인해서 상림원이 공상관원을 모아
    두는 기능을 제대로 수행할 수 없는 상황에 이르렀음을 감안해야 한다.
60) 각 부서에 배치된 관직명이 관사와 전사로 유품직과 다른 관직명으로 상림원에서
    보유한 명칭을 그대로 가지고 있었다. 단지 상의원의 경우는 사직, 사정 등의 칭
    호가 보여서 다소 특이하나 이부서 역시 전사, 급사 등이 배치되고 있었다.

렇게 만들어진 잡직계의 틀은 별다른 변화 없이 『경국대전』에 잡직조로
편입되었다.

그러나 여전히 『경국대전』에서도 포괄하고 있는 부서의 다양함과 각 부
서의 내력의 차이로 인해서 다소의 예외는 존재하였다. 공상은 거의 대부
분의 부서에서 통일되어서 양천을 구분하지 않고 잡직계를 받았으나, 장
악원, 교서관, 액정서 등의 양인은 예외적으로 문무산계를 주었다.[61] 이러
한 잡직 내의 비통일성은 이후에도 문제로 제기될 수 있었다. 성종 8년 대
사헌 김영유는 다음과 같이 이 문제를 지적하였다.

> 流品이라 이르는 것은 바로 東班의 實職을 이름입니다. 이제 掌樂
> 院, 典校署, 掖庭署의 雜職은 바로 工商賤隷의 무리가 겨우 贖을 받치
> 어 良人이 되면서, 곧 東班의 품계에 제수되었습니다. (중략) 工匠 안
> 에 新良人은 東西班의 계자를 제수하지 못하게 하소서.[62]

여기서 지적하는 것은 잡직 중에서 장악원, 전교서, 액정서의 양인이 『경
국대전』의 규정에 입각하여 문무산계를 부여받고 있는 것을 문제 삼고 있
는 것이다. 이러한 잡직 내의 비통일성은 잡직 형성과정의 다기함에서 오
는 역사적 산물이었으므로 조정이 간단치 않았다. 그러므로 위와 같은 관
원들의 제안은 받아들여지지 않았다.

그러므로 이 문제는 성종 13년에 다시 한 번 문제로 제기되었다. 사간
김극검이 이 문제를 다음과 같이 다시 제기하였다.

> 시장 안 工商人으로 금령을 범한 자가 만약 품계가 文武職과 같으면
> 決杖을 못하고 다만 贖을 징수할 뿐이니, 신의 생각으로는 市井小人은
> 비록 職級이 있더라도 문무관의 예로 논할 수 없다고 여깁니다.[63]

---

61) 『경국대전』「이전」 잡직.
62) 『성종실록』 권82, 성종 8년 7월 임오.
63) 『성종실록』 권148, 성종 13년 11월 갑진.

이 내용에 의하면 공상으로 계문치죄의 해택을 받고 있는 이들이 있었다. 잡직계를 받는 이들은 계문치죄의 해택의 밖에 있었으므로 공상으로 문무산계를 받는 이들이 논의의 대상이 되었다. 당시 문무산계를 받는 공상은 이 논의에 참여하였던 동지사 이승소가 '掌樂院, 典校署 工匠의 職銜이 문무관과 같은 것은 未便하니'라고 지적한데서 알 수 있다. 이는 결국 장악원, 전교서, 액정서의 공상이 문무산계를 받는 것을 문제 삼은 것이었다. 이에 대하여 성종은 "祖宗朝로부터 시행한 지 이미 오래되었는데 이제 갑자기 고치기가 어렵고, 또 이들은 임금이 주는 벼슬을 받았는데 바로 죄를 주는 것은 적당치 못하다."고 반대하였다. 이후 이들에 대한 문제는 다시 쟁점으로 부각되지 않았다. 이는 이미 성종대 이후에는 기술적 관원까지 잡직으로 파악되는 큰 흐름이 전개되면서, 잡직계의 지위는 더욱 위축되는 상황이 전개되면서 이 문제는 해소된 것으로 보인다.[64]

4. 공상의 世傳

이상의 검토를 종합할 때 공상은 관직에 임용되는 것이 규제되고 있었고, 임용되더라도 잡직계를 받아 천인과 같은 대우를 받았으며, 과거의 응시도 금지 되었다. 마지막으로 이러한 규제가 공상 본인에 한하지 않고, 자손에게까지 미치는가를 검토하고자 한다. 이 문제는 공상의 신분적 지위를 논하는 데에 없어서는 안 될 중요한 과제이다. 특히 공상의 세전을 보여주는 자료가 극히 적은 상황에서, 이는 세전의 문제에 대한 실마리를 제공할 수 있을 것이다.

이를 위해서 먼저 당시 관원들이 공상을 차대하는 이유를 검토하면서 논의의 실마리를 마련하고자 한다. 관원들이 공상을 차대하는 이유가 직

---

64) 최이돈 앞의 논문.

업적인 것인지 혈통적인 것인지를 검토하고자 한다. 공상에 대한 차대가 혈통적인 것이라면 그 차대가 본인에 그치는 것이 아니고 공상의 자손에게 까지 미칠 수 있는 것이므로 공상 신분의 세전에 대한 논의의 실마리를 제공할 수 있으리라 생각한다.

당시 관원들이 왜 공상을 차대해야 한다고 생각했는가를 우선 공상에게 관직을 줄 수 없는 이유에서부터 검토해 보자. 성종 19년 지평 박시형은 다음과 같이 공상이 관직을 받을 수 없는 이유를 언급하고 있다.

옛적에 四民 가운데 士農은 조정에 벼슬을 하였으나 工商이 참여하지 못한 것은 業이 賤하기 때문이었습니다.[65]

박시형은 공상이 관직을 할 수 없는 이유를 '업'과 연결시켜서 설명하고 있다. 여기서 '업'의 의미는 오늘날의 직업을 연상하게 하는 개념이다. 그러나 이는 오늘날의 직업과는 근본적으로 다른 개념이다. 만약 이를 단순히 직업의 관점으로 파악한다면 그 기준이 유능과 무능에 초점을 맞추어야 하고 또한 집단의 문제가 아니라 개인의 문제로 파악해야 한다. 그러나 여기에서는 기능의 능력을 평하기 보다는 '천'하다라는 귀천적인 용어로 평가하고 있고, 개인의 관점이 아니라 공상 전체를 들어서 평가하고 있다. 그러므로 이는 공상을 사농과 비교해서 貴賤의 관계로 보는, 신분적인 의미를 함축하고 있다.

이미 관직에 나아간 공상을 차대하는 이유도 위와 비슷한 것이다. 세종 12년 허조는 공상천례를 위한 별도의 관계를 만들어야 할 이유를 다음과 같이 설명하고 있다.

문무의 사족 이외에 工商 賤隷의 무리도 반드시 계달해 죄를 논단

---

65) 『성종실록』 권19, 성종 3년 6월 기사.

하고 있어, 아마도 장래에는 사류와의 혼잡을 일으키어 良賤의 等位가 없을 것입니다.[66]

이 내용에 의하면 공상천례를 구분하여야 하는 이유로 '양천의 등위'를 거론하고 있다. 여기서 등위의 의미를 당시의 용례를 중심으로 살펴볼 필요가 있다. 조선왕조실록에 나오는 '등위'의 용례는 크게 둘로 볼 수 있다. 당상관과 당하관을 나누는 정도의 같은 신분내의 상위직과 하위직을 나누는 용어로 사용되는 경우와[67] 귀천의 질서에 따라 신분적 존비의 관계를 설명하는 용어로[68] 나누어서 사용되고 있다. 그러나 전자의 용례로 상위직과 하위직을 나누어서 사용하는 경우 천하다는 표현이 수반되지 않는다. 그러므로 여기서는 후자적인 성격을 가지는 것으로 생각된다. 그러므로 이는 앞에서 살핀 '業'의 관점에서 천하다고 한 지적보다 더욱 신분적인 성향을 가지는 것으로 볼 수 있다.

그러나 더욱 주목할 부분은 공상과 천례를 같이 하나로 묶어서 양천의 천으로 파악하고 있다는 것이다. 조선 초기의 '양천'이라는 용어는 거의 예외 없이 양인과 천인을 같이 지칭하는 뜻을 가진 용어였고, 이는 그대로 법제적인 용어였다. 이러한 용어를 그대로 사용하면서 '천'에 공상과 천례를 같이 묶어 놓고 있다는 점은 매우 중요한 의미를 함축하고 있다.

공상을 양천중에서 천에 속하는 것으로 보는 자료는 세종 26년에도 보인다. 공상을 차대하기 위하여 사용원에 모아두었던 공상천례 관원들을 상림원으로 옮기는 조치를 취하였는데, 그 때에 이러한 조치를 취한 이유를 다음과 같이 설명하고 있다.

그러므로 지금부터는 사옹 4번의 각 품 내의 사직 4인, 부사직 4인,

---

66) 『세종실록』 권49, 세종 12년 9월 을사.
67) 『성종실록』 권247, 성종 21년 11월 을유.
68) 『성종실록』 권180, 성종 16년 6월 경진.

사정 4인, 부사정 4인, 급사 8인, 부급사 8인은 그대로 계속 사옹 제원의 버슬을 주며, 사직 4인, 부사직 4인, 사정 8인, 부사정 12인, 급사 12인, 부급사 16인을 제외하고는 상림원에 예속시켜서 工匠, 雜技, 賤口 등에게 제수하여 良賤을 구별하게 하십시오.[69]

이 대목에서도 역시 공장을 잡기, 천구와 함께 良賤 중에서 賤으로 분류하고 있다. 공상을 양천이라는 용어와 같이 언급한 이러한 용례는 세종대부터 나타나는데, 공상의 지위와 관련해서 좀 더 지속적인 검토가 요하는 매우 중요한 변화라고 생각한다.[70]

위와 같이 몇 가지 기록을 검토해 볼 때 공상이 '천'하다는 것은 직업적 능력의 관점에서 언급한 것은 분명히 아니었다. 특히 천인과 묶여서 같이 천하다고 표현한 것은 이를 신분상 용어로 이해해도 무리가 없는 표현이었다. 그러나 이러한 표현이 신분적인 것이었다고 단정하기에는 어려움이 있다. 이를 위해서는 좀 더 확실한 자료가 필요하다. 만약 자손까지를 같이 언급하는 자료가 있다면, 즉 공상의 자손까지 묶어서 차대하는 자료가 있다면 공상을 혈통상, 신분상 천한 것으로 파악해도 좋을 것이다.

이러한 관점에서 논의는 자연스럽게 공상 차대의 범위가 어떠하였는가의 과제로 전환된다. 먼저 주목되는 자료는 署經에 대한 기록이다. 서경은 관원의 관직 임명에 요구되는 자격을 검증하는 절차였으므로, 여기에는 그 검증 기준이 분명하게 명시되어 있었다. 서경의 기본 입장은 세종 14년 대사헌 신개의 상소에서 다음과 같이 확인된다.

---

69) 『세종실록』 권105, 세종 26년 7월 임오.
70) 세종대의 자료를 보면 명백하게 양인과 공상천례를 구분하여 언급하고 있는 기록을 자주 대할 수 있다.
   "양인은 상으로 버슬을 주고, 공상천례는 상으로 면포 50필을 주라."(『세종실록』 권52, 세종 13년 4월 계축).
   "버슬을 파는 데는 공상천례 외에 양인을 가려라."(『세종실록』 권127, 세종 32년 1월 신묘).

삼가 바라옵건대, 전하께서는 여러 관원에게 교지를 내리시어 모두 署謝하게 하고, 臺閣에게 명백히 명하여 工商, 賤隷, 庶孼로서, 여러 사람이 다 아는 사람을 제외하고는 世係와 애매하고 자질구레한 긴절하지 않은 일은 의논하지 말고, 자기의 마음과 행실의 선악이 선비의 氣風에 관계되는 것만 바로 의논하여, 선한 사람은 먼저 署經하고, 악한 사람은 뒤에 서경하되, 만약 그 악이 중한 사람은 서경하지 아니하여 격려와 권장을 보일 것입니다.[71)]

이 기록에 의하면 대간이 서경에 임하는 기준은 일차적으로는 '世係'였고, 그 기준을 통과한 경우에 이차적인 기준은 '氣風'이었다. 즉 혈통과 인품을 기준으로 서경을 하였다. 여기서 관심을 모우는 것은 世係를 기준으로 서경하는 경우인데, 이에 의해서 제한되는 명백한 부류는 '공상, 천례, 서얼'이었다. 여기서 공상은 그 기준이 '세계'를 보는 것이었으므로 공상본인이라기보다는 공상의 자손을 문제 삼는 것으로 볼 수 있다. 즉 차대의 범위가 공상 본인에 그치는 것이 아니라 자손에게까지 미치는 것이었다. 그러므로 혈통의 관점에서 공상의 자손은 천례의 자손과 같이 묶어서 서경을 통과할 수 없었다. 이렇게 볼 때에 앞에서 살핀 공상을 천하다고 한 기록의 의미가 좀 더 분명해진다. 즉 공상은 직업적인 의미가 아니라 생득적, 혈통적인 의미에서 천하다고 본 것이다. 그러한 이유로 공상에게 관직을 줄 수 없었고, 관직을 주는 경우에도 차대를 하는 것이 정당하였다.

공상의 자손이라는 조건이 관직의 임명과 서경에 치명적인 결격사유이었으므로 특정인을 공상의 자손이라고 거짓 정보를 유포한 것은 중요한 범죄가 될 수 있었다. 세종 13년 의금부에서 올린 다음의 기록은 그러한 사례를 잘 보여주고 있다.

"박거비가 정보광을 불효하다고 거짓 지목하고, 또 보광의 世系를

---

71) 『세종실록』 권57, 세종 14년 8월 무자.

알지 못하고 工商의 아들이라고 지목하여 예조에 牒報하였사오니, (중략) 법률을 상고하여 죄를 다스리게 하옵소서." 하니, 그를 파면하라고 명하였다.72)

이에 의하면 박거비가 정보광을 모함하면서 공상의 아들이라고 유언비어를 퍼뜨렸다. 그러나 이것이 거짓임이 드러나서 박거비가 관직에서 파면을 당하였다. 이러한 처벌은 공상의 아들이라는 위증이 치명적인 불이익을 주는 상황에서 나올 수 있는 사례였다.

이와 같은 현상은 과거 응시의 문제에서도 마찬가지였다. 과거에서 공상의 차대는 그 자손에게 미치고 있었다. 이는 처음으로 공상의 과거응시를 거론한 태종 17년에 사간원의 다음과 같은 제안에도 잘 나타난다.

우리나라의 科擧法은 한갓 재주만 시험함에 그치는 것이 아니라 또한 族屬을 분변하니, (중략) 신명색과 경재소는 工商, 巫覡, 雜色, 賤口 子孫과 불효의 不道를 범한 자를 드러내되, 정록소에서 精察하지 못한 자는 憲司가 규찰하여 엄히 법으로 다스리게 하소서.73)

과거에 응시할 수 없는 대상으로 '工商, 巫覡, 雜色, 賤口 子孫' 등을 거론하고 있다. 이 내용 중에서 '자손'이 수식하는 범위가 어디까지인가가 다소 애매하나, 이들이 과거를 볼 수 없는 이유를 과거가 '族屬을 분변'하는 것이라고 지적한 것을 보면 여기의 자손은 工商, 巫覡, 雜色, 賤口 모두를 수식하는 것으로 보는 것이 자연스럽다. 즉 공상은 그 자손까지도 혈통의 문제 때문에 과거를 볼 수 없었다.

이와 같이 과거의 응시자격에 자손까지를 구체적으로 명시한 것은 흥미롭다. 당시 현실에서 공상 본인이 직역에 종사하면서 과거를 응시한다는

---

72) 『세종실록』 권53, 세종 13년 9월 갑술.
73) 『태종실록』 권33, 태종 17년 2월 경진.

것은 거의 불가능한 것이었고, 오히려 조정의 논의에 대상은 공상으로 부를 축적한 이들이 여유를 가지고 자손을 교육하여 과거에 응시시킨 경우였을 것으로 추측된다. 그러므로 조정의 논의에서는 이점을 분명하게 명시하게 되었다고 생각된다.

이와 같이 과거에서 공상 자손을 배제한 내용은 중종 33년의 사헌부의 상소 중에서 다시 확인된다.

> 科擧는 국가의 중대한 일입니다. 반드시 四祖의 이름을 기록한 것을 상고한 뒤에 응시를 허가하는 것은 그 '族類를 변별'하여 벼슬길을 맑게 하기 위한 것입니다. 근래에는 인심이 예스럽지 않아서 庶孼과 市井子孫, 賤隷의 소생이 다 安分하지 않고, 혹은 호적을 고치거나, 혹은 四祖에 거짓 職銜을 入籍하거나, 淫婦의 자식이 保負의 이름을 거짓으로 서명하여 외람되게 試場에 나아가 간혹 급제하는 자도 있습니다.[74]

여기서도 '族類'을 과거응시 자격을 변별하는 기준으로 명시한 것이나, 과거 응시에 규제의 대상으로 '庶孼과 市井子孫, 賤隷의 소생'[75] 등과 같이 '자손', '소생' 등을 구체적으로 명시한 것은 앞에서 살핀 내용과 같다. 그러므로 이 자료에서도 공상의 자손은 과거응시 대상이 아니었음을 분명하게 확인할 수 있다.

이상을 종합할 때에 공상은 본인은 물론 자손까지 관직에 접근이 제한되어 있었고, 관직을 가지더라도 차대를 받고 있었으며, 과거의 응시도 불가능하였다. 그 이유는 이들이 혈통적으로 천하다는 것이었다. 이와 같은 검토의 결과를 볼 때 공상이 일반양인과는 다른 지위를 가지고 있었으며 이를 세전하고 있었다고 짐작할 수 있다. 그러나 공상의 세전에 대한 기록

---

74) 『중종실록』 권88, 중종 33년 8월 계해.
75) 며칠 뒤 『중종실록』 권88, 중종 33년 8월 기사조에는 '庶孼과 市井子孫, 賤隷와 淫婦의 소생'으로 확대되어서 언급되었다.

은 매우 적다. 『대전후속록』 공전 공장조에 "사옹원 사기장 子枝는 다른
역에 차정하지 말고 世傳其業하라."는 기록이 거의 유일하다. 이는 사기장
의 세전을 보여주는 기록으로 공상의 세전을 짐작케 해주는 가장 확실한
기록이다. 그러나 이 자료는 그 대상이 사옹원의 사기장에 한정하고 있다
는 이유로 그간 제대로 평가를 받지 못하였다.

  오히려 이것은 사기장 외에는 공상에게는 세전 규정이 없음을 방증하는
자료로 이용되었다. 그러나 신분에 관한 자료를 역으로 이용할 때에는 세
심한 주위가 요한다. 당시에 신분적 이해관계가 걸리는 경우는 매우 민감
하게 다루어졌다. 특히 양인에게 천역을 담당시킬 경우에는 사환권의 문
제 등 이해관계가 걸리는 문제가 제기되었고, 정부에서는 이에 대하여 적
극적인 조치를 취하는 것이 일반적이었다. 그러므로 만약 이 기록이 공상
의 세습을 예외적으로 규정하는 것이었다면 아마도 별도의 논의가 조정에
서 거론되는 것이 일반적이다. 그러나 조선왕조실록에는 이와 관련한 기
록이 보이지 않는다. 오히려 조선왕조실록은 사옹원의 사기장이 『대전후
속록』에 특기되게 된 배경을 보여주고 있다. 이는 중종 25년의 다음과 같
은 기록이다.

  승정원에 전교하였다. "사옹원에서는 해마다 當領水軍을 달라고 계
  청하는가 하면 병조에서는 그때마다 군인이 없다고 아뢴다. 예전에는
  사기장이 실제로 많았으나 지금은 반이나 도망하였다. 당령수군을
  많이 배정할 수는 없으니 50여 명을 恒式으로 삼아 定給할 것도 아울
  러 의논하라."76)

  이 기록에 의하면 논의 당시 사옹원의 사기장이 많이 도망하여 이에 대
한 대책이 필요하였고, 이에 50여명의 인원을 계속 유지하는 방법이 논의
되었음을 알 수 있다. 그에 대한 대책의 하나가 사옹원의 사기장으로 있던

---

76) 『중종실록』 권67, 중종 25년 2월 을축.

이들의 자손에게 본역을 계속하도록 하는 『대전후속록』의 조치였다고 생각된다. 그러므로 위의 『대전후속록』의 기록은 사옹원의 사기장을 충당하기 위한 대책의 하나로 생각할 문제이지, 전혀 없던 공상 세전에 관한 규정을 사옹원만 예외적으로 시행한 것으로 보는 것은 적절하지 않다. 오히려 위의 『대전후속록』의 기록은 공상의 신분이 세전이 되고 있었음을 보여주는 결정적인 자료로 이해된다. 이러한 해석은 이미 앞에서 검토한 관직과 과거에서 공상이 혈통적인 차대를 받고 있는 당시 현실과 잘 부합된다. 그러므로 공상은 그 신분이 세전되고 있었다고 보아도 좋은 것이다.

맺음말

본연구에서는 조선 초기의 공상의 신분적 지위에 대하여 검토해보았다. 지금까지의 연구에서 공상의 지위는 양인 내에서 좀 특이한 것으로 언급되고 있으나 아직 공상이 양인 내에서 차지하는 독특한 신분에 관심을 가지고 접근한 연구는 없다. 공상에 대한 전면적인 검토는 후일의 과제로 미루고 쟁점이 될 수 있는 다음과 같은 몇 가지의 과제를 중심으로 검토하였다.

1. 공상은 관직에 원칙적으로 임명될 수 없었다. 많은 자료가 공상의 관직 임명을 근본적으로 부정하고 있었다. 사와 농은 관직을 가질 수 있다고 보았으나, 공상과 천인은 관직을 가질 수 없다는 입장이 조선 건국기부터 확실하였다. 이러한 입장의 뒤에는 사와 농은 귀하고 공상은 천하다는 생각이 깔려있었다. 즉 공상은 협의양인과는 다르다는 입장이 분명하게 나타나고 있다. 이러한 원칙론은 구체적으로 정책에 반영되어서 나타나고 있었다. 군공을 세우거나 명화적을 잡는 등의 경우에 양인은 관직을 주고 있으나, 공상은 미포 등을 상으로 주는 것이 일반적이었다. 납속으로 관직을 주는 경우도 공상을 그 대상에서 제외하였다. 또한 이러한 인식 위에서

실제로 공상에게 관직을 주는 것은 대단히 제한되었고, 특별히 관직을 주는 경우에는 대간 탄핵의 대상이 되었다.

2. 공상이 과거에 응시할 수 없었다. 양인은 과거에 응시할 수 있다는 주장이 양천제론의 중요한 입론이다. 그 입론에 의하면 당연히 공상도 과거에 응시할 수 있어야 한다. 그러나 공상과 관련된 과거의 규정들이 단편적인 언급만 나타나는 실정이어서 이를 실증하는 것은 상당히 어렵다.

그러므로 이 문제를 둘로 나누어서 먼저 공상이 과거에 응시할 수 있었는가를 검토하고, 다음으로 공상이 과거에 응시할 수 없도록 결정된 시기를 검토하였다. 먼저 공상의 과거 응시가 불가하였다는 것을 중종대의 기록을 통해서 확인할 수 있었다. 다음으로 공상의 과거 응시를 금한 정책이 확정된 시기를 중종대부터 역으로 추적해 올라오면서 검토하였다. 과거에 관한 단편적인 자료와 인사나 서경에 관련된 자료를 종합해보면서 그 시기를 추적하였다. 그 결과 태종대 이미 공상이 과거에 응시할 수 없는 대상으로 규정되었고, 이를 규제하는 방법이 사조의 확인과 보증인을 세우는 것으로 형성되었음을 확인할 수 있었다.

3. 공상관원에게 잡직계를 주어 천인과 같이 대우하였다. 공상의 관직 제수를 원칙적으로 금하고, 이를 실제로 제한하는 정책들을 시행하였으며, 공상의 과거 응시도 금하였지만, 현실에서 공상 관원들이 배출되고 있었다. 이는 국가의 운영과 관리에 현실적으로 공상의 손길이 필요하였고, 일정한 공을 세운 이들에게는 상직을 내릴 수밖에 없는 현실에 기인하였다. 이러한 형편은 천인들이 관직을 받게 되는 것과 그 경위가 거의 같은 것이었다.

조정에서는 먼저 유품직에 있는 공상 관원에게 제한을 가하고자 하였다. 즉 계문치죄나 조반 참여 등 유품직 관원들이 가지는 권리를 공상 출신에게는 제한하려고 하였다. 그러나 공상 관원들이 문무산계와 더불어 유품직을 받고 있는 현실에서 이들을 차대하는 것은 규정상 쉽지가 않았다.

이에 정부는 공상 관원들을 차대하기 위해서 몇 가지의 조치를 취하였다. 우선 유품직 공상을 비유품직 부서인 사용원으로 옮기는 조치를 취하였다. 즉 공상을 유품직에서 비유품직으로 관직을 전환시키는 조치였다. 또한 비유품직 내에서도 공상을 일반양인과 구별하여 천인들이 임명되는 관서인 상림원으로 다시 옮기는 조치가 취해졌다. 이러한 단계를 거친 후에 공상 관원에게 별도의 산계인 잡직계가 주어졌고, 별도의 직명도 부여되었다. 이러한 변화에 따라 잡직계를 받은 공상 관원은 특권을 상실하고 직역만 남아 있어, 관원으로서의 실제적 지위를 상실하였다. 특히 공상은 이러한 일련의 논의과정에서 천인과 같이 묶여서 논의되었고, 결국 천인과 같이 잡직계를 받게 되었다. 이는 당시 지배계층이 인식하고 있는 공상의 신분적 범주가 천인과 다르지 않음을 보여준다.

4. 공상은 세전되었다. 공상의 신분을 논함에 있어서 공상의 세전 여부를 검토하는 것이 필요하다. 공상의 세전을 보여주는 자료는 지극히 제한되어 있어 세전여부를 단정하기 힘들다. 그러므로 단편적인 자료를 통해서 공상의 세전 여하를 검토하였다. 먼저 공상의 관직제수와 공상의 과거 응시 관련 자료를 중심으로 당시 관원들이 공상을 차대하는 이유를 검토하여 실마리를 찾고자 하였다. 이는 차대의 대상에 공상의 자손도 들어가는 지를 검토하는 것으로 연결되었다. 즉 당시의 관원들이 공상을 차대하는 것이 직업적 능력 때문인지, 혈통적 신분 때문이었는지를 검토하였다. 또한 이러한 차대가 공상 본인에 그치는 것인지 자손에게까지 미치는 것인지도 검토하였다.

먼저 당시 관원들이 왜 공상에게 관직을 줄 수 없다고 주장하였는지 그 이유를 검토해 보았다. 많은 자료에 공상은 사, 농에 비하여 천한 것으로 언급이 되어 있어서 공상의 차대가 단순히 직업적인 유능 무능의 차원이 아닌 것을 확인할 수 있었다. 공상 관원에 대한 차대가 신분적인 차대이었음을 보다 분명하게 보여준 것은 世係의 관점에서 공상이 천하다고 언급

한 기록들이다. 그 대표적인 것이 서경의 규정이었다. 서경의 기준은 世係
과 人品 두 가지였는데, 공상은 世係를 기준할 때 천인 서얼 등과 같이 차
대를 받는 부류였다. 즉 공상은 직업적인 의미가 아니라 생득적, 혈통적인
의미에서 천한 것이었으므로 그 자손까지 차대하는 것을 당연하게 여겼다.

과거의 규정에서도 공상은 그 자손까지 과거를 볼 수 없었던 것이 매우
분명하였다. 이는 "우리나라의 科擧法은 한갓 재주만 시험함에 그치는 것
이 아니라 또한 族屬을 분변한다."라고 '족속'을 명시하여 '능력'만이 아니
고 '혈통'에 의해서 그리고 '자손'까지 규제하는 것을 분명히 하고 있다.

이상을 종합할 때에 공상은 본인은 물론 자손까지 관직에 접근하는 것이
제한되어 있었고, 관직을 가지더라도 차대를 받고 있었으며, 과거의 응시도
불가능하였다. 이와 같은 검토의 결과는 공상에 대한 유일한 세전규정인『대
전후속록』의 공장 세전 사례와 잘 조응한다. 따라서 공상은 협의양인과는
신분적으로 다른 지위를 가지고 있었으며, 이를 세전하고 있었다.

첨언하고 싶은 것은 이와 같은 공상의 신분적 지위는 세종대에 이르러
분명해진다는 점이다. 세종대에 이르면 조정의 논의에서 공상과 협의양인
을 대비해서 사용하는 용례가 일반화되고, 사, 농과 대비해서 공상과 천례
를 묶어서 賤으로 호칭하는 사례들이 빈출하였다. 특히 양인 중에서 공상
을 제외한 부류를 호칭하는 용어로 '常人'이라는 용어가 본격적으로 출현
하는 것은 주목할 만한 변화였다. 이미 필자는 세종대를 전후해서 사족의
범주가 분명해지고, 잡직이 중간신분을 지칭하는 용어가 된다고 논증한 바
있는데,[77] 공상의 신분적 지위도 세종대의 잡직계 설치 논의를 전후해서
분명해 지는 것으로 보인다. 이러한 상황은 신분사적 관점에서 세종대를
전후한 시기를 좀 더 주목하여야 할 필요성을 제시하고 있다(최이돈 「조선
초기 공상의 신분」,『한국문화』 38, 2006).

---

[77] 최이돈 「조선 전기 현관과 사족」,『역사학보』 184, 2004;「조선 초기 잡직의 형성
과 그 변화」,『역사와 현실』 58, 2005.

제4부

賤人

제8장 賤人天民論의 전개

머리말

그간 조선 초기의 천인에 대한 연구는 다른 신분에 대한 연구에 비하여 상대적으로 활발하였다.[1] 이러한 원인에 하나는 천인 신분에 대한 연구가 양천제론이 제기한 논쟁에서 벗어나 있었기 때문이었다. 그러나 과연 천인 신분 연구가 양천제론이 제기한 문제의식에서 자유로울 수 있을까.

양천제론이 제기한 문제의식 중의 하나는 고려 말의 혼란 중에서 나타난 농민의 동향을 조선의 건국주체들이 어떻게 신분제에 반영하였는가를 구명하는 데에 있었다. 그러므로 양천제론에서는 조선 초기 양인 신분의 지위에 대하여 매우 적극적으로 평가하였다.[2] 이는 조선의 건국주체들이

---

1) 양천제론이 제기된 이후 연구된 조선 초기의 노비 신분 연구는 상당수에 이른다.

정현재 「선초 내수사 노비고」 『경북사학』 3, 1981.

정현재 「조선 초기의 노비 면천」 『경북사학』 5, 1982.

정현재 「조선 초기의 외거노비의 개념 검토」 『경상사학』 창간호 1985.

임영정 「조선 초기의 관노비」 『동국사학』 19,20합집 1986.

이성무 「조선 초기 노비의 종모법과 종부법」 『역사학보』 115, 1987.

이성무 「조선시대 노비의 신분적 지위」 『한국사학』 9, 1987.

이영훈 「고문서를 통해본 조선 전기 노비의 경제적 성격」 『한국사학』 9, 1987.

김용만 「조선시대 사노비 일 연구」 『교남사학』 4, 1989.

전형택 「조선 초기의 공노비 노동력 동원 체제」 『국사관논총』 12, 1990.

송수환 「조선 전기의 왕실 노비」 『민족문화』 13, 1990.

김동인 「조선 전기 사노비의 예속 형태」 『이재룡박사 환력기념논총』 1990.

지승종 『조선 전기 노비신분연구』 일조각 1995.

역사학회편 『노비 농노 노예』 일조각 1998.

고려 말 농민층의 요구를 수용하여 신분제에 적극 반영하였다고 보고 있기 때문이었다. 이러한 문제의식은 양천제론이 가지는 한계에도 불구하고 여전히 중요한 의미를 가진다고 볼 수 있다.

이러한 관점에서 본다면 천인에 대한 연구가 양천제론이 제기한 문제의식에서 자유로울 수 없다. 즉 고려 말의 사회에서 농민만이 아니라 천인도 역동적인 모습을 보여주었다. 그러므로 고려 말에 나타난 활발한 천인의 동향은 조선의 건국세력들에게 일정한 영향을 미쳤고, 조선의 건국세력들은 이를 신분제의 구성에 반영하였으리라는 가정이 가능하다.

그러나 그간의 천인에 대한 연구는 이러한 문제의식을 공유하지 못하였고, 천인이 최하위의 신분으로서 어떠한 차대를 받았는가를 규명하는데 초점을 맞추었다. 즉 조선 초기의 천인의 지위가 고려에 비하여 어떠한 변화가 있었는가에는 관심이 적었다. 더욱이 일부의 연구에서는 조선의 노비법제는 고려보다 더욱 가혹해졌다는 주장도 보인다.[3]

자료를 보면 조선의 건국주체들은 양인의 신분적 지위를 높이는데 관심을 가졌을 뿐 아니라, 천인의 지위를 높이는데도 같은 관심을 기울인 것으로 나타난다. 위화도 회군으로 주도권을 잡은 조선 건국 세력은 공양왕 3년에 다음과 같이 천인에 대한 자신들의 새로운 입장을 천명하였다.

> 노비가 아무리 천하다 하여도 역시 天民인데, 보통 재물과 같이 쳐서 공공연히 사고팔며 혹은 마소와 교환하는데 말 한 필에 두세 명씩 주고도 오히려 말 값이 모자라니, 이는 마소를 사람의 생명보다 중하게 여기는 것으로 됩니다.[4]

이는 門下府郎舍에서 올린 것으로 노비를 공공연히 사고파는 것을 문제

---

2) 한영우 『조선시대 신분사연구』 집문당 1997.
3) 이영훈 「한국사에 있어서 노비제의 추이와 성격」 『노비 농노 노예』 일조각 1998.
4) 『고려사』 권85, 형법2, 노비.

점으로 지적하고 있다. 이 자리에서 관원들은 이에 대한 대책으로 노비의
사사로운 거래를 금하자는 혁신적인 개혁안을 제기하였고, 조정의 동의를
얻어 정책으로 결정하였다. 이와 같은 동향은 조선건국세력이 노비문제에
대하여 적극적인 모색을 하고 있었음을 보여준다. 특히 위의 내용에서 주
목되는 것은 "노비가 아무리 천하다 하여도 역시 天民"이라는 주장이다.
이는 천인을 천민으로 보는 '賤人天民論'으로 노비에 대한 새로운 인식이었
다. 즉 노비도 천민 '하늘의 백성' 즉 하늘의 입장에서 보면 동질의 백성이
라는 인식이었다. 이는 노비가 최하위신분이기는 하였지만, 엄연히 천민으
로서의 기본적인 인권을 가지고 있다는 선언이었다.

　　그러나 조선건국세력이 가졌던 천인천민론은 조선 건국 직후의 국가 개
혁의 다양한 과제 속에서 뚜렷한 모습으로 정비되지 못하였다. 당시 신분
제의 우선적인 과제는 양천의 변정으로, 이에 관한 기록이 태조와 태종 초
기의 신분관련 기록의 대부분을 차지하는 것이 이러한 사정을 잘 보여준
다. 그러나 태종 중기 이후 양천변정의 문제가 정리되자, 천인을 천민으로
보는 '천인천민론'이 다시 선명하게 부각되면서 천인의 신분적 지위를 규
정하는 시금석이 되었다.

　　그러므로 이 장에서는 '천인천민론'이 조선 초기에 어떻게 표출되고 전
개되었는가를 검토하고자 한다. 조선에 들어서 보다 개방적이 되어가는
신분체계 속에서 천인의 신분이 가지는 지위를 고찰할 것이다.

　　천인천민론을 보여주는 자료들은 새로운 것이 아니다. 이미 기왕의 연
구자들에 의해서 이용된 자료들이 대부분이다. 다만 그간의 연구에서는
고려말의 사회적 역동이 조선의 신분제에 미친 영향력이라는 관점이 약하
였기 때문에, 천인천민론을 보여주는 자료들이 가지는 의미를 충분히 평
가하지 못하였다. 연구자들이 貴賤의 분수는 하늘이 만든 것이라는 '貴賤
之分論'의[5] 입장에서 천인을 바라보면서 그와는 대치되는 이념을 담고 있

---

5) '귀천지분론'의 주장은 조선왕조실록의 여러 곳에 분명하게 나타나고 있는데, 한

는 '천인천민론'의 중요성을 간과하였기 때문이다.

그러나 당시의 천인 신분을 보다 정확히 이해하기 위해서는 貴賤之分論과 賤人天民論을 동시에 이해할 필요가 있다. 조선초기의 위정자들은 귀천지분론의 현실적 질서를 인정하였으나 천인천민론이 가지는 이상도 버리지 않았다. 조선의 위정자들은 노비가 그 지위를 세습하는 신분이라는 냉엄한 현실을 인정하면서도, 보다 근본적인 관점에서 보면 "노비나 노비 주인이 모두 천민이다."라는 이상론도 유지하였다. 조선 초기의 신분질서는 이와 같은 현실론과 이상론의 양면적인 상호작용 하에서 정비되었다. 그간의 연구에서 이러한 양면성을 고려하지 못하면서 조선 초기 천인신분이 가지는 정당한 위치를 충분하게 설명하지 못하였다. 또한 조선 초기 관원들이 천인신분을 위해서 고민하고 만들어간 정책에 대해서도 정당하게 평가하지 못하였다.

그간의 연구에서 천인은 국가공동체에서 제외되어 공민의 지위를 가지지 못하는 존재로 이해되었다. 천인이 국가 공동체에서 배제된 것으로 파악하는 논리적 근거를 이들이 죄인의 후손 혹은 적대적 집단의 후손이라는 점에서 찾고 있었다. 이러한 설명은 고려시대까지의 천인의 지위를 설명하는 데에는 적절한 것 같다. 고려시대의 자료에는 천인에 대하여 적대적인 의식을 표현하는 자료가 보이기 때문이다. 그러나 조선의 경우에는 상황이 다르다. 자료를 자세히 보면 정부가 천인에 대하여 적대적인 의식을 표현한 경우는 찾기 어렵다. 조선 초기 정부가 시행한 정책들은 천인에게 우호적인 입장에서 취해진 것이 대부분이었다. 특히 태종대에서 세종대에 걸쳐서 천인에 대한 우호적인 정책들이 집중적으로 만들어 지는데, 이러한 정책들은 賤人天民論이 정비되는 과정과 그 궤를 같이 하는 현상이

예로 다음과 같은 내용에 잘 나타난다.

"貴賤의 분수는 하늘이 세우고 땅이 베풀어 놓은 것 같아서 어지럽힐 수 없는 것입니다. 만일 혹시 어지럽힌다면, 백성의 뜻이 정하여지지 않아서 능멸하고 참람한 풍기가 일어날 것입니다."(『태종실록』 권5, 태종 3년 6월 을해).

었다.

그러므로 이 장은 조선 초기에 정비되는 '천인천민론'을 중심으로 천인에 대한 정부의 정책이 어떻게 전개되어 가는가를 몇 가지로 나누어서 검토하고자 한다. 먼저 살필 것은 천인을 국민으로 파악하는 '賤人國民論'이다. 조선 초기에 천인을 국민으로 호칭하는 변화가 나타났다. 천인을 국민으로 보는 것은 고려조에는 없던 새로운 변화로, 천인을 국가공동체의 구성원으로 인정한 것이다. 천인을 국민으로 파악하면서 당연히 국가정책에도 천인에 대한 대우가 변화할 수밖에 없었다.

천인이 천민으로 부각되면서 나타나는 다른 인식의 변화는 '禮治賤人論'이었다. 이는 천인도 예치의 대상이 된다는 의미로, 천인도 예를 배우고 시행할 수 있는 예의 질서에 주체가 될 수 있다는 생각이다. 이와 같은 주장은 예를 하늘의 질서를 땅에 구현하는 것으로 이해하고, 양인과 천인 모두가 천민으로 본질적인 능력에서 차이가 없다고 보았기 때문에 가능한 것이었다. 그러므로 천인도 양인과 같이 교화의 대상이 될 수 있고, 예를 시행할 수 있는 존재로 인식되었다. 조선에서 예전은 법제보다 사회를 운영하는 더 근본적인 질서였는데, 여기에 천인이 편입될 수 있다는 것은 조선에서의 천인의 지위가 고려조와는 큰 차이가 있었음을 보여준다. 물론 고려조에서는 천인은 공동체 밖의 존재였고, 따라서 예의 질서의 밖에 존재하였다.

천인을 천민으로 볼 때에 나타나는 인식으로 마지막으로 검토할 것은 '私賤國家管理論'이다. 사천국가관리론은 천인은 공천은 물론 개인의 소유로 파악되는 사천까지도 국민이었으므로 국가 관리의 대상이 된다는 인식이었다. 천인 중에서 공천은 국가적 규정만을 받고 있었으므로 공천이 국민이라는 것은 별다른 문제가 되지 않았다. 그러나 이와는 달리 사천의 경우에는 국민이면서 동시에 개인의 소유라는 이중적인 규정 속에 있었다. 그러므로 사천의 경우 정부의 입장과 사천 주인의 입장이 서로 충돌하는 상황이 전개될 수 있었다. 즉 국가가 사천을 그 주인으로부터 보호하거나, 주인의 의사와 관계없이 국가의 사업에 동원할 수 있었다. 이 경우 당연히 정부의 입장과 사천 주인의 입장이 배치되는데, 사천국가관리론에 입각해서 사천에 대한 국가의 관리권이 사천 주인의 소유권에 대하여 우선하였다.

이 장에서는 이상과 같이 몇 가지 관점에서 천인천민론이 조선 초기에 전개되는 양상을 검토하고자 한다. 이를 통해서 조선 초기 천인의 지위에 대하여 좀 더 균형 잡힌 이해가 형성되기를 기대하고, 나아가 조선 초기의 신분제 전반에 대하여 좀 더 깊은 이해를 가질 수 있기를 기대한다.

1. 賤人國民論

천인은 최하위 신분이었다. 그러나 조선에서 천인의 기본적 지위는 고려의 천인과는 달랐다. 이러한 변화는 조선에 들어서 천인을 새롭게 보는 인식론이 형성되었기 때문이었다. 조선에 들어서 천인을 天民으로 보는 천인천민론이 대두하였다. 천인을 천민으로 보는 견해는 태종대부터 나타난다. 태종 15년 형조판서 심온은 다음과 같이 천인이 천민임을 언급하였다.

> 하늘이 민을 낼 적에 본래부터 良賤의 구분이 없었습니다. 일반의 天民을 私財로 여기고 祖父의 노비라 칭하여 서로 다투며 訟事함이 끝이 없고, 골육상잔하여 풍속을 손상하는 데 이르니, 가슴 아픈 일이라 하겠습니다.[6]

여기서 심온은 천인을 천민으로 보고 있다. 천민의 의미는 '하늘의 백성'이라는 의미로 하늘이 인간을 낸 본래적인 모습이었다. 하늘이 낸 본래의 모습은 "양천의 구분이 없었다."고 보았다. 이는 천인도 본래적인 모습은

---

6) 『태종실록』 권29, 태종 15년 1월 기미.

신분적 차별이 없이 오직 天民이라는 주장이었다.

이와 같은 심온의 지적은 당시 노비 쟁송이 심한 가운데 노비를 私財로 여기는 풍토에 대한 비판으로 언급된 것이었다. 심온은 천인도 天民이므로 사재처럼 다루어서는 안 된다고 주장하였다. 그러나 이러한 인식이 아직 완전히 정립되지 못한 상황이었으므로, 심온은 사천제도를 비판하는 것에 그치고 있고, 보다 적극적인 개혁적 정책을 제안하는 데까지 나아가지 못하고 있다.

그러나 천인을 천민으로 보는 것은 매우 중요한 변화였다. 이러한 인식은 현실적으로 신분제를 부정하는 것은 아니었지만, 인간을 근본적으로 동질한 것으로 보아 천인의 '인권'을 인정하는 중요한 변화였다. 이는 고려대에 보이는 천인을 죄인의 후손이나, 적대적 집단의 후손으로 인식하여 공동체의 구성원이 될 수 있는 자격이 없는 집단으로 파악하는 인식과는 상반되었다.

천인을 천민으로 인식하는 것은 이미 앞에서 언급한 것처럼 조선 건국을 준비하는 시기에서부터 나타나기 시작하였다. 위화도 회군으로 주도권을 잡은 급진개혁파는 공양왕 3년에[7] 천인을 천민으로 천명하였다.[8] 이와 같은 주장은 조선의 건국세력들이 신분제의 전반을 검토하면서 노비제에 대해서도 천인천민론을 근거 삼아 적극적인 정책을 구상해 가고 있었음을 보여준다.

---

7) 천민이라는 용어의 연원은 『맹자』에서 찾을 수 있다. 『맹자』 萬章上과 萬章下에 "予 天民之先覺者也 予將以此道 覺此民也"라고 표현하였고, 盡心上에 "有天民者, 達可行於天下而後, 行之者也"라고 천민이라는 용어를 사용하였다. 그 내용에 의하면 천민의 신분적 범주는 분명하지 않다. 그러므로 해석에 따라서 천인까지 포함할 수 있는 여지가 있다. 조선의 건국주체들은 자신의 개혁논리를 『맹자』에서 끌어온 경우가 빈번하였는데, 이러한 관점에서 본다면 천민의 용어도 『맹자』에서 끌어와서 적극적으로 사용한 것으로 추측된다(최이돈 「조선초기 공치론의 형성과 변화」 『국왕 의례 정치』 이태진교수 정년기념논총 태학사 2009).
8) 『고려사』 권85, 형법2, 노비.

　천인천민론은 통상적으로 신분제를 옹호하는 '貴賤之分論'의 주장과 배치가 된다. 귀천지분론에서는 "貴賤之分은 하늘이 세우고 땅이 베풀어 놓은 것 같아서 어지럽힐 수 없는 것"9)으로 신분질서를 하늘이 낸 것으로 주장하고 있다. 즉 양인과 천인의 차이는 하늘이 정한 것으로 본질적으로 다른 것이라는 주장이다. 그러므로 천인천민론은 귀천지분론과 논리적으로 배치되고 있다. 현실에 있어서 이 양자는 어떻게 병립하였을까. 자료에 의하면 천인천민론을 주장하는 이들은 귀천지분론을 부정하지 않았다. 천인천민론의 주장은 귀천의 분수를 부정하기 보다는 '본래'의 모습에서 본다면 노비나 노비 주인은 같다는 주장이었다. 즉 노비와 노비 주인으로 나누고 있는 현실을 인정하면서도 보다 근본적으로는 "노비나 노비 주인이나 모두 천민이다."라는 이상론을 견지하였다. 천인천민론은 귀천지분론과의 절충 과정에서 혁신적인 모습은 감소하였지만, 엄연하게 천인신분을 이해하는 중요한 인식론으로 조정에서 인정받고 있었다.

　천인천민론은 조선의 건국 이후 바로 정착되지 못하였다. 건국 직후 신분제의 큰 과제는 양천의 혼란을 정비하는 문제였다. 그러므로 천인의 지위를 논하는 것은 우선순위를 얻지 못하였다. 그러나 천민 인식은 계속 유지되고 있었다. 그 한 예로 정도전은 『朝鮮經國典』에서 다음과 같이 천민이라는 용어를 사용하고 있다.

　　인군은 天工을 대신하여 天民을 다스리니, 혼자의 힘으로는 할 수 없는 일입니다. 그래서 官을 설치하고 職을 나누어서 서울과 지방에 펼쳐 놓고, 널리 현능한 선비를 구하여 이를 담당하게 하는 것입니다. 관제를 만드는 이유가 여기에 있습니다.10)

　정도전은 관제를 논하면서 천민이라는 용어를 사용하였다. 여기서 천민

---

9)『태종실록』권5, 태종 3년 6월 을해.
10)『조선경국전』치전 관제.

은 왕이 다스리는 모든 인민을 지칭하는 개념으로 사용되고 있으므로 천
인까지를 대상에 포함하는 것으로 확대 해석할 수 있었다. 그러나 정도전
은 이를 분명하게 표현하지 않았고, 그가 행한 천인에 관한 정책을 보아도
천민론과 연결시킬 수 있는 정책이 없어서 이를 확대해석하기는 조심스럽
다. 다만 이러한 자료를 통해서 태종 이전에도 천민 인식이 조선 건국세력
들에 의해서 계속 주목되고 있었음을 알 수 있다.

분명하게 천인을 천민으로 언급한 것은 앞에서 본 바와 같이 태종 15년
의 일이었다. 이후 세종대에 이르면 천인을 천민으로 보는 인식이 확실하
게 정립되면서 이에 근거하여 정책도 입안되었다. 세종이 그 26년에 다음
과 같이 언급한 자료는 이를 잘 보여준다.

> 노비는 비록 천하나 天民이 아님이 없으니, 신하된 자로서 天民을
> 부리는 것만도 만족하다고 할 것인데, 그 어찌 제멋대로 형벌을 행하
> 여 무고한 사람을 함부로 죽일 수 있단 말인가.[11]

세종은 노비가 천민임을 분명하게 천명하고 있다. 세종은 노비가 천한
신분이 분명하지만 천민으로서 존엄함을 가지고 있으므로 노비의 주인이
제멋대로 노비를 형벌을 행해서는 안 된다고 보고 있다. 또한 이에 대한
구체적인 대안으로 국가는 노비를 살해한 주인을 처벌할 뿐 아니라, 피살
된 노비의 가족을 주인에게서 빼앗아서 국가에 屬公하도록 결정하였다. 이
와 같은 조치는 천민천민론이 이상론에 그치지 않고 정책으로 전개되고
있음을 잘 보여준다. 특히 세종대에는 천인의 인권을 위한 여러 가지 정책
이 나타나는데, 이는 천인천민론을 그 바탕으로 한 것이었다.[12]

---

11) 『세종실록』 권105, 세종 26년 윤7월 신축.
12) 세종대 천민인식이 정비된 배경에는 천인신분에 대한 진지한 성찰이 깔려있었다.
　　그 한 예로 세종 20년에 실시된 과거 시험의 策問이나, 세종 25년의 사유할 수
　　있는 노비수를 제한하려는 모색 등을 들 수 있다(『세종실록』 권68, 세종 17년 4
　　월 무오; 『세종실록』 권99, 세종 25년 2월 기해).

세종대 정비된 천인천민론은 이후에도 지속적으로 전개되고 있는데, 그 한 예로 성종은 그 19년에 다음과 같이 언급하였다.

　　하늘에서 내신 백성은 본래 貴賤이 없는 것이다. 비록 이름을 奴婢 와 主人이라고 부르기는 하지만, 애초에는 다같이 天民인데, 지금 사 람마다 자기의 노비라 하여 잔학을 마음대로 한다면 이는 天民을 해치 는 것이니, 임금이 있고 법이 있다고 말하겠는가?13)

이는 성종이 언급한 것으로, 백성은 본래 귀천이 없고 노비나 노비 주인 이나 모두 천민임을 지적하고 있다. 이는 노비를 살해한 주인의 죄를 묻는 과정에서 발언된 것이었다. 성종은 노비 살해에 대한 대책으로 노비를 살 해한 주인에게 벌을 주는 기존의 규정을 엄수하는 것은 물론, 노비 주인의 죄를 친족들이 은폐한다면, 친족에게도 重罪를 더할 것을 명령하였다. 천 인천민론에 근거하여 노비를 살해한 주인은 물론 은폐한 친척까지 책임을 묻고 있다.

이상으로 볼 때에 천인천민론은 조선의 건국주체들이 가지고 있던 천인 에 대한 새로운 인식이었다. 이는 조선의 건국세력이 가지고 있던 생각이 었으나, 구체적으로는 태종대에서부터 논의되기 시작하여 세종대에 정립 되었다. 이러한 정립 추세는 조선의 신분제가 태종대에부터 정비되기 시 작하여 세종대에 완성되는 과정과 그 맥락을 같이 하였다.14)

천인천민론은 정비되면서 몇 가지의 다양한 모습을 보여주었다. 賤人國 民論, 禮治賤人論, 私賤國家管理論 등이 그것이다. 먼저 천인국민론을 검토 해보자. 천인국민론은 천인도 國民이라는 인식이다. 즉 천인을 국가의 구 성원으로 인정하는 것이다. 왕은 代天하여 天民을 다스리는 존재로 정의하 고 있었으므로,15) 천민인 천인은 당연히 국가의 구성체의 일원이 될 수 있

---

13)『성종실록』 권217, 성종 19년 6월 경술.
14) 최이돈「조선 초기 보충군의 형성과정과 그 신분」『조선시대사학보』54, 2010.

었다. 천인을 국민으로 보는 것은 태종대 이래 천인천민론이 정비되면서 나타난 변화였다.

이는 태종 9년 다음과 같은 도순문사 이지원이 올린 언급을 통해서 확인할 수 있다.

> 營造하는 물자가 비록 私財와 私奴에서 나왔다 하나, 사노가 곧 國民이요, 사재가 곧 國財이니, 公私瓦窯와 土木의 역사를 풍년이 들 때까지 한하여 일체 금하소서.16)

이지원은 구체적으로 사천을 지목하면서 국민으로 호칭하고 있다. 국가에서 사천을 개인의 소유로 인정하고 개인의 관리 하에 두었으나, 이는 개인의 소유로만 보지 않고 국가의 구성원 즉 국민으로 파악하고 있었다.

천인을 국민으로 칭한 예는 성종 23년 다음 지평 민휘의 언급을 통해서 거듭 확인할 수 있다.

> 내수사의 종은 본래 雜役을 면제하였는데, 이제 또 賦役을 덜어 주었으니, 같은 국민으로서 노고함과 안일함이 균등하지 못합니다.17)

이는 내수사의 노비의 경우 잡역은 물론 부역을 덜어주고 있어, 같은 국민으로서 역이 균등하지 못함을 비판하고 있다. 여기서도 노비를 국민으로 호칭하고 있다.

국민은 國家之民, 國人 등으로도 호칭되었는데, 당연히 이 경우에도 천인은 포함되어 있었다. 먼저 천인을 국인으로 호칭한 예로 세종 32년의 다음의 자료를 들 수 있다.

---

15) 최이돈 「조선초기 공치론의 형성과 변화」 『국왕 의례 정치』 이태진교수 정년기념논총 태학사 2009.
16) 『태종실록』 권18, 태종 9년 7월 임오.
17) 『성종실록』 권262, 성종 23년 2월 무신.

　　모든 國人으로서 호구가 없고 호패가 없는 자로 公私賤口는 兩界의
殘亡한 고을의 관노비로 정속시키고, 백성과 양반은 양계의 극변에다
충군시키소서. (중략) 이미 入居하는 것이 싫은 줄 알면 또한 감히 國
民을 숨겨주지 못할 것입니다 (중략) 이 법이 시행되면 그 이익이 세
가지가 있사오니, 양민이 모두 나오게 되면 군사의 수효가 족할 것이
고, 공천이 모두 나오게 되면 公室이 족할 것이며, 사천이 모두 나오게
되면 사대부가 족할 것입니다.[18]

　　이 내용은 양성지가 국방을 개혁하기 위한 방안으로 제시한 것으로, 국
역을 피하여 숨거나 숨겨준 이들을 처벌하기 위한 방안을 논하면서 언급
된 것인데, 여기서 천인을 국인으로 거론하고 있다. 국인은 국민과 같은
의미로 국가의 구성원이라는 의미였다.
　　천인을 국가지민으로도 호칭하였다. 천인을 국가지민으로 지칭한 예로
성종 17년 노사신이 한 다음과 같은 언급을 들 수 있다.

　　私賤이 모두 國家之民인데, 그 주인 되는 자가 생사를 제멋대로 하
여 자손에게 전하면서 私物로 생각하니, 歷代를 상고하여 보아도 이런
법은 없습니다.[19]

　　여기서 노사신은 사천을 국가지민으로 칭하고 있다.[20] 국가지민이라는
표현 역시 국민이라는 의미였는데, 노사신은 사천도 국민인데 주인 된 자
가 사물로 생각하는 것을 비난하고 있다. 그는 공천 사천을 막론하고 천인
은 국가의 구성원 즉 국민이었으므로 사천이라고 해도 개인의 자의적인
관리에만 맡길 수 없음을 분명히 하고 있다.

---

18) 『세종실록』권127, 세종 32년 1월 신묘.
19) 『성종실록』권191, 성종 17년 5월 임신.
20) 천인을 국가지민으로 칭한 예는 더 찾을 수 있다. 그 한 예로 『성종실록』권32,
　　성종 4년 7월 기미조를 들 수 있다.

이상에서 볼 때에 천인을 국민, 국인, 국가지민 등 국민으로 칭하고 있었다. 천인을 국민으로 거론한 것은 고려대에는 찾을 수 없는 중요한 변화였다. 고려대에 천인은 국가의 구성원으로 인정받지 못하였으므로 당연히 국민으로 불릴 수 없었다. 조선에 들어서 천인천민론이 구체화되기 시작하면서, 천인을 국민으로 지칭하는 변화가 나타나고 있었다.

부언할 것은 천인 모두를 즉 公賤은 물론 私賤까지도 국민으로 칭하고 있었다는 점이다. 공사천을 모두 天民으로 보았으므로 공사천 모두를 국민으로 호칭하는 것은 오히려 당연한 것이기도 하였다. 국가에서 천인을 국민으로 인정하면서 당연하게 공동체에서도 천인을 공동체의 구성원으로 인정하였다.21)

천인을 국민으로 보는 입장이 정리될 때, 이는 바로 국가의 정책에 반영될 수 있었다. 세조 9년 세조의 다음과 같은 지적은 이를 잘 보여준다.

> 諸道의 號牌敬差官 등을 불러서 호패의 법제를 논하고, 이어서 말하기를, "무릇 民은 본시 良賤이 없으니, 그 賤籍이 없는 자는 從良하고, 3년을 退限하여 成給하라." 하였다.22)

세조는 분명하게 민, 즉 국민은 본래 양천의 구분이 없다고 천명하고 있다. 그리고 그러한 이유로 호패를 발급함에 있어, 賤籍이 없으면, 從良하도록 명하고 있다. 이는 양천불명자를 신량역천으로 처리하여 별도의 신분

---

21) 이를 잘 보여주는 것이 천인이 향도의 구성원으로 들어가기 시작하는 변화이다. 천인이 향도의 구성원이 되는 것을 자료로 확인할 수 있는 것은 연산군대 자료이다(『연산군일기』 권55, 연산군 10년 8월 정묘; 『중종실록』 권36, 중종 14년 5월 임자). 그러나 이러한 변화가 시작된 것은 이미 천인을 국민으로 파악하는 시기부터로 보는 것이 자연스럽다. 그간의 연구에서 고려대 향도의 구성원에 천인이 포함되었는지는 분명하지 않다. 다만 고려 천인의 전반적인 지위를 볼 때에 지역공동체에 참여하지 못하였던 것으로 보는 것이 자연스럽다.
22) 『세조실록』 권30, 세조 9년 1월 정미.

으로 처리하던 태조대의 입장과는 달리,[23] 불분명한 경우에 양인으로 처리하는 입장의 변화를 보여주고 있다. 이러한 정책의 변화는 본질적으로 양천 모두가 국민이라는 인식이 있었기 때문에 가능한 것이었다.

또한 천인을 국민으로 파악할 때에 국가가 시행하는 복지정책에서 천인이 소외될 이유는 없었다. 이러한 국가의 입장은 侍丁의 법을 시행하는 과정에서 잘 나타난다. 세종은 그 14년에 다음과 같이 상정소에 명하였다.

> 상정소에 전지하기를, "늙고 병든 군민 시정의 戶役을 면제하는 법은 일찍이 상정했는데, 오직 공천 시정의 법과 사천 호역을 면제하는 법만이 갖추어지지 못했으니, 그것을 軍民의 예에 의거하여 상정하여 아뢰라."[24]

이는 노인을 우대하기 위해서 侍丁의 법을 만드는 과정에서 논의된 것이다. 시정의 제도는 노인을 봉양할 인원의 역을 면해주는 복지제도였다. 이에 의하면 이미 양인에 대한 시정의 제도는 만들어졌으나, 공천과 사천에 대한 시정의 제도는 미비한 상태였다. 이에 세종은 공사천의 시정 제도도 만들 것을 명하였다. 공사천도 같은 국민이었으므로 같은 복지의 혜택이 있어야 한다고 생각한 것이었다.

이와 같이 양인과 천인을 구분하지 않고 그 복지를 같이 해야 한다는 입장은 세종 18년 다음과 같은 기록을 통해서 분명하게 확인된다.

> 公處奴婢의 侍丁하는 법은 『續典』의 관리나 군민의 시정의 예에 의하여 법을 세웠다. 그러나 나이 90세 이상의 소생은 모두 시정으로 주고, 80세 이상은 시정 1명을 주며, 그 소생한 자녀가 먼저 죽은 자에게는 손자나 조카가 시정한다는 법을 함께 기록하지 않았다. 그러므로

---

23) 최이돈 「조선 초기 보충군의 형성과정과 그 신분」 『조선시대사학보』 54, 2010.
24) 『세종실록』 권57, 세종 14년 9월 계유.

경중과 외방의 관리들이 법을 세운 본의를 알지 못하고, 공처노비에게 시정을 정하여 줄 때에, 만약에 친자녀가 먼저 죽었다면, 손자나 조카가 비록 많다 하더라도 侍養하기를 허락하지 않았다. 산 사람을 구휼하는 법전에 양인과 천인의 다름이 있어서 실로 타당하지 못하다.[25]

이는 천인 시정의 법을 거듭 논의하는 가운데 언급된 것이다. 여기서 세종은 구휼의 법을 행함에 있어서 '양인과 천인이 다름이 있어서'는 안 된다고 천명하고 있다. 천인에 대한 시정제도는 세종 14년 시작된 이후 여러 단계를 거치면서 다듬어졌는데,[26] 여전히 양인을 대상으로 하는 시정의 법에 비하여 차대가 남아있자 이와 같이 명한 것이었다. 이와 같은 명에 의해서 천인도 양인과 같은 시정의 복지를 누리게 되었다.

양인과 천인은 분명히 신분적 차이가 있기는 하나 이들은 모두 국민이었다. 그러므로 국가의 정책을 시행함에 있어서 이들을 구분해서는 안 된다고 보았다. 이는 천인을 국민으로 파악하면서 나타나는 정책의 중요한 변화였다. 세종대에는 시정의 제도 외에도 천인을 보호하는 정책을 여러 가지 입안하였는데, 이는 천인국민론에 입각하여 정비한 것이었다.

---

25) 『세종실록』 권72, 세종 18년 6월 신해.
26) 다음의 기록도 시정의 법제를 다듬는 과정에서 나타난 법제이다.
　　공처 노비의 소생으로 3구 이상인 자는 부모의 신역을 면하고, 5구 이상인 자는 한 아들의 신역을 면하는 법을 이미 세웠으나, 시정으로 고향에 돌아가 봉양하라는 법령이 없어서 실로 미편하다. 이제부터는 공처 노비 중에서 나이가 만 90이상 되는 자의 소생은 모두 시정으로 주고, 80이상은 시정 1구를 주고, 외방에 거주하는 자로서 계모가 없는 10세 이하 되는 아이의 아비와, 70이상 되는 자의 독자와, 비록 70미만이더라도 중환자의 독자는 모두 뽑아 올려 立役시키지 말 것이다. 80이상 되는 자의 인정으로 4구 미만인 자, 전답이 4결 미만인 자는 공사 천인을 막론하고 아울러 復戶하게 하여 살아가기에 편안토록 하라(『세종실록』 권58, 세종 14년 11월 정축).

2. 禮治賤人論

賤人이 天民으로 인식되면서 나타나는 새로운 인식의 하나는 예치천인
론이다. 천인도 예의 질서에 참여할 수 있다는 생각이다. 예의 질서는 사
회와 국가의 핵심 질서였다. 천인이 국가의 구성원으로 인정된다면 당연
히 예의 질서에도 주체로서 참여해야 하였다.

천인이 예의 질서에 참여하는 논리적인 근거는 이미 살핀 바 있는 성종
19년 다음의 자료에 잘 나타나 있다.

> 하늘에서 내신 백성은 본래 貴賤이 없는 것이다. 비록 이름을 奴婢
> 와 主人이라고 부르기는 하지만, 애초에는 다같이 天民이다.27)

이에 의하면 천인과 양인의 구분은 하늘이 낸 본래의 모습이 아니었다.
하늘이 낸 모습은 모두가 천민으로 동질적인 것이었다. 양인과 천인 구분
없는 것을 본래의 모습으로 이해할 때에 천인도 양인과 다름없이 교화를
통해서 예를 배우고 예를 시행할 수 있는 존재로 볼 수 있었다. 즉 천인도
禮典에 참여할 수 있었다. 조선에서 예전의 질서는 법의 규정에 선행하는
질서로 당시 지배세력이 사회의 구조와 질서를 어떻게 편성하고자 하는가
를 잘 보여주었다. 그러므로 천인이 이에 참여한다는 것은 천인의 지위가
이전과 달라진 것을 보여준다.

그러면 조선 초기에 천인이 국가 예전의 질서에 어떻게 참여하는가를
구체적으로 살펴보자. 국가에서 유교적 삼강오륜의 질서를 정립하고자 할
때에, 먼저 본받아야 할 교본을 제시하고 이를 교육하였다. 국가는 본받아
야 할 구체적인 사례를 제시하고, 이러한 모범을 국가구성원이 따르도록
독려하였다. 즉 예를 드높인 구성원을 선발해서 포상하고 이를 기리면서

---

27) 『성종실록』 권217, 성종 19년 6월 경술.

예의 질서를 확립하였다. 국가에서 忠臣, 孝子, 義夫, 節婦 등을 선정하고 포상하는 것이 그것이다. 그러므로 이성계는 즉위하자마자 즉위교서에서 다음과 같이 이를 강조하였다.

> 忠臣, 孝子, 義夫, 節婦는 풍속에 관계되니 권장해야 될 것이다. 所在官司로 하여금 순방하여 위에 아뢰게 하여 우대해서 발탁 등용하고, 門閭를 세워 旌表하게 하라.[28]

태조는 '풍속'을 바로잡기 위해서 충신, 효자 등을 선발하고 그 행적을 기념하여 '정려'를 세울 것을 명하였다. 이와 같은 명령은 고려에서도 빈번하게 내려진 것으로 특이한 점이 없었다. 고려에서도 유교적 예의 질서를 확립하고자, 이에 해당하는 이들을 포상하여 격려하였기 때문이다.

그러나 이러한 명에 의해서 선발된 충신, 효자 등을 보면 조선과 고려 간에는 차이가 있었다. 이는 태조 4년 충신, 효자 등을 선발하여 보고한 다음의 자료에 잘 나타난다.

> 영주의 官奴 勿金는 아비를 성심으로 섬기다가 아비가 돌아가자 斬衰 3년에 신주를 모셔 두고 아침저녁으로 상식했다. (중략) 그들을 復戶하고 그 자손들을 구휼해 주게 하되, 그 중에서 벼슬하기를 원하는 자는 말을 주어 서울로 올라오게 하고, 나이 많고 집이 가난한 자와 부인들에게는 차등 있게 쌀을 내려 주고, 또 그 旌表門閭하고 사실을 기록해서 경중과 외방에 널리 알리게 하였다.[29]

이에 의하면 官奴인 勿수이 효자로 선발되고 있다. 여기서 특히 중요한 것은 효행을 한 천인을 포상할 뿐 아니라, 이를 기념하는 旌閭도 세웠다는 점이다. 정려를 세운다는 것은 그의 효행을 지역 공동체가 기리고 본받아

---

28) 『태조실록』 권1, 태조 1년 7월 정미.
29) 『태조실록』 권8, 태조 4년 9월 정미.

야 할 귀감으로 분명하게 드러내고 보이는 것이다. 즉 최하위의 신분인 천
인의 효행을 공동체의 구성원들이 신분에 관계없이 본받고 기리는 대상으
로 삼고 있었다. 이는 신분에 관계없이 천인도 공동체의 구성원이었으며,
나아가 공동체가 본받는 귀감이 될 수 있었음을 분명하게 보여준다.

천인이 효자로 선발되는 모습은 고려조에는 찾기 힘들다. 『고려사』에
의하면 고려 정부는 여러 차례 충신, 효자 등을 선발하여 포상하였으나,
포상을 받은 대상 신분의 하한은 백성으로 천인은 포함되지 않았다.[30] 그
러나 조선에 들어서 천인이 효자로 선발되고 있는 것은 천인도 예전의 대
상으로 인정되고 있음을 보여준다. 이는 고려조에는 천인이 국민이 아니
었으나, 조선에 들어서 천인이 국민으로 파악된 것과 긴밀하게 연결된다.

천인이 충신, 효자 등의 포상에 대상이 되는 것은 여러 사례를 통해서
확인되는데, 천인의 처가 천인인 남편에 대한 의리를 지켜서 포상을 받는
사례도 보인다. 세종 2년 사노 막금의 처가 다음과 같이 節婦로 포상을 받
았다.

> 瑞山의 私奴인 莫金의 처 召史는 나이 24세에 지아비가 죽으매, 뭇
> 사람이 다투어 데려가려고 했지만 좇지 않고 수절했는데 나이 이미 54
> 세이다. (중략) 막금의 처 召史 등에게는 그 마을에 旌門을 세워 포창
> 하고, 그 집의 徭役을 면제하게 하였다.[31]

이에 의하면 私奴 막금의 처가 수절을 하였다는 이유로 절부로 포상을
받고 있다.[32] 그는 천인인 남편에 대한 의리를 지켰다는 점에서 포상 받고

---

30) 『고려사』 권3, 성종 9년 9월.
31) 『세종실록』 권7, 세종 2년 1월 경신.
32) 막금의 처의 신분은 분명하지 않다. 천인일 수도 양인일 수도 있다. 그러나 당시의
    상황을 보면 이미 태종초부터 양천의 교혼을 금하는 입장을 천명하였고(『태종실
    록』 권2, 태종 1년 9월 을미; 『태종실록』 권10, 태종 5년 9월 갑인), 태종 14년
    이후 교혼 소생을 보충군으로 만들면서 그 입장을 강화하였다. 그러한 상황에서

있다. 당연히 이 경우에도 포상과 더불어 마을에 정려를 세워주고 있다. 이러한 것은 천인이 예전의 대상이 되고 있음을 잘 보여준다.

천인이 예치의 대상이었고, 예의 시행자였으므로 천인에게도 삼년상이 허용되고 있었다. 삼년상은 유교적 국가를 지향한 조선에서 가장 중요한 예전으로 정부에서는 국민들에게 이를 적극 권장하였다. 세종 13년에 상정소에서는 다음과 같이 3년상의 시행을 전국민에게 권장하고 있다.

> 水陸軍丁 및 역이 있는 모든 사람과 공사천인 등이라도 효성이 지극하여 侍墓하기를 자원하는 자에게도 상제 마치기를 허락하소서.33)

정부에서는 전국민에게 3년상을 권장하고 있는데, 이에 의하면 천인도 3년상을 하도록 권하고 있다. 국가는 공천은 물론 개인의 소유로 되어 있는 사천까지도 3년상을 지낼 수 있도록 하고 있다. 이는 공천은 물론이고 사천에 이르기까지도 예의 질서에서 소외시키지 않았음을 잘 보여준다.

국가는 천인에게 3년상을 지키도록 권장할 뿐 아니라, 앞의 勿수의 예에 볼 수 있듯이 이를 시행하는 경우 효자로 포상하고 정려를 세워주는 등의 격려를 하였다. 정부는 이 외에도 신공 등을 면해주는 조치를 취하면서 천인이 실제적으로 3년상을 시행할 수 있도록 적극 권장하였다.34) 국가에서 이와 같이 천인에게 3년상을 치르도록 권장한 것은 천인도 예의 질서에 참여할 수 있는 자격이 있는 국가의 구성원임을 분명하게 보여주었다.

천인이 예의 질서에 참여하였다는 것은 천인이 養老宴에 참가한 것을

국가에서 양인 처와 천인 남편 사이의 의리를 지킨 사례를 모범으로 들어서 포상하여 기리기는 쉽지 않았을 것이다. 그러므로 막금의 처는 천인일 가능성이 더 높다(최이돈 「조선초기 보충군의 형성과정과 그 신분」, 『조선시대사학보』 54, 2010).

33) 『세종실록』 권52, 세종 13년 5월 무진.
34) 『세종실록』 권63, 세종 16년 1월 병오.

통해서도 확인할 수 있다. 국가에서 노인을 공경하도록 독려하고 이를 장려하기 위하여, 국가에서 노인들을 모시는 양로연을 종종 열었다. 천인들도 예전의 대상이었으므로 이 자리에 초청되었다. 이는 세종 15년의 다음과 같은 내용을 통해서 잘 알 수 있다.

> 임금이 근정전에 나아가 양로연을 베푸는데 여러 노인에게 명하여 절하지 말라 하고, 4품 이상이 차례로 올라올 때 임금이 일어나서 맞고, (중략) 5품 이하로 천인에 이르기까지는 전정 동서에 겹줄로 서로 마주보게 하니, 동쪽에는 전 司直 趙義 등에서 천인에 이르기까지 66인이고, 서쪽에는 전 中郞將 車莫三 등에서 천인에 이르기까지 65인으로 모두 합계 1백 55인이었다. 잔치가 끝나매 여러 늙은이가 술에 취하여 노래들을 부르면서 서로 붙들고 차례로 나갔다.[35]

이에 의하면 천인이 양로연에 참가하고 있다. 잔치에 참가한 노인들은 신분에 따라서 앉는 자리가 정해졌던 것으로 짐작된다. 그러나 "잔치가 끝나매 여러 늙은이가 술에 취하여 노래들을 부르면서 서로 붙들고 차례로 나갔다."라고 언급한 것을 보아서 매우 화기애애한 연회였고, 천인이라고 별도의 차대를 한 모습은 보이지 않는다. 고려조에도 국가에서는 노인을 공경하는 연회를 가졌다. 그러나 그 자리에는 주로 전직 관원이었던 자들이 참여하는 것이 일반적이었고, 천인이 참석하는 경우는 찾을 수 없다.[36]

왕과 더불어 왕비도 종종 老婦들을 초청하여 잔치를 벌였다. 이는 세종 14년의 다음과 같은 기록을 통해서 잘 알 수 있다.

> 中宮이 思政殿에 나아가서 나이 80세 이상의 老婦에게 연회를 베풀었다. 2품 이상의 노부로서 작고한 都巡問使 慶儀의 아내 곽씨 등 14인은 殿 안의 동 서쪽에 나누어 앉고, 4품 이상의 아내 30인과 9품 이

---

35) 『세종실록』 권61, 세종 15년 윤8월 계축.
36) 『고려사』 권68, 예10, 가례 老人賜設儀.

상의 아내 66인과 公賤 私賤의 부녀 1백 18인은 좌우의 行廊과 뜰에
나누어 앉았다.37)

이 기록에 의하면 왕비가 노부들에게 연회를 베풀었는데, 천인들이 대
거 참여하고 있다. 관원 및 양인의 아내는 110명이 초청되었고, 공사천녀
는 118명이 초청되었다. 공천과 더불어 사천도 초청되었다. 특히 공사천녀
가 관원과 양인을 합한 수보다 더 많이 참석한 것은 매우 인상적이다. 이
와 같이 천인의 숫자가 더 많은 것은 여러 가지로 해석이 가능하지만, 양
로연에 신분에 구애됨이 없이 모든 노인들은 참석시킨 결과로 이해된다.

천인이 예의 주체로 예전에 참여한다는 것은 명분에 그치는 것이 아니
었다. 국가에서는 그 예에 상응하는 대우를 부여하는 경우에도 천인은 동
등하게 대우를 받고 있었다. 그 한 예로 천인이 양로연에 참가하는 경우에
참석자들은 예전에 참여하는 것에서 그치지 않고 특별한 혜택을 부여하고
있었는데, 이 혜택은 천인에게도 미쳤다. 그것은 세종 17년 다음의 자료로
잘 알 수 있다.

　　賤口로 90세 이상의 남녀는 각각 쌀 2석을 내려 주고, 100세 이상인
　　남녀는 모두 천인을 면하여 주고, 인하여 남자에게는 7품을 주고 여자
　　에게는 封爵하여, 늙은이를 늙은이로 여기는 어짊을 베풀도다.38)

이에 의하면 양로연에 참가한 노인들에게는 쌀 등의 물품과 관직을 부
여하는 특혜를 주고 있다. 이는 예전의 참여가 단순히 명분만 주는 것이
아니라 실제적인 혜택까지 주는 것임을 보여준다. 특히 여기서 주목되는
것은 노인에게는 관직을 부여하고 있다는 점이다. 관직을 양인노인 뿐 아
니라 천인노인들에게도 주고 있다. 양인에게 관직을 주는 것은 쉬웠으나,

---

37) 『세종실록』 권57, 세종 14년 8월 갑인.
38) 『세종실록』 권68, 세종 17년 6월 신유.

천인은 그 신분적 제한으로 인해서 관직을 부여하기 쉽지 않았다. 천인은 관직을 가질 수 없었기 때문이다. 그러나 정부는 이를 해결하기 위해서 먼저 천인들에게 '천인을 면하여' 주는 조치를 취하고 나서 관직을 부여하였다. 이는 매우 파격적인 조치였다. 예전의 질서에 천인을 동질하게 참여시키기 위해서 신분질서를 넘어서는 특별한 조치를 취한 것이다. 이는 예전 질서가 신분 질서보다 더욱 상위에 있는 질서였음을 잘 보여준다. 또한 이는 천인이 예전 질서에 참여하는 원인이 되고 있는 천인도 국민이라는 조건이 신분적인 지위보다 더욱 근본적인 것임을 보여주고 있다.

국가에서는 양로연을 빈번하게 시행하였는데, 시행이 거듭되면서 천인을 면하고 관직을 부여받는 나이의 기준도 점차 낮추어졌다. 위의 기록에 의하면 100세 이상의 천인 노인에게 천인을 면하게 해주고 관직을 주었으나, 이 기준은 이후 좀 더 완화되었다. 세종 21년부터는 90세 이상의 천인에게 면천과 관직을 부여하였고,[39] 세종 26년부터는 80세 이상의 천인에게 면천과 관직을 부여하게 되었다.[40] 이는 노인을 우대하는 데에 있어서 신분에 따른 차대를 점차 좁혀간 것을 보여준다.

천인이 예의 질서에 참여한다는 것이 명분에 그치지 않고, 실제적인 국가 배려에 대상이 되는 것임은 이미 앞에서 검토한 侍丁制度의 예를 통해서도 확인할 수 있다. 시정제도는 노인을 돌볼 수 있는 인원을 侍丁으로 부여하는 정책으로 양로연의 연장선상에 취해진 국가의 노인 복지 정책이었다. 정부에서 노인에 대한 배려가 예전에 그치지 않고, 인원을 배당하는 구체적인 조치로 정책에 반영된 것이다. 이러한 조치에 천인은 예전의 대상자였으므로 당연히 참여하여 배려를 받았다.

이상의 검토를 통해서 천인은 예치의 대상이었으며 예의 시행자였다.

---

39) 『세종실록』 권85, 세종 21년 4월 신축.
    『세종실록』 권100, 세종 25년 5월 신미.
40) 『세종실록』 권105, 세종 26년 7월 기미.
    『세종실록』 권117, 세종 29년 9월 을미.

또한 천인이 예전에 참여하는 것은 형식적 것에 그치지 않고 실제적인 의미를 가지는 것이었다. 이와 같은 조치는 예치천인론에 근거한 것이었다.

3. 私賤國家管理論

천인이 天民으로 인식되면서 공천이 아닌 사천의 경우에도 국가에서 적극적으로 관리한다는 사천국가관리론이 강조되었다. 사천이 국민으로 인식되면서 사천의 관리를 사천 주인에게만 일임할 수 없었다. 국가가 사천에 대한 국가의 관리를 강조하는 것은 당연하였다. 이러한 견해는 태종 9년 다음과 같은 도순문사 이지원이 올린 언급을 통해서 확인할 수 있다.

> 私家에서 흉년을 따지지 아니하고 다투어 화려하게 하여, 원망을 일으키고 和氣를 상하게 하니, 그 營造하는 물자가 비록 私財와 私奴에서 나왔다 하나, 사노가 곧 國民이고 사재가 곧 國財이니, 公私瓦窯와 土木의 역사를 풍년이 들 때까지 한하여 금하소서.[41]

이지원은 私奴나 私財는 개인의 소유이고, 이를 부리는 것은 그 주인에게 맡겨진 것이지만, 개인의 소유이기 이전에 國民이고, 國財라는 점을 강조하고 있다. 그러므로 흉년에 사노를 동원해서 벌이는 개인적인 토목사업도 국가에서 규제할 수 있다고 보고 있다. 이러한 개인의 소유인 사천의 관리를 사천 주인의 의사 관계없이 국가에서 통제할 수 있다고 보는 것이 사천국가관리론이다.

조선에서 사천국가관리론이 정비되면서 고려에서는 볼 수 없었던 사천에 대한 다양한 국가정책이 나올 수 있었다. 국가에서 사천을 그 주인으로부터 보호하거나, 사천을 국가의 필요에 우선적으로 동원하는 등의 정책

---

41) 『태종실록』 권18, 태종 9년 7월 임오.

이 추진되었다.

먼저 국가가 사천 주인으로부터 사천을 보호하는 정책을 살펴보자. 사천에 대한 국가의 관리가 필요함을 분명하게 표현한 것은 사천의 주인이 사천에 대하여 행한 가혹행위와 살해행위에 대한 규제로 나타났다. 이는 세종이 그 26년에 언급한 다음의 자료에 분명하게 보인다.

> 노비는 비록 천하나 天民이 아님이 없으니, 신하된 자로서 天民을 부리는 것만도 만족하다고 할 것인데, 그 어찌 제멋대로 형벌을 행하여 무고한 사람을 함부로 죽일 수 있단 말인가.[42]

이에 의하면 조정에서 노비 주인이 노비에게 私刑을 가하고, 심지어 죽이는 상황을 문제삼고 있다. 이 자리에서 세종은 사천이 주인의 소유이기 이전에 天民이므로 주인이 마음대로 할 수 없다고 말하고 있다. 즉 주인은 이들을 부릴 수는 있지만, 함부로 형을 가하거나 죽일 수는 없다고 보고 있다. 사천이 천민이라는 근거로 정부는 노비를 살해한 주인을 처벌하고, 주인에 의해서 피살된 노비의 가족은 屬公하도록 결정하였다.[43] 이러한 규정의 마련은 고려대에 비하면 큰 진전이었다. 고려대에는 사천에 대하여 주인이 가한 사형이나 살해를 규제하는 규정이 없었다. 『고려사』 인종 14년 판례에 의하면 오히려 사노비의 죽음에 대하여 주인의 책임을 묻지 않는다는 내용을 보이고 있어서[44] 사노비의 경우 국가에서 적극 관리하지

---

42) 『세종실록』 권105, 세종 26년 윤7월 신축.

43) 이와 같은 국가의 조치에 대하여 기왕의 연구에서는 적극적으로 평가하지 않는 경향이 있었다. 그러나 사천의 주인이 사천에게 행한 가혹행위는 조선왕조실록에서 언급된 경우에 대부분 처벌되었다. 주목할 것은 조선왕조실록에 언급된 경우는 그 주인의 신분이 사족인 경우에 한정되었다. 규정에 따라서 처벌하지 않고 조정에서 논란이 되는 것은 사족의 처벌은 왕에게 보고하고 처벌하도록 규정하고 있기 때문이었다. 그러므로 사족이 아닌 사천 주인이 사천에게 가혹행위를 한 것은 조정의 논의 없이 규정에 따라서 처리되었다고 볼 수 있다. 이러한 배경을 고려한다면, 사천 주인에 대한 국가의 조치를 소극적으로 평가할 이유는 없다고 본다.

않았음을 짐작케 한다.

국가에서 사천도 관리하겠다는 입장은 여러 차례 천명되었는데, 성종 17년 조정의 논의 중 노사신의 다음과 같은 언급도 이를 잘 보여준다.

> 私賤이 모두 국민인데, 그 주인 되는 자가 생살을 제멋대로 하여 자손에게 전하면서 私物로 생각하니, 歷代를 상고하여 보아도 이런 법은 없습니다.[45]

노사신은 주인 된 자가 사천을 사물로 생각하는 것을 비난하고 있다. 천인도 국민이므로 사물로 생각해서는 안 된다고 주장하고 있다. 공천 사천을 막론하고 천인은 국가의 구성원이었고, 국민이었으므로 천인을 주인의 자의에 맡겨서는 안 된다고 보고 있다.

국가에서는 사천을 이러한 맥락에서 보고 있었으므로 사천을 함부로 하는 주인을 처벌하는 것을 당연시하였다. 성종이 그 19년에 언급한 다음의 자료도 그러한 맥락을 잘 보여준다.

> 하늘에서 내신 백성은 본래 貴賤이 없는 것이다. 비록 이름을 奴婢와 主人이라고 부르기는 하지만, 애초에는 다같이 天民인데, 지금 사람마다 자기의 노비라 하여 잔학을 마음대로 한다면 이는 天民을 해치는 것이니, 임금이 있고 법이 있다고 말하겠는가?[46]

이에 의하면, 성종은 노비 주인이 노비를 함부로 다루는 것을 비판하면서 천인도 천민임을 강조하고 있다. 이 논의의 결과 노비를 살해한 주인에게 죄를 주는 것은 물론이고, 주인의 친족들이 이를 은폐한다면, 죄를 범한 자의 친족에게도 重罪를 더하라고 명하였다.[47] 이와 같은 조치는 사천

---

44) 『고려사』 권85, 형법2, 노비 인종 14년.
45) 『성종실록』 권191, 성종 17년 5월 임신.
46) 『성종실록』 권217, 성종 19년 6월 경술.

국가관리론에 입각해서 사천을 주인으로부터 보호하려는 국가의 입장을
분명하게 보여준다.

국가에서는 사천을 주인으로부터 보호하는 것보다 좀 더 적극적인 정책
도 취하였다. 국가가 국가의 필요에 사천을 동원하고, 이에 기여한 사천에
대해서는 선별적으로 노비신분을 해방해주는 정책이 그 대표적인 것이다.
세종 24년 함길도 徙民에 국가에서는 다음과 같이 사천을 동원하고 있다.

> 이로써 일찍이 함길도에 들어가 거주하는 인민 내에서 향리는 그 역
> 을 면제해 주고, 자원해서 응모한 사람은 그들이 자기도에서 서북 변
> 경에 수자리를 산 연한에 따라서 관직을 더하고, 공사 천구는 천인을
> 면하여 양민이 되도록 하라.48)

당시 의정부에서 함길도에 사민으로 국민들을 동원하였다. 이에 의하면
국가에서 동원의 대상으로 사천도 포함하고 있다. 즉 국가에서는 사천을
국가의 필요에 임의로 동원할 수 있었다. 더욱 흥미로운 것은 동원에 응모
한 사천에게는 국가에서 천인을 면하여 양인이 될 수 있도록 보상하고 있
었다. 국가에서 사천을 임의로 동원하거나, 동원에 응한 사천에게 신분의
상승을 시키는 것은 사천 주인의 의사에 배치되는 조치였다. 이러한 조치
가 가능한 것은 사천국가관리론이라는 명분이 분명하였기 때문이었다.

국가에서 사천을 동원하는 경우는 다양하였다. 세종 19년 다음의 자료
에서 보이는 군사적 동원도 그 한 예였다.

> 향리로서 1등 공은 功牌를 주어 그 자손에 이르기까지 역을 면제시
> 키고, 2등 공은 공패를 주어 역을 면제시키고, 3등 공은 2년간 역을 면
> 제시켜라. 공사 천구로서 1등 공은 역을 면제시킴과 동시에 보충군이

---

47) 상동조.
48) 『세종실록』 권96, 세종 24년 5월 임신.

되는 것을 허가하며, 2등 공은 면포 10필을 상주고, 3등 공은 면포 5필을 상으로 주어라.[49]

이에 의하면 이만주를 토벌하면서 사천을 동원하고 있다. 또한 이 토벌에 공을 세운 사천에게는 역을 면해주고 보충군이 되는 보상을 하고 있다. 보충군이 된다는 것은 광의양인이 되는 것으로 신분의 상승을 의미하였다. 국가는 사천을 사천 주인의 동의 없이 동원할 수 있었고, 공을 세운 사천에게는 사천을 면하는 포상을 하여 사천과 주인 관계를 파기시킬 수 있었다. 물론 국가에서 사천의 신분을 상승시키는 경우에는 사천 주인에게 그 보상을 하였다.[50]

사민이나 토벌 등은 물론 그 밖의 다양한 경우에 국가에서는 사천을 동원하고 있었다.[51] 이 경우에도 예외 없이 국가에서는 동원된 사천에게는 다양한 포상을 하고 있었다. 공이 큰 사천에게는 면천시켜 양인이 되는 포상을 하는 경우도 흔하였다. 이는 국가가 사천국가관리론에 입각하여 적극적으로는 사천을 관리하고 있음을 잘 보여준다.

맺음말

1. 이상으로 조선 초기 천인의 지위를 賤人天民論을 중심으로 검토하였다. 천인천민론은 "노비가 아무리 천하다 하여도 天民"이라는 인식이다. 즉 노비도 '하늘의 백성'으로 하늘이 낼 때에는 양인과 동등한 지위를 가졌다는 주장이었다. 이러한 인식은 고려 말 천인들이 봉기와 저항을 통해

서 보여준 역동성을 조선의 건국주체들이 인정하면서 형성된 것이었다. 천인천민론은 태종대에 그 윤곽이 드러났으며, 세종에 이르러 그 내용이 구체적으로 정비되었다. 조선의 신분제가 태종대에서 세종대에 걸쳐 정리되었다는 점을 고려한다면, 천인천민론도 같은 시기에 부각되어서 천인의 지위를 정리하는 시금석이 되었다.

조선 초기 천인천민론과 같이 천인신분을 규정하는 기본이념은 '貴賤之分論'이 있었다. 귀천지분론은 貴賤은 하늘이 세운다는 인식으로 천인천민론과 대립적인 이념이었다. 조선 초기의 위정자들은 두 가지의 모순된 생각을 동시에 인정하였다. 천인과 천인 주인을 나누는 신분제적 현실을 인정하면서, 천인과 천인 주인이 모두 천민으로 동등하다는 이상도 버리지 않았다. 조선 초기 천인의 신분적 지위는 귀천지분론의 현실과 천인천민론의 이상 사이에서 형성되고 있었다.

천인천민론은 정비되면서 몇 가지의 모습을 보여주었다. 賤人國民論, 禮治賤人論, 私賤國家管理論 등이 그것이다. 천인국민론은 천인도 國民이라는 인식이다. 즉 천인을 국가의 구성원으로 인정하는 것이다. 당시에는 왕을 하늘을 대신하여 天民을 다스리는 존재로 정의하고 있었으므로 천민인 천인은 당연히 국가 구성체의 일원이 될 수 있었고, 또한 향촌공동체의 구성원이 될 수 있었다. 특히 천인은 公賤과 私賤을 구분하지 않고 국민으로 파악되었다. 공사천 모두를 天民으로 보았으므로 공사천 모두를 국민으로 호칭하는 것은 오히려 당연한 것이었다. 천인을 국민으로 보는 것은 고려시대에는 찾을 수 없었다. 고려대에 천인은 국가의 구성원으로 인정받지 못하였고, 당연히 국민으로 불릴 수 없었다.

천인이 국민이라는 인식이 국가의 정책에 영향을 주는 것은 당연하였다. 천인을 국민으로 파악할 때에 국가가 시행하는 정책에서 천인이 소외될 이유는 없었다. 이러한 국가의 입장은 세종이 복지정책을 논의하면서 "사람을 구휼하는 법전에 양인과 천인의 다름이 있어서 실로 타당하지 못하다."는 지적에 극명하게 잘 나타났다.

2. 賤人이 天民으로 인식되면서 나타나는 또 다른 변화는 예치천인론이다. 천인도 예의 질서에 참여할 수 있다는 생각이다. 하늘이 낸 모습은 모두가 天民으로 동질적인 것이었으므로, 천인도 하늘의 질서를 땅에서 구현한 것으로 이해되는 예를 배우고 예를 실천할 수 있는 존재로 이해되었다. 당시 예의 질서는 법보다 상위에 있는 사회질서의 근간이었으므로 여기에 천인이 주체로 부각된다는 것은 매우 중요한 변화였다.

천인이 예의 질서에 참여하는 현상은 여러 가지 면에서 나타났다. 국가가 천인을 충신, 효자 등에 선발 대상으로 인정하였고, 천인에게도 삼년상을 지내도록 권장하였으며, 천인을 양로연 등의 국가 예전에 참여시켰다. 국가에서 천인을 충신과 효자 등의 대상으로 선발하는 경우에, 국가는 천인에게 포상뿐 아니라 그 행적을 기리는 旌閭도 세워주었다. 정려를 세운다는 의미는 귀감이 되는 행동을 지역 공동체가 기리고 본받도록 하는 조치였다. 그러므로 여기에 천인이 포함된다는 것은 천인의 행적도 신분에 관계없이 모든 공동체의 구성원들이 본받고 기리는 대상이 될 수 있음을 보여준다.

천인이 예를 실천하는 주체가 되었다는 것은 예전에 참여하는 것에서 그치는 것이 아니라 그 연장선상에서 부여되는 정책적 혜택을 양인과 동등하게 받았다는 것을 의미하였다. 한 예로 천인이 양로연에 참가한 것은 단순히 잔치에 참가한 것이 아니라 이 예전으로 베풀어지는 특전을 양인과 구분 없이 받을 수 있다는 것을 의미하였다. 양로연에 참여한 노인들에게는 특별한 포상으로 관직이 부여되었는데, 당연히 천인들에게도 관직이 주어졌다. 주목되는 것은 천인은 관직을 가질 수 없는 신분이었다는 점이다. 천인에게 관직을 주기 위해서 먼저 천인의 신분을 면하는 면천의 조치를 취하는 것이 필요하였다. 국가에서는 천인에게도 양인과 동등하게 관직을 주기 위해서 천인에게 면천을 허용하는 극단적인 조치도 불사하였다.

이러한 사례는 천인이 예전에 참여한다는 것이 어떠한 의미를 가지는가를 잘 보여준다. 특히 천인에게 예전에 따른 혜택을 부여하기 위해서 신분을 상승시키는 조치도 불사하였다는 점은 천인천민론에 근거한 예전의 질서가 귀천지분론에 근거한 신분 질서보다 더욱 본질적인 것으로 인식되었음을 잘 보여준다.

3. 천인이 天民으로 인식되면서 나타나는 다른 한 가지 이념은 공천이 아닌 사천의 경우에도 국가에서 관리한다는 사천국가관리론이다. 사천은 개인의 소유이었다. 그러나 사천은 天民이면서 국민이었으므로 개인의 소유라는 조건에만 제한될 수 없었다. 즉 사천에 대한 사천 주인의 요구와 국가의 요구가 서로 배치될 경우에 국가의 요구가 상위에 있었다.

사천국가관리론이 제기되면서 고려에서는 볼 수 없었던 사천에 대한 다양한 국가정책이 나올 수 있었다. 국가에서는 사천을 그 주인으로부터 보호할 수도 있었고, 사천을 국가의 필요한 일에 적극 동원할 수 있었다. 국가에서 사천을 사천의 주인으로부터 보호하는 정책은 세종대부터 구체화된다. 세종대에 노비에게 가혹행위를 하거나 살해하는 주인을 처벌하는 규정을 만든 것이 그 예였다. 이러한 조치는 성종대에도 계속되어 노비를 살해한 주인은 물론 그 죄를 은폐한 친족에게도 지웠다.

사천국가관리론에 근거해서 국가는 사천을 보호하는 소극적인 정책 뿐 아니라, 국가가 필요할 때에는 사천을 적극적으로 동원하고, 그에 상응하는 대가로 신분해방을 시키기도 하였다. 국방을 위해서나, 북방의 사민을 위해서나, 각종 국가의 사업을 위해서 국가는 사천 주인의 의사와 관계없이 사천을 동원하고 있었다. 특히 사천을 동원하는 경우 국가에서는 동원에 응한 사천에게 다양한 포상을 하고 있었는데, 공이 큰 경우에는 사천을 면천하여 양인이 되도록 하는 포상도 하였다. 이러한 포상은 사천 주인의 의사와 배치될 수밖에 없었다. 이외에도 국가에서는 사천국가관리론에 입각하여서 개인이 천인을 소유할 수 있는 수를 제한하려는 논의도 지속하였다. 이 논의는 태종대, 세종대에는 물론 중종대까지 지속되었는데, 이 역시 사천국가관리론에 입각한 것이었다.

　이상의 검토에서 볼 때에 천인천민론의 이념 하에서 시행된 일련의 정책으로 조선 초기 천인의 지위는 고려대와 달랐다. 조선 초기의 천인은 고려에 비하여 그 지위가 높아졌고, 양천 신분 간의 격차도 상대적으로 좁아졌다. 특히 공천의 지위를 광의양인인 역리나 염간의 경우와 비교할 때에, 공천이 받는 차대는 법제적이나 실제적으로 크지 않았다.[52] 양천 간의 간격이 좁아지면서 이미 성종대부터 광의양인과 천인을 묶어서 下賤으로 총칭하는 사례가 나타나고 있었다.[53] 이는 그 시대 관원들이 광의양인과 천인 간의 신분적 차이를 대비되는 다른 신분에 비하여 가까운 것으로 이해하고 있음을 잘 보여준다. 이러한 신분구조 하에서 양천 간의 신분 이동도 이전 시기보다는 용이하였을 것으로 추측된다(최이돈 「조선초기 천인천민론의 전개」『조선시대사학보』 57, 2011).

---

52) 단적인 예로 역리 염간이 공을 세우면 역에서 벗어나 협의양인의 신분이 되었는데, 이와 같은 공을 공천이나 사천이 세우면 이들 역시 천인에서 벗어나 협의양인이 될 수 있었다(최이돈 「조선 초기 협의양인의 용례와 신분」『역사와 현실』 71, 2009).

53) 기존의 연구에서 천인과 양인을 묶어서 하인으로 지칭하고 이를 사족과 대비시키는 용례를 조선 중기 이후의 변화로 이해하였다. 그러나 '下賤'이라는 용어로 광의양인과 천인을 묶는 용례가 성종대부터 보이고 있다. 이는 세종대와 성종초에 걸쳐서 신분체계가 정비되면서 천인 지위의 상승으로 나타난 변화로, 천인과 광의양인 간의 거리가 멀지 않음을 보여준다(『성종실록』 권286, 성종 25년 1월 병오).

제9장 조선전기 특권신분과 신분구조

머리말

신분제는 지배신분이 기득권을 유지하기 위하여, 법으로 집단의 지위를 제한하고, 그 지위를 세전하도록 하는 제도로, 전근대사회의 특징을 잘 보여주고 있다. 그러므로 학자들은 전근대사회의 특성을 드러내기 위해서 신분제의 구조와 실상을 밝히는데 노력하였다.

그간 조선 초기의 신분제를 밝히기 위한 노력은 다른 시대 연구에 비하여 활기차게 진행되었으나, 그 성과는 미흡한 것 같다. 아직도 국사학계를 대표하는 주요 개론서에 조선 초기의 신분제를 서술하는 내용이 상이하게 나타나고 있기 때문이다.

조선 초기 신분제에 대하여 체계적인 입장을 먼저 정리한 연구자는 이성무였다. 그는 1973년 「十五世紀 兩班論」에서 그간의 신분사 연구를 바탕으로 조선 초기의 신분은 양반, 중인, 양인, 신량역천, 천인 등으로 구성되어 있다는 견해를 제시하였다.[1] 그는 자신의 견해를 종합 체계화하여 1980년 『朝鮮初期 兩班研究』를 출간하여 소위 '통설'을 정립하였다.[2] 이 저서는 조선 초기 신분제를 최초로 체계화한 소중한 성과였다.

통설에 대하여 이의를 제기한 이는 한영우였다. 그는 1978년 「朝鮮前期의 社會階層과 社會移動에 관한 試論」에서 통설의 문제점을 지적하면서 '양천제설'을 제시하였다.[3] 또한 그는 이성무의 저서가 출간되자 1982년

---

1) 이성무 「십오세기 양반론」『창작과비평』8(2), 1973.
2) 이성무 『조선 초기 양반연구』일조각 1980.

서평의 형식으로 통설을 비판하였다.[4] 이성무는 1984년 답변 형식의 「조선 초기 신분사연구의 재검토」를 발표하여 이에 반박하였고,[5] 이에 대하여 한영우는 1985년에 다시 「조선 초기 사회 계층 연구에 대한 재론」를 발표하면서[6] 소위 조선 초기 신분제 논쟁이 진행되었다. 이 과정에서 양 주장의 핵심 내용들과 문제점들이 잘 드러났는데, 이를 통해서 신분제를 이해하는 수준이 한 단계 높아질 수 있었다.

한영우는 통설에서 지배 신분으로 인식되고 있던 양반과 중인을 신분으로 인정하지 않고, 나아가 조선 초기 지배신분의 존재를 부정하였다. 그는 용례로 볼 때 양반은 관원을 지칭하는 것에 불과하고, 관원들 중에는 지배신분이라고 할 만한 특권을 가지지 못한 존재들이 많음을 지적하면서, 양반 지배신분설을 부정하였다. 또한 중인이라는 용어는 조선 초기에는 보이지 않는 용어이므로 중인신분도 존재하지 않는다고 주장하였다. 이와 같은 지적은 통례적으로 사용하고 있던 양반이나 중인 등의 신분 용어를 다시 한 번 고찰하게 하는 것이어서 의미가 있었다.

한영우의 가장 중요한 기여는 신분제를 분명한 기준 위에서 보도록 한 것이었다. 그는 신분을 '법적', '혈통적' 기준에 입각해서 이해하고자 하였다. 신분제는 국가 권력이 기득권을 보호하기 위한 제도였으므로, 이는 법적인 규정을 통해서, 또한 혈통에 입각해서 관철되었다. 그러므로 한영우의 이와 같은 지적은 타당하였다. 법의 기준에서 볼 때에 통설에서 주장하는 지배신분으로서 양반은 경계가 불분명한 집단이었다. 특히 이성무는 광의의 양반을 지배신분으로 보았는데, 광의의 양반은 관원인 협의의 양반은 물론 재야의 사류들까지 포괄하는 개념이었다.

한영우의 양천제론은 타당성이 있었으나, 이 논쟁은 사실 불공평한 것

3) 한영우 「조선 전기의 사회계층과 사회이동에 관한 시론」 『동양학』 8, 1978.
4) 한영우 「조선 초기 신분계층연구의 현황과 문제점」 『사회과학논평』 창간호 1982.
5) 이성무 「조선 초기 신분사연구의 재검토」 『역사학보』 102, 1984.
6) 한영우 「조선 초기 사회 계층 연구에 대한 재론」 『한국사론』 12, 1985.

이었다. 이성무는 저서를 통해서 자신의 체계를 드러내고 방어하는 입장이었고, 한영우는 시론에 입각한 논리를 바탕으로 공격하는 입장이었기 때문이다. 정당한 논쟁이 되려면 한영우도 시론을 보완하여 양천제론의 주장들을 실증적으로 논증해야 하였다. 특히 그는 양인이 권리와 의무에서 균질한 집단이라고 주장하고 있는데, 과연 그러한지 실증해야 하였다. 한영우는 "양반의 개념이 불분명하고 그 기준이 모호하다."고 비판하였는데, 양천제론에서 주장하는 양인이 그 경계가 분명한 집단이었는지는 논증하지 못하고 숙제로 남겼다. 그러므로 논쟁은 지속되기 어려웠다.

양천제론의 숙제를 이어 받은 이는 유승원이다. 그는 1987년 『조선 초기 신분제연구』를 발표하여 양천제론의 체계화를 시도하였다.[7] 그는 신분을 '혈통에 따라 세습되는 법제적 차등'으로 정의하고 그에 입각해서 양천제론을 정비하였다. 그의 연구는 신분제에 대한 연구 수준을 한 단계 높이는 데 크게 기여하였다.

그러나 유승원은 자신의 주장을 실증하는 데는 성공하지 못한 것 같다. 양인이 동일한 권리와 의무를 가지고 있었는지를 검토하는 것은 양천제론의 숙제인데, 이 부분에 대해서 유승원은 너무 간단히 처리하고 있다. 유승원이 조선 초기 양인의 구성을 설명하고 있는 것은 그의 저서 1부의 3장으로, 이 내용은 불과 40여 쪽에 불과한데,[8] 여기서 양인 신분의 다양한 구성과 그 제일성을 모두 논하고 있다. 구체적으로 살펴보면, 그간 신분제 논쟁에서 중요한 쟁점이 되었던 서얼이나 향리에 대한 논의는 각각 1쪽의 분량도 되지 않는다. 서얼이나 향리에 대해서는 일찍부터 별도의 신분임을 주장하는 체계적인 논고가 있었다는 점을 고려한다면 좀 더 구체적으로 논의해야 하였다.

사실 유승원은 저서의 중후반부인 2부에서 양인 내의 역리, 염간 등 특

---

7) 유승원 『조선 초기 신분제연구』 을유문화사 1987.
8) 유승원 위의 책 62~108쪽.

수직역들을 하나하나 심혈을 기울여 검토하고 있다. 이는 1부의 시론에서 주장하는 논리를 보완하기 위한 작업으로 보인다. 그런데 이 논문들은 양천제론을 보완하는 작업으로 보기에는 부족하다. 상당수 논문들이 논의 과정과 결론 부분 사이에 미묘한 괴리를 보여주고 있기 때문이다. 구체적인 예로 역리의 연구를 보면, 그는 역리가 일반양인에 비하여 법적으로 차대를 받는 지위를 가지고 있었고, 또한 이러한 지위를 세전하고 있음을 충분히 논증하고 있다. 그러나 결론에서는 별다른 설명 없이 '역리도 양인'이라고 맺고 있다. 역리가 양인인 것은 사실이지만, '혈통에 따라 세습되는 법제적 차등'이라는 관점에서 본다면, 역리는 일반양인과는 다른 신분이 될 수 있음을 보여주고 있다. 날카롭게 정리해 간 본론의 내용에 비하여 결론이 겉도는 느낌이다. 이와 같은 문제점은 역리만이 아니고 다른 직역을 검토한 부분에서도 공히 나타나고 있다. 즉 유승원은 신분을 '혈통에 따라 세습되는 법제적 차등'이라고 보는 기준을 연구에 일관성 있게 적용하지 못하고 있다.

그간 신분제 논쟁에 대하여 여러 연구자들이 관심을 표하였다. 이 논의에 참여한 상당수의 연구자들은 실증과 이론의 양면에서 양천제론에 의문을 표하였다. 실증의 면에서 보면, 전형택은 보충군의 입역규정을 검토하면서 조선의 신분구조는 양반, 양인, 천인의 신분으로 구성되었다는 견해를 제시하였고,[9] 송준호 역시 양반신분의 존재를 주장하였다.[10] 지승종은 서얼신분을 논하면서 서얼은 양반과 상민 사이에 위치한 별도의 신분임을 주장하였고[11] 양성지와 이이의 신분인식을 검토하면서, 양반과 상인의 구분을 신분의 기본 구조로 이해하였다.[12] 이들은 모두 양천제론에 의문

---

9) 전형택 「보충군 입역규례를 통해 본 조선 초기의 신분구조」『역사교육』30 31, 1982.
10) 송준호 「조선양반고」『한국사학』4, 1983.
11) 지승종 「조선 전기의 서얼신분」『사회와 역사』27, 1991.
12) 지승종 「조선 전기 신분구조와 신분인식」『한국사연구의 이론과 실제』1991.

을 표하고 있으나, 양천제를 대신할 신분 체계를 논증하는 데까지는 나아
가지 못하였다.

이론의 면에서 김필동과[13] 지승종이[14] 양천제론을 비판하였다. 그 중
주목이 되는 것은 ① 신분 개념의 조작성에 대한 지적이다. 즉 양천제론의
신분 개념 및 분류의 기준은 양천제론을 논리적으로 이끌어 내기 위한 조
작적 정의라는 지적이다. 즉 논리적으로 양천제론은 노비제의 다른 표현
이라고 비판하였다. ② 또한 양천제론의 유용성에 대한 의문도 제기되고
있다. 양천제론은 신분사적 갈등을 노비제를 둘러싼 갈등으로 축소하여서,
양천제가 시행되었던 거의 천년 동안 노비 아닌 구성원 간의 갈등과 변화
에 대해서 신분사적 설명이 불가하게 하였다. 이러한 이론적인 지적은 논
리적으로 타당하지만, 아직 이론적 비판에 그치고 있다.

이상의 연구 상황을 볼 때 조선 초기 신분사 연구를 위해서 고려되어야
할 연구 방법은 다음의 두 가지이다. 먼저 신분사를 규명할 때 필요한 것
은 적절한 수준의 개념 규정을 일관성 있게 적용하는 것이다. 그간의 연구
를 검토해 볼 때, 통설은 그 기준에서 미비한 면이 노출되었다. 한영우의
날카로운 비판은 이러한 미비점에 대한 지적이었다. 이에 비하여 양천제
론에서는 한영우에서 유승원에 이르면서 개념이 한층 정교하게 정비되었
다. 그러나 양천제론에서는 그 개념을 일관성 있게 적용하고 있는가라는
문제가 제기된다.

적절한 수준의 개념 규정이라고 할 때에, 어느 정도의 수준이 적절한 수
준인가를 결정하는 것은 쉽지 않다. 이에 대해서는 연구자마다 생각이 다
를 수 있다. 그러나 신분제 연구의 본질을 생각한다면 오히려 쉽게 정리할
수 있다. 즉 신분제 연구의 핵심은 국가권력이 어떻게 구성원을 편제하고
자 하였는가, 즉 국가권력의 본질이 무엇인가라는 질문에 답하는 것이라

---

13) 김필동 「신분이론구성을 위한 예비적 고찰」 『사회계층』 다산출판사 1991.
14) 지승종 「신분개념 정립을 위한 시론」 『한국사회사 연구회 논문집』 11, 1988; 「신
    분사 연구의 쟁점과 과제」 『사회와 역사』 51, 1997.

고 본다면, 그 개념 정리 수준은 이미 유승원이 정의한 대로 신분을 '혈통에 따라 세습되는 법제적 차등'으로 파악하는 정도면 충분하다. 물론 이러한 규정을 가능하면 예외 없이 일관성 있게 적용하는 것은 필요하다.

다음으로 고려되어야 할 것은 신분제의 구조를 실증적으로 제시하는 작업이 필요하다. 이 작업은 특히 양천제론의 경우에 절실하다. 양천제론이 제기되면서 통설은 그 개념이 정교하지 못하여 크게 공격을 받았다. 그럼에도 통설을 주장하는 이들은 여전히 양천제론을 수용하고 있지 않다. 그 가장 중요한 이유는 통설이 문제점은 있지만 적어도 신분제 전체의 체계를 실증하고 있는 반면, 양천제론은 아직 자체의 논리에 입각한 실증에 성공하고 있지 못하다고 생각하기 때문이다. 신분제 논쟁 이후 상당한 시간이 지난 현재까지도 양천제론의 입장에서 서얼이나 향리 등 주요 쟁점이 되었던 직역에 대하여, 왜 서얼이나 향리가 일반양인과 같은 신분으로 이해되어야 하는가를 구체적으로 구명하는 논고가 보이지 않는 것은 이러한 상황을 잘 보여준다.

또한 신분제의 구조를 실증적으로 제시하는 작업은 양천제론을 반대하는 입장에서도 필요하다. 이론과 실증의 면에서 많은 연구자들이 양천제론에 대하여 반대를 표명하고 있지만, 대부분 단편적인 지적에 그치고 있다. 양천제론의 공격으로 통설은 이미 수용되기 어려운 형편인데, 양천제론이 아니라면 어떠한 신분 구조를 제시할 수 있는가 하는 의문이 제기될 수밖에 없다. 새로운 신분제의 구조를 실증적으로 제시할 수 없다면, 조선초기 신분제에 대한 논의는 당분간 큰 진전을 보기 어려운 상황이다.

이상의 검토에서 볼 때, 신분제 연구의 당면한 연구 방법은 적절한 수준의 개념 규정을 일관성 있게 조선 초기의 각 신분집단에 적용해보면서, 실증적으로 조선 초기의 신분 구조가 어떠한지를 구명하는 것이라 할 수 있다. 좀 더 구체적으로 언급하면, 신분제의 과제는 양천제론에서 제시한 신분을 '혈통에 따라 세습되는 법제적 차등'으로 파악하는 관점을 그대로 각 직역에 적용하였을 때에 조선 초기의 신분제는 과연 어떠한 결론에 도달할 수 있을지를 살펴보는 것이라 할 수 있다.

신분제를 정리하기 위해서는 위와 같은 연구 방법에 입각해서 다음의 세 가지의 과제를 해결하는 것이 요긴하다.

① 먼저 양인이 단일한 권리와 의무를 가진 집단인가를 검토해야 한다. 이는 양천제론이 제기한 가장 중요한 쟁점인데, 그간 이에 대한 검토가 실증적인 면에서 미진하였다. 이를 검토하기 위해서는 양인의 다양한 직역을 모두 검토해야 한다. 특히 이미 연구자들에 의해서 쟁점으로 부각되었던 직역들을 세밀하게 검토하는 것이 우선되어야 한다.

② 다음으로 지배신분을 명료하게 논증해야 한다. 통설에서는 양반을 지배신분으로 제시하고 있다. 그러나 양천제론에서는 양반은 그 집단적 경계도 분명치 않은 집단이므로 지배신분으로 인정할 수 없다는 입장을 보이고 있다. 더 나아가 조선 초기에는 지배신분이 존재하지 않는다고까지 주장하고 있다.

통설의 입장에서는 양반을 신분으로 주장하기에 부족한 면이 있다는 것은 인정하지만 여전히 양천제론에 동의하지 않고 있다. 조선 초기는 최대의 권력을 누리면서 그 지위를 세전하는 왕이 존재하였고, 역시 최하위의 지위를 세전하도록 강요받는 천인이 명백하게 존재하는 사회였으므로, 지배신분이 존재하지 않는다고 보는 것을 쉽게 수용할 수 없기 때문이다. 그러므로 신분을 법적으로만 보아야 하는가에 의문을 제기하고, 사회적 신분도 인정하여야 한다는 주장들이 표출되고 있다.[15]

분명히 양반은 역사의 어느 시기부터 지배신분으로 인식되고 있었다. 이는 조선 후기 신분제인 반상제를 볼 때 그러하다. 그러나 조선 후기 반상제로 표출되는 양반은 이미 상당 기간의 역사를 거친 역사적 퇴적물임을 고려할 필요가 있다. 특별히 유념할 것은 조선 후기의 양반도 법제적

---

15) 지승종 앞의 논문.

신분제의 관점에서 보면 여전히 그 경계가 분명치 못한 집단이라는 점이다. 양반이 지배신분으로 인식되는 것은 법제적 신분 뿐 아니라 사회적 신분도 인정되는 사회적 상황에서 가능하였다.

즉 역사의 어느 시기부터 양반은 사회적 신분의 관점에서 지배신분으로 인정되었다. 언제부터 양반이 지배신분이 되었는지를 구명하는 것은 흥미로운 연구주제이다. 그러나 구체적으로 사회적 신분을 어떻게 정의할 것인지, 이를 어떤 방법으로 추출할 것인지는 아직 학문적으로 논하기에 매우 어렵다. 따라서 양반이 언제부터 사회적 신분으로 인식되었는지를 구명한다는 것 역시 상당한 시간이 필요한 과제이다. 불가피하게 당분간은 법제적인 관점에서 신분제를 논할 수밖에 없다.

이러한 상황을 인정한다면, 양반을 지배신분이라고 보는 명제는 일단 보류하고, 역으로 지배신분의 성립 근거가 되는 특권에 주목할 필요가 있다. 즉 특권을 부여하는 정치체계에 관심을 가져볼 필요가 있다. 이러한 관점에서 볼 때에 그간 최고의 직역으로 인정되었던 관직과 관원체제를 다시 한 번 주목할 필요가 있다.

이미 관원체제는 통설과 양천제설에서 모두 주목을 받았다. 통설에서는 관직에서 부여되는 특권에 주목하여 이를 지배신분의 징표로 삼았으나, 이에 집중하지 못하고 광의의 양반까지를 지배신분으로 설정하면서 양천제설의 집중적 공격을 받았다. 양천제설에서는 오히려 고시제, 고과제, 상피제 등을 내세워 관원체제의 합리성을 강조하면서 관료체제를 양천제설의 한 근거로 삼고 있다.

통설과 양천제설은 관직을 상이한 관점에서 보고 있으나, 양 설은 모두 관직을 단일한 신분에 대응하는 단일한 직역으로 보고 있다. 그러나 그간의 연구에 의하면 관직을 단일한 신분에 대응하는 단일한 직역으로 보는 것은 적절하지 않다. 정부는 서얼은 물론, 공상, 천인까지 관직을 부여하고 있고 이를 위해서 관직체계 내에 한품제, 한직제, 잡직계 등 다양한 제도를 두어서 관직을 모든 신분에 대응하는 직역으로 만들고 있었다. 따라서 한 관직체계 내에 모든 신분에 대응하기 위하여 내부에 벽을 만들고 있었다. 이는 관직체계가 합리적, 개방적인 영역과 폐쇄적, 비합리적인 영역을 모두 가지고 있음을 보여주고 있다. 즉 관직체계는 능력에 입각한 합리적 공간과 혈통을 기반으로 하는 비합리적인 공간을 같이 가지고 있었다.

관원에게 부여되는 신분적 특권인 문음제 역시 혈통을 기반으로 하는 것으로 합리적 관원제 내에서는 수용이 불가능한 제도였다. 그러므로 혈통적 특권을 부여하기 위해서는 관원체제 내에 별도의 특권관원의 영역을 구축하는 것이 불가피하였다. 만약 특권관원의 영역을 검증할 수 있다면, 이러한 특권을 부여받는 집단을 추출하는 것은 어렵지 않을 것이고, 특권을 누리는 집단을 지배신분이라 부르는 것은 타당할 것이다.

너무 앞서가는 이야기지만 법적으로 지배신분이 명료하게 정리된다면 사회적 신분인 양반에 대한 논의도 진전시킬 수 있다. 법적 특권을 부여받는 지배신분의 주변에, 시간이 가면서 신분의 사회화 과정을 통해서 사회적으로 인정받는 집단들이 형성 누적되어 갈 수 있고, 그 과정에서 양반은 자연스럽게 사회적 신분으로 자리를 잡아가면서 지배신분에 합류할 수 있을 것으로 가정된다.

③ 최하위의 신분인 천인에 대하여 검토하는 것이 필요하다. 조선초기 신분제 논쟁에서 천인은 그 대상이 아니었다. 최하의의 신분인 천인의 지위에 대하여 별다른 쟁점이 제기되지 않았기 때문이다. 그러나 신분제의 큰 틀이 변화는 과정에서 천인의 지위 역시 변화하였다. 그러므로 조선 초기 천인의 지위의 변화를 검토하는 것이 필요하다.

그간 저자는 조선전기 신분사에 대한 몇 편의 글을 발표하였다. 기왕에 발표한 글을 중심으로 이상의 세 가지 연구 과제에 답해보고자 한다. 먼저 특권신분을 검토하고자 한다. 우선 특권신분의 형성과정을 정리해보고, 특권신분의 지위를 분명히 밝히기 위해서 특권신분이 정치 경제에서 가지는

특권을 검토하고자 한다. 다음으로 양인 신분의 구조를 밝히고자 한다. 그
간의 연구를 볼 때, 양인은 여러 신분으로 나누어지고 있었는데, 이를 상
급양인, 협의양인, 광의양인으로 나누어 검토하고자 한다. 그리고 마지막
으로 천인의 지위를 검토하고자 한다. 조선 초기에 천인의 지위 역시 고려
에 비해 크게 변화하였는데 이를 정리하고자 한다. 이상의 검토를 통해서
조선초기의 특권신분과 신분구조에 대한 이해가 깊어지기를 기대한다.

1. 特權身分의 형성

1) 特權 官品의 정비과정

(1) 가선대부의 지위 형성

조선초기의 지배신분은 신분, 정치, 경제적으로 특권을 가진 특권신분
이었다. 대표적인 특권신분은 대신과 왕족이었다. 이들은 법으로 보장된
특권을 누리고 또한 세전하고 있었다.

지배신분이 형성되는 과정을 구명하기 위해서 먼저 특권관품이 형성되
는 과정을 검토해보자.[16] 조선 초기의 신분제는 태종대에서 세종대에 걸
쳐서 형성되어 갔다. 신분제는 직역과 불가분의 관계에 있었으므로 신분
제의 형성에 따른 직역체계의 변화도 불가피 하였다. 특히 상위 직역으로
파악되는 관직제도에도 상응하는 변화가 있었다.

관직은 국가에 기여하는 모든 구성원, '국민'에 대응하는 직역이었다. 국
가는 양인은 물론 천인에게도 관직을 부여하고 있었다. 그러므로 관직 체
계는 내부가 열린 구조가 아니라, 신분에 대응하기 위해서 그 내부에는 넘

---

16) 이하 서술 최이돈 「조선 초기 특권 관품의 정비 과정」『조선시대사학보』 67,
2013 참조.

어가기 힘든 몇 개의 구역이 존재하였다. 관직체계의 최상부에는 특권이 부여된 특권관직이 존재하였다. 이는 최상위 신분과 대응하는 관직의 영역이었다.

그러므로 조선 초기 신분제 구명의 일환으로 특권관직이 어떻게 정비되어 가는가를 살펴보자. 특권관직은 신분적 특권인 문음이 부여되는 관직이다. 문음이 부여되는 관직은 『경국대전』「이전」문음조에 2품 이상의 관품과 3품 이하의 몇몇 顯官이 명시되어 있다.

태조대의 자료를 보면, 가선대부는 특권관품이 아니었다. 가선대부는 종2품으로 고위 관품이었으나, 태조대에는 대신으로 인정받지 못하였고 당연히 그에 상응하는 특권도 부여받지 못하였다. 태조대의 자료에 의하면 군인이 군역만 충실히 이행하여도 가선대부의 품계를 얻을 수 있었고, 국가에서 관원에 대한 관리가 허술하여 고신을 가지지 않은 가선대부도 있었다. 이와 같은 현상은 태조대에는 관원의 관리가 고려의 유제를 이어 관품 중심이 아니라 관직 중심으로 운영되면서, 고위의 관품인 가선대부도 중요한 관품이 아니었기 때문이었다.

가선대부의 지위에 큰 변화를 준 것은 태종 5년의 관제 개혁이었다. 개혁의 핵심은 육조의 기능을 강화하기 위해서 관직 중심의 운영체제를 관품 중심의 운영체계로 바꾸는 것이었다. 관품 중심의 운영체계를 만들기 위해서 그간 쉬운 승진 체계 속에서 양산된 가선대부를 정리하여 이들을 모두 통정대부로 정리하였다.

그 결과 새로운 가선대부는 이전의 가선대부보다 상위에 있던 양부의 대신들에게 주어졌다. 변화한 관품제 하에서 가선대부는 대신으로 호칭되었고, 상응하는 신분상, 사법상 특권을 부여받았다. 신분상 특권으로 門蔭, 追贈 등의 특권이 부여되었고, 사법상 특권으로 寬典에 따른 재판, 啓聞治罪의 특권 등이 주어졌다. 태종 5년 이후 가선대부는 특권 관품이 되었다.

(2) 통정대부의 지위와 그 변화

가선대부가 특권 관품이 되었으나, 그 아래의 품계인 통정대부는 전혀 다른 위치에 있었다. 양 관품 사이에는 그 당시의 표현을 빌리면 '커다란 간격', '尊卑의 분별' 등이 존재하였다. 통정대부는 참상관에 속하여, 서얼이나 기술관도 가질 수 있는 품계였으므로 당연히 신분이나 사법상의 특권을 가지지 못하였다.

특히 통정대부는 고과제, 상피제, 고시제 등 관료제의 틀 안에 존재하였다. 고과제, 상피제, 고시제 등은 능력을 기준으로 관료제를 합리적이고 투명하게 운영하기 위한 제도로 관원들이 이 틀 안에 있다는 것은 당연하였다. 그러나 가선대부 이상은 이 틀을 벗어나 있었다.

통정대부를 資窮이라 불렀는데, 이는 資級의 끝이라는 의미로 통정대부가 관료체제의 틀 안에서 올라갈 수 있는 가장 상위의 품계였음을 의미하였다. 이는 가선대부와 통정대부는 외형상 하나로 연결되어 있었지만, 가선대부 이상은 별도의 관리방식에 의해서 운영되는 별도의 영역에 속하였음을 보여준다.

그러므로 통정대부는 관직에 있으면서 자녀에게 문음의 특혜를 부여하거나, 부모에게 추증의 특혜를 부여하지 못하였을 뿐 아니라, 퇴직 후 관원으로서의 자신의 지위를 신분으로 연결시키지 못하였다. 그러므로 통정대부는 퇴직 후에는 양인과 같이 군역에 편제되었다. 이는 가선대부 이상이 퇴직 후에도 관품에 따른 특권을 누린 것과 대조된다. 결국 통정대부는 특권관원이 되지 못하였다.

통정대부와 가선대부 사이에 단절이 생기면서 문제가 노출되었다. 고과제를 통해서 올라온 관원들이 자궁인 통정대부에 쌓이기 시작하였다. 통정대부의 품계소지자가 과도하게 늘어나면서 정부에서는 대응방법을 모색하였다. 그 한 방법이 통정대부를 분리시켜서 통정대부 내에 별도의 관품처럼 운영하는 것이었다. 통정당상관은 그러한 모색으로 만들어진 통정대부 내의 단계였다.

통정대부 내부에서의 승진과정은 이미 고과제 밖에 있는 단계였으므로 시간이 지난다고 승진할 수 없었고, 공을 세워야 승진이 가능하였다. 그러므로 그 승진과정은 고과에 의한 승진보다 더 어려운 과정이 되었다. 그러므로 통정당상관제는 통정대부가 팽창되는 문제를 완화할 수 있는 방안이었다.

그러나 이러한 조치에도 불구하고 통정당상관의 수가 급격히 늘자 새로운 방법이 필요하였다. 세조대 공신의 남발 등으로 통정당상관 이상 관원은 360명을 넘기도 하였다. 당시 통정당상관 이상의 실직이 45직에 불과한 상황에서 볼 때에 이는 과도하게 많은 수였다.

통정당상관의 수가 과도하게 늘면서 통정대부를 나누어 대응하는 것이 현실적으로 어려워지자, 통정대부로의 승진을 제한하는 방법이 제기되었다. 이는 통정대부를 특지에 의하여 임명하는 방법이었다. 특지에 의하여 통정대부가 되는 방법은 일정시간이 지나면 승진하는 고과에 의한 방식보다 통정대부의 양산을 제한하는 좋은 방법이 될 수 있었다. 이러한 변화로 통정대부와 통정당상관의 구분이 약해졌고, 통정대부를 일률적으로 당상관으로 호칭하게 되는 통정당상관제가 시행되었다. 또한 자궁의 품계가 통정대부의 아래 품계인 통훈대부로 바뀌었다. 이러한 변화는 특권 관품의 진입을 더욱 확실하게 통제하기 위해서 통정대부를 준특권관품으로 설정하여 완충 영역으로 삼은 것이었다.

이상을 종합할 때에 가선대부 이상의 특권관품은 준특권관품인 통정대부를 통해서 통훈대부 이하와 연결되어 있었다. 그러나 그 내부의 운영방식은 상이하게 다른 체제 아래에 있었다. 통훈대부 이하에 대한 관리는 능력을 근간으로 하여 합리적이고 투명한 제도를 바탕으로 하여 이루어졌다. 반면 가선대부 이상의 관원은 진입부터가 왕의 특지에 의한 寵臣的 성격이 강하였고, 이후의 인사도 고과제, 상피제 등의 합리적인 규정을 벗어난 것이었다.

기본적으로 혈통에 입각한 신분제와 능력을 기반으로 하는 관료제는 양립하기 어려웠다. 따라서 형식상으로는 하나인 관직체계 내에 닫혀 있는 별도의 공간을 마련하는 것은 불가피한 조치였다. 그러므로 조선의 위정자들은 태종대에서 성종대에 이르는 긴 논의과정을 통해서 특권 신분에 대응할 수 있는 관직체계 내의 한 영역을 특권 관품으로 정비해갔다. 따라서 조선 초기의 관직체계는 열려있으면서 닫혀있는, 닫혀있으면서 열려있는 구조였는데, 이는 당시 신분제의 특성에 조응하는 것이었다.

3) 顯官과 士族 신분

(1) 문음과 현관

다음으로 조선 초기의 지배신분을 검토하기 위해서 현관제도를 검토하고자 한다.[17] 조선 초기 문음은 2품 이상의 특권관품 외에 3품 이하의 몇몇 관직에 주어져 있었다. 3품 실직자를 비롯해서 이병조 낭관과 대간 등에게 문음을 부여하였다. 물론 대신과 같은 문음이 부여된 것은 아니었고, 문음의 대상이 제한된 낮은 단계의 문음이 부여되었다.

대신이 아닌 하위 관원들에게 문음을 부여한 것은 신분적 특권인 문음의 특성과 연결되는 조치였다. 즉 문음은 자손에게 본인이 가진 지위를 부여하는 것이 아니라 입사권을 부여하는 것에 그쳤다. 그러므로 신분적 세전이 완성되기 위해서는 입사한 자손이 대신의 지위에 오르는 과정이 필요하였다. 그러므로 대신들은 문음으로 진출한 자손들이 대신이 되기 전에 부분적으로라도 문음의 특혜를 누릴 수 있도록 3품 이하 관원의 문음제도를 정비한 것이었다.

---

17) 이하 서술 최이돈 「조선 전기 현관과 사족」『역사학보』184, 2004 참조.

이러한 제도적인 정비는 태종대 중엽에서 시작하여서 성종 초에 완비되었다. 결국 이조, 병조, 도총부, 사헌부, 사간원, 홍문관, 부장, 선전관 등 3품에서 9품의 관직에 문음이 부여되었다.

문음의 특권이 부여되는 관직은 청요직, 청현직, 현관 등으로 불리었다. 현관은 문음이 부여된 관직이 중심이었으나, 당시 관직 운영체계의 특성상 문음이 부여되지 않는 몇몇 관직이 포함되었다. 이조, 병조 외의 육조 낭관이나 수령과 같은 관직이 그 예이다. 그러나 이는 당시 관직 운영체계를 고려하면 이해될 수 있는 것이었다. 즉 이는 문음이 부여된 관직과 순환관계에 있는 관직에 한정된 것으로, 이로써 청요직과 문음직의 상관성이 훼손되지는 않았다.

(2) 현관의 신분

현관은 신분적 특권을 가지고 있었고, 그 특혜를 자, 손에게 끼치고 있었다. 먼저 입사에 관한 권한을 보면, 현관은 문음과 충순위 입사의 특권을 가졌다. 문음은 현관의 자, 손 가운데 일정 인원, 충순위는 문음 혜택 밖에 있는 나머지 자와 손을 위한 입사의 특혜였다.

현관의 자손은 물론 증손까지도 특혜를 누리고 있었다. 현관의 증손까지 성균관의 승보시를 면제받았고, 또한 교생으로서 落講한 경우에 구제를 받았으며, 全家徙邊 등 형벌에 처해질 때에 면제를 받고 있었다.

현관이 신분 집단적 특성을 가지면서 현관은 신분적 영역을 구축하는 핵심요소가 되었다. 서얼, 재가녀의 자손, 기술직 관원들은 현관이 될 수 없었다. 서경은 이러한 자격이 없는 이들이 현관으로 진입하는 과정을 규제하는 기능을 하였다.

(3) 현관과 사족

현관을 매개로 형성된 친족을 사족이라 호칭하였다. 법제적으로 四祖

내에 현관이 있는 경우 사족으로 불렸고, 그 범위의 구성원에 대하여 법적인 우대도 하였다. 사조는 부, 조, 증조와 외조까지를 칭하는 것으로 당시의 호적을 통해서 가장 간단하고 분명하게 확인할 수 있는 친척의 경계를 형성하고 있었다. 이 경계는 현관의 신분적 우대가 미치는 범위와 동일한 것이었다. 그러므로 사족은 현관을 매개로 국가로부터 사족으로 인정받고, 국가의 특혜를 받고 있었다.

사족이 현관과의 연관성 속에서 지위를 정립한 시기는 분명치 않다. 그러나 세종 말 기술직이 잡직으로 자리를 잡고, 세조대 문음이 부여되는 관직이 완비되면서 늦어도 성종 초에는 이러한 체계가 정비되는 것으로 보인다.

이상의 논의를 종합할 때 사족은 조선 전기의 지배신분으로, 현관을 매개로 해서 문음의 특권을 누리면서 배타적인 지위를 확보해갔다. 세조 12년에 양성지는 '족속의 강약으로 세 신분을 구분하였다. '문음사대부', '잡직사대부', '평민'이 그것이다. 여기서 문음사대부는 특권관품과 현관을 통해서 문음의 특혜를 누리는 사족이었다. 잡직사대부는 3품까지 승진은 가능했지만, 문음에서 배제되고 있는 일반관원과 기술직 관원들이었다.

사족의 범주는 조선 중후기로 접어들면서 정치구조의 변화에 따라서 현관에 대한 해석의 변화 속에서 달라질 수 있었다. 또한 신분의 사회화 속에서 사족의 용례도 다소 변동이 있을 수 있었다. 그러나 현관을 매개로 사족을 파악하는 기본적인 틀은 조선 후기 서얼과 중인의 通淸운동이 나타나는 시기까지 유지되었다.

3) 王室 親族의 신분적 성격

(1) '宗親不任以事'론에 대한 검토

특권신분에는 대신 외에 왕과 왕의 친족이 속하여 있었다. 그러므로 왕의 친족들이 특권신분으로 편입되는 과정을 검토할 필요가 있다.[18] 흥미롭게도 왕의 친족들이 법적으로 특권신분으로 규정된 것은 태종대의 논의를 거쳐서 세종대에 이르러서야 확정되었다. 이는 조선의 신분제가 태종를 거쳐 세종대에 완비되는 것과 같은 현상이었다.

그간의 연구에서 조선 초기 왕실 친족은 차대와 우대를 동시에 받는 것으로 이해되었으므로, 연구자들이 그 지위를 적극적으로 검토하지 않다. 그간 왕실 친족은 '종친불임이사'의 규정에 제약을 받아 차대받는 것으로 이해되었다. 그러므로 왕실 친족의 신분을 검토하기 위해서 이에 대한 검토가 선행되어야 한다. 이를 검토하기 위하여 먼저 『경국대전』의 관련규정을 검토해보자. 『경국대전』 종친부조의 조문은 종친불임이사설의 근거로 이해되어 왔으나, 그 내용은 "親盡, 則依文武官子孫例, 入仕"라는 짧은 구절이다. 이는 단지 종친에게 주는 특권이 다할 경우에 대한 설명에 불과하였고 종친불임이사를 설명하고 있지 않다. 이 구절은 명료함을 생명으로 하는 법조문이므로, 이 이상으로 확대 해석하는 것은 곤란하다. 그러므로 『경국대전』의 조문을 종친불임이사론을 입증하는 자료로 보기 어렵다.

다음으로 종친불임이사 규정이 만들어졌던 상황을 정치변동과 연결해서 검토해보자. 종친불임이사 규정이 만들어진 것은 제1차의 왕자의 난 이후 정치상황에 기인하였다. 왕자의 난 이후 왕실의 친족은 병권을 장악하면서 태종 정권의 다른 한 축인 일반 공신들과 서로 협조하면서 경쟁하는 관계에 있었다. 그러나 왕실 친족의 병권이 2차 왕자의 난의 원인으로 작용하자, 일반 공신들은 이를 빌미로 왕실 친족의 사병을 혁파하였고, 나아가 종친불임이사 규정을 만들어 친족들을 정권에서 몰아내고자 하였다.

정종과 이방원은 자신들의 권력 기반인 왕실 친족을 병권과 정권에서 배제할 의사는 없었다. 다만, 사병의 혁파로 사기가 저하된 왕실 친족들을

---

18) 이하 서술 최이돈 「조선 초기 왕실 친족의 신분적 성격」 『진단학보』 117, 2013 참조.

封君하여 위로하겠다는 목적으로 왕실의 친족들에 대한 종친불임이사 규정에 동의하였다. 이러한 정종과 이방원의 의도는 이 규정이 만들어진 직후의 인사에 그대로 나타났다. 즉 왕실 친족에게 봉군은 하였으나, 종친불임이사의 규정은 지키지 않았다. 왕실의 친족들은 계속적으로 문무직에 서용되었고, 특히 병권을 장악하였다. 종친불임이사 규정은 만들어짐과 동시에 폐기된 것이다.

이와 같이 『경국대전』이나 조선건국기의 정치상황을 검토해 볼 때, 왕실 친족이 종친불임이사의 규정으로 차대를 받았다는 것은 입증하기 어렵다. 즉 왕실 친족은 우대받는 집단으로 보는 것이 타당하다. 왕실 친족이 우대받는 집단이었다면, 그들이 받는 신분적 특혜는 무엇인가? 신분적 특혜의 핵심은 관직이었고, 다른 특혜는 관직과 연관되었다. 왕실 친족이 관직을 신분적 특혜로 받는 과정은 단순하지 않고, 태종대에서 세종 후반에 이르는 30여 년의 상당한 시간의 논의를 필요로 하였다.

(2) 돈녕부의 설치와 왕실 친족의 관직 진출

태종 14년 돈녕부의 설치는 왕실친족의 관직 진출에 있어서 매우 중요한 전기를 제공하였다. 이의 설치로 왕실친족의 관직 진출은 제도화되고 활성화될 수 있었다. 이전에도 왕실의 친족이 병권과 정권에 참여하고 있었지만, 조선의 건국이나 태종 정권의 창출에 기여한 이들을 중심으로 서용되었다. 돈녕부의 설치로 돈녕부의 관직은 왕실의 친족에게만 열린 공식적인 관직 진출로가 되었다.

돈녕부는 예우기관으로 만들어졌으므로, 직사가 없는 무직사 관청이었으나, 관원들은 다른 문무관과 차이가 없는 대우를 받고 있었고, 관원으로서의 정치적 기능도 하고 있었다. 특히 주목할 것은 돈녕부의 관원들은 별다른 제한이 없이 다른 문무직으로 이동할 수도 있었다. 돈녕부를 예우아문으로 그리고 무직사 기관으로 만들 때에, 왕과 관원들은 왕실 친족이 돈녕부에 진출하여 돈녕부 내에만 머물기를 기대하였던 것으로 보인다. 그러나 종친불임이사 규정은 이미 정종대에 폐지되었으므로, 돈녕부 관원들이 다른 부서로 이동하는 것을 막을 논리나 방법이 없었다.

왕실친족이 다른 직사로 나아간데 제한이 없다는 것은 매우 중요한 의미를 가진다. 왕실 친족이 돈녕부를 통해서 관직에 진출하여, 이들이 다른 문무직으로 옮겨가고, 비워진 돈녕부의 자리를 다시 다른 왕실의 친족으로 채운다면, 논리적으로는 왕실 친족은 무제한으로 관직에 진출할 수 있었다.

이러한 예상치 못한 상황이 전개되면서 어떤 방식으로든 돈녕부를 규제하는 것은 불가피하였다. 규제는 결국 돈녕부의 관원이 될 수 있는 자격을 제한하는 것으로 나타났다. 따라서 돈녕부에 진출할 수 있는 왕실 친족의 범위가 논의되었다. 논의의 결과 돈녕부에 임명될 수 있는 관원은 단문지친으로 제한하도록 결정되었다. 여기서 단문지친은 왕을 중심으로 5대까지 포괄하는 범위였다.

(3) 왕실 친족의 관직 진출 확대

돈녕부에 진출할 수 있는 왕실친족의 범위를 제한하는 논의 이면에서 제한 범위의 왕실 친족 모두에게 관직을 주어야 한다는 논의도 진행되었다. 돈녕부로 진출할 수 있는 왕실 친족을 왕과의 친소에 따른 일정한 선으로 제한을 하게 되자, 역으로 제한된 범위 내에서 다시 선별하여 일부의 인원에게만 관직을 주는 일이 곤란해진 것이다.

이 문제는 세종 15년에서 25년에 이르는 10년간에 걸쳐서 논의되었다. 세종은 그 15년부터 일정 범위의 왕실 친족들을 모두 관직에 임명시키고자 제안하였고, 이를 위해서 돈녕부 외에 별도의 부서를 만드는 것까지 제안하였다. 이에 대하여 대신들은 왕실 친족을 일률적으로 서용하는 것은 반대하고 '선별' 서용을 주장하였다. 그러나 세종의 집요한 노력으로 세종

25년 '왕실친족 서용법'이 결정되었다. 이로서 왕의 유복지친의 범위, 즉 4
대 모든 친족이 관직을 받을 수 있게 되었다.

왕실의 유복지친에게 관직을 부여하는 것은 그간의 조정 논의의 맥락에
서 볼 때, 당연히 돈녕부의 관직에만 제한하지 않았다. 세종 28년의 기록
에 의하면 이들은 군직에도 임명되었다. 그러나 이들이 어떠한 군직에 임
명되었는지는 분명하지 않다. 정치적인 상황을 미루어 짐작해본다면, 이
무렵 족친위가 만들어져 왕실 친족을 서용하는 군직으로 기능하였을 것으
로 생각된다. 이상과 같이 왕실 친족은 태종대에서 세종 후반에 이르는 긴
논의를 통해서 관직을 특혜로 확보하면서 법적으로 특혜를 받는 신분적
지위를 가지게 되었다.

(4) 왕실 친족의 법적 범위와 그 의미

이상에서 '유복지친'인 왕실 친족들은 관직을 신분적 특혜로 얻게 되었
음을 밝혔다. 그 과정에서 흥미로운 점은 왕과 대신들이 단순히 친족의 범
위를 한정하였을 뿐 아니라 이를 '親盡'이라는 용어를 동원에서 친족 범위
를 한정한 것을 설명하고 합리화하고 있다는 점이다. 친진은 나를 중심으
로 '親疎'를 가려서 일정 범위를 넘어가면 '친'이 다하였다는 의미였다. 친
을 다하였으니, 이미 친족이 아니라는 의미였다. 이러한 친족의 의미는 혈
통적인 의미가 아니라 법적인 친족을 의미하였다. 이와 같은 현상에 대하
여 신분제 연구에서는 관심을 가지지 않았지만, 친족제 연구에서는 이미
오래 전부터 주목하고 있었다. 사실상 제도로서 신분제와 친족제는 국가
의 차원에서 통합 조응될 수밖에 없는 것이었다.

왕실 친족의 법적 범위는 어떻게 결정되었을까? 이를 검토하기 위해서
친족 범위를 결정하는 논의에서 제기된 그 근거들을 살펴보자. 친족 범위
의 설정은 유교경전과 중국사의 사례를 바탕으로 논의되었는데, 경전과
역사서에 근거하여 왕은 그 범위를 넓히려 하였고, 대신은 그 범위를 좁히

려 하였다. 결과적으로 왕과 대신들은 유복지친을 기본적 경계로 설정하고, 단문지친을 보조적으로 그 비중이 적은 특혜의 경우에 적용하였다.

이렇게 왕실 친족의 특혜를 한정한 이유는 무엇이었을까? 왕과 대신들은 그 이유를 역사적 경험에서 찾고 있었다. 즉 무리한 특혜의 남발은 국가 공동체를 운영하는데 무리를 줄 수 있다고 인식하였다. 세종은 왕실 친족의 특혜를 논하면서 "천하를 다스리는 것은 본래 백성을 위한 것이요, 백성을 수고롭게 하여 자기 친속을 기르고자 하는 것이 아니다."라는 언급을 하고 있는데, 이는 세종이 왕실 친족의 특혜 범위를 정하기 위해서 '왕실의 안정적 운영'과 '백성의 수고'를 같이 저울질 하고 있음을 보여준다.

조선은 중앙집권국가를 운영한 역사적 경험 위에서 건설되었다. 또한 이웃 중국이 집권국가를 운영한 역사적 경험도 참고하였다. 왕과 관원들은 오랜 집권국가 운영의 경험을 바탕으로 신분적 특혜에 제한이 없을 때, 결국 이는 국가의 안정적 운영을 저해할 수밖에 없다는 것을 인식하고 있었다. 이러한 역사적 경험을 바탕으로 하여 조선은 자신만의 운영방식을 찾기 위해서, 태종 중반에서 세종 후반에 걸친 30여 년의 논의를 통해서 적절한 신분제의 틀을 고민하였다. 조선의 지배신분은 집권국가 체제 내에서 신분제를 어떻게 편제하는 것이 특혜를 누리면서도 국가 운영에 무리가 없는가를 진지하게 모색하면서 신분제를 정비해갔다.

2. 特權身分과 정치 경제

1) 提調制의 시행과정

(1) 提調制의 형성

이상에서 대신과 왕의 친족이 특권신분이 되는 것을 검토하였다. 이들

에게 주어진 특권은 신분적 특권만이 아니었다. 정치적, 경제적 특권이 주
어지고 있었다. 그러므로 먼저 대신이 가지는 정치적 특권을 검토해보
자.19) 조선에서는 대신에게 정치적 활동을 보장할 수 있도록 제조제가 운
영되고 있었다.

조선에서는 고려의 제도를 이어 태조대부터 제조제를 시행하였다. 태조
대의 제조는 주로 비상설기구에 임명되었다. 건국이후 필요한 제도 정비
를 위해서 비상설기구인 도감을 만들고, 책임자로 제조를 임명하였다. 당
연히 책임자로 임명된 제조는 부서업무를 책임 졌다.

제조는 비상설기구에 뿐 아니라 몇몇 상설기구에도 임명되었다. 성균관
등 교육부서와 승문원 등 외교 관련부서였다. 제조들은 교육기관에 임명
되어 학생들의 교육을 맡거나, 외교기관에 배치되어 외교문서의 작성에
참여하였다. 이미 재추의 지위에 있는 고위의 관원을 제조로 임명하여 그
재능을 활용하였다.

그 외에 왕의 사장고인 五庫나, 왕의 사병적 성격이 강한 內甲士 등에
제조가 임명되었다. 이 경우 제조는 왕의 신뢰를 바탕으로 왕의 사유기구
를 관리하였다. 그러나 이는 극소수의 비공식적 기구에 설치된 것으로, 제
조의 일반적인 성격과 거리가 있었다.

결국 태조대 제조는 비상설기구나 상설기구에 임명되어 상설적 기구의
부담을 줄여주거나, 그 기능을 원활하게 하는 역할을 하였다. 태조대의 제
조제는 결국 상설적 행정기구의 보조적 기능을 수행하였다. 따라서 태조
대의 제조제는 아직 지배신분을 위한 정치기구로 기능하지 않았다.

(2) 提調制의 확대와 정비

태종대로 들어서면 조금 특이한 제도가 나타났다. 그것은 태종 초반에
서부터 확인되는 겸판사제의 시행이다. 겸판사제는 정3품 아문인 육시칠

---

19) 이하 서술 최이돈 「조선 초기 提調制의 시행과정」 『규장각』 48, 2016 참조.

감의 책임자인 판사를 겸직으로, 많은 경우 5,6명씩 복수로 두는 제도였다. 당연히 겸판사는 행정을 담당하지 않았다. 이러한 현상은 관직에 비하여 자격을 가진 고위관원이 많아지면서 나타난 대응방식이었다. 즉 대신에게 관직을 주기 위한 특별한 조치였다.

그러므로 겸판사제는 시행초기부터 합리적 행정과 관계가 없었다. 정부는 불합리성을 최소화하기 위해서 겸판사에 임명하는 인원을 최소화하였고, 따라서 고위관원을 배치할 다른 관직을 만들 필요가 있었다. 이는 육시칠감 외의 하위 부서에도 대신을 임명할 수 있는 제도가 필요함을 의미하였다. 그 대안으로 제시된 것이 육시칠감 이하의 부서에 제조를 두는 것이었다. 그러므로 태조대와 다른 성격의 제조제가 시행되었다.

물론 태조대부터 시행되던 기존의 제조제는 그대로 유지되었다. 도감 등 비상설적기구의 제조는 물론 교육과 외교에 관여하던 제조제는 그대로 유지되었다. 그 위에 새로이 하위 부서에 제조가 임명되면서 제조제가 확대되었다.

그 변화는 왕의 사장고인 오고 등에서 시작되었다. 태조대부터 사장고에는 제조가 임명되었는데, 태종 초 사장고가 공식기구에 편제되면서도 여전히 제조를 배치하였다. 이는 제조제에 있어서 기존의 방식을 바꾸는 중요한 변화였다. 사장고 등이 공식기구가 되면서 제조를 폐지하는 것이 적절했지만, 대신을 임명할 관직이 부족하였으므로 태종은 사장고를 공식기구화하면서도 이 부서에 제조직을 두어 대신들을 임용하였다. 이러한 변화로 육시칠감에 미치지 못하는 하위 상설아문에도 제조를 두는 결과를 가져오게 되었다.

이와 같은 사례가 나오면서 이후 4품 이하의 관서에 제조를 설치하는 경우가 속출하였다. 나아가 세월이 가면서 육시칠감에도 제조를 두는 현상들이 나타났다. 그러나 제조제나 겸판사제는 같은 기능을 하였으므로 이를 일원화하는 것이 필요하였다. 판사는 정3품아문의 장을 칭하는 명칭이었으므로 하위부서까지 포괄할 수 있는 제조라는 명칭이 선호되었다. 그러므로 태종 후반에는 이 두 명칭이 혼용되다가, 세종대에 이르러 겸판사라는 명칭은 소멸되고 모두 제조제로 통일되었다.

제조제를 확대 시행하면서 세종대에는 제조제를 정비하였다. 그간 일률적으로 제조제를 시행한 것이 아니어서 제조를 두어야 하는 부서나, 각 부서에 배정할 제조의 수도 정하지 못했다.

세종 5년에는 제조를 배치할 부서와 배치할 제조의 수를 정비하였다. 정비의 결과 제조를 55개의 부서, 178개의 자리에 배치하였다. 55개의 부서는 거의 모든 속아문을 망라하는 숫자였다. 몇몇 부서는 제조를 임명하지 않았다. 이는 재정적으로 영세하여 제조를 공궤할 수 없는 부서였다. 이들을 제외하고는 모든 부서에 제조를 두었다. 한 부서에 3,4명의 제조를 복수로 두는 상황에서 재정적으로 여유가 있는 부서에 제조를 임명하지 않을 수 없었다. 제조가 배치되는 178개의 자리는 의정부와 육조에 대신이 배치될 수 있는 관직이 20여개이었던 것에 비하면 엄청난 수였다.

178직이라는 제조의 수는 당시 대신의 지위에 있는 모든 인원을 포괄할 수 있는 숫자로 추측된다. 기본적으로 모든 대신에게 관직을 주겠다는 의도 하에 부서별로 제조의 수를 분배한 것이었으므로, 관직의 총수는 당시 대신의 총수와 관계가 있었을 것으로 추측된다. 결국 세종대 제조제의 정비로 대신에게 관직을 부여하는 관직의 신분제적 성격이 보다 강화되었다.

(3) 제조제의 기능변화

제조가 행정적 기능을 위해서 배치된 것은 아니었으나, 제조가 거의 전 부서에 배치되자 불가피하게 이에 대한 체계적인 관리가 필요하게 되었다. 처음에 제조를 전 부서에 배치한 일차적 목적은 제조에게 관직을 부여하는 것이었으므로, 이들은 부서의 업무에 관여하지 않았다. 그러나 제조를 전 부서에 확대배치하면서 이들의 기능을 검토할 수밖에 없었다.

제조의 관리를 위해서 먼저 추진한 것은 實案提調制의 시행이었다. 실안제조제는 의정부나 육조의 대신을 당연직으로 제조에 임명하는 제도로, 이들에게 포폄권을 주어 속아문 관리의 책임을 부여하였다. 제조가 배치된 부서가 55개였는데, 그 중 실안제조제는 29개부서, 59직에 임명되었다. 중요한 속아문에는 실안제조가 임명되었다.

실안제조제의 시행은 의정부와 육조를 중심으로 제조제를 정비하고자 하는 것이었으나, 이미 육조가 의정부의 통제를 벗어나면서, 제조제의 일원적 통제는 추진되기 어려웠다. 그러므로 실안제조의 배치는 부서의 중요도에 따라서 체계적으로 배치하려고 노력하였으나, 의정부와 육조는 각기 부서의 이해관계를 반영하였고, 왕도 비서기관원 승정원을 통해서 주요 제조직에 관여하였다.

국가는 실안제조를 통해서 속아문을 통제하고자 하였으나, 제조가 복수로 배치된 구조 속에서 실안제조가 속아문의 관리를 일방적으로 주도하기는 힘들었다. 실안제조가 포폄권을 가지고 속아문을 관리할 수 있었지만, 속아문에 속한 제조들 상호 간은 상하관계가 아니었다. 또한 실안제조들의 경우 그 교체가 빈번한 반면, 일반제조들은 실안제조에 비하여 한 부서를 오래 맡는 것이 일반적이었으므로, 실안제조가 업무의 중심이 되기 어려웠다. 따라서 실안제조의 실제적인 기능은 제조들 간의 의견을 조율하는 역할에 한정되었을 것으로 추측된다.

실안제조가 속아문을 관리하게 되면서 일반제조들의 지위도 변화하였다. 제조가 배치된 부서 중 절반 정도에는 실안제조가 배치되지 않았는데, 이 경우는 일반제조들이 속아문 관원의 포폄을 맡게 되었다. 일반제조들이 포폄권을 맡게 되면서, 실안제조가 설치된 아문에서 일반제조의 지위도 상승할 수밖에 없었다.

제조들은 포폄권을 장악하면서, 그 영향력을 확대하여 '관원포상추천권'과 '관원인사추천권' 등을 확보해갔다. 속아문에 필요한 관원을 제조가 천

거하면 이병조에서 그대로 임명하는 것이 관행이었다. 제조가 인사권을
장악하면서 제조는 속아문을 완전히 장악할 수 있었다.

제조가 속아문을 장악하는 데는 제조가 속아문에 오래도록 임명되는
'久任'도 크게 작용하였다. 제조는 임기가 길었다. 의정부나 육조의 대신직
이 빈번하게 갈리는 것과는 대조적으로 제조직은 대신들에게 관직을 주기
위해서 만들었고, 겸직인 실안제조와 부제조를 제외해도 거의 120직에 달
하는 다수의 자리였으므로 구조적으로 교체를 자주 할 수 없었다. 한번 제
조에 임명되면 오래 그 자리에 있었고, 드물게는 20년 이상 한 부서를 담
당하는 경우도 있었다. 제조가 속아문을 강하게 장악하면서 비리도 나타
났다. 뇌물의 수수는 물론 소속아문의 물품이나 인원을 사적으로 사용하
는 경우도 흔하였다.

제조가 내적으로 속아문을 확실하게 장악하게 되면서 제조는 외적으로
도 정치력을 행사할 수 있게 되었다. 즉 제조는 대신의 지위에 있었으므로
속아문의 정책을 왕에게 바로 직계할 수 있는 '제조직계제'를 확보하였다.
왕은 제조가 각 부서를 대표에서 올린 직계에 대하여 단독으로 결정하기
도 하였으나, 상당한 경우 단독으로 처리하지 않고, 육조 중 해당되는 부
서에 이 안건을 검토시켜 처리하였다. 이와 같은 사례는 제조의 직계를 인
정하면서도 관련된 육조의 논의를 거치게 하여 행정의 통일성을 유지하려
는 동향이었다.

그러나 육조와 제조의 관계가 상하의 관계는 아니었다. 그러므로 위의
예와는 반대로 육조에서 올린 정책을 왕이 속아문의 제조에게 검토하도록
하였다. 즉 육조와 속아문은 부서의 업무와 관계되는 사안을 제안하고 결
정하는 과정에서 동등한 지위를 인정받았다. 속아문이 제안한 정책은 육
조의 심의를 받았고, 육조가 제안한 정책은 속아문의 실무적 검토를 거치
는 것이 대부분이었다.

제조직계제가 시행되면서 '의정부-육조-속아문 체제'와는 별도의 '제조-

속아문 체제'가 형성되었다. 물론 이는 완전히 독립된 체제는 아니었고 의
정부-육조-속아문 체제와 같이 작동되고 있었다.

　그런데 당시 의정부-육조-속아문 체제 내에서 의정부와 육조의 관계는
육조직계제가 시행되면서 상하관계가 아니라 협의 관계를 유지하고 있었
다. 그러므로 이러한 상황에 제조직계제로 제조가 발언권을 행사하면서
조선의 주요 행정 사안은 의정부, 육조의 대신과 제조의 합의에 의해서 이
루어질 수밖에 없었다. 즉 대신들이 합의에 의한 收議制가 당시 국정운영
의 기본방식이었다. 대신은 특권관품으로 조선의 최상위 신분이었으므로
이들의 합의에 의해서 국정을 결정하는 것은 오히려 당연한 것이었다. 그
러므로 특권신분인 대신은 제조제를 매개로 정치적 특권을 지속적으로 유
지할 수 있었다.

2) 관원체계와 과전의 운영

(1) 고려말 과전법과 관원체계

　다음으로 검토할 것은 특권신분인 대신이 가졌던 경제적 특권이다. 대
신이 가진 경제적 특권은 과전법을 통해서 관철되었다. 이를 살피기 위해
서 관원체계와 과전의 관계를 살펴보자.[20]

　이를 위해서 과전이 어떻게 분급되고 관리되고 있었는지를 먼저 검토하
고자 한다. 먼저 과전이 세록전인가를 검토하기 위해서 과전법과 관원체
계의 관계를 최근의 신분제 연구성과에 기초해서 정리하고자 한다. 전근
대 사회에서 신분제와 토지분급제는 그 시대를 지탱하는 두 기둥으로 기
본구조는 동일할 수밖에 없었다. 기존의 과전법을 보는 입장은 신분제 연
구의 통설을 근거로 하여 정리되었으나, 최근 신분제 연구는 이와 다른 입

---

20) 이하 서술 최이돈 「조선 초기 관원체계와 과전 운영」『역사와 현실』 100, 2016
　　참조.

장을 제시하고 있다. 즉 기존의 통설과는 달리 최근 연구는 조선 초기의
특권신분을 2품 이상의 대신으로 한정하고 있다. 그러므로 이러한 주장을
수용하여 과전법과 관원의 관계를 살펴보자.

이를 살피기 위해서 먼저 고려 말 사전 개혁 논의에 나타나는 과전과
관원의 관계를 살펴보자. 창왕 원년의 상소에 의하면 개혁파는 녹과전시
와 구분전을 관원에게 주고자 하였다. 녹과전시는 직전제로 그리고 구분
전은 세전하는 토지로 운영하고자 하였다. 그러나 개혁파는 구분전을 받
고 있는 산관을 5軍에 예속하여 군역을 담당시키려 하였다. 결국 구분전은
군전과 구별되지 않는 토지가 되었다. 그러므로 구분전은 결국 세록전적
인 성격이 많이 희석되고 役田的 성격을 가지게 되었다.

따라서 개혁파가 구상한 사전개혁의 기본 방향은 관원들에게 전시과와
같은 세록전적 토지를 주겠다는 생각은 아니었다. 개혁파는 관원들에게
관직과 군직의 직무에 대한 보상으로 직전인 녹과전시와 역전인 군전을
지급하는 것을 기본 구상으로 하고 있었다.

그러나 과전법의 토지분급방식은 위와는 다른 형태로 정리되었다. 과전
법에 나타난 토지 분급방식의 특징은 산직에 대한 토지 분급방식에서 잘
나타나 있다. 과전법에서 산직에 대한 토지분급은 이원적으로 정리되었다.
제1과에서 제14과까지의 관원은 검교직 등의 산직체계를 통해서, 제15과
이하의 관원들은 제18과에 기록된 ‘산직’의 규정에 따라서 토지를 분급하
였을 것으로 추측된다.

특히 주목되는 것은 제15과 이하 산직관원의 과전을 군전과 연계지어 운
영하였다. 과전분급의 대전제가 ‘경성에 살면서 왕실을 보위하는 자’를 조
건으로 하고 있었으므로 관원은 산직이 되면 군직에 편제될 수밖에 없었다.
이들이 받는 과전 10결은 쉽게 군전 10결과 연결되었다. 그러므로 제15과
이하의 산직이 받는 토지는 세록전적 토지와는 다른 성격을 가졌다.

고려 말 개혁파는 외형적으로는 고려의 태조가 행한 전시과를 다시 복

행한다는 것을 명분으로 표방하고 있었지만, 변화한 상황에 맞는 제도를 모색하였다. 그 결과 과전법은 산직의 관리에서 상위직은 고려와 유사한 방법을 사용하였으나, 하위직은 군전과 연결하는 별도의 방식을 도입하였다. 결국 제14과 이상의 관원들은 현직을 벗어나도 검교직등을 통해서 世祿田的 성격을 가진 과전을 계속 보유할 수 있었으나, 제15과 이하의 관원들은 현직을 벗어나면 과전 대신 군전을 받았다. 군전은 거경숙위의 의무와 연계되어, 世祿田的 성격보다는 役田的 성격을 가졌다.

(2) 3품 이하 관원의 과전운영

다음으로 태종대의 관직체제의 변화에 따른 과전의 운영방식을 3품 이하 관원의 경우와 2품 이상 대신의 경우로 나누어 검토해 보자. 조선의 정부는 관직을 한 신분에 대응하는 직역으로 인식하지 않았고, 국정운영에 기여한 대가로 받을 수 있는, 모든 신분에 대응하는 직역으로 만들고자 하였다. 그러므로 관직을 신분제와 연동시키기 위해서는 하나의 관직체계 안에 각 신분에 대응할 수 있는 구역을 나누는 정비가 필요하였다. 이는 태종대에 시작하여서 세종대까지 지속적인 논의를 통해서 이루어졌다. 과전과 연관해서 진행된 가장 중요한 관원체계의 변화는 태종대에 나타난 특권관품의 정비였다. 특권관품의 정비는 2품 이상을 특권신분에 대응하는 관품으로 정비하는 과정이었다.

관원체계가 바뀌면서 대신과 3품 이하의 관원 간에는 과전 운영상에 큰 차이가 생겼다. 이 차이는 관원이 산직이 되었을 때에 분명하게 나타났다. 먼저 3품 이하 관원들은 산관이 되면 과전을 반납하였다. 대신 5결이나 10결의 토지를 군전으로 지급받아 受田品官이 될 수 있었다. 물론 군전도 서울에 거주하면서 군직을 수행하는 경우에 한하여서 주어지는 것이었으므로, 숙위를 포기하고 지방으로 돌아가는 경우 이를 반납하여야 하였다. 이 경우 3품 이하의 관원은 양인과 같이 일반 군역을 져야 하였다.

그러므로 3품 이하 관원에게 주어지는 과전은 직전이었다. 당시 관원들은 관직의 전출이 빈번하였고, 그 사이 지속적으로 관직을 맡지 못하는 경우도 자주 있었다. 관직을 맡지 못하고 관품만을 가지고 있을 때 관원의 처지는 퇴직관원의 처지와 다를 것이 없어 과전을 받지 못하였다.

물론 3품 이하 관원이 받는 군전은 가족에게 체전될 수 있었다. 퇴직 관원이 군역을 담당할 수 없을 때에, 군전을 자손이나 사위 조카 등에게 체전할 수 있었다. 그러므로 군전은 세전적 성격이 있었다. 그런데 군전은 가족이면 곧 물려받을 수 있는 토지가 아니었다. 군전은 기본적으로 '과전'이었다. 관품을 기반으로 주어지는 토지였으므로 군전의 체수는 품관만이 물려받을 수 있는 토지였다. 그러나 3품 이하 관원들에게는 기본적으로 문음이 부여되지 않았으므로 자녀가 군전을 이어받는 것은 제도적으로 어려웠다.

따라서 조선초기의 3품 이하 관원이 받는 과전 및 군전은 직전 내지 역전이었으므로 世傳되는 世祿田과는 거리가 먼 관료제적인 토지였다.

(3) 2품 대신의 과전 운영

이에 비해서 대신들의 과전은 세록전의 성격을 가졌다. 대신은 현직을 벗어나도 과전을 유지하였다. 대신은 검교직을 가지거나, 산직만을 가지거나 어느 경우이든지 과전을 상실하지 않았다. 대신이 과전을 상실하는 경우는 죽거나, 관품을 상실할 만한 죄를 범하는 경우였다. 대신은 죄를 지어 파직을 당하여도 관품만 가지고 있으면 과전을 유지할 수 있었다.

대신들은 특혜를 받으면서 동시에 제한도 받았다. 정부는 대신의 거주를 서울로 한정하고 있었다. 특권을 가진 대신들의 지방 거주는 지방사회에 부담을 줄 수 있기 때문이었다. 퇴직 대신에게 과전을 유지하도록 하면서 서울에 거주하는 규제를 두는 것은 3품 이하의 관원에게 소량의 군전을 주는 대신에, 지방의 거주를 허용한 것과는 대비되는 조치였다. 따라서

대신에게 주는 과전은 특권신분을 유지할 수 있도록 경제적인 특권을 부
여하는 것으로, 세전되는 성격을 가진 귀족제적인 성격의 토지였다.

과전의 운영에서 볼 때, 조선에서의 과전 관리는 이중적인 모습을 보여
주고 있다. 한편에서 3품 이하의 관원에게는 관직을 수행하는 것에 대한
보상인 직전으로서의 과전을 부여하여 관료제적으로 운영하였고, 한편으
로 대신들에게 준 과전에 세록전적인 성격을 부여하여 귀족제적으로 운영
하였다. 그러므로 특권신분인 대신은 세전되는 과전을 경제적 특권으로
부여받고 있었다.

2) 세조대 직전제의 시행

(1) 직전제 시행의 내용

다음으로 특권신분의 경제적 지위를 살피기 위해서 직전제 시행의 내용
과 그 의미를 검토해 보자.[21] 연구자들은 세록전적인 과전이 직전제의 시
행으로 그 성격이 직전으로 바뀌었다고 이해하고 있다. 그러므로 과전의
성격을 분명히 이해하기 위해서 직전제 시행의 의미를 검토하는 것이 필
요하다.

저자는 앞에서 조선초기의 과전 운영은 관품과 관련해서 이원적으로 운
영되고 있었다고 주장하였다. 대신들의 과전은 세록전으로 운영되었으나,
3품 이하는 현직에 있는 경우에만 과전을 받는 직전으로 운영되었다고 주
장하였다. 이는 기존의 연구에서 과전을 세록전으로 이해하고, 직전제의
실시로 인해서 현직의 관원만 수조권을 분급 받는 직전으로 변화했다는
견해와 상이하다.

과전의 운영이 관품에 따라서 달라지는 것으로 이해할 때에, 세조대 나

---

21) 이하 서술은 최이돈 「세조대 직전제의 시행과 그 의미」『진단학보』 126, 2016
참조

타나는 직전제의 변화는 무엇이었는지를 살펴보자. 이미 3품 이하 과전은 직전으로 운영되었으므로 세조대 직전제의 시행은 당연히 2품 이상 대신의 과전에 영향을 주는 것이었다.

그러나 직전제의 실상이 무엇이었는지는 분명하지 않다. 세조대에 직전제는 관원들 간에 별다른 논의 없이 시행되었다. 그간 연구에서 직전제 시행의 중요성을 강조하였던 것을 고려할 때에 너무 조용한 시행이었다. 그러므로 먼저 직전제의 실상이 무엇이었는지를 검토하는 것이 필요하다. 직전제가 시행되면서 이에 대한 문제점의 지적은 세조대에서부터 제기되었고, 세조 사후에는 직전제의 폐지와 과전의 회복까지 주장되었다. 그러므로 이러한 논의를 검토해보면 직전제 시행의 의미가 무엇이었는지를 분명히 파악할 수 있다.

직전제 시행직후 양성지는 직전제 시행의 문제점을 지적하면서 직전제의 시행으로 '致仕한 신하'와 '공경대부의 자손'이 전지를 받지 못하게 되었다고 주장하였다. 이와 같은 견해는 기왕의 연구에서 직전제로 퇴직 관원들이 토지를 분급받지 못하게 되었다는 주장과는 거리가 있다. '치사'한 관원도 퇴직 관원의 범주에 드는 것은 사실이었으나, 당시의 치사라는 용어는 퇴직의 의미와는 다른 뜻으로 사용되었다.

직전제에 대한 비판과 과전제의 복구에 대한 주장은 세조가 죽으면서 본격화되었다. 과전제를 회복하자는 논의는 성종대에 집중되었는데, 흥미롭게도 이때에 관원들은 전적으로 수신전과 휼양전의 회복을 주장하였다. 수신전과 휼양전의 회복은 양성지가 주장한 '공경 대부의 자손'의 과전과 같은 의미였다. 즉 직전제의 시행으로 수신전과 휼양전이 폐지되었음을 확인할 수 있다. 그러나 어느 관원도 퇴직관원의 과전을 회복하자고 주장하지 않았다. 이와 같은 상황은 기왕의 연구에서 주장하는 것과 같이 퇴직 관원에게 과전을 회수하는 것이 직전제의 시행의 본질이 아니었음을 보여준다. 그러므로 직전제의 시행은 수신전과 휼양전의 폐지, 나아가서 치사

관원에게 부여하였던 과전의 회수 이상의 의미는 없었다.

과전제의 회복을 주장하는 견해를 검토할 때에 직전제의 시행은 퇴직관원의 과전을 회수하는 조치가 아닌 것이 분명해졌다. 이미 3품 이하 관원들의 과전에서는 과전법의 시행에서부터 현직만 과전을 보유하는 직전으로 운영되었으므로 퇴직관원의 과전 문제를 새삼 제기할 필요는 없었다. 그러므로 세조대 직전제가 조정에서 별다른 논의 없이 조용히 시행될 수 있었다.

(2) 수신전과 휼양전의 운영과 직전

그러면 직전제의 시행이 가지는 의미는 무엇이었을까? 이를 분명히 이해하기 위해서는 먼저 직전제의 시행으로 폐지된 수신전과 휼양전의 성격과 치사한 관원이 가진 과전의 성격을 살필 필요가 있다. 먼저 수신전과 휼양전을 살펴보자. 기왕의 연구에서는 수신전과 휼양전을 모든 관원에게 지급되는 세전적 토지로 이해하였다. 그러나 3품 이하 관원의 토지가 이미 직전으로 운영되고 있었다면, 직전을 받고 있던 관원이 세록전인 수신전과 휼양전을 받는다고 주장하는 것은 모순이 될 수 있다.

주목되는 것은 수신전과 휼양전은 관원이 보유하고 있던 과전에서 지급되었다는 점이다. 그러나 대부분의 3품 이하의 관원들은 퇴직하면 과전을 보유할 수 없었기 때문에 수신전과 휼양전으로 분배할 토지를 가지고 있지 못하였다. 이들은 5결 내지 10결의 군전을 받을 수 있었는데, 이 토지도 군역을 지는 조건으로 부여되는 토지였으므로 수신전과 휼양전의 대상이 될 수 없었다. 물론 3품 이하의 관원이 현직을 보유한 상태에서 죽는 경우에도 이들의 과전은 장례 기간 중에 환수되어서 수신전과 휼양전의 대상이 되지 않았다.

실제의 수신전과 휼양전의 보유 사례를 검토해 보아도 수신전과 휼양전은 대신의 유족에게만 부여되고 있었다. 혈통적 특권인 문음을 대신에게

만 부여하는 상황이었으므로 대신의 유족에게만 세록전 성격의 수신전과
휼양전을 주는 것은 당연하였다.

(3) 치사제의 운영과 직전

　다음으로 직전제의 성격을 분명히 논하기 위해서 '치사제'를 살펴보자.
직전제의 시행으로 치사한 관원의 과전을 회수하였기 때문이다. 치사한
관원은 퇴직 관원의 한 부분이었다. 그러나 조선왕조실록에 치사라는 용
어는 대부분 한정적으로 사용되었다. 즉 70세가 되는 관원을 퇴직시키는
치사제에 의해서 치사한 관원의 경우에 치사라는 용어를 사용하였다. 70
세까지 관직을 계속하는 경우는 거의 대신에 한정되고 있었으므로 치사한
관원의 과전이 문제되는 것은 퇴직을 하여도 과전을 보유하였던 대신의
경우였다.

　조선의 치사제는 태종대부터 정리되기 시작하였다. 건국초기 정권이 안
정되지 못한 상황에서 정권에 기여하는 핵심관원을 70세가 되었다고 일률
적으로 퇴직시킬 수 없었기 때문이었다. 태종 초반까지도 사정은 비슷하
였다. 쿠데타로 집권한 태종도 그 집권 초반에 치사제를 시행하기 어려웠
다. 그러므로 태종 중후반에서 세종대에 걸쳐서 치사제는 정비되었다.

　치사제는 나이든 관원을 퇴직시켜서 녹봉을 아끼자는 의도에서 추진되
었으나, 정비된 치사제는 70세가 된 관원을 일률적으로 퇴직시켜 녹봉을
아끼는 제도가 되지 못하였다. 예외 조항을 만들어 70세가 넘어도 병이 없
는 경우 계속 관직을 유지할 수 있었다. 또한 치사를 한 경우에도 과전의
보유는 물론 대다수의 관원이 녹봉을 계속 받을 수 있었다. 결국 조선의
치사제가 대신의 세전적 지위를 제한하는 요소로 작용하지 않았다.

　양성지는 직전제의 시행으로 치사한 대신의 과전이 회수되었다고 주장
하고 있다. 만약 양성지의 주장과 같이 치사한 대신의 과전을 회수하였다
면, 이는 대신의 세전적 지위에 영향을 미치는 것이었다. 그러나 이러한

조치는 실제적으로 취해지지 않은 것으로 추측된다. 많은 관원들이 직전제의 문제점을 논하였지만, 양성지 외에는 치사제로 대신의 과전이 회수되었다는 언급을 하지 않고 있다. 이는 치사한 대신의 과전 문제는 조정에 논란거리가 되지 않았기 때문으로 이해된다. 당시의 평균수명을 고려할 때에 치사한 대신의 수가 적었으므로 적절한 조치를 통해서 이 문제가 논란의 대상이 되지 않도록 조정한 것으로 짐작된다. 실제로 직전제 시행 이후에 치사제의 운영상황을 보아도 70세 이상 대신들이 치사하지 않고 그 지위를 계속 유지하고 있는 것이 일반적이었다. 그러므로 치사 대신의 과전 회수는 큰 문제가 되지 않았다.

이상에서 볼 때에 과전제에서 직전제로의 변화는 대신의 과전에 대한 개혁이었다. 대신의 유족이 받는 수신전과 휼양전을 폐지하고, 치사한 대신이 보유하던 과전을 회수하는 조치였다. 그러므로 직전제의 시행은 세조가 대신들을 견제한 조치였다. 그러므로 세조는 직전제를 관원들과 논의 없이 왕명에 의해서 시행하였다. 이는 직전제 시행 직후에 양성지가 정면으로 직전제를 비판한 것으로 짐작할 수 있다. 양성지는 세조대 경제 국방 정책에 매우 요긴한 역할을 한 인물이었는데, 직전제 시행 직후에 양성지가 이를 비판한 것은 그도 직전제의 구상에 참여하지 못했음을 보여준다. 세조 후반기의 개혁 정책들이 세조와 공신들 사이의 긴장관계 속에서 진행되었고, 결국 이시애 난까지 발생하게 된 배경이 되었는데, 직전제도 그러한 동향의 하나였다고 짐작된다.

물론 직전제의 시행으로 대신의 과전이 가지는 세록전적인 성격이 바뀌었다고 보기는 어렵다. 직전제 시행 이후에도 대신의 대부분은 70세가 넘어도 현직을 유지하면서 과전은 물론 녹봉까지 받고 있었고, 보유한 과전을 문음으로 관직에 진출한 아들과 손자에게 세전할 수 있었다. 즉 대신이 보유한 과전의 세록전적 성격은 직전제가 시행되었어도 여전히 유지되었다. 그러므로 직전제의 시행에도 불구하고 조선 초기 과전은 여전히 3품

이하 관원의 직전 성격의 과전과 대신의 세록전 성격의 과전으로 이원적
으로 운영되고 있었다. 따라서 대신은 직전제의 시행에도 불구하고 세록
전인 과전을 유지하면서 경제적 특권을 누리고 있었다.

3. 上級良人

1) 庶孼의 차대와 신분

(1) 서얼에 대한 정치적 차대

조선 초기 상급양인의 대표적인 신분은 서얼이었다. 물론 여기서 서얼
신분으로 논하는 대상은 대신들의 서얼이다. 대신의 서얼은 문음의 특혜
를 받았기 때문이다. 이들은 문음으로 관직에 진출하여 정3품까지 올라갈
수 있었다. 그러므로 상급양인으로 서얼의 신분에 대하여 검토해 보자.[22]

서얼은 문음의 특혜를 누렸지만, 한품제와 한직제의 차대를 받았다. 관
원들은 서얼이 받을 수 있는 관직과 관품을 규제하여서 서얼을 사족으로
부터 분리하고자 하였다. 한품제로 서얼이 받을 수 있는 품계를 3품으로
제한하였고, 한직제로 서얼이 받을 수 있는 관직을 잡직으로 제한하였다.
또한 서얼이 받을 수 없는 관직을 현관으로 설정하였다.

서얼에게 한품제와 한직제를 시행하는 의미는 분명하였다. 서얼로 관직
에 진출한 자를 문음의 특권에 접근하지 못하도록 하는 조치였다. 문음은
2품 이상의 관원과 3품 이하의 청요직 즉 현관이 가지는 신분상 특권이었
다. 그러므로 서얼이 문음의 특권에 접근하지 못하게 막기 위해서는 2품
이상의 관직을 가지지 못하게 할 뿐 아니라, 3품 이하의 관직에서는 현관

---

22) 이하 서술 최이돈 「조선 초기 서얼의 차대와 신분」 『역사학보』 204, 2009 참조.

에 접근하지 못하도록 막는 것이 필요하였다.

서얼에 대한 규제는 한품제, 한직제, 과거금지 등이 있었다. 서얼은 과거를 볼 수 없었다. 흥미로운 것은 서얼에 대한 과거 금지 규정은 한품제, 한직제와 같이 거론되지 않고, 약 50년 후 『경국대전』의 편찬 시에 첨록되면서 법제화되었다는 점이다. 또한 서얼의 과거 금지 규정은 시행된 지 얼마 되지 않은 명종대에 해소된다. 단 과거에 합격하여도 현관이 될 수 없다는 조건과 함께 과거 금지 조항은 폐지되었다.

서얼의 과거 금지를 서둘러 규정하지 않았고, 또한 과거 금지 규정을 쉽게 해지할 수 있었던 것은 관원들이 과거 금지를 서얼의 지위를 규정하는 근본적인 요건으로 보지 않았기 때문이었다. 관원들은 현관이 될 수 없다는 것 하나로 충분한 규제가 된다고 보았다. 서얼이 현관이 될 수 없다는 것은 이미 앞에서 살핀 바와 같이 문음에 접근할 수 있는 길을 봉쇄한다는 의미였다. 그러므로 관원들은 신분을 규정하는 근본적인 요건을 과거가 아닌 문음에서 찾고 있었다.

이와 같은 이해는 기왕의 연구에서 과거의 의미를 문음에 비하여 중요하게 평가하였던 견해와는 다르다. 특히 이는 과거에 응시할 수 있는 자격을 가진 것만으로도 상위의 신분과 같은 지위에 있는 것으로 평가하는 견해와 상반된다. 과거에 합격하여도 여전히 현관이 되지 못하는 서얼의 경우에 비추어 볼 때에, 과거가 가지는 신분상에서의 기능은 제한적으로 해석되어야 할 것이다. 물론 이는 양인에게도 적용된다. 즉 양인이 과거에 합격해도 특권신분이 되지 못하는 경우는 흔하였다.

(2) 서얼과 관직체계의 변화

서얼에게 현관을 줄 수 없다는 기본 원칙이 형성되면서 서얼에게 부여할 관직으로 잡직체계의 마련이 필요하였다. 그러나 이 과정은 간단치 않았다. 잡직의 개념이 단순히 일정한 관직을 의미하는 것이 아니라 신분과 연계된 관직이라는 의미를 함축하고 있었기 때문이었다. 관원들은 부득이 서얼에게 관직을 주기는 하지만, 서얼은 신분적으로 다른 집단이었으므로 이들에게는 그 신분에 상응하는 관직을 주어야 한다고 생각하였다. 그러므로 잡직은 일정 신분에 대응하는 관직군이 되어야 하였다.

그러나 건국기의 관직체계는 신분제와 부합되는 체계가 아니었다. 관직은 크게 유품직과 비유품직으로 나누어졌으나, 이 구분은 신분제와 연관이 약했다. 천인이나 공상인들이 유품직에 임명되기도 하는 것이 당시의 현실이었다. 그러므로 잡직의 범주를 분명히 하는 작업은 관직체계의 틀을 재조정하는 것이었다.

잡직의 범주를 분명히 하고자 때에 먼저 문제가 된 것은 서얼보다 하위에 있는 신분들의 관직을 정비하는 것이었다. 가장 시급한 일은 공상과 천인에 대응하는 관직을 만드는 일이었다. 이 작업은 일단 유품직에 있는 공상과 천인을 비유품직으로 보내는 조치로 시작되었다. 유품직에 있는 공상 천인들을 우선 비유품 기관원 사용원으로 모았고, 조금 뒤에 이들을 다시 상림원으로 모우는 조치를 취하였다. 그리고 그 경계를 더욱 분명히 하기 위해서 문무산계와는 다른 별도의 잡직계를 만들어 공상과 천인에게 부여하였다. 이 과정에서 공상과 천인은 유품직에서는 물론 비유품직 내에서도 별도의 품계를 받는 지위가 되면서, 이들은 다른 신분과 관직체계 내에서 분명하게 분리되었다.

잡직계의 설치 이후 자연스럽게 서얼에 대응하는 관직군의 설정이 과제로 부각되었다. 서얼의 범주에 천첩소생은 물론 양첩소생까지 포괄하였으므로 한품의 상한을 3품까지 확대하였고, 서얼을 배치할 수 있는 적절한 부서를 선정하는 것은 불가피하였다. 그 결과 기술직은 서얼과 같이 3품까지 한품제의 규제를 받았으므로 기술직이 서얼이 임용되는 관직으로 적당한 대안이 될 수 있었다.

기술직이 서얼의 신분에 대응하는 관직이 되면서 이는 기술직을 담당하고 있던 사족들에게는 충격이 될 수 있었다. 기존에는 사족들이 기술직에 배치되는 경우가 적지 않았다. 그러므로 정부에서는 충순위를 만들어서 사족이 기술직에서 벗어날 수 있는 길을 추가로 만들어 주었다. 또한 이미 기술직에서 경륜을 쌓은 사족을 위하여 기술직 내에 사족으로 임명되는 습독관직을 별도로 신설해서 변화의 충격을 최소화하였다. 기술직이 서얼에 대응하는 관직이 되면서 관직체계는 보다 신분제에 조응하는 체제로 정비되었다.

(3) 서얼의 신분과 대칭집단

서얼은 천첩의 소생이라 하여도 종량의 과정을 통하여 법적으로 영구양인이 되었고, 3품에 이르는 관직을 가질 수 있었으며, 나아가 과거에 응시할 수 있었다. 이들에게 남아있는 제한은 단지 현관이 될 수 없다는 것밖에 없었다. 이러한 간단한 제약만이 남아있는 서얼의 신분에 대하여 조선 초기의 관원들은 어떠한 평가를 하였을까 검토해보자.

조선 초기의 관원들은 서얼을 별도의 신분으로 보았다. 서얼을 상위의 집단과 혈통적, 법적으로 귀천의 차이가 있는 집단으로 보았다. 구체적으로 형법의 집행에서도 상위집단과 비교할 때 양인과 천인 사이에 있는 정도의 차대가 필요한 것으로 보았다. 또한 관원들은 자연의 질서인 '分數'로 서얼의 생득적 차이를 설명하면서 서얼에 대한 차대를 정당화하였다.

당시 신분인식에서 서얼은 차대 받는 신분으로 드러났는데, 이러한 차대는 상대적인 것이었고, 서얼에 대칭되는 집단의 존재를 상정하지 않고는 논할 수 없다. 서얼에 일차적으로 대칭되는 집단은 적자였으나, 서얼이 신분으로 정리되면서 신분적 대칭집단은 다양한 용어로 표현되었다.

서얼과 대칭으로 나타나는 집단은 사족과 사류가 가장 대표적이었다. 사족과 사류의 공통점은 '士'라는 것이다. 사족은 '사'의 족적인 면을 강조하고, 사류는 '사'의 집단적인 면을 강조한 것이었다. 즉 서얼은 사가 아니었다. 이와 같은 사의 의미는 신분적인 것이었다. 사의 기본적 의미는 유학을 공부하는 선비라는 뜻을 가지거나, 대부와 대비되는 중급 관원이라는 의미가 주된 것이었다. 여기서의 서얼과 대칭되는 사의 의미는 그것이 아니었다. 서얼은 경학을 공부하는 선비였고, 3품까지의 관직을 가질 수 있었으므로 관원이었다. 그러므로 여기서의 사는 선비나 관원 등 개인적인 능력으로 획득할 수 있는 성취적 집단을 의미하는 것이 아니라, 혈통적으로 소속되는 신분적인 의미를 가지는 집단을 지칭하였다.

서얼과 대칭이 되는 칭호는 종종 양반이라는 용어도 사용되었다. 여기서 양반은 모든 관원을 지칭하는 의미에서의 양반이 아니라 신분적 의미에서 양반이었다. 즉 서얼은 엄연히 관원으로서 양반이었으나, 여기서 지칭되는 양반인 신분적 양반에는 속하지 못했다. 당연히 서얼은 신분적 양반과는 결혼도 할 수 없는 별도의 신분이었다.

이상에서 볼 때, 서얼이 신분으로 정리되면서 사나 양반의 의미 역시 분화되어 신분집단으로서의 성격이 부각되고 있었다. 이는 기존의 연구에서 '양인'의 용어 역시 광의양인과 협의양인으로 분화되어 나타나고 있는 것과 유사한 현상이었다. 특히 분화되는 시기가 태종대 이후로 사와 양반은 물론 양인의 경우까지 모두 그 분화 시기가 일치하고 있는 것은 흥미로운 일이다. 즉 이러한 현상은 조선 초기의 신분제가 태종대를 전후해서 크게 달라지고 있음을 보여준다. 즉 태종대에 이르러 조선 초기의 신분제는 그 골격을 갖추기 시작한 것으로 이해할 수 있다.

2) 雜織의 형성과 그 변화

(1) 건국 초기의 비유품직과 잡직

서얼의 신분이 정비되면서 이를 수용할 수 있는 관직체계도 정비되었다. 그러한 관직체계의 변화과정을 잡직을 중심으로 검토해보자.[23] 잡직에 대한 검토는 잡직의 준비, 형성, 변화의 관점에서 나누어서 검토할 수 있다. 잡직 검토의 중심은 잡직이 조정의 관심이 되면서 잡직계의 설치로 이어지는 일련의 논의과정인데, 이를 잡직의 형성과정으로 살피고자 한다. 또한 세종대의 잡직에 대한 논의과정은 그 이전의 연원이 없이는 불가능한 것이다. 따라서 조선의 건국 초부터 세종대에 본격적으로 논의되는 시기까지를 잡직의 준비과정으로 단계를 나누어서 살펴보자. 또한 잡직 형성이후 변화과정을 성종대를 중심으로 잡직의 확대과정으로 살펴보자.

세종대 잡직의 연원은 비유품직에서 찾을 수 있다. 비유품직은 태조대부터 액정서, 아악서, 전악서 등을 필두로 만들어지기 시작하여, 이후 그 체계를 정비하여 정종대까지는 그 형태를 정비한 것으로 파악된다. 비유품직은 유품직과 분명한 경계가 있었다. 유품직에 임명되기 위해서는 문무과나 잡과 등의 과거나 문음의 관문을 거쳐야 하였고, 또한 서경을 통해서 적격여부를 검토하는 엄격한 과정을 통과해야 하였다.

그러므로 유품직과 비유품직 간에는 분명한 차대도 존재하였다. 먼저 유품직을 맡는 유품관은 朝班에 참여할 수 있었으나 비유품관은 그렇지 못하였다. 朝班에 참여는 왕과 면대하는 조회에 참여하는 것으로 주된 관원 여부를 구별하는 상징적인 지표였다. 또한 관원의 잘못을 재판하여 처벌하는 과정에서도 유품관은 왕에게 물어서 형을 결정하는 啓聞治罪의 특권이 주어졌으나, 비유품관에게는 그러한 권리가 없었다. 계문치죄는 관원의 지위를 보장하기 위해서 관원의 처벌을 왕의 결정에 의한다는 일종의 보호 장치였다. 이러한 우대가 비유품관에게는 주어지지 않았다. 이는 비유품관도 관원이기는 하였으나, 관직과 연결되는 신분적 지위에서는 유품관과 다른 지위를 가지고 있음을 의미하는 것이었다. 이러한 차대를 받았던 비유품관은 이후 논의에서 잡직의 주요한 부분을 차지하는 부류가 되

---

23) 이하 서술 최이돈 「조선 초기 잡직의 형성과 그 변화」 『역사와 현실』 58, 2005 참조.

었다.

(2) 세종대 잡직계의 설치와 유외잡직의 변화

세종대에 이르러서 잡직은 분명하게 정리되었다. 이러한 계기를 제공한 것은 유품직 내에 속하여 있던 공상천례에게 유품직을 주어서는 안 된다는 논의가 시작되면서였다. 앞에서 언급한 대로 유품직은 진출로가 제한되어 있었고, 서경을 통해서 그 자격을 심사했음에도 불구하고 자격이 문제되는 부류들이 상당수 유품직을 가지고 있었다. 이는 이러한 규정의 시행이 철저하지 않았음을 보여준다. 심지어 천인들도 상당수 유품직을 맡고 있음을 보아 관직의 운용에서 양천의 구분도 엄격하지 않았던 것으로 짐작된다.

관원들은 세종대에 이르러서야 본격적으로 이 문제를 풀려고 노력하였다. 이를 위해서 먼저 유품직을 맡고 있는 공상천례를 사옹원으로 모으는 조치를 취하였다. 사옹원은 비유품직 관서이었으므로 공상천례의 유품관들을 여기에 모으는 것만으로도 이들을 분리하는 효과가 있었다. 그러나 사옹원은 양인 출신의 관원들이 배치되는 부서이었으므로 이러한 조치도 충분하다고 인정되지 못했고, 공상천례의 유품관들을 다시 천인들이 배치되는 관서였던 상림원으로 옮기는 조치를 취하였다.

상림원으로 옮겨졌지만 이들은 여전히 유품관과 같이 문무산계를 사용하여 산계상 유품관과 구분되지 않았다. 이 때문에 새로운 산계로 잡직계를 만들어 이를 공상천례의 관원들에게 주었다. 또한 관직명도 여전히 유품관과 차이가 없어 유품관과는 다른 명칭으로 바꿀 필요가 제기되면서 관직명도 별도로 만들었다. 이러한 일련의 조치를 바탕으로 공상천례 관원은 분명하게 분리되었다. 분명하게 분리되면서 잡직계 관원들을 상림원에 모아둘 필요가 없어졌고, 잡직계 관원들은 별도의 산계와 관직명을 가지고 필요한 부서로 재배치되는 조치가 취해졌다. 이러한 과정을 거치면

서 잡직이라는 호칭의 의미는 분명해졌고 일차적으로 잡직계를 가진 관원
이라는 의미로 이해되었다.

공상천례인 유품직 관원들이 잡직계를 받게 되는 변화과정을 거치면서
비유품계 관원도 잡직으로 호칭되는 변화가 나타났다. 이들은 잡직계 관
원과 별도로 '유외잡직'으로 칭하였다. 물론 유외잡직 중에서도 양인과 공
상천례를 나누려는 논의도 진행되었다. 따라서 유외잡직 내에서도 공상천
례 관원에게는 잡직계가 주어졌다.

공상천인 관원을 나누면서 오히려 유외잡직의 양인관원들은 그 지위가
상승하였다. 유외잡직 내의 양인관원들은 유품직의 특권이었던 계문치죄
의 특혜를 받게 되었고, 산계도 문무산계를 유지하면서 유품직과 차이가
오히려 줄어들었다. 그러면서 이들에게는 별도로 '잡직유품인'이라는 이름
이 부여되었다. 잡직과 유품인이라는 상반된 용어가 조합을 이루었다. 물
론 잡직유품인들은 그 지위가 상승하였으나 조반의 참여는 여전히 금지되
었고, 사회적으로도 평민으로 인식되면서 잡직의 주류가 되었다.

(3) 성종대 잡직 범위의 확대와 기술직

세종대에 잡직의 개념이 정리된 뒤에 성종대에 들어서는 잡직의 범위가
확대되는 변화가 나타났다. 잡직유품인이 잡직의 주류가 되면서 잡직의
용례가 위의 관직에까지 확대되었다. 기술직을 잡직으로 부르는 용례들이
나타나기 시작하였다. 기술직에 대한 차대는 이미 서얼이 기술직에 진출
하면서 나타나기 시작하였는데, 잡직계가 정비되면서 다음 단계로 기술직
을 잡직으로 부르는 변화가 시작되었다.

더불어 기술직이 조반에 참여하는 것도 폐지하려는 움직임이 있었다.
기술직의 조반참여 여부를 결정하는 논의에 조정의 관원들이 대거 참여하
여 열띤 논의를 하였고, 여러 가지 안들이 제안되었다. 결론은 기술직이
유품직이라는 원칙을 다시 확인하면서 조반 참여를 허용하였다. 그러나

동반이 아니라 서반에 위치하는 것으로 정리되었다. 이 논의 과정에서 기술직은 잡직으로 분류되어 사족직과 분명하게 분리되었다.

이러한 변화를 통해서 잡직은 기술직 관원, 잡직유품인 등이 배치되는 관직으로 정립되었다. 이러한 정립과 더불어 잡직은 사족이 아닌 상급양인이 맡는 관직이라는 인식도 굳어졌다.

4. 狹義良人

1) 전부제의 형성

(1) 태조 태종대의 전객

다음으로 협의양인에 대해서 검토해보자. 협의양인은 일반양인을 지칭한다. 협의양인은 고려 말 백정이 자립농으로 그 지위를 상승시키면서 확보한 신분으로 국가의 관리 하에 군역의 의무와 사환권의 권리를 가지고 있는 신분이었다. 협의양인의 지위에 대해서는 기존의 양천제론에서 검토되었다. 그러나 기존의 연구에서는 협의양인이 어떻게 제일적 지위를 확보하였는지 설명하지 못하였다.

과전법 체제 하에서 협의양인은 단일한 지위를 가지지 않았다. 경기의 백성들은 전객으로 편입되면서 여타의 공전수조지역의 백성에 비하여 법적으로 차대를 받고 있었다. 처분권을 제약당하고 있었고, 수조의 부담도 상대적으로 높았다.

그러므로 이들이 어떻게 그러한 제약을 극복하고 제일적 협의양인의 지위를 확보하였는지 검토하는 것이 필요하다.[24] 흥미롭게도 태종대에 전객

---

24) 이하 서술 최이돈 「조선 초기 佃夫制의 형성과정」 『진단학보』 127, 2016.

이라는 칭호가 소멸되고 전부라는 용어가 새롭게 등장하였다. 佃客의 지위가 상승하면서 그 호칭이 바뀌어 佃夫로 칭하게 되었다. 그러므로 그 명칭이 바뀌는 과정을 검토하면서, 협의양인이 제일적 지위를 확보하는 과정을 검토해보자.

전객이라는 용어는 고려에서는 없었던 용어로 과전법에서 처음 사용되었다. 이는 납조자를 지칭하는 용어로 수조권자를 칭하는 전주와 대칭적으로 사용되었다. 조선이 건국되면서 전객이라는 용어는 계속 사용되어, 수조권자와 납조자 간에 전주와 전객의 관계가 형성되었음을 잘 보여주었다. 그러므로 그간 연구에서 이와 같은 내용을 바탕으로 조선 초기에는 수조권을 둘러싸고 '전주전객제'가 형성되었다고 정리할 수 있었다.

경기의 사전수조지역의 전지소유자를 전객으로 호칭한 것과 달리 여타 공전수조지역의 전지소유자를 전주로 호칭하고 있었다. 과전법에서 수조권의 분배를 경기에 한정하였으므로, 공전수조 지역의 전지소유자는 수조권적 지배에서 벗어나 고려에서와는 다른 지위를 가질 수 있었다. 그러므로 이들을 전주라고 호칭한 것은 당연하였다.

사전 수조지역의 전지소유자를 전객이라고 부른 법적인 근거는 과전법의 규정에 있었다. 과전법에 의하면 전객은 자신의 전지를 임의로 처분할 수 없었다. 배타적 소유권의 중요한 요소인 처분권이 전객에게 제한되었다. 수조권자인 전주는 전객 전지의 처분은 물론 경영에도 관여할 수 있었다. 그러므로 수조권자와 납조자를 주와 객을 나누어, 전주와 전객의 표현한 것은 사실관계를 함축하고 있었다. 이에 비하여 공전수조 지역의 전지소유자들은 이와 같은 법적 규제를 벗어나 있었고, 당연히 전지의 배타적인 소유권을 가지고 처분도 자유롭게 하고 있었다.

그러므로 경기 사전수조 지역 백성과 공전수조 지역 백성 간에 법적, 실질적 지위의 차이가 있었다. 따라서 전국의 전지 소유자들 간에 아직 齊一的 지위가 형성되지 않고 있었다. 그러나 조선의 정부는 제일적 통치를 목

표로 하였기 때문에 이와 같은 경기 백성의 차대는 시간을 가지고 해소해
야할 과제였다.

(2) 태종 세종대 전객의 성장

경기 사전수조 지역의 전객들은 법적으로 공전수조 지역의 전주들에 비
하여 차대를 받고 있었다. 그 차대의 실제는 수조 부담의 차이였다. 경기
만 부담이 큰 것은 과전법의 '科田京畿' 규정을 만든 것에 원인이 있었다.
공전수조 지역의 농민들은 공전수조로 바뀌면서 그 부담이 현격히 줄어 그
지위를 높이고 있었으나, 경기의 백성은 수조권적 지배하에 여전히 남아
있었다.

그러므로 경기 백성들은 자신들의 부담이 공전수조 지역보다 많다는 것
을 문제삼지 않을 수 없었다. 이는 태종 9년 경기의 과전을 타 지역으로
이전시켜달라는 요청으로 부각되었다. 정부는 경기의 백성에게 여타지역
의 백성과 같이 일원적 지위를 부여하고자 하였으므로, 이와 같은 차대를
해소해 달라는 요청은 정당한 것이었다.

정부는 이 문제를 해소하기 위해 다양하게 노력하였다. 그러한 노력의
일환으로 태종 15년에는 전객에게 전주를 고소할 수 있도록 전주고소권을
부여하였다. 태종 17년에는 관답험도 시행하였다. 과전에서의 과잉 수조의
근본적인 원인은 전주가 답험을 담당하는데 있었다. 그러므로 사전수조량
을 공전수조량에 맞추기 위해서는 전주가 행하는 답험에 정부가 관여할
필요가 있었다.

이와 같은 정부의 노력으로 과전의 운영에 국가가 관여하는 '과전국가
관리체제'가 형성될 수 있었다. 과전국가관리체제 하에서 전주는 국가의
규제로 인해 규정 이상을 수조하는 것이 어려웠고, 사실상 수조권적 지배
도 불가능하게 되었다. 이러한 변화로 인해서 전객의 지위는 향상되었다.

과전국가관리체제의 정비로 전객의 지위가 변화하자, 당연히 전객이라

는 호칭도 변화하였다. 세종 전반에 전객이라는 용어가 소멸되었다. 이는 전객의 지위가 변화하면서 전객이라는 용어가 전지 소유자를 지칭하기에 적절한 용어가 아님을 인식한 결과였다.

과전국가관리체제가 만들어진 다음 해인 태종 16년부터 전객을 대신할 용어가 등장하기 시작하였다. 가장 처음 전객의 대안으로 제기된 용어는 '佃人'이라는 용어였다. 새로운 용어가 등장한 것은 전객을 대신할 용어를 관원들이 모색하기 시작하였음을 보여준다. 세종 1년에는 '佃戶'라는 용어도 사용되었다. 전호는 전객으로부터 그 지위를 높인 납조자를 의미하였다.

과전국가관리체제가 형성되고 전객을 대신할 수 있는 칭호가 모색되는 과정에서, 세종 6년에는 납조자의 지위를 결정하는 매우 중요한 변화가 있었다. 경기도 감사의 요청에 의하며 납조자가 전지를 자유로이 매매할 수 있는 처분권을 확보하게 되었다. 비로소 경기의 전지소유자들도 공전수조지역의 전지소유자들과 같이 전지를 배타적으로 소유하고 처분할 수 있는 권리를 확보할 수 있었다. 이와 같은 조치는 과전국가관리체제 형성이후 납조자의 상승한 지위를 법으로 확정해준 것이었다. 이로써 전주가 과전법의 규정을 근거로 가지고 있던 전지에 대한 권리가 해소되었고, 역시 수조권적 지배도 실제적으로 불가능하게 되었다.

이러한 법적 조치를 통해서 납조자의 지위는 더욱 확고해졌다. 이를 잘 보여주는 것이 예종 1년 납조자를 '전주'라고 호칭한 자료이다. 이미 공전수조 지역의 전지소유자들을 전주로 부르고 있었지만, 납조자를 수조권자와 대칭적으로 언급하는 자료에서 전주로 칭하지 않았다. 그러나 납조자들의 지위가 상승하면서 이들을 수조권자들과 대칭으로 논하면서 전주라고 칭할 수 있었다.

특히 이 무렵에 정부에서는 납조자의 '납조 거부'에 대한 대책을 논하는 상황이 전개되고 있었다. 납조자의 납조 거부는 과잉 수조에 대한 저항으로 출발하였으나, 이 무렵에 이르면 정부가 대책을 논해야 할 정도로 활성화된 것으로 짐작된다.

(3) 세종 성종대 전부

이러한 변화의 가운데에서 최종적으로 전객을 대신한 명칭으로 佃夫가
결정되었다. 수조권적 지배는 해소되었지만, 수조권의 분배는 조선 전기를
통해서 지속되었으므로 이 양자를 대칭적으로 부르는 명칭은 불가피하였
다. 그러므로 이 경우 수조권자를 전주로 납조자를 전부로 호칭하는 것으
로 정리되었다. 물론 전부라는 표현으로 전지소유자의 새로운 지위인 '전
주'의 뜻을 다 담기 어려웠다. 그러므로 전주와 전부라는 용어를 대칭적으
로 표현한 용례를 극히 제한적으로 사용되었다.

이미 사전 수조 지역의 전지소유자의 지위가 공전수조 지역의 전지 소
유자의 지위와 같아졌으므로, 전국의 전지 소유자 모두를 통칭할 때에도
전부라는 용어를 사용하였다. 또한 전부라는 용어가 전국의 전지 소유자
를 齊一的으로 지칭하는 용어가 되면서 『경국대전』에서도 사용되어 법적
용어로 정리되었다. 이는 '田主佃客制'를 대신해서 '田主佃夫制'가 형성되었
음을 보여준다.

그간 조선 초기 신분제를 양천제로 주장하는 연구자들은 양인 신분의
齊一性을 강조하였다. 그러나 양인 신분의 제일성이 어떤 과정을 통해서
확보되었는지는 설명하지 못하였다. 위의 검토에 의하면 전지 소유자인
협의양인은 경기의 전지 소유자들이 전객으로 불리는 동안에는 법적, 실
제적으로 제일적인 지위를 가지지 못하였다.

과전국가관리체제의 정비로 사전수조가 공전수조와 그 부담이 같아지
고, 그 변화한 지위를 인정받아 경기의 전지 소유자들이 전지 처분권을 획
득하여, 전국의 전지 소유자들과 동일하게 '佃夫'로 호칭되면서, 비로소 협
의양인 내의 제일적 지위가 형성될 수 있었다.

2) 협의양인과 광의양인

(1) 협의양인과 역리 염간

양인을 단일한 신분이라고 볼 때에 우선 양인으로 호칭되는 범위의 경계가 분명하게 설정되어야 하고, 양인에 속하는 다양한 구성원들의 권리와 의무 역시 같아야 한다. 그러나 그간의 연구에서 양인이라고 호칭되는 구성원의 권리와 의무가 동일하지 않고, 집단의 경계도 분명치 않아 협의양인과 광의양인이 존재한다고 지적이 되고 있었다.

그러므로 양인의 신분을 분명히 이해하기 위해서 협의양인과 광의양인의 용례가 의미하는 것이 무엇인지 검토하는 것이 필요하다. 협의양인과 병치되어 나타나는 직역 중에 하나는 역리와 염간이다. 역리와 염간은 협의양인에 속하지 못하였고 광의양인에 속하였다. 협의양인과 광의양인의 의미를 검토하기 위해서 협의양인의 용례와 역리 염간의 지위를 검토해보자.[25]

그간 역리와 염간의 지위는 양인 내에서 특이한 것으로 밝혀졌으나, 양인으로 호칭된다는 점이 강조되면서 그 신분적 지위는 양인으로 이해되었다. 그러나 양인의 용례는 협의양인과 광의양인으로 나누어지고, 이들 간에는 단일 신분으로 볼 수 없는 요소들도 나타나고 있다는 지적이 되고 있으므로, 역리와 염간의 신분을 협의양인과 비교하여 검토해보면, 협의양인과 광의양인의 신분에 대하여 좀 더 깊이 있는 이해가 가능하리라 생각된다.

먼저 역리와 염간이 양인으로 불린다는 것은 중요한 쟁점이 될 수 있으므로 역리와 염간이 양인으로 호칭되는 자료와 호칭되지 않는 자료를 같이 검토해보았다. 자료의 전반적인 상황을 볼 때 역리 염간을 양인으로 명시하는 자료보다는 역리 염간을 협의양인이 아닌 것으로 보는 자료가 더

---

25) 이하 서술 최이돈 「조선 초기 협의의 양인의 용례와 신분」, 『역사와 현실』 71, 2009 참조.

욱 많았다. 이는 기존의 연구에서 배려하지 못한 부분이다.

기존의 연구에서는 협의양인이 역리 염간 등의 집단과 병기되는 것을 '표기상'의 문제로 가볍게 이해하거나, 협의양인은 법적인 용어가 아닌 것으로 처리하여, 협의양인은 신분과 관련이 없는 것으로 보았다. 그러나 역리 염간과 같이 거론된 협의양인의 용례는 거의 모든 자료가 역리와 염간의 법적인 지위가 협의양인과 다름을 명기하기 위한 것이었다. 즉 역리와 염간이 협의양인에 비하여 법적으로 차대를 받는 집단이었음을 분명하게 보여주고 있다. 이는 역리와 염간의 신분적 지위를 파악할 때에 이들이 양인으로 호칭되고 있다는 점에 구애되지 않고, 그 실제적 지위에 즉해서 검토해야 할 필요성을 보여준다.

(2) 역리 염간의 차대와 호칭

이에 역리와 염간의 신분적 실상을 밝히기 위해서 이들이 받는 차대를 검토하였다. 이들이 받는 차대의 가장 중요한 것은 천역으로 인식되는 고된 직역을 벗어나지 못하고 세전하는 것이었다. 당연히 이들은 관직에 나아갈 수 없었고, 과거응시의 자격도 가지지 못하였다. 또한 이들이 차대를 받는 별도의 집단이었으므로 호적도 양인과는 별도로 관리되고 있었다. 특히 이들이 호적에 명기된 직역의 지역을 벗어나는 경우에는 추쇄되어 노비가 되는 엄한 처벌을 받고 있었다. 또한 이들은 죄를 범하여 형을 받는 경우에도 양인과는 구별을 받았는데, 流刑을 받는 경우에 양인과는 달리 유배되는 지역의 驛이나 鹽所에서 형을 받았다.

역리와 염간이 받는 차대는 칭호에도 반영되었다. 이들은 '身賤者' '賤口' '役賤者' 등으로 천인과 별다른 차이 없이 불렸다. 이러한 호칭은 이들이 양인에 비해서 차대를 받는 지위에 있었음을 잘 보여준다. 그러나 이들의 신분적 지위가 분명하게 천인보다는 높았다. 이들의 지위가 천인과 비교될 때에는 그 지위가 다르다는 것이 강조되면서 '身良役賤'라는 호칭이 사용되었다. 이들의 지위가 협의양인보다는 낮았지만 여전히 광의양인에는 포함되어 천인보다는 우대받는 집단으로 인식되었다.

그러나 여기서 부언할 것은 '신양역천'의 호칭에서 '역천'의 의미를 기존의 연구에서 지적하는 것처럼 '신양'에 부속적인 의미로 가볍게 생각해서는 안 된다는 점이다. 역천의 의미는 직역이 천하다는 것인데, 역리와 염간의 직역은 단순히 직업이 아니었다. 즉 그 직역이 법으로 규정되어 혈통을 매개로 세습되고 있었다. 그러므로 역리와 염간의 직역은 신분적 의미를 함축하고 있었다. 그러므로 '역천'의 당시대적 의미는 '신천'과 큰 차이가 있는 것이 아니었다. 따라서 신양역천에서 역천의 의미를 직업으로 해석하여 신분은 양인이지만 천한 직업을 가진 것으로서 해석하는 것은 당시의 실상과 거리가 있는 해석일 수밖에 없다. 오히려 이는 양인과 천인 사이에 있는 신분을 표현하기 위해 그 시대에 맞게 합성한 조어로 이해해야 할 것이다. 즉 신양역천을 양인과 천인 사이에 있는 별도의 신분을 가진 집단을 칭하는 용어로 보는 것이 당시의 의미를 살리는 것으로 생각된다.

(3) 역리 염간 직역의 세습과 신분 이동

다음으로 역리와 염간의 직역 세습과 그 직역에서 벗어나는 문제를 검토해 보자. 역리와 염간의 세습은 기왕의 연구에서도 지적한 바 있다. 그러나 기왕의 연구에서는 역리와 염간의 신분을 양인으로 파악하고 있었으므로 세습은 부차적인 관심사였고, 특히 직역을 벗어나는 것을 신분의 이동이라는 면에서 파악하지 않았다. 그러므로 역리와 염간의 세습 문제를 좀 더 심도 있게 살펴보고, 그 직역을 벗어나는 문제도 검토해 보자.

먼저 역리와 염간이 그 직역을 세습하는 실상을 검토해보자. 역리와 염간의 직역 세습은 여러 가지 자료를 통해서 분명하게 확인할 수 있었다. 역리와 염간이 신분을 세전하는 문제를 다룰 때에, 이들이 타 신분 집단과 결혼을 하여 얻은 소생의 신분이 어떻게 결정되는가는 주요 검토 과제가 된다. 그러므로 역리 염간이 천인이나 양인과 혼인하는 경우를 살펴보자. 역리나 염간이 양인 천인 등 다른 신분의 여인과 결혼을 하는 경우는 從夫的 원리가 강하게 작용하는 시대적 분위기에 따라서 그 소생의 직역은 역리와 염간을 잇는 것으로 나타났다. 같은 원리에 따라서 역리나 염간의 딸이 양인이나 천인과 결혼을 하는 경우에는 그 소생의 지위는 아버지 되는 양인이나 천인을 따라가는 것이 일반적이었다.

역리나 염간은 직역에 결박되고 그 직역을 세습하였으나 군공이나 이에 준하는 특별한 공을 세우면 역에서 벗어날 수 있었다. 구체적으로 보면 특별한 공을 세울 때에 역리와 염간은 역을 면하는 상을 받았고, 양인은 관직을, 노비는 양인이 되는 상을 받았다. 역리와 염간은 특별한 공을 통해서 직역의 세습에서 벗어나 그 신분을 상승시킬 수 있었다. 역리와 염간이 역을 면하여 확보한 지위는 협의양인이었다. 이는 같은 공을 세운 공사비가 상으로 얻은 '永久從良'과 같은 지위였다. 이러한 상황은 역리와 염간의 지위가 실제로는 노비와 크게 다르지 않았음을 보여준다.

이상으로 역리와 염간의 신분적 지위를 검토할 때, 이들은 협의양인에 비하여 차대를 받는 직역에 긴박되어 그 직을 세습하였고, 특별한 공을 세운 경우에 협의양인이 될 수 있는 협의양인과는 별도의 신분이었다. 물론 이들은 광의양인에 속하였으므로 천인과는 분명히 구분되는 신분이었다.

첨언할 것은 양인의 용례가 협의와 광의로 나누어져서 나오는 시기가 태종대 후반부터라는 점이다. 태종 중반 이전에는 광의양인의 용례만 나타나고 있어, 양인은 천인과 대칭되는 집단으로 파악되고 있다. 그러나 그 이후에 협의양인의 용례가 나타나면서 양인이 천인 외에 다양한 집단들과 대비되면서 나타난다. 용어상 혼란의 가능이 있었음에도 불구하고 협의양인의 용례를 사용하게 된 원인은 조선 초기 신분제의 정착과정에서 나타나는 혼란으로 이해할 수 있다.

즉 다양한 신분이 조선 건국의 주체로 참여하면서 건국 초기의 신분 질서는 이완될 수밖에 없었고, 계층 간의 위계질서를 정비하는 신분제에 대한 구상도 느슨해 질 수 있었다. 그러나 신분을 단순화하려는 이상은 직역체제의 편성과 같은 현실적인 문제에 부딪히면서 조절될 수밖에 없었다. 그러므로 조선 초기 광의양인은 태종 중반부터 협의양인으로 분리되기 시작하였고, 세종대에 이르면 정착되어 광의양인과 협의양인은 별도의 신분으로 정리된 것으로 이해할 수 있겠다.

협의양인의 용례가 나타나면서 광의양인의 용어는 단일 신분을 지칭하는 기능은 상실하였으나, 여전히 천인에 대칭되는 집단을 지칭하는 법적인 칭호로의 기능은 유지하였다. 다만 협의양인이 신분을 지칭하는 용어로 광범위하게 사용되면서 광의양인의 용례는 축소될 수밖에 없었다.

5. 廣義良人

1) 鄕吏의 지위와 신분

(1) 향리의 지위

양인 내에 별도의 신분으로 광의양인이 있었다. 이들도 양인으로 통칭되고 있었으나, 이들의 법적 지위는 협의양인과 달랐고, 그러한 지위를 세전하고 있었다. 이들은 향리, 역리 등 국가의 특수한 역을 담당하는 이들과 상인, 공인 등이었다. 이들은 협의양인이 가지는 군역의 의무과 사환권의 권리를 가지고 있지 못하였다.

향리 역시 특수직역자로 광의양인에 속하였다.[26] 그간 연구에서 향리의 지위는 논쟁의 대상이 되었다. 그러므로 향리 신분에 대하여 좀더 세심하

---

26) 이하 서술 최이돈 「조선 초기 향리의 지위와 신분」『진단학보』110, 2010 참조

게 검토할 필요가 있다. 이를 위해 향리의 지위를 현실적인 지위와 법제적인 지위로 나누어 검토해보자. 향리의 현실적 지위는 다양한 모습으로 나타났다. 일부의 향리가 정치경제적으로 상당한 위세를 가진 모습을 보여주었다. 경제적인 면에서 향리들이 불법으로 토지를 겸병하고, 양민을 점탈하여 경작에 사용하는 등의 모습을 보여주었다. 또한 일부의 향리는 정치적으로도 위세가 있어 심지어 백성들이 수령보다 향리를 더 무서워하고, 수령이 향리의 눈치를 보는 모습도 보여주었다. 이러한 향리의 모습은 향리가 향촌에서 상당한 위세를 가진 것으로, 이러한 모습을 근거로 그간의 연구에서는 향리를 하급지배신분으로 파악하기도 하였다.

그러나 조선 초기의 향리의 현실적 지위는 이와 같은 위세를 부리는 모습으로만 나타나지 않고 고단한 모습으로도 나타나고 있다. 향리는 향역의 과중한 부담에 시달리고 있었고, 이를 벗어나려고 노력하였다. 향리가 역을 피하여 국내외의 다른 지역으로 도망하는 모습은 빈번하였고, 승려가 되는 일도 자주 있었다. 그러므로 향리들은 국가에서 인정하는 면역의 길을 적극 이용하였다. 군공을 세우려고 전쟁에 나아가거나, 북방의 사민에 적극 응하는 등 공을 세워 향역을 면하려고 노력하였다. 이와 같이 향리들이 양인들이 꺼리는 전쟁이나, 북방의 사민에 적극 참여하는 모습은 이들의 현실적 지위가 일반 양인보다도 못한 것을 보여준다.

이와 같이 향리는 위세를 부리는 모습과 양인보다 못한 모습으로 상반된 형태를 나타내고 있는데, 이러한 상반된 향리의 현실적 지위를 어떻게 설명할 수 있을까. 이는 향역과 향직을 나누어 설명해 봄으로써 그 이해의 실마리를 마련할 수 있다. 향역을 지는 향리의 모습은 고단하였고, 향직을 행하는 향리의 모습은 위세가 있었다. 즉 향역은 고단하여 향리들이 모든 방법을 통해서 피하고 싶은 것이었으나, 위세를 부여하는 향직은 모든 향리가 소망하는 것이었다. 따라서 향직과 향역은 향리가 가지는 권리와 의무로도 이해될 수 있다. 그러나 향리에게 있어서 향역은 모두 지는 것이었으나, 향직은 모든 향리가 고루 가질 수 없었다. 향직은 그 수가 제한되어 있었고, 향리가 아닌 양인도 담당할 수 있었다. 특히 특정지역에서는 토성 이족이 향직을 독점하는 경향도 나타나고 있었다. 그러므로 대부분의 향리들은 향직에서 소외되고 향역의 의무만이 남아있었다.

더욱 중요한 것은 향리가 향직으로 인해서 가지는 위세는 법적으로나 사회적으로 인정되는 지위가 아니었다. 오히려 정부는 향직을 바탕으로 행하는 향리의 위세를 제거해야 할 비리로 파악하여 다양한 방법을 통해서 규제하려고 노력하였다. 이는 태종대 중반 이후 나타난 지방제도나 신분제의 정비과정에서 잘 나타나고 있었다. 특히 奸吏推覈法 등의 향리 규제법이 만들어지면서 향직의 위세는 더욱 위축되었다. 이러한 향리의 상황을 종합할 때에 대부분 향리들의 현실적인 지위는 위세가 있는 모습이라기보다는 향역에 시달리는 양인보다 못한 어려운 처지였다고 볼 수 있다.

향리의 지위에서 현실적 지위보다 더욱 중요한 것은 법적 지위였다. 향리의 법적 지위를 검토할 때에 먼저 눈에 띄는 것은 향리가 법적으로 양인과 구별되고 있다는 점이다. 향리는 천인에 대칭되는 집단인 광의양인에는 포함되었으나, 협의양인과는 구별되는 집단으로 나타난다. 이러한 구별은 형식적인 것이 아니었고, 집단 간의 법적인 대우를 분명히 하기 위하여 구분하는 것이었으므로, 향리가 법적으로 양인과 구분되는 집단이었다.

좀 더 구체적으로 살피면 향리는 양인에 비하여 차대를 받는 집단이었다. 이는 향리가 공을 세워 상을 받는 경우에 극명하게 나타났다. 포상을 받는 경우를 보면, 공을 세운 양인에게는 관직을 주는 데에 비하여 향리에게는 신역을 면제해 주었으므로 향리는 차대를 받고 있었다.

향리는 복식이나 의례에서도 양인에 비해 차대를 받았다. 향리를 양인과 구분하기 위해서 方笠을 쓰도록 하였고, 수령에 대한 예에서도 俯伏之 禮를 행하도록 하였다. 이러한 구분은 존비를 분명히 하기 위한 조치였으므로 향리가 차대를 받는 지위에 있었음을 알 수 있다.

향리는 관직도 가질 수 없었다. 이는 조선 초기부터 분명하였다. 태조 1년 향리 출신의 고위품관들을 고향으로 보내 향역을 지게 하였는데, 이는 향리가 혈통 때문에 능력으로 이룬 성취를 인정받지 못하는 모습이었다. 조선왕조를 통해서 양인이 능력으로 이룬 성취가 부정되지 않았음을 본다면, 향리는 이미 조선 건국기부터 양인과 달리 취급되었음을 알 수 있다. 이후에도 향리는 관직을 가질 수 없었고, 공을 세운 경우에도 관직이 아닌 면역을 상으로 받고 있었다.

이와 같은 향리의 법적인 지위를 종합적으로 보여주는 것이 향리에 대한 賤稱이었다. 종종 향리를 '천인'으로, 향역을 '천역'으로 호칭하였다. 물론 향리는 엄연하게 노비와는 구분되었으므로 천인으로 호칭되어도 이는 상대적인 의미를 가지는 것이었다. 즉 향리가 협의양인과 비교할 때에 천하다는 의미였다. 따라서 이와 같은 호칭은 향리가 협의양인에 비해 차대를 받고 있을 뿐 아니라, 협의양인과는 다른 신분이었음을 의미하고 있다.

(2) 향리의 신분

이상으로 향리의 법제적인 지위가 협의양인에 비하여 차대를 받는 것이었음을 알 수 있으나, 이러한 법제적 지위가 신분과 연결되기 위해서는 법제적인 지위가 세습되는가의 여부를 검토할 필요가 있다. 법제적 지위가 세습된다면 이는 신분으로 이해할 수 있기 때문이다. 향리의 법적 지위의 핵심은 향역과 관련되는 것이었는데, 향역의 세전은 다양한 자료들을 통해서 확인할 수 있다. 향역의 세전을 직접 언급한 자료도 보이고, 간접적으로 이를 보여주는 자료도 보인다. 구체적으로 향역을 본인은 물론 그 자손까지 같이 지고 있음을 보여주는 자료들도 다수 찾을 수 있다. 이에 비해서 향직은 세전되지 않았다. 기왕의 연구에서 향직의 세전에 대해서 언급하고 있으나, 이는 그 가능성이 검토되었을 뿐으로, 이를 실증할 수 있는 자료는 찾기 힘들고, 오히려 그 반대의 자료는 다수 노출되고 있다.

국가에서는 향역의 세전을 매우 엄격하게 관리하였다. 향리가 자기비와의 결혼하여 낳은 아들에게 향역을 세습하도록 하는 조치나, 향리가 자손이 없는 경우에 외손에게 그 직역을 세습하도록 하는 조치 등은 이를 잘 보여준다. 심지어 혈통적으로 향리출신이 아니었더라도 2대 연속 향역을 하는 경우 향역을 세습하도록 강제하는 규정이 『경국대전』에 보이고 있다. 이는 정부에서 향리 직역의 세습을 특별하게 관리하고 있음을 보여준다. 이상에서 볼 때에 향리는 법제적으로 양인과는 다른 지위를 세전하고 있었다. 그러므로 향리는 협의양인과는 다른 신분 즉 차대를 받는 신분이었다.

향리는 그 직역을 세습하였지만, 직역에서 벗어날 수 없는 것은 아니었다. 향리는 직역을 벗어나 신분을 상승시킬 수 있었다. 이는 몇 가지의 상황에서 가능하였다. 공을 세우거나, 과거에 급제하거나, 三丁一子로 서리가 되어서 去官하는 등의 경우에 향리는 신분 상승이 가능하였다. 먼저 향리는 공을 세우면 향역을 면할 수 있었다. 공을 세울 수 있는 가장 큰 기회는 군공이었고, 군공의 외에도 향리는 도적을 잡는 경우, 북방지역에 徙民에 응모하는 경우 등 다양한 기회가 있었다. 향리는 국가가 인정하는 공을 세우면 향역을 면하여 신분을 상승시킬 수 있었다. 그러나 공을 세워서 그 신분을 상승시키는 것은 향리만이 아니라 노비의 경우에도 적용되었으므로 이는 향리만의 신분상승의 길은 아니었다.

향리가 과거에 합격한 경우에도 향역을 면할 수 있었다. 즉 향리는 문과에 급제, 생원 진사시에 급제하거나, 잡과에 급제하여 거관하면 향역을 면할 수 있었다. 구체적으로 향리가 과거를 보거나 과거에 합격한 듯이 서술하고 있는 사료도 볼 수 있다. 그러나 이러한 사료를 좀 더 자세히 검토해 보면, 향역을 지는 향리가 과거를 보거나 과거에 급제한 것이 아니라 이미 삼정일자로서 향역을 면하여 양인이 된 이들이 과거를 보고 합격한 것으로 해석할 수 있다.

향리는 16세부터 향역을 져야 하였고, 심한 경우에는 16세가 되기 이전부터 향역을 지기도 하였다. 그러므로 현실적으로 향리가 고단한 역인 향역을 지면서 과거를 준비하고 합격하는 것은 불가능하였다. 또한 향리는 관직이 허용되지 않고 있었으므로 당연히 역을 면하기 전에는 과거의 응시도 불가하였다. 그러한 현실에도 불구하고 향리가 과거에 합격한 것처럼 표현되었던 것은, 당시의 용례에 의하면 향리가 향역을 면하는 경우에도 향리 혹은 향리자손이라고 불리는 것이 일반적이었으므로, 기록상 향리가 과거에 응시할 수 있고, 급제하였던 것처럼 표현되었기 때문이었다.

향리는 삼정일자의 제도를 통해서 향역을 면할 수 있었다. 삼정일자는 향리가 3명 이상의 아들을 가지는 경우 한 아들에게는 향역을 면할 수 있는 길을 열어주는 제도였다. 향리가 삼정일자에 해당하는 경우 바로 면역되는 것은 아니었고, 서리직을 담당하여 일정기간 복무하고 거관에 이르러야 그 역을 완전히 벗어날 수 있었다. 서리직을 하는 중에는 신분적으로는 여전히 향리였다. 그러나 향리가 삼정일자로 서리직을 거관하는 길은 제도가 정비되면서 점차 좁아져 갔다. 따라서 향리가 서리직에 늙도록 종사하여도 거관을 못하는 경우도 자주 있었다. 또한 수령이 향역을 확보하려고 삼정일자인 경우에도 서리직으로 나아가는 것을 방해하는 일도 빈번하였다. 그러나 향리가 삼정일자의 제도를 통해서 신분을 상승시킬 수 있는 길은 계속 인정되었다.

이상과 같이 향리는 다양한 방법으로 그 직역을 벗어나 신분을 상승시킬 수 있었다. 향리가 향역을 벗어나 상승시킨 신분적 지위는 협의양인이었다. 이는 향역을 벗어난 이들이 가지는 직역을 통해서 확인된다. 향리를 벗어난 이들은 정병이나 기병 혹은 학생 등의 직역을 가졌고, 이들이 갑사 취재나 잡과 등에 응시하고 있었다. 이러한 직역이나 진로는 모두 협의양인이 가질 수 있는 것이었으므로 이들이 신분상승으로 성취한 신분은 협의양인이었다.

이상에서 볼 때, 향리는 분명히 협의양인과는 다른 신분이었으나, 그 직역을 벗어나 신분을 상승시킬 수 있는 합법적인 길도 열려 있었다. 즉 향리는 한편으로 협의양인에 비하여 차대 받는 법적 지위를 세전하고 있었고, 한편으로는 협의양인이 될 수 있는 합법적인 길을 가지고 있었다. 이러한 양면성을 그대로 가지고 있는 것이 향리 신분의 특징이었다.

그간의 연구에서는 이러한 양면성을 그대로 인정하지 못하고, 한 면만을 강조하는 경향이 있었다. 그러나 이는 향리의 신분이나 나아가 조선 전기의 신분제를 보는 균형 잡힌 시각이 되기 어렵다. 그간의 연구에 의하면 천인의 경우에도 군공을 세우거나 다양한 국가가 인정하는 공을 세우면 양인이 될 수 있는 합법적인 길이 열려 있었다. 또한 실제로 이 길을 통해서 신분을 상승시키는 이들이 있었다. 이러한 경우 합법적인 길이 열려 있음만을 강조하거나, 소수 인원이 신분을 상승시킨 사례만을 강조한다면 공사천도 그 상위의 신분인 양인과 다름이 없는 신분으로 볼 수 있다. 유사한 사례로 양인에게 과거에 응시할 수 있는 길이 열려 있다는 것만을 강조하여, 양인을 그 상위의 신분과 동일한 신분으로 보는 것도 같은 오류를 범할 수 있다.

그러므로 신분을 보는 균형 잡힌 시각이 필요한데, 정부는 향리의 경우 신분에 따라 법적인 차대를 가하고 이를 세전하도록 강제하는 규정을 마련하면서, 한편으로는 신분상승이 가능하도록 합법적인 길을 열어 놓고 있었다. 그러므로 향리를 통해서 보여주는 조선 초기 신분제는 닫혀있지만 열려있고, 열려있지만 닫혀있는 특이한 구조를 가진 것이었다. 이는 오늘날의 관점에서 보면 혼란스러운 것인데, 음과 양의 원리와 태극의 조화를 바람직한 것으로 이해하고 있던 성리학적 사유체계에 의해서 사회를 운영하던 당시 정부에서 본다면 매우 조화롭고 자연스러운 것이었다.

2) 補充軍의 형성과정과 그 신분

(1) 보충군의 형성과정

다음으로 보충군의 신분에 대하여 검토해 보자.[27] 보충군의 형성과정을 더듬어 가면 그 단초는 조선 초기 양천의 변정과정에서 비롯하였다. 양천의 변정은 고려 말 혼란했던 시기에 양천의 구분이 혼란된 데서 연유하였다. 양천의 연원을 밝혀 줄 수 있는 근거 자료의 소실로 조선의 개국 이후에도 이 문제는 쉽게 해결되지 않았다. 이는 태조 6년 "良에도 賤에도 문적이 분명하지 않은 자는 신량역천으로 한다."는 명에 의해서 돌파구가 마련되었다. 태조는 양천을 원활히 변정하기 위해서 신량역천이라는 별도의 집단을 설정하였다. 신량역천은 양인도 천인도 아니었다. 기존의 연구에서 주장한 것처럼 신량역천을 양인으로 처리하고자 하였다면, 이들을 별도로 신량역천으로 나누지 않고 從良하여 양인에 포함시켜야 하였다. 그러나 정부에서는 이들을 별도로 나누었다.

흥미로운 것은 신량역천의 딸자식과 외손은 '영구히 양인'이 되도록 조치하고 있다는 점이다. 여기서 '영구히 양인'이라는 용어를 구체적으로 언급한 것은 신량역천의 딸과 그 외손자는 신량역천에서 벗어나 영구히 양인이 된다는 것을 분명하게 보여준다. 이는 동시에 그 아들은 신량역천의 역을 계속하여 '영구히 양인'이 되지 못한다는 점을 표현하고 있다. 즉 신량역천은 남계를 통해서 역을 세전하였다.

신량역천이라는 새로운 집단의 범주가 정해지자, 상응하는 여러 집단이 이에 소속되었다. 먼저 태종 1년에는 양녀와 천인의 소생이 신량역천에 속하게 되었다. 또한 태종 5년 무렵에는 자기비첩소생도 신량역천에 참여하였다. 자기 비첩의 소생은 이미 태조 6년에 放良의 조치를 통해서 천인은

---

27) 이하 서술 최이돈 「조선 초기 보충군의 형성과정과 그 신분」 『조선시대사학보』 54, 2010 참조.

면하였으나 완전히 양인이 되지 못하고 신량역천에 속하게 된 것이다. 이후 태종 13년에는 양천변정의 소송에 연루된 이들을 판결 이전에라도 신량역천에 소속시켰다. 판결이 쉽지 않자 취해진 특단의 대책이었다. 이로 인해서 여러 집단이 신량역천에 속하게 되었는데, 이들은 모두 양인에도 천인에도 속하기에 적절하지 못한 집단들이라는 공통점을 가지고 있었다.

신량역천은 태종 중반에 이르러 변화를 겪는다. 태종대 중반부터 조선의 신분체계는 본격적으로 정비되었는데, 신량역천 역시 이에서 벗어날 수 없었다. 태종 14년 관원들의 비첩소생에게 관직을 주는 조치는 매우 큰 변화였다. 이 조치로 서얼신분이 형성되었는데, 이는 당연히 관원의 비첩소생으로 신량역천에 속해있던 이들에게 큰 변화를 주었다.

태종 14년 2품 이상의 비첩소생이 관직을 받았고, 태종 15년에는 3품 이하의 비첩의 소생 역시 관직을 받게 되었다. 그러나 3품 이하의 소생은 2품 이상 관원의 비첩소생과는 달리 일정 기간 군역을 져야 하였다. 이러한 조치가 결정되자 이들에게 군역을 부여하기 위해서 별도의 군종으로 보충군을 설치하였다.

그러므로 신량역천 중 관원의 비첩소생은 보충군에 이속시켰고 나머지 신량역천은 그대로 사재감에 남게 되었다. 그러나 나누어 운영하는 것이 문제가 있자, 신량역천은 다시 보충군으로 일원화되는 과정을 거쳤다. 신량역천 중 가장 먼저 보충군에 합류한 부류는 干尺으로 이들은 태종 14년에 보충군에 소속되었다. 이후 태종 17년에는 양천불명자들이 보충군에 소속되었다. 마지막까지 보충군에 합류가 계속 논란이 되었던 것은 양인과 천녀가 결혼해서 낳은 소생이었다. 보충군을 만든 것이 관원의 비첩소생을 우대하고자 한 것이었으므로, 정부는 양인의 천처소생이 보충군에 입속하지 못하게 하고, 오히려 양천의 교혼을 법으로 금하였다. 그러나 법으로 금하여도 양천 교혼이 계속되는 현실이 지속되자, 결국 세조 7년에 이르면 양인의 비처소생도 보충군에 포함시켰다.

양인의 비처소생까지 보충군에 소속되면서 보충군을 만든 의도와는 달리 모든 신량역천을 보충군에 소속시키는 결과가 되었다. 그러나 이는 외형적인 모습에 불과하였고, 그 내부에서는 이원적인 운영을 통하여 관원의 비첩소생을 우대하였다. 즉 정부는 보충군을 관원의 비첩소생으로 거관하여 보충군을 벗어날 수 있는 거관보충군과 보충군에 영속되어서 직역을 세전하는 영속보충군으로 나누어 운영하였다. 관원의 소생은 거관하여 양인이 되는 반면, 그 외의 신량역천은 보충군에 계속 남게 되었다.

(2) 보충군의 법적 지위

다음으로 신량역천과 보충군의 신분을 살피기 위해서 우선 이들의 법적 지위가 어떠한지 살펴보자. 먼저 지적할 수 있는 것은 신량역천과 보충군이 양인과 법적으로 나누어 호칭되는 집단이라는 점이다. 신량역천과 보충군이 양인과는 확연이 나뉘어 호칭되는 것은 여러 사례를 통해서 확인된다. 또한 신량역천과 보충군은 천인과 다른 집단으로도 나타난다. 즉 이들은 호칭으로 볼 때 양인도 천인도 아니었다. 이들은 광의양인으로 천인과 구분되면서 또한 협의양인과도 구분되었다.

이들은 협의양인과 다른 집단이었으므로 국가에서 이들을 별도로 관리하고 있었다. 이들이 국가로부터 별도 관리되고 있는 것은 이들의 籍이 양인이나 천인과는 별도로 관리되고 있는 것을 통해서 알 수 있다. 이들의 적은 보충군안에 기록되어서 별도로 관리되고 있었다. 보충군안은 일반 군적과는 달리 호적과 비슷하게 자매와 딸까지도 기록하고 있었다. 보충군안은 천시되어서 형지안으로 불리기도 하였다. 이는 보충군안이 양적보다는 노비안과 가깝게 인식되고 있었음을 보여준다. 이들이 양인과 별도로 관리되고 있는 것은 이들이 가지는 호패의 형식에서도 잘 나타난다. 세조 9년 호패사목에 의하면 보충군은 그 호패에 '某婢妾子'라고 명시되고 있어 양인의 호패와 양식에서 차이가 있었다.

신량역천과 보충군이 법적으로 받는 차대를 가장 잘 보여주는 것은 이들이 관직을 가질 수 없다는 것이었다. 신량역천은 물론 보충군이 관직을 가질 수 없었다는 것은 여러 사료를 통해서 거듭 확인된다. 이들이 관직을 가지기 위해서는 일단 '영구히 양인'이 되어 직역을 벗어나는 과정이 필요하였다.

신량역천과 보충군이 차대를 받는 지위에 있었다는 점은 형법상의 지위에서도 잘 드러난다. 이들은 형법상 지위가 협의양인과 달랐으므로 이들이 받는 처벌은 무거웠다. 이들이 직역을 벗어나는 것은 고발의 대상이었고, 고발당한 신량역천과 보충군은 천인이 되는 처벌을 받았으며, 그 일부는 고소자에게 노비로 지급되었다. 이와 같은 혹독한 처벌은 신량역천과 보충군의 형법적인 지위가 양인에 비해서 차대를 받는 것이었음을 보여준다. 이와 같이 천인이 되는 처벌을 받는 것은 당시에도 과도한 것이라는 논의가 있었으나, 이들의 지위가 협의양인과 달랐으므로 차대는 계속 유지되었다.

(3) 보충군 직역의 세전 및 면역

이상의 검토로 신량역천과 보충군이 양인에 비하여 법적으로 차대를 받는 지위에 있음을 알 수 있었다. 그러나 이러한 법제적인 지위가 신분으로 연결되기 위해서는 이들이 차대를 받는 지위를 세전하고 있었는지를 검토하는 것이 필요하다. 신량역천의 경우 직접적으로 세전을 언급한 기록은 보이지 않으나, 주변 자료를 통해서 세전하는 것이 확인된다. 보충군의 경우는 그 세전 여부가 보다 분명하게 드러난다. 보충군이 그 직역에 영속되는 것을 직접적으로 보여주는 자료가 있기 때문이다. 그러므로 신량역천과 보충군은 모두 그 직역을 세전하고 있었다.

신량역천과 보충군은 남계로서 그 직역을 세전하였다. 여계는 직역을 세전하지 않는 것이 일반적이었다. 그러나 이들의 경우에도 양인과 완전하게 동등한 대우를 받는 것은 아니었다. 즉 보충군의 딸이라는 조건은 계속 따라다녔고, 법제적으로 불리하게 작용하는 경우도 있었다.

신량역천과 보충군은 그 직역을 벗어나 신분을 상승시킬 수 있었을까? 조선 초기의 여러 자료를 보면, 역리나 염간 등 보충군과 그 지위가 비슷한 신분들은 물론 천인까지도 특별한 공을 세우면 그 직역을 벗어나 그 신분을 높일 수 있었다. 그러므로 보충군도 공을 세우면 그 직역을 면하였을 것으로 생각된다. 그러나 그 구체적인 사례는 찾기 힘들다.

그러나 제도를 보면, 보충군 중 관원인 아버지의 혈통에 따라서 직역을 벗어날 수 있는 '거관보충군'이 존재하였다. 이들은 보충군에 일정기간 복무한 후에 거관하여 관직에 임명되면서 그 신분을 상승시킬 수 있었다. 2품 이상의 관원의 비첩소생은 문음의 혜택을 받는 것이었으므로, 바로 영구 양인이 되어 보충군에 소속될 필요도 없이 관직에 나아가고 있었다. 그러나 3품 이하의 비첩소생은 '근무한 날 수'와 '조, 부의 직품'을 고려하여 거관하여 관직에 나아갔다.

이상의 검토를 통해서 볼 때, 신량역천과 보충군은 협의양인에 비하여 차대를 받는 법적 지위에 있었고, 이와 같은 지위를 세전하고 있었다. 그러므로 신량역천과 보충군은 광의양인이었으나, 협의양인에는 속하지 않는 별도의 신분이었다.

3) 工商의 身分

(1) 공상과 관직

다음으로 조선 초기의 공상의 신분적 지위에 대하여 검토해보자.[28] 공상은 관직에 원칙적으로 임명될 수 없었다. 많은 자료가 공상의 관직 임명

---

28) 이하 서술 최이돈 「조선 초기 공상의 신분」『한국문화』38, 2006 참조.

을 근본적으로 부정하고 있었다. 사와 농은 관직을 가질 수 있다고 보았으나, 공상과 천인은 관직을 가질 수 없다는 입장이 조선 건국기부터 확실하였다. 이러한 입장의 뒤에는 사와 농은 귀하고 공상은 천하다는 생각이 깔려있었다. 즉 공상은 협의양인과는 다르다는 입장이 분명하게 나타나고 있다. 이러한 원칙론은 구체적으로 정책에 반영되어서 나타나고 있었다. 군공을 세우거나 명화적을 잡는 등의 경우에 양인은 관직을 주고 있으나, 공상은 미포 등을 상으로 주는 것이 일반적이었다. 납속으로 관직을 주는 경우도 공상을 그 대상에서 제외하였다. 또한 이러한 인식 위에서 실제로 공상에게 관직을 주는 것은 대단히 제한되었고, 특별히 관직을 주는 경우는 대간 탄핵의 대상이 되었다.

(2) 공상과 과거

공상은 과거에 응시할 수 없었다. 양인은 과거에 응시할 수 있다는 주장이 양천제론의 중요한 입론이다. 그 입론에 의하면 당연히 공상도 과거에 응시할 수 있어야 한다. 그러나 공상과 관련된 과거의 규정들이 단편들만 나타나는 실정이어서 이를 실증하는 것은 상당히 어렵다.

그러므로 이 문제를 둘로 나누어서 먼저 공상이 과거에 응시할 수 있었는가를 검토하고, 다음으로 공상이 과거에 응시할 수 없도록 결정된 시기를 검토해보자. 먼저 공상의 과거 응시가 불가하였다는 것을 중종대의 기록을 통해서 확인할 수 있다. 다음으로 공상의 과거 응시를 금한 정책이 확정된 시기를 중종대부터 역으로 추적해 올라오면서 검토해보자. 과거에 관한 단편적인 자료와 인사나 서경에 관련된 자료를 종합해보면서 그 시기를 추적할 수 있다. 그 결과 태종대 이미 공상이 과거에 응시할 수 없는 대상으로 규정되었고, 이를 규제하는 방법이 四祖의 확인과 보증인을 세우는 것으로 형성되었음을 확인할 수 있다. 따라서 공상은 이미 태종대부터 과거를 볼 수 없었다.

(3) 공상 관원의 차대

공상의 관직 제수를 원칙적으로 금하고, 이를 실제로 제한하는 정책들을 시행하였으며, 공상의 과거 응시도 금하였지만, 현실에서 공상 관원들이 배출되고 있었다. 이는 국가의 운영과 관리에 현실적으로 공상의 손길이 필요하였고, 일정한 공을 세운 이들에게는 상직을 내릴 수밖에 없는 현실에 기인하였다. 이러한 형편은 천인들이 관직을 받게 되는 것과 그 경위가 같은 것이었다.

조정에서는 먼저 유품직에 있는 공상 관원에게 제한을 가하고자 하였다. 즉 啓聞治罪나 朝班 참여 등 유품직 관원들이 가지는 권리를 공상 출신에게는 제한하려고 하였다. 그러나 공상 관원들이 문무산계와 더불어 유품직을 받고 있는 현실에서 이들을 차대하는 것은 규정상 쉽지가 않았다.

이에 정부는 공상 관원들을 차대하기 위해서 몇 가지의 조치를 취하였다. 우선 유품직 공상을 비유품직 부서인 사옹원으로 옮기는 조치를 취하였다. 즉 공상 관원을 유품직에서 비유품직으로 관직을 전환시키는 조치였다. 또한 비유품직 내에서도 공상을 일반양인과 구별하여 천인들이 임명되는 관서인 상림원으로 다시 옮기는 조치를 취하였다. 이러한 단계를 거친 후에 공상 관원에게 별도의 산계인 잡직계가 주어졌고, 별도의 직명도 부여되었다. 이러한 변화에 따라 잡직계를 받은 공상 관원은 특권은 상실하고 직역만 남아 있어 관원으로서의 지위는 사실상 상실하였다. 특히 공상은 이러한 일련의 논의과정에서 천인과 같이 묶어서 논의되었고, 결국 천인과 같이 잡직계를 받게 되었다. 이는 당시 지배계층이 인식하고 있는 공상의 신분적 범주가 협의양인과 달랐음을 보여준다.

(4) 공상의 世傳

공상의 신분을 논함에 있어서 공상의 세전 여부를 검토하는 것은 필요하다. 공상의 세전을 보여주는 자료는 지극히 제한되어 있어 세전여부를 단정하기 힘들다. 그러므로 단편적인 자료를 통해서 공상의 세전 여하를 검토하였다. 먼저 공상의 관직제수와 공상의 과거 응시 관련 자료를 중심으로 당시 관원들이 공상을 차대하는 이유를 검토하여 그 실마리를 찾고자 한다. 다음으로 차대의 대상에 공상 본인은 물론 공상의 자손도 들어가는지를 검토하고자 한다. 즉 당시의 관원들이 공상을 차대하는 이유가 직업적 기능 때문인지, 혈통적 신분 때문이었는지를 검토해보자. 또한 이러한 차대가 공상 본인에 그치는 것인지 자손에게까지 미치는 것인지도 검토해보자.

먼저 당시 관원들이 왜 공상에게 관직을 줄 수 없다고 주장하였는지 그 이유를 검토해 보았다. 많은 자료에 공상은 사, 농에 비하여 천한 것으로 언급이 되어 있어서 공상의 차대가 단순히 직업적인 유능, 무능의 차원이 아닌 것을 확인할 수 있다. 공상 관원에 대한 차대가 신분적인 차대이었음을 보다 분명하게 보여준 것은 世係의 관점에서 공상이 천하다고 언급한 기록들이다. 그 대표적인 것이 서경의 규정이다. 서경의 기준은 世係과 人品 두 가지였는데, 공상은 世係를 기준할 때 천인, 서얼 등과 같이 차대를 받는 부류였다. 즉 공상은 직업적인 의미가 아니라 생득적, 혈통적인 의미에서 천한 것이었으므로 그 자손까지 차대하는 것을 당연하게 여겼다.

과거의 규정에서도 공상은 그 자손까지 과거를 볼 수 없었던 것이 매우 분명하였다. 이는 "우리나라의 科擧法은 한갓 재주만 시험함에 그치는 것이 아니라 또한 族屬을 분변한다."라고 '족속'을 명시하여 '능력'만이 아니고 '혈통'에 의해서 그리고 '자손'까지 규제하는 것을 분명히 하고 있다.

이상을 종합할 때에 공상은 본인은 물론 자손까지 관직에 접근하는 것이 제한되어 있었고, 관직을 가지더라도 차대를 받고 있었으며, 과거의 응시도 불가능하였다. 이와 같은 검토의 결과는 공상에 대한 유일한 세전규정인 『대전후속록』의 공장 세전 사례와 잘 조응한다. 따라서 공상은 협의 양인과는 신분적으로 다른 지위를 가지고 있었으며, 이를 세전하고 있었다.

6. 賤人-賤人天民論의 전개

1) 賤人國民論

마지막으로 천인의 지위를 검토해보자.[29] 조선이 건국되면서 신분제의
큰 틀이 바뀌고 있었으므로, 당연히 최하위 신분인 천인의 지위도 변화하
고 있었다. 조선 초기 천인의 지위를 賤人天民論을 중심으로 검토하고자
한다. 천인천민론은 "노비가 아무리 천하다 하여도 天民"이라는 인식이다.
즉 노비도 '하늘의 백성'으로 하늘이 낼 때에는 양인과 동등한 지위를 가
졌다는 주장이었다. 이러한 인식은 고려 말 천인들이 봉기와 저항을 통해
서 보여준 역동성을 조선의 건국주체들이 인정하면서 형성된 것이었다.
천인천민론은 태종대에 그 윤곽이 드러났으며, 세종에 이르러 그 내용이
구체적으로 정비되었다. 조선의 신분제가 태종대에서 세종대에 걸쳐 정리
되었다는 점을 고려한다면, 천인천민론도 같은 시기에 부각되어서 천인의
지위를 정리하는 시금석이 되었다.

조선 초기 천인천민론과 같이 천인신분을 규정하는 다른 하나의 기본이
념은 '貴賤之分論'이 있었다. 귀천지분론은 貴賤은 하늘이 세운다는 인식으
로, 천인천민론과 대립적인 이념이었다. 조선 초기의 위정자들은 두 가지
의 모순된 생각을 동시에 인정하였다. 천인과 천인 주인을 나누는 신분제
적 현실을 인정하면서, 천인과 천인 주인이 모두 천민으로 동등하다는 이
상도 버리지 않았다. 조선 초기 천인의 신분적 지위는 귀천지분론의 현실
과 천인천민론의 이상 사이에서 형성되고 있었다.

천인천민론은 정비되면서 몇 가지의 모습을 보여주었다. 賤人國民論, 禮
治賤人論, 私賤國家管理論 등이 그것이다. 천인국민론은 천인도 國民이라는

---

29) 이하 서술 최이돈 「조선 초기 천인천민론의 전개」 『조선시대사학보』 57, 2011
참조.

인식이다. 즉 천인을 국가의 구성원으로 인정하는 것이다. 당시에는 왕을 하늘을 대신하여 天民을 다스리는 존재로 정의하고 있었으므로, 天民인 賤人은 당연히 국가 구성체의 일원이 될 수 있었다. 또한 향촌공동체의 구성원이 될 수 있었다. 특히 천인은 公賤과 私賤을 구분하지 않고 국민으로 파악되었다. 공사천 모두를 天民으로 보았으므로 공사천 모두를 국민으로 호칭하는 것은 오히려 당연한 것이었다. 천인을 국민으로 보는 것은 고려시대에는 찾을 수 없었다. 고려대에 천인은 국가의 구성원으로 인정받지 못하였고, 당연히 국민으로 불릴 수 없었다.

천인이 국민이라는 인식이 국가의 정책에 영향을 주는 것은 당연하였다. 천인을 국민으로 파악할 때에 국가가 시행하는 정책에서 천인이 소외될 이유는 없었다. 이러한 국가의 입장은 세종이 복지정책을 논의하면서 "사람을 구휼하는 법전에 양인과 천인의 다름이 있어서 실로 타당하지 못하다."는 지적에 극명하게 잘 나타났다.

2) 禮治賤人論

賤人이 天民으로 인식되면서 나타나는 또 다른 변화는 예치천인론이다. 천인도 예의 질서에 참여할 수 있다는 생각이었다. 하늘이 낸 모습은 모두가 天民으로 동질적인 것이었으므로, 천인도 하늘의 질서를 땅에서 구현한 것으로 이해되는 예를 배우고 예를 실천할 수 있는 존재로 이해되었다. 당시 예의 질서는 법보다 상위에 있는 사회질서의 근간이었으므로 여기에 천인이 주체로 인정된다는 것은 매우 중요한 변화였다.

천인이 예의 질서에 참여하는 현상은 여러 가지 면에서 나타났다. 국가가 천인을 충신, 효자 등에 선발 대상으로 인정하였고, 천인에게도 삼년상을 지내도록 권장하였으며, 천인을 양로연 등의 국가 예전에 참여시켰다. 국가에서 천인을 충신과 효자 등의 대상으로 선발하는 경우에, 국가는 천

인에게 포상뿐 아니라 그 행적을 기리는 旌閭도 세워주었다. 정려를 세운
다는 의미는 귀감이 되는 행동을 지역 공동체가 기리고 본받도록 하는 조
치였다. 그러므로 여기에 천인이 포함된다는 것은 천인의 행적도 신분에
관계없이 모든 공동체의 구성원들이 본받고 기리는 대상이 될 수 있음을
보여주었다.

천인이 예를 실천하는 주체가 되었다는 것은 예전에 참여하는 것에서
그치는 것이 아니라 그 연장선상에서 부여되는 정책적 혜택을 양인과 동
등하게 받았다는 것을 의미하였다. 한 예로 천인이 양로연에 참가한 것은
단순히 잔치에 참가한 것이 아니라 이 예전으로 베풀어지는 특전을 양인
과 구분 없이 받을 수 있다는 것을 의미하였다. 양로연에 참여한 노인들에
게는 특별한 포상으로 관직이 부여되었는데, 당연히 천인들에게도 관직이
주어졌다. 주목되는 것은 천인이 관직을 가질 수 없는 신분이었다는 점이
다. 천인에게 관직을 주기 위해서 먼저 천인의 신분을 면하는 면천의 조치
를 취하는 것이 필요하였다. 국가에서는 천인에게도 양인과 동등하게 관
직을 주기 위해서 천인에게 면천을 허용하는 극단적인 조치도 불사하였다.
이러한 사례는 천인이 예전에 참여한다는 것이 어떠한 의미를 가지는가를
잘 보여준다. 특히 천인에게 예전에 따른 혜택을 부여하기 위해서 신분을
상승시키는 조치도 불사하였다는 점은 천인천민론에 근거한 예전의 질서
가 귀천지분론에 근거한 신분 질서보다 더욱 본질적인 것으로 인식되었음
을 잘 보여준다.

3) 私賤國家管理論

천인이 天民으로 인식되면서 나타나는 다른 한 가지 이념은 공천이 아
닌 사천의 경우에도 국가에서 적극적으로 관리한다는 사천국가관리론이
다. 사천은 개인의 소유이었다. 그러나 사천은 天民이면서 국민이었으므로

개인의 소유라는 조건에만 제한될 수 없었다. 즉 사천에 대한 사천 주인의 요구와 국가의 요구가 서로 배치될 경우에 국가의 요구가 상위에 있었다.

사천국가관리론이 제기되면서 고려에서는 볼 수 없었던 사천에 대한 다양한 국가정책이 나올 수 있었다. 국가에서는 사천을 그 주인으로부터 보호할 수도 있었고, 사천을 국가의 필요한 일에 적극 동원할 수 있었다. 국가에서 사천을 사천의 주인으로부터 보호하는 정책은 세종대부터 구체화된다. 세종대에 노비에게 가혹행위를 하거나 살해하는 주인을 처벌하는 규정을 만든 것이 그 예였다. 이러한 조치는 성종대에도 계속되어 노비를 살해한 주인은 물론 그 죄를 엄폐한 주인의 친족에게도 지웠다.

사천국가관리론에 근거해서 국가는 사천을 보호하는 소극적인 정책 뿐 아니라, 국가가 필요할 때에는 사천을 적극적으로 동원하고, 그에 상응하는 대가로 신분해방을 시키기도 하였다. 국방을 위해서나, 북방의 사민을 위해서나, 각종 국가의 사업을 위해서 국가는 사천 주인의 의사와 관계없이 사천을 동원하고 있었다. 특히 사천을 동원하는 경우 국가에서는 동원에 응한 사천에게 다양한 포상을 하고 있었는데, 공이 큰 경우에는 사천을 면천하여 양인이 되도록 하는 포상도 하였다. 이러한 포상은 사천 주인의 의사와 배치될 수밖에 없었다. 이외에도 국가에서는 사천국가관리론에 입각하여서 개인이 천인을 소유할 수 있는 수를 제한하려는 논의도 지속하였다. 이 논의는 태종대, 세종대에는 물론 중종대까지 지속되었는데, 이 역시 사천국가관리론에 입각한 것이었다.

이상의 검토에서 볼 때에 천인천민론의 이념 하에서 시행된 일련의 정책으로 조선 초기 천인의 지위는 고려대와 달랐다. 조선 초기의 천인은 고려에 비하여 그 지위가 높아졌고, 양천 신분 간의 격차도 상대적으로 좁아졌다. 특히 공천의 지위를 광의양인인 역리나 염간의 경우와 비교할 때에, 공천이 받는 차대는 법제적이나 실제적으로 크지 않았다. 양천 간의 간격이 좁아지면서 이미 성종대부터 광의양인과 천인을 묶어서 下賤으로 총칭하는 사례가 나타나고 있었다. 이는 당시대인들이 광의양인과 천인 간의 신분적 차이를 대비되는 다른 신분에 비하여 가까운 것으로 이해하고 있음을 잘 보여준다. 이러한 여건을 고려할 때, 신분구조 하에서 양천 간의 신분 이동도 이전 시기보다는 용이하였을 것이다.

맺음말

이상으로 조선 초기 특권신분과 신분구조를 검토하였다. 조선 초기 신분제는 태종대부터 세종대에 걸쳐서 형성되었고 성종 초에 완성되었다. 신분의 구조는 크게는 사족, 양인, 천인으로 구성되어 있었다. 또한 양인 간에도 신분적 지위가 달라, 양인은 상급양인, 협의양인, 광의양인으로 구분되었다. 이와 같은 신분제 구성은 세종 16년 예조참판 권도의 다음과 같은 언급과 일치한다.

> 오늘날 양민이라 부르는 자는 등급이 하나가 아니옵니다. 비록 衣冠, 閥閱의 후손이 아니라 하더라도, 上下內外의 구별이 있는 자가 있고, 상하내외의 구별이 없이 대대로 평민인 자가 있으며, 몸은 천하지 아니하되 천민과 다름이 없는 자가 있으니, 驛吏, 補充軍 같은 자들까지도 통틀어 양민이라고 하옵니다.[30]

이 자료는 조선 초기의 신분체계 전체를 언급한 매우 귀한 것이다. 여기서 권도는 양인을 구분하여 설명하고 있는데, 양인의 밖에 위로는 의관, 벌열이 있고, 아래로는 천민이 있는 것으로 설명하고 있다. 즉 신분을 크게 ① 의관 벌열, ② 양인, ③ 천민으로 구분하고 있다. 그리고 양인을 다시 셋으로 나누어 ① 상하내외의 구별이 있는 자, ② 세세로 평민인 자,

---

30) 『세종실록』 권64, 세종 16년 4월 계해.

③ 역리나 보충군과 같은 자 등으로 구분하고 있다. 이와 같이 권도가 보여주는 신분제의 구조는 필자가 구명한 조선 초기의 신분 구조와 같다.

약간의 설명을 더하면, '의관 벌열'의 '벌열'은 특권관품을 대대로 누리는 사족, '의관'은 현관의 지위를 누리는 사족을 지칭한 것으로 보인다. 그러므로 의관과 벌열은 모두 사족 신분을 의미하였다. '상하내외의 구별이 있는 자'는 애매한 표현이지만, 사족은 아니었으나 관직을 가져서 상하의 구분이 있는 자로 이해된다. 당연이 현관이 아닌 일반 참상관과 기술관이 이에 해당하고, 기술관의 관직을 가지는 서얼의 신분 역시 이에 포함되는 것으로 이해된다. 세조대에 양성지가 거론한 門蔭士大夫와 雜職士大夫의 구분 중 잡직사대부에 해당하는 신분으로 이해된다.[31] '대대로 평민인 자'는 일반양인으로 협의양인이었다. '역리나 보충군'은 광의양인을 의미한다. 그러므로 이 내용은 조선 초기의 신분구조는 사족, 양인, 천인으로 크게 구분되었고, 양인은 다시 상급양인, 협의양인, 광의양인으로 구분되는 것임을 논하고 있다.

1. 이러한 관점에서 그간의 논의한 것을 정리하면 다음과 같다. 먼저 지배 신분이 형성되는 과정을 검토해 보았다. 지배집단을 추출하는 가장 손쉬운 방법은 특권으로부터 접근하는 것이다. 특권을 부여받은 집단이 지배집단이었다. 그러므로 특권이 주어지는 관직이 어떻게 구성되고 운영되었는가를 살펴볼 필요가 있다.

신분적 특권으로 가장 명료한 것은 문음이었는데, 이 특권이 부여되는 대상은 『경국대전』에 잘 정리되어 있다. 즉 2품 이상의 大臣과, 3품 이하의 顯官에 한정되었다. 그러므로 특권신분을 추출하기 위해서는 2품 이상의 대신과 현관에 대하여 자세하게 검토하는 것이 필요하다.

먼저 2품 이상 특권관품 즉 대신의 형성과정에 대하여 검토해 보았다. 태조대에는 2품은 특권 관품이 아니었다. 2품 이상 관원이 특권관품으로

---

31) 『세조실록』 권40, 세조 12년 11월 경오.

간주되고 특권이 부여되는 것은 태종대에서 세종대의 이르는 상당히 긴 기간을 통해서 진행되었다. 이는 3품 이하의 관원들을 대상으로 하여 고시제, 고과제, 상피제 등 합리적이고 투명한 관원체제가 만들어지는 이면에서 진행되었다. 그러므로 2품 이상 특권관원에게는 고시제, 고과제, 상피제 등의 모든 제도가 적용되지 않았고, 2품으로의 진입도 특지에 의한 寵臣的인 방법에 의한 것이었다. 물론 이들에게는 문음제, 추증제, 대가제 등의 신분제적 특권과 사법상의 특권 등 다양한 특권이 부여되었다.

관직체계상 2품 이상 특권관원과 3품 이하 관원들은 외형상으로 연결되어 있었으나, 전혀 다른 운영방식에 의해서 운영되는 별도의 공간에 속하였다. 그러므로 당시의 관원들은 3품 이하의 최상위 품계인 통정대부를 '資窮' 즉 '자급의 끝'으로 칭하고 있었는데, 이는 3품을 합리적인 관원체계에서 올라갈 수 있는 최상의 품계로 이해하고 있었기 때문이었다.

사실 능력을 중시하는 관료체제와 혈통에 근거한 특권의 부여는 잘 어울리지 않는 것이었다. 그러므로 위정자들은 관원체제 내의 일정한 영역을 나누어 특권을 부여하기 위한 영역으로 만들어갔는데, 그것이 2품 이상의 관품이었다. 그러므로 2품 이상의 관품이 특권 관품이었고, 특권을 매개로 형성되는 집단이 지배신분이었다.

2. 다음으로 顯官과 사족 신분에 대하여서 검토하였다. 문음의 특권이 부여되는 관품은 2품 이상의 대신에 한정되는 것은 아니었다. 3품 이하의 관품에서도 문음이 부여되고 있었다. 특권관원들의 자손에게는 문음이 부여되고 있지만, 문음은 일단 입사로를 열어주는 것에 불과하였다. 특권관원의 자손이 다시 그 자손에게 문음을 부여하기 위해서는 특권관품인 2품까지 승진하기 위한 시간이 필요하였다. 그러므로 이를 보완하기 위해서 2품에 진입하기 이전 단계에서 문음을 부여하는 제도가 필요하였다.

3품 이하에 문음이 부여되는 관직의 정비에는 태종대에서 세조대에 이르기까지 상당한 기간이 필요하였다. 지배신분은 신분의 재생산을 위해서 3품 이하에도 문음을 부여하는 것이 필요하다는 것은 인지하였으나, 어떠한 관직에 문음을 부여하는 것이 관리에 효과적인지를 고심했기 때문이었다.

문음이 부여된 3품 이하의 관직군은 다른 관직들에 비하여 신분적으로 중요하였다. 그러므로 이들을 별도로 관리하였고, 또한 이들을 부르는 별도의 호칭도 필요하였다. 이들을 부르는 용어가 淸要職 혹은 顯官이었다. 현관은 문음을 매개로 특권에 연결되는 특권관품의 보조적인 관직이었다.

현관에게는 문음을 비롯한 다양한 신분적 특권이 주어져, 그 혜택을 그 자손은 물론 증손에게까지 전하고 있었다. 이러한 혈통적 특혜를 받는 집단을 부르는 칭호가 사족이었다. 사족과 현관의 관계를 명료하게 잘 보여주는 것은 ‘四祖에 顯官’이 있는 경우를 ‘사족’으로 보는 규정이다. 이 규정은 많은 연구자들에 의해서 주목을 받고 있었으나, 현관이라는 용어가 문음을 통해서 특권과 연결되어 있다는 점은 놓치고 있었다. 四祖의 범위는 현관 특혜의 범위와 일치하였다. 그러므로 사족은 대신과 현관이 가지는 특혜를 받는 혈족을 지칭하는 용어로 해석할 수 있다.

四祖는 부, 조, 증조까지 3대 포함하는 것으로, 그 확인은 호적을 통해서 간단하고 분명하게 할 수 있었다. 그러므로 사족을 이와 같이 정의하는 것은 그 실용성이 매우 높았다. 따라서 사족은 법적으로 그 경계가 분명하고, 그 주어지는 특혜도 분명한 신분집단이었다. 그러나 사족이라는 호칭의 용례를 보면 그렇지 않은 경우도 보인다. 이는 신분의 사회화 과정에서 나타나는 사회적 호칭이 법적 호칭과 혼란을 일으키는 경우였다. 사회적 호칭으로의 사족은 재야의 사람을 지칭하는 경우가 대부분이었다. 그러나 법적 칭호와 사회적 칭호는 신분의 관점에서 엄격히 구분할 필요가 있다. 이상의 논의를 종합할 때 사족은 대신과 현관의 제도에 근거하여 문음을 매개로 형성된 지배신분이었다.

3. 특권신분의 일환으로 왕실 친족의 신분을 검토하였다. 앞에서 사족이 특권관품과 현관을 매개로 형성된 지배신분이라고 밝혔는데, 사실 지배신

분의 정점에는 왕이 있었다. 그러므로 왕과 왕실 친족의 신분적 지위를 구명하는 것은 지배신분의 실체를 파악하기 위한 불가피한 과제이다.

그간 왕의 신분적 성격과 왕실 친족의 신분적 지위에 대해서는 본격적으로 다루어지지 못하고 다소 피상적으로 이해하는 경향이 있었다. 그러한 결과 왕은 신분에 있어서 관원들보다 진보적인 경향을 가진 것으로 이해되기도 하고, 왕실의 친족들은 '宗親不任以事' 규정에 따라 차대를 받는 지위에 있는 것으로 이해되기도 하였다.

그러나 검토의 결과 왕실의 친족들은 4대 8촌까지 이르는 방대한 인원이 문음으로 관직에 진출하는 특혜를 누리고 있어 결코 차대를 받는 모습이 아니었다. 또한 왕은 문음의 특혜를 보다 많은 왕실 친족들에게 부여하기 위하여 집요하게 대신들과 줄다리기를 하고 있었다. 이 과정에서 보여준 왕의 태도는 진보적인 성향과 거리가 멀었고, 최고의 권력을 세전하는 지배신분의 수장으로서의 모습이었다.

왕실 친족에게 4대 8촌의 문음을 부여하는 모습은 특이한 것이었다. 즉 신분적 특권의 부여를 직계에 한정하지 않고 방계까지 주는 것이었다. 이 경우 문음을 부여하는 경계를 설정하는 것은 매우 중요하였다. 당시 관원들은 이를 '親盡'이라는 개념을 동원하여 정리하고 있었다. 친진이라는 개념은 주지하다시피 親이 다한다는 뜻으로 일정 범위를 벗어난 친족은 친족이 아니라는 개념이었다. 이들이 혈통적으로는 친족이 아닐 수 없었으나, 법적으로 권리와 의무를 나누는 친족은 아니라는 뜻이다. 이러한 관점에서 볼 때, 법적 친족이 되지 못하는 이들에게 법적인 특권인 문음을 주지 않는 것은 당연하였다. 친족이 신분제와 만나면서 법적 친족과 혈통적 친족으로 나뉘었다

이와 같은 기본틀에는 왕도 예외가 될 수 없었다. 조선의 법전 어디에도 왕의 영대적 세습을 언급한 내용은 보이지 않는다. 다만 직계와 방계에게 부여하는 특권을 언급하고 있을 뿐이었다. 구체적으로 왕실의 법적 친족

의 범위를 놓고 세종과 대신들은 오랜 힘겨루기를 하였는데, 공천하론에 입각해서 국가에 부담을 주지 않는 범위 즉 백성의 수고를 고려한 범위에서 특권을 부여하는 것으로 합의를 보았다. 즉 왕실의 문음을 4대 8촌으로 한정하였다.

4. 이상에서 대신과 왕의 친족이 특권신분이 되는 것을 검토하였다. 이들에게 주어진 특권은 신분적 특권만이 아니었다. 정치적, 경제적 특권도 주어지고 있었다. 그러므로 먼저 대신이 가지는 정치적 특권을 검토해 보았다. 조선에서는 대신에게 정치적 특권을 부여하기 위해서 제조제가 운영되고 있었다.

제조제는 태조대부터 시행되었다. 그러나 태조대 제조는 비상설기구나 상설기구에 임명되어 상설적 기구의 부담을 줄여주거나, 그 기능을 원활하게 하는 역할을 하였다. 아직 특권신분을 위한 기구는 아니었다.

태종대부터 제조제가 확대되면서 특권신분을 위한 조직으로 기능하기 시작하였다. 대신이 임명될 수 있는 관직이 의정부와 육조의 당상직에 제한되어, 대신들은 그 수가 늘면서 정치에서 소외되기 쉬웠다. 이에 태종은 늘어나는 대신의 정치참여를 위해서 4품 이하의 관서에 제조를 설치하여 대신을 임명하였고, 나아가 육시칠감에도 제조를 두기 시작하였다.

제조제를 확대 시행하면서 세종대에는 제조제를 정비하였다. 그간 일률적으로 제조제를 시행한 것이 아니어서 제조를 둘 부서나, 각 부서에 배정할 제조의 수도 정하지 못했다. 세종 5년에는 제조를 배치할 부서와 배치할 제조의 수를 정비하였다. 정비의 결과 제조를 55개의 부서, 178개의 자리에 배치하였다. 55개의 부서는 거의 모든 속아문을 망라하는 숫자였다. 제조가 배치되는 178개의 자리는 의정부와 육조에 대신이 배치될 수 있는 관직이 20여개였던 것에 비하면 엄청난 수였다. 결국 세종대 제조제의 정비로 대신에게 관직을 보장하면서 관직의 신분제적 성격이 확대되었다.

처음에 제조를 전 부서에 배치한 일차적 목적은 제조에게 관직을 부여하는 것이었으므로, 이들은 부서의 업무에 관여하지 않았다. 그러나 제조를 전 부서에 확대배치하면서 이들의 기능을 검토할 수밖에 없었다. 결국 정부는 제조에게 속아문의 인사권을 부여하였고, 제조는 인사권을 통해서 속아문을 완전히 장악할 수 있었다.

제조가 내적으로 속아문을 확실하게 장악하게 되면서 제조는 외적으로도 정치력을 확대해 갔다. 즉 제조는 대신의 지위에 있었으므로 속아문의 정책을 왕에게 바로 직계할 수 있는 '제조직계제'를 확보하였다. 제조직계제가 시행되면서 '의정부-육조-속아문 체제'와는 별도의 '제조-속아문 체제'를 형성하였다. 그러므로 조선의 주요 행정 사안은 의정부, 육조의 대신과 제조의 합의에 의해서 이루어질 수밖에 없었다. 따라서 제조제는 의정부-육조-속아문으로 이어지는 합리적인 관원체제와는 그 성격이 다른 특권신분의 정치적 지위를 보장하기 위한 제도였다.

5. 다음으로 검토한 것은 특권신분이 가졌던 경제적 특권이다. 대신이 가진 경제적 특권은 과전법을 통해서 관철되었다. 이를 살피기 위해서 관원체제와 과전의 관계를 살펴보았다. 먼저 고려 말 사전 개혁 논의에 나타나는 과전과 관원의 관계를 살펴보았다. 개혁파는 녹과전시와 구분전을 관원에게 주고자 하였다. 녹과전시를 직전제로 그리고 구분전을 세전하는 토지로 운영하고자 하였다.

그러나 과전법의 토지분급방식은 위와는 다른 형태로 정리되었다. 과전법에서 산직에 대한 토지분급을 이원적으로 정리되었다. 제14과 이상의 관원들은 현직을 벗어나도 검교직 등을 통해서 世祿田的 성격을 가진 과전을 계속 보유할 수 있었으나, 제15과 이하의 관원들은 현직을 벗어나면 과전 대신 군전을 받았다. 군전은 거경숙위의 의무와 연계되어, 世祿田的 성격보다는 役田的 성격을 가졌다.

태종대의 관직체제의 변화에 따른 과전의 운영방식을 3품 이하 관원의 경우와 2품 이상 대신의 경우로 나누어 검토해 보았다. 대신과 3품 이하의 관원 간에는 과전 운영상에 큰 차이가 있었다. 이 차이는 관원이 산직이 되었을 때에 분명하게 나타났다. 먼저 3품 이하 관원들은 산관이 되면 과전을 반납하였다. 그러므로 조선초기의 3품 이하 관원이 받는 과전은 직전으로 世傳되는 世祿田과는 거리가 먼 관료제적인 토지였다.

이에 비해서 대신들의 과전은 세록전의 성격을 가졌다. 대신은 현직을 벗어나도 과전을 유지하였다. 따라서 대신에게 주는 과전은 특권신분을 유지할 수 있도록 경제적인 특권을 부여하는, 세전되는 신분제적인 성격의 토지였다.

6. 다음으로 특권신분의 경제적 지위를 살피기 위해서 직전제 시행의 내용과 그 의미를 검토해 보았다. 연구자들은 세록전적인 과전이 직전제의 시행으로 그 성격이 직전으로 바뀌었다고 이해하고 있다. 그러나 저자는 조선초기의 과전 운영은 관품과 관련해서 이원적으로 운영되고 있었다고 주장하였다. 과전의 운영이 관품에 따라서 달라지는 것으로 이해할 때에, 세조대 나타나는 직전제의 변화는 무엇이었는지를 살펴보았다. 이미 3품 이하 과전은 직전으로 운영되었으므로 세조대 직전제의 시행은 당연히 2품 이상 대신의 과전에 영향을 주는 것이었다.

그러나 직전제의 실상이 무엇이었는지는 분명하지 않다. 세조대에 직전제는 관원들 간에 별다른 논의 없이 시행되었다. 그러나 직전제가 시행되면서 이에 대한 문제점이 지적되고, 직전제의 폐지와 과전의 회복까지 주장되었다. 그러므로 이러한 논의를 검토해보면 직전제 시행의 의미가 무엇이었는지를 분명히 파악할 수 있다.

과전제의 회복을 주장하면서 관원들은 전적으로 수신전과 휼양전의 회복을 주장하였다. 어느 관원도 퇴직관원의 과전을 회복하자고 주장하지 않았다. 이와 같은 상황은 기왕의 연구에서 주장하는 것과 같이 퇴직관원에게 과전을 회수하는 것이 직전제의 시행의 본질이 아니었음을 보여준다. 그러므로 과전제에서 직전제로의 변화는 대신의 과전에 대한 개혁이었다.

대신의 유족이 받는 수신전과 휼양전을 폐지하고, 치사한 대신이 보유하던 과전을 회수하는 조치였다.

물론 직전제의 시행으로 대신의 과전이 가지는 세록전적인 성격이 바뀌었다고 보기는 어렵다. 직전제 시행 이후에도 대신의 대부분은 70세가 넘어도 현직을 유지하면서 과전은 물론 녹봉까지 받고 있었고, 보유한 과전을 문음으로 관직에 진출한 아들과 손자에게 세전할 수 있었다. 그러므로 대신들은 직전제의 시행에도 불구하고 과전을 세전하는 경제적 지위를 유지하였다. 그러므로 특권신분은 직전제의 시행에도 불구하고 과전을 통해서 경제적 특권을 지속적으로 누리고 있었었다.

7. 다음으로 상급양인 신분을 검토해 보았다. 서얼은 대표적인 상급양인 신분이었다. 서얼에 대해서는 일찍부터 여러 연구자들이 관심을 표하였고 서얼이 별도의 신분인 것을 분명히 밝혔다. 통설에서 서얼을 향리와 같이 묶어서 중인으로 분류한 것은 분명히 적절하지 못한 것이었지만, 양천제론에서 '중인'이라는 용어가 조선 초기에는 없었다고 언급하는 정도로 서얼의 신분 문제를 넘어간 것도 적절하지 않았다. 중인이라는 용어에 얽매이기보다는 협의양인보다 우대받는 서얼집단의 실제에 주목하여야 하였다.

서얼신분은 특권관원에게 부여한 문음제를 첩자손까지 적용하면서 형성된 신분집단이었다. 이들은 처자손들에 비하여 차대를 받는 지위에 있어서 사족이 될 수는 없었다. 그러나 종량되어 양인의 지위를 인정받았고, 나아가 관직 진출이 보장되어 있었으며, 최고 3품까지 올라갈 수 있는 특혜가 주어지고 있었다. 이들의 신분적 지위는 협의양인보다는 높았으므로, 이들을 상급양인 신분으로 분류할 수 있다.

8. 서얼신분이 형성되면서 관직체계도 바뀌었는데, 이를 잡직의 형성과 그 변화를 통해서 검토하였다. 신분제의 정비는 당연히 관직체계의 재정비를 유발하였다. 조선의 위정자들은 모든 신분의 소지자들에게 관직을 개방하기 위해서 노력하였기 때문이다.

이러한 노력은 태조대에 유품직과 비유품직의 체계를 만든 것에서 일부 드러났고, 세종대에 공상 천인을 위해서 잡직계를 만든 것으로 분명해졌다. 더 나아가 서얼에게 관직을 부여하기 위하여 한품제와 한직제를 시행하였고, 세종 말에는 한직제의 연장선에서 서얼에게 기술직을 개방하게 되면서 관직체계는 정비되었다. 이러한 관직체계의 변화로 서얼은 기술직을 세전하는 신분으로 자리잡아갔다.

9. 다음으로 협의양인을 검토하였다. 협의양인은 일반양인을 지칭한다. 협의양인은 고려 말 백정에서 자립농으로 그 지위를 상승시키면서 확보한 신분으로, 국가의 직접적 관리 하에 군역의 의무와 사환권의 권리를 가지는 신분이었다. 협의양인의 지위에 대해서는 기존의 양천제론에서 충분히 검토되었다. 그러나 기존의 연구에서는 협의양인이 어떻게 제일적 지위를 확보하였는지 설명하지 못하였다.

그러나 과전법 체제 하에서 협의양인은 단일한 지위를 가지지 않았다. 경기의 백성들은 전객으로 편입되면서 여타의 공전수조지역의 백성에 비하여 법적으로 차대를 받고 있었다. 법으로 전지의 처분권을 제약당하고 있었고, 수조의 부담도 높았다. 경기 사전수조 지역 백성과 공전수조 지역 백성 간에 법적, 실질적 지위의 차이가 있었기 때문에, 전국의 전지 소유자들 간에 아직 齊一的 지위가 형성되지 않고 있었다.

경기 백성들은 자신들의 부담이 공전수조 지역보다 많다는 것을 문제로 삼지 않을 수 없었다. 이는 태종 9년 경기의 과전을 타 지역으로 이전시켜 달라는 요청으로 부각되었다. 정부는 경기의 백성에게 여타지역의 백성과 같이 일원적 지위를 부여하고자 하였으므로, 이와 같은 차대를 해소해 달라는 요청은 정당한 것이었다.

정부는 이 문제를 해소하기 위해 다양하게 노력하였다. 그러한 노력의 일환으로 태종 15년에는 전객에게 과잉수조하는 전주를 고소할 수 있도록 '전주고소권'을 부여하였다. 또한 태종 17년에는 '관답험'도 시행하였다. 이와 같은 정부의 노력으로 과전의 운영에 국가가 관여하는 '과전국가관리 체제'가 형성될 수 있었다. 과전국가관리체제 하에서 전주는 국가의 규제로 인해 규정 이상을 수조하는 것이 어려웠고, 사실상 수조권적 지배도 불가능하게 되었다. 이러한 변화로 인해서 전객의 지위는 향상되었다.

과전국가관리체제의 정비로 전객의 지위가 변화하자, 당연히 전객이라는 호칭도 변화하였다. 전객이라는 용어가 소멸되었고, 최종적으로 전객을 대신한 명칭으로 佃夫가 결정되었다. 또한 전부는 전국의 전지 소유자를 齊一的으로 지칭하는 용어가 되면서 『경국대전』에서도 사용되어 법적 용어로 정리되었다. 전국의 전지 소유자들을 동일하게 '佃夫'로 호칭되면서, 비로소 협의양인 내의 제일적 지위가 형성될 수 있었다.

10. 다음으로 광의양인과 협의양인에 대하여 검토하였다. 양인이 단일 신분인가를 검토하기 위해서, 양인의 용어를 검토할 필요가 있다. 흥미롭게도 조선왕조실록에 의하면 종종 사족이나 역리와 염간 등의 명칭과 양인이 병렬적으로 표기되어 사용되었다. 한 예를 들면, '양인, 역리, 염간'으로 병기되어서 나온다. 역리와 염간의 신분은 양인이었으므로 여기서 양인은 '협의양인'이 된다. 즉 역리와 염간 등은 양인이었으나, 협의양인과 구별되는 광의양인이었다. 양인이 법적으로 단일 신분이라면, 그 집단의 범주도 단일한 것으로 나타나야 하고, 호칭 역시 단일한 호칭이 되어야 한다. 그러나 양인은 단일한 범주를 가진 호칭이 되지 못하였다.

왜 양인이 협의양인과 광의양인으로 그 집단적 범주가 다르게 사용되었을까? 이를 파악하기 위해서 협의양인이 역리, 염간과 같이 병기된 용례를 대상으로 병기한 이유를 검토하였다. 국가에서 이러한 표기를 사용한 경우는 역리와 염간에게 협의양인과 구분해서 법적으로 다른 대우를 부여하는 경우에 사용하였다. 이는 역리와 염간 등 광의양인의 신분이 법적으로 협의양인과 다름을 보여주었다.

광의양인과 협의양인의 신분적 지위가 다르다는 것을 좀 더 분명히 구명하기 위해서 역리와 염간의 법적 지위와 세전 여부를 검토하였다. 그 결과 역리와 염간은 협의양인과는 그 법적 지위가 달랐고, 그 다른 지위를 세전하고 있었다. 그러므로 역리와 염간 등 광의양인은 협의양인과 별도의 신분이었다.

11. 다음으로 광의양인 중 향리의 신분을 검토하였다. 기왕의 향리에 대한 연구는 향리를 중인신분 혹은 하급지배신분으로 분류하였다. 이러한 주장은 향리의 현실적 지위에 근거한 것이었다. 그러나 향리는 그 법적인 지위와 현실적인 지위 사이에 상당한 괴리가 있었다.

향리가 가지는 현실적 지위를 검토한 결과 일부 향리의 현실적인 지위가 높게 나타나는 것은 향직을 가진 극소수 향리들의 경우에 한정되었다. 또한 이들이 가지는 위세 역시 합법적으로 주어진 것이 아니었다. 그러므로 소수의 향리가 보여주는 불법적 위세를 가지고 향리의 신분으로 일반화하는 것은 적절하지 못하였다. 향리는 분명하게 협의양인에 비하여 법적으로 차대를 받는 위치에 있었고, 그 차대를 받는 지위를 세전하고 있었다. 그러므로 향리의 신분은 협의양인보다 차대를 받는 광의양인이었다.

12. 다음으로 신량역천과 보충군을 살펴보았다. 신량역천과 보충군은 그 직역의 특수성으로 인해서 일찍부터 주목을 받았으나, 양천제론의 입장에서는 이들이 양인이라는 결론을 내렸다. 그러나 필자는 양천의 변정과정에서 정부가 이들은 양인이나 천인으로 판정하지 않고, '신량역천'이라는 별도의 직역으로 판정한 것에 주목하였다.

자료를 자세히 검토해보니, 신량역천은 양인으로 호칭되었지만, 신량역천이라는 별도의 직역을 지면서, 법적으로 협의양인에 비하여 차대를 받는 지위에 있었고, 이러한 지위를 세전하고 있었다. 물론 신량역천을 이은 직역인 보충군도 마찬가지였다. 보충군 역시 협의양인과는 다른 법적 지위를 가지고 있었고, 이러한 지위를 세전하고 있었다. 따라서 신량역천과 그를 이은 보충군은 광의양인으로, 협의양인과는 다른 신분이었다.

13. 다음으로 공상의 신분을 검토하였다. 일찍부터 연구자들은 공상이 차대를 받는 지위에 있는 것을 주목하였으나, 공상의 신분을 밝혀줄 자료가 부족하여 신분의 구명에는 진전이 없었다. 양천제론에서는 공상의 신분을 양인으로 정리하였다.

자료를 자세히 검토한 결과 공상은 협의양인과는 다른 법적인 지위에 있었다. 즉 공상은 협의양인과는 달리 과거를 볼 수 없었고, 관직을 받는 경우도 천인과 같은 대우를 받아 잡직계를 받고 있었다. 또한 그러한 지위를 세전하고 있었다. 그러므로 공상은 협의양인과는 별도의 신분으로 정리할 수 있다.

이상에서 볼 때, 향리, 역리, 염간, 신량역천, 공상 등은 모두 협의양인에 비하여 법적으로 차대를 받고 있었고, 그 지위를 세전하고 있었다. 이들은 모두 양인이었으나, 법적으로 협의양인에 비하여 낮은 신분적 지위를 가지고 있었다. 이들 간의 신분적 지위는 다소의 차이는 있지만, 크게 보면 유사한 지위를 가지고 있었다. 그러므로 이들을 묶어서 광의양인 신분으로 칭할 수 있다.

14. 마지막으로 천인의 신분적 지위를 살펴보았다. 조선 초기에 변화한 천인의 지위를 賤人天民論을 중심으로 살펴보았다. 조선의 건국과 더불어 양인의 신분적 지위가 올라간 것과 같이, 천인의 신분적 지위도 상승하였다. 조선의 정부는 천인천민론에 입각해서 천인도 天民으로, 본질적 지위는 다른 신분과 동질하게 보았다. 다만, 현실적 상황에서 불가피하게 차대를 받고 있다고 이해하였다.

국가는 賤人國民論에 입각해서 천인도 '국민'으로서 국가구성원임을 인정하였다. 국가는 천인이 국가에 봉사하는 경우에 관직을 주어 그 노고를 치하하였다. 또한 천인은 국민이었으므로 국가 복지 정책의 대상이었다. 천인은 국가에 의해서 공적 구성원으로 인정받았으므로, 당연히 향촌공동체에서도 구성원으로 인정받아 향도나 향약 등에 참여할 수 있었다.

또한 국가는 禮治賤人論에 입각해서 천인이 예의 질서에 참여할 수 있다는 것을 인정하였다. 천인도 하늘의 백성이었으므로 하늘의 질서를 땅에 구현하는 예를 시행할 수 있는 존재로 인정되었다. 그러므로 국가에서 충신과 효자를 선정할 때에 천인도 그 대상으로 보았다. 국가는 충신 효자로 선정된 천인을 기려서, 정려를 세우고 모든 국가구성원이 이를 모본으로 삼게 하였다.

또한 국가는 노인을 위한 국가의 예전인 양로연에 천인을 참여시켰다. 특히 일정 나이 이상의 노인에게는 관직을 주었는데, 천인에게도 동등하게 관직을 부여하였다. 국가는 관직을 주기 위해서 천인에게 먼저 면천을 시키고 나서 관직을 부여하였다.

국가는 私賤國家管理論에 입각해서 사천의 경우에도 국가에서 적극적으로 관리하였다. 사천은 개인의 소유이었으나 동시에 사천은 天民이면서 국민이었으므로 개인의 소유라는 조건에만 제한될 수 없었다. 즉 사천에 대한 사천 주인의 요구와 국가의 이해가 서로 배치될 경우에 국가의 요구가 상위에 있었다. 사천국가관리론에 입각해서 국가는 사천을 그 주인으로부터 보호할 수도 있었고, 사천을 국가의 필요한 일에 적극 동원할 수 있었다.

천인은 신분상승도 가능하였다. 국가에 일정한 공을 세우면 천인도 양인으로 신분을 상승시킬 수 있었다. 구체적으로 광의양인이 그 직역에서 벗어나 양인이 될 수 있는 정도의 공을 천인이 세우는 경우, 천인도 양인이 될 수 있었다. 이러한 점은 천인의 지위 특히 공천의 지위는 광의양인의 신분적 지위에서 그리 멀지 않음을 보여준다. 그러므로 천인의 신분적 지위는 협의양인, 광의양인에서 천인으로 이어지는 계서적인 질서의 하단에 위치하였다고 이해할 수 있겠다.

15. 이상의 검토를 통해서 조선전기 신분구조를 검토해보았다. 조선전기의 신분구조는 사족, 양인, 천인으로 구성되어 있었고, 양인은 상급양인, 협의양인, 광의양인으로 세분화되어 있었다. 이러한 신분구조는 고려와 비

교할 때, 몇 가지 점에서 발전적인 면모를 보여주었다.

① 먼저 조선에서는 지배신분이 고려에 비하여 많이 축소되었다. 조선에서는 특권관품을 2품으로 제한하면서 고려에 비하여 특권신분이 많이 축소되었다. 대신과 현관을 핵으로 하는 조선의 특권신분인 사족은 정확히 추정하기 어렵지만, 국민의 1~2%를 넘기 어려웠다. 또한 중간지배신분도 소멸하였다. 고려의 경우 중간지배신분이 뚜렷하였다. 향리는 백정을 관리하는 중간지배신분이었다. 이에 비해 조선에서는 중간지배신분이 소멸되었다. 고려말 향리신분의 일부는 그 지위를 상승시켜 사족에 편입되었고, 남은 이들은 향역을 져야하는 특수직역자가 되면서 중간지배신분이 소멸되었다. 그러므로 조선에서 지배신분이라고 할 수 있는 특권신분은 대단히 소수였다.

② 조선에서는 생산담당 신분층의 지위가 고려에 비하여 상승하였다. 고려의 주된 생산담당 신분은 백정이었고, 조선의 주된 생산담당 신분은 양인이었다. 고려의 백정도 천인이 아니었으므로 양인이었다. 그러나 고려의 백정은 그 신분적 지위가 조선의 양인과는 달랐다. 고려의 백정은 향리의 지배하에 있는 존재들로 중간지배층을 통해서 국가와 간접적 관계를 가지는 이들이었다. 그러므로 백정은 향리나 정호가 가지는 국가에 대한 직접적 의무와 권리가 없었다. 이에 비하여 조선의 양인은 국가와 직접적인 관계를 가지는 존재였다. 조선의 양인은 고려의 정호와 같이 군역의 의무와 사환권, 과거에 응시권 등의 권리를 가진 신분이었다. 그러므로 조선의 양인 지위는 고려의 정호에 비견될 수 있었다. 그러므로 주된 생산 담당자 층의 신분적 지위가 크게 상승한 것은 조선의 신분제가 고려에 비하여 발전된 면모였다.

③ 마지막으로 조선에서 천인의 지위는 고려에 비하여 상승하였다. 그간 연구에서 조선에 들어서 천인이 크게 늘어나는 것에 주목하여 조선의 신분제를 부정적으로 보는 견해도 있었다. 그러나 이는 신분제의 틀이 바

꿰면서 나타난 결과였다. 고려에서는 국가에 역을 담당할 수 있는 경제력을 가진 층을 정호로 편제하고, 국가에 역을 담당하기에 부족한 다수의 구성원을 백정층으로 설정하여, 정호와 천인 사이에 배치하였다. 고려에서는 천인을 적대적인 집단의 후손으로 인식하는 경향이 있어 그 수가 적을 수밖에 없었다. 이와 같은 신분 배치는 기본적으로 농업생산력의 수준이 낮아 국가의 역을 자립적으로 담당할 수 없는 층이 광범히 하게 존재하는 상황에서 취할 수 있는 방식이었다.

그러나 조선에서는 고려 후기에 보이는 농업생산력의 향상에 힘입어 국가의 역을 담당할 수 있는 층을 양인으로 편제할 수 있었다. 이미 백정의 상당수가 국역을 담당할 수 있는 구성원으로 성장한 상황에서 당연한 조치였다. 즉 고려 백정의 상당수는 농업생산력의 향상에 힘입어 국역을 부담할 수 있는 양인으로 그 지위를 높여갈 수 있었다. 물론 일부의 백정은 고려말 토지를 둘러싸고 나타난 극심한 혼란 속에서 양인으로 성장하지 못하였다.

그러나 조선은 신분제를 양인과 천인으로 단순하게 편제하면서 국역을 담당할 수 없는 상당수의 백정층을 결국 사적 영역에 남겼다. 국역을 담당할 수 없는 미자립 백정층은 고려에서와는 달리 공동체 아래 은폐되지 못하고, 결국 다양한 경로를 통해서 천인으로 편제될 수밖에 없었다. 조선 초기의 자료에 '無田之民, 幾乎十分之三'이라는 기록이 보이는데, 이는 국역을 담당할 수 없는 국가 구성원이 30%에 달한다는 의미였다. 연구자들이 조선 초기 천인의 비율을 30% 정도로 추정하고 있는 것은 이러한 당시 현실을 고려한 것이었다. 물론 당시의 생산력 수준을 고려한다면, 미자립농을 사적 영역에 남겨둘 수밖에 없는 것이 현실이기도 하였다.

그러나 국가는 이러한 신분편제 상황을 정확하게 인식하고 있었다. 그러므로 조선에서는 고려에서와는 달리 천인을 적대적으로 인식하지 않았다. 천인의 지위를 불가피한 상황에 기인하는 것으로 이해하는 경향이 컸다. 賤人天民論이 이러한 상황을 고려한 이념이었다. 천인도 본래는 天民으로 신분상의 격차를 떠나 본질은 동일하다고 인식하였다. 이러한 인식은 고려 말 천인이 확대되는 신분구조를 잘 이해하는 바탕에서 형성된 것이었다.

조선 정부는 불가피하게 천인을 사적인 영역에 위탁하고 있었지만, 완전히 사적인 영역에 남겨두지 않았다. 천인도 국가의 구성원 '국민'으로 인정하였고, 국가의 복지 정책에 참여시켰다. 그러므로 천인은 재판을 받을 수 있는 권리, 재산을 가질 수 있는 권리 등 국민으로서의 기본권을 가질 수 있었고, 이들은 당연히 향약 등 향촌공동체의 구성원이 될 수 있었다. 그러므로 조선 초기에 천인의 수는 늘어났으나, 천인의 지위는 상승하였다.

이상에서 볼 때, 조선 초기의 신분제는 지배신분의 축소, 양인 신분의 상승, 그리고 천인 지위의 상승 등을 종합할 때, 고려에 비하여 개혁되었다고 평가할 수 있다.

16. 조선의 신분제는 고려에 비하여 발전하였을 뿐만 아니라, 혈통적 특권을 부여하는 방식, 신분을 조직하는 원리, 신분제를 뒷받침하는 이념 등에서 볼 때, 매우 독특한 신분제였다.

① 우선 조선의 신분제는 특권의 부여 방식에서 볼 때에, '親盡的 身分制'였다. 조선 초기에는 신분적 특권을 직계에 한정하지 않고, 방계에까지 부여하였다. 그러므로 조선에서 특권을 부여할 때, 특권을 부여하는 친족의 범위를 설정하는 것은 매우 중요하였다. 당시 관원들은 이를 '親盡', '代盡'이라는 개념을 동원하여 정리하였다. 친진이라는 개념은 주지하다시피 親이 다한다는 뜻으로 일정 범위를 벗어난 친족은 친족이 아니라는 개념이었다. 친진을 넘어서는 경우에도 이들이 혈통적으로는 친족이 아닐 수 없었으나, 법적으로 권리와 의무를 나누는 친족은 아니었다. 법적 친족이 되지 못하는 이들에게 법적인 특권인 신분적 특권을 나누어 주지 않는 것은 당연하였다.

이는 문음제에 잘 나타나고 있다. 문음은 특권을 직계는 물론 동생과 조카에게까지 부여하고 있었다. 이러한 경향은 왕실의 문음제를 보면 더욱 분명하게 나타나고 있다. 조선 초기 왕실의 문음은 왕의 직계에 한정하지 않고, 4대 8촌에 이르는 방대한 범위의 방계에까지 부여되고 있었다. 그러므로 조선 초기 신분제는 특권의 부여 방식에서 볼 때에 親盡的 身分制였다.

② 조선의 신분제는 특권의 유지 범위에서 볼 때, '限代的 身分制'였다. 조선의 신분제는 친진적 신분제였는데, 친진의 범위는 '나'를 중심으로 동심원을 그리고 형성되었고, 일정범위를 넘어가면 관계는 단절되었다. 이러한 친진적 친족제 위에서 형성된 신분제는 친진의 범위 내에서만 신분적 동질성이 유지되었다. 이러한 관점에서 보면, 나와 나의 아들 간에도 친진의 범위가 달랐다. 당연히 이에 기반한 신분적 지위도 다를 수 있었다. 따라서 친진적 신분제는 영대적으로 이어지기 어려웠다. 이와 같은 기본틀에는 왕도 예외가 될 수 없었다. 법전에 보장 된 왕과 왕실의 특권도 친진의 범위 내의 친족에게 문음을 부여한 것이 거의 전부였다. 법전에 왕의 영대적 세습을 규정한 부분도 없었다.

그러나 한대적 신분제가 형식은 한대적인 것이라고 하더라도, 그 본질은 기득권을 영대적으로 보장하는 것을 목적으로 하였다. 대표적인 예로, 왕과 왕실의 영대적 특권을 법으로 규정하지 않았지만, 왕실이 천세, 만세에 이어질 것을 기대하고 있었다. 즉 한대적 신분제는 서양에서 보이는 특권을 직계에 한정하여 영대적으로 보장하는 방식과 다른 것이었지만, 이 양자는 기득권을 영속시키려는 같은 목적을 가진 다른 방식이었다. 이 두 가지의 방식 중 어느 방식이 기득권을 지속적으로 유지하는데 더 효과적인지 판단하기는 쉽지 않다.

③ 조선의 신분제는 운영방식에서 볼 때, '닫힘과 열림이 공존하는 신분제'였다. 신분제는 집단의 권리와 의무를 법적으로 한정하는 것이었으므로 신분간의 벽은 분명하고 견고하였다. 즉 신분제의 본질은 닫혀있는 구조

였다. 각 신분 간에는 법으로 다른 혈통적 권리와 의무를 부여하고 있었다. 그러나 조선에서는 신분 간에 넘어갈 수 있는 문이 공식적으로 열려있었다. 그 대표적인 예를 향리의 신분제를 통해서 확인할 수 있다. 향리는 광의양인으로 분명히 법적으로 협의양인과는 다른 신분적 지위를 가지고 있었고 이를 세전하고 있었다. 그러나 향리에게 '三丁一子'의 제도를 통해서 그 직역을 벗어나 신분을 상승시킬 수 있는 합법적인 길이 열려 있었다. 즉 향리는 한편으로 협의양인에 비하여 차대 받는 법적 지위를 세전하는 광의양인이었으나, 협의양인이 될 수 있는 합법적인 길을 가지고 있었다. 신분의 관점에서 볼 때에 향리의 신분은 양면성을 공유하고 있었다.

이는 협의의 양인의 경우에도 잘 나타난다. 협의의 양인은 법적으로 사족은 물론 상급양인인 서얼에 비하여 차대를 받는 지위에 있었다. 그러나 상위의 신분으로 나아갈 수 있는 길이 공식적으로 열려있었다. 科擧는 협의양인이 오를 수 있는 신분상승의 사다리였고, 실제로 이를 통해서 신분을 상승시켜간 이들이 있었다.

이러한 특징은 신분에 대응하는 관직체계에도 나타난다. 관직은 한 신분에 대응한 직역이 아니었다. 관직은 천인, 공상, 서얼, 사족 등에 이르기까지 모든 신분에 대응하는 직역이었다. 기본적으로 혈통에 입각한 신분제와 능력을 기반으로 하는 관원체제는 양립하기 어려웠다. 그러므로 모든 신분을 수용하기 위해서 형식상으로는 하나의 공간인 관직체계 내에 닫혀 있는 별도의 공간을 마련하는 것은 불가피하였다. 잡직계, 한품제, 한직제, 자궁제 등은 하나로 열려있는 관직체계 내에 닫혀있는 공간을 만드는 제도였다.

따라서 조선 초기의 관직체계와 신분제는 공히 닫혀있으면서 열려있고 열려있으면서 닫혀있는 구조였다. 그간의 연구에서는 이러한 양면성을 그대로 인정하지 못하고, 한 면만을 강조하는 경향이 있었다. 닫혀있는 면만을 강조하거나, 열려있는 면만을 강조하였다. 자료를 보면, 최하위 신분인 천인의 경우에도 국가가 종종 양인이 될 수 있는 합법적인 길을 열어주었다. 또한 실제로 이 길을 통해서 신분을 상승시키는 이들이 있었다. 이러한 경우 합법적인 길이 열려 있음만을 강조하거나, 소수 인원이 신분을 상승시킨 사례만을 강조한다면 천인도 그 상위의 신분인 양인과 다름이 없는 신분으로 볼 수 있다. 유사하게 협의양인에게 과거에 응시할 수 있는 길이 열려 있다는 것만을 강조하여, 협의양인을 신분상승의 사다리를 통과한 이들과 동일한 신분으로 보는 것도 같은 오류를 범할 수 있다. 그러므로 조선 초기 신분제를 이해하기 위해서 공존하는 모습을 모두 인정하는 균형 잡힌 시각이 필요하다.

이와 같이 신분제를 조직하는 방식은 오늘날의 관점에서 보면 매우 혼란스러운 것이다. 그러나 당시의 왕과 관원들이 세상의 이치를 열림과 닫침이 공존하는 태극으로 이해하고 있었으므로 이러한 공존을 잘 소화하고 있었다. 그러므로 이와 같은 특징을 가지는 조선 초기의 닫힘과 열림이 공존하는 신분제를 '太極的 身分制'라고 불러도 좋을 것이다.

④ 마지막으로 조선 초기 신분제는 이념에서 볼 때, '天民論的 身分制'였다. 조선 초기 신분제를 지탱하는 이념은 두 가지였다. 하나는 貴賤之分論이었고, 다른 하나는 天民論이었다. 귀천지분론은 신분적인 차이를 하늘이 부여한 분수로 설명하여 신분상의 벽은 넘어설 수 없는 것으로 설명하였다. 이에 비하여 천민론은 하늘이 인간을 낼 때에는 모두가 천민 즉 '하늘의 백성'으로 동질적 지위를 가진 것으로 설명하고 있다. 귀천지분론은 신분 현실을 대변하는 이념이었고, 천민론은 신분에 대한 이상을 담은 이념이었다.

천민론은 고려 말 유학자들에 의해서 제기되었고, 조선의 신진사대부들에 의해서 다듬어진 이념으로, 고려 말의 혼란 속에서 보여준 천인과 양인들의 역량을 반영하는 새로운 신분 이념이었다. 개혁파는 천민론을 새로운 신분론으로 수용하였으나, 기존의 신분이념인 귀천지분론을 완전히 털

어버리지 못하였다. 그러므로 조선 초기 왕과 관원들은 신분제를 정비하면서 이 두 이념을 조합하여 현실적 상황을 인정하되 그 이상도 버리지 않았다. 그러므로 조선 초기 신분제는 귀천지분론과 천민론의 이념을 조화시킨 위에서 만들어졌다.

조선 초기의 천민론은 賤人天民論에 잘 나타난다. 천인천민론은 노비가 아무리 천하다 하여도 天民으로, 본질적 지위는 양인과 동질하다는 주장이었다. 천인천민론은 이상론에 그치지 않고 구체적으로 賤人國民論으로 전개되었다. 정부는 신분를 구성하는 모든 구성원을 천민론에 근거하여 '국민'으로 인정하였다. 당시에 왕은 하늘을 대신하여 天民을 다스리는 존재로 정의되고 있었으므로, 천민은 모두 국가의 구성원 즉 국민이 될 수 있었다. 천인이 국민이 될 때, 천인은 국가의 보호와 관리를 받게 되었다. 이는 私賤의 경우도 예외는 아니었다. 私賤主의 권리는 인정되었으나 국가와 사천주의 이해관계가 갈릴 때, 사천은 개인의 소유이기 이전에 국민이었으므로 국가의 이해가 우선되었다.

이상에서 볼 때, 조선 초기 신분제는 '親盡的' '限代的' '太極的' '天民論的' 특징을 가진 신분제였다. 이러한 각각의 특징은 상호 긴밀하게 연결되어 있었다. 천민론적 신분 이념을 반영할 때, 신분제의 조직 방식이나, 신분적 특혜를 주는 방식이 달라질 수밖에 없었다. 신분간의 벽은 불가피한 것이지만, 단절만을 강조할 수는 없었다. 닫혀있지만, 열려있는 태극적 구조를 만드는 것은 당연한 귀결이었다. 또한 특권을 부여하는 방식도 달라질 수밖에 없었다. 永代的으로 특권을 부여하여 신분간의 벽을 고착화하기보다는, 親盡을 그 경계로 하여서 특권을 한대적으로 부여하여, 기득권은 인정하면서도 피지배층이 신분 상승할 수 있는 가능성도 열어두었다. 그러므로 천민론적 신분 이념, 태극적 신분제의 조직 방식, 친진적 특권의 부여 방식, 한대적 특권유지 방식 등은 서로 간에 영향을 주면서, 조선 초기 신분제를 형성하는 불가결의 요소들이었다. 이러한 요소들이 결합되면서,

'혈통'을 중시하면서도, '능력'도 인정하는 조선의 신분제가 만들어졌다.

이러한 조선 초기 신분제는 가장 적절한 신분제 운영방식을 찾기 위해, 태종대에서 성종 초에 걸친 긴 모색의 소산이었다. 왕과 관원들은 오랫동안 중앙집권체제를 운영해 온 역사적 경험을 바탕으로 신분제를 어떻게 정비하는 것이 지배신분의 특권을 인정하면서도, 고려 말의 혼란을 극복하면서 성장한 천인과 양인의 역량을 충분히 반영할 수 있는가를 고민하였다. 그러므로 지배층의 기득권을 위해서 피지배층을 억누르는 것은 불가피하였지만, 피지배층의 일정지위를 보장하고, 나아가 그들에게 신분 상승의 가능성을 열어 주어야 하였다. 그 절충점이 세종이 언급한 '天下公物' 즉 '公天下論'이었다. 천하는 지배신분만의 것이 아니었다. 그러므로 피지배층의 지위를 인정하고 국가운영에 무리가 되지 않는 경계선에서 지배층의 신분적 특권을 제한하였다.

그러므로 조선의 신분제는 지배신분을 위해서 '血統'을 중시하고 있었으나, 피지배층을 배려해서 '能力' 역시 신분제를 운영하는 중요한 지표로 인정하고 있었다. 그러므로 조선의 신분제는 중세적 요소와 근대적 요소를 잘 절충하는 모습을 보여주었다. 그러므로 이미 조선의 신분제는 중세적 수준을 넘어서고 있었다. 이와 같은 모습을 가진 조선의 신분제를 근세적 신분제로 이해해도 좋을 것이다.

참고문헌

저서

강제훈 『조선초기 전세제도 연구』 고려대학교 출판부 2002.

강진철 『한국중세토지소유연구』 일조각 1989.

권영국 등 『역주 고려사 식화지』 한국정신문화연구원 1996.

김　돈 『조선전기 권신권력관계 연구』 서울대출판부 1997.

김두헌 『한국가족제도 연구』 서울대학출판부 1969.

김용섭 『한국중세농업사연구』 지식산업사 2000.

김우기 『조선중기 척신정치연구』 집문당 2001.

김태영 『조선전기토지제도사연구』 지식산업사 1983.

도현철 『고려말 사대부의 정치사상연구』 일조각 1999.

박종진 『고려시기 재정운영과 조세제도』 서울대학교출판부 2000.

박홍갑 『조선시대의 문음제도 연구』 탐구당 1994.

송양섭 『조선후기 둔전연구』 경인문화사 2006.

송준호 『조선사회사연구』 일조각 1990.

역사학회편 『노비 농노 노예』 일조각 1998.

유승원 『조선초기 신분제 연구』 을유문화사 1986.

이경식 『조선전기 토지제도연구』 일조각 1986.

이경식 『조선전기 토지제도연구』2 지식산업사 1998.

이경식 『고려전기의 전시과』 서울대학교 출판문화원 2007.

이기명 『조선시대 관리임용과 상피제』 백산자료원 2007.

이병휴 『조선전기 기호사림파연구』 일조각 1984.

이병휴 『조선전기 사림파의 현실인식과 대응』 일조각 1999.

이성무 『조선초기 양반연구』 일조각 1980.

이성무 『한국과거제도사』 민음사 1997.

이수건 『영남사림파의 형성』 영남대출판부 1979.

이수건 『한국중세사회사연구』 일조각 1984.

이수건 『조선시대 지방행정사』 민음사 1989.

이수건 『영남학파의 형성과 전개』 일조각 1995.

이존희 『조선시대 지방행정제도연구』 일지사 1990.

이태진『조선유교사회사론』지식산업사 1990.
이태진『의술과 인구 그리고 농업기술』태학사 2002.
이태진『한국사회사연구』지식산업사 2006.
임용한『조선전기 수령제와 지방통치』혜안 2002.
장병인『조선전기 혼인제와 성차별』일지사 1997.
전봉덕『한국법제사 연구』서울대학교 출판부 1978.
정두희『조선초기 정치지배세력연구』일조각 1983.
정두희『조선시대의 대간연구』일조각 1994.
지승종『조선전기 노비신분연구』일조각 1995.
채웅석『고려사 형법지 역주』신서원 2009.
최승희『조선초기 언관 언론연구』서울대학교한국문화연구소 1976.
최승희『조선초기 정치사연구』지식산업사 2002.
최승희『조선후기 사회신분사연구』지식산업사 2003.
최이돈『조선중기 사림정치구조 연구』일조각 1994.
최재석『한국가족연구』일지사 1982.
한영우『조선전기 사회사상연구』지식산업사 1983.
한영우『조선전기 사회사상연구』지식산업사 1983.
한영우『조선시대 신분사연구』집문당 1997.
한영우『정도전사상의 연구』서울대학교 출판부 1999.
한영우『양성지』지식산업사 2008.
한영우『과거 출세의 사다리』1,2,3 지식산업사 2013.

논문

강만길「조선전기 공장고」『사학연구』12, 1961.
강제훈「답험손실법의 시행과 전품제의 변화」『한국사학보』8, 2000.
강제훈「조선초기 전세제 개혁과 그 성격」『조선시대사연구』19, 2001.
강제훈「세종 12년 정액 공법의 제안과 찬반론」『경기사학』6. 2002.
강제훈「조선초기의 조회의식」『조선시대사학보』28, 2004.
강진철「고려전기의 공전 사전과 그의 차율수조에 대하여」『역사학보』29, 1965.
강진철「고려전기의 지대에 대하여」『한국중세토지소유연구』일조각 1989.
고영진「15 16세기 주자가례의 시행과 그 의의」『한국사론』21, 1989.

권내현「조선초기 노비 상속과 균분의 실상」『한국사학보』22, 2006.

권연웅「조선 성종대의 경연」『한국문화의 제문제』1981.

권영국「고려전기 상서 6부의 판사와 지사제」『역사와 현실』76, 2010.

구덕회「선조대 후반 정치체계의 재편과 정국의 동향」『한국사론』20, 1989.

김갑주「원상제의 성립과 기능」『동국사학』12, 1973.

김 돈「중종대 언관의 성격변화와 사림」『한국사론』10, 1984.

김 돈「16세기 전반 정치권력의 변동과 유생층의 공론형성」서울대학교 박사학위
    논문 1993.

김동수「고려시대의 상피제」『역사학보』102, 1984.

김동인「조선전기 사노비의 예속 형태」『이재룡박사 환력기념논총』1990.

김성준「종친부고」『사학연구』18, 1964.

김영석「고려시대와 조선초기의 상피친」『서울대학교 법학』52권 2호, 2011.

김옥근「조선시대 조운제 연구」『경제학연구』29, 1981.

김용만「조선시대 균분상속제에 관한 일 연구」『대구사학』23, 1983.

김용만「조선시대 사노비 일 연구」『교남사학』4, 1989.

김용선「조선전기의 음서제도」『아시아학보』6, 1990.

김용섭「고려전기의 전품제」『한우근박사정년기념 사학논총』1981.

김용섭「토지제도의 사적 추이」『한국중세농업사연구』지식산업사 2000.

김용흠「조선전기 훈구 사림의 갈등과 그 정치사상적 함의」『동방학지』124, 2004.

김우기「조선전기 사림의 전랑직 진출과 그 역할」『대구사학』29, 1986.

김우기「전랑과 삼사의 관계에서 본 16세기의 권력구조」『역사교육논집』13, 1990.

김재명「고려시대 십일조에 관한 일연구」한국정신문화연구소 석사학위논문 1984.

김재명「고려시대 십일조에 관한 일고찰」『청계사학』2, 1985.

김재명「조선초기의 사헌부 감찰」『한국사연구』65, 1989.

김재명「조세」『한국사』14, 1993.

김정신「조선전기 사림의 公認識과 君臣共治論」『학림』21, 2000.

김준형「조선시대 향리층 연구의 동향과 문제점」『사회와 역사』27, 1991.

김창수「성중애마고」『동국사학』9,10, 1966.

김창현「조선초기의 문음제도에 관한 연구」『국사관논총』56, 1994.

김태영「과전법상의 답험손실과 수조」『조선전기 토지제도사연구』지식산업사 1983.

김필동「신분이론구성을 위한 예비적 고찰」『사회계층』다산출판사 1991.

김한규「고려시대의 薦擧制에 대하여」『역사학보』73, 1977.

김한규「西漢의 求賢과 文學之士」『역사학보』75,76, 1977.

김항수「16세기 사림의 성리학 이해」『한국사론』7, 1981.

김현영 「조선 후기 남원지방 사족의 향촌지배에 관한 연구」 서울대학교 박사학위
   논문 1993.

김형수 「책문을 통해서 본 이제현의 현실인식」 『한국중세사연구』 13, 2002.

남지대 「조선초기의 경연제도」 『한국사론』 6, 1980.

남지대 「조선 성종대의 대간언론」 『한국사론』 12, 1985.

남지대 「조선초기 중앙정치제도연구」 서울대학교 대학원 박사학위논문 1993.

남지대 「조선초기 예우아문의 성립과 정비」 『동양학』 24, 1994.

남지대 「조선중기 붕당정치의 성립기반」 『조선의 정치와 사회』 2002.

남지대 「태종초 대종과 대간 언론의 갈등」 『역사문화연구』 47, 2013.

노명호 「산음장적을 통해 본 17세기 초 촌락의 혈연양상」 『한국사론』 5, 1979.

노명호 「고려의 오복친과 친족관계 법제」 『한국사연구』 33, 1981.

도현철 「정도전의 정치체계 구상과 재상정치론」 『한국사학보』 9, 2000.

민두기 「중국의 전통적 정치상」 『진단학보』 29,30, 1966.

박 진 「조선초기 돈녕부의 성립」 『한국사학보』 18, 2004.

박국상 「고려시대의 토지분급과 전품」 『한국사론』 18, 1988.

박시형 「이조전세제도의 성립과정」 『진단학보』 14, 1941.

박재우 「고려 공양왕대 관제개혁과 권력구조」 『진단학보』 81, 1996.

박재우 「고려전기 6부 판서의 운영과 권력관계」 『사학연구』 87, 2007.

박종진 「고려초 공전 사전의 성격에 대한 재검토」 『한국학보』 37, 1984.

박진우 「조선초기 면리제와 촌락지배의 강화」 『한국사론』 20, 1988.

박진우 「15세기 향촌통제기구와 농민」 『역사와 현실』 5, 1991.

박진훈 「고려말 개혁파사대부의 노비변정책」 『학림』 19, 1998.

박천규 「문과초장 講製是非攷」 『동양학』 6, 1976.

배재홍 「조선전기 처첩분간과 서얼」 『대구사학』 41, 1991.

배재홍 「조선시대 천첩자녀의 종양과 서얼신분 귀속」 『조선사연구』 3, 1994.

배재홍 「조선시대 서얼 차대론과 통용론」 『경북사학』 21, 1998.

백옥경 「조선전기 역관의 성격에 대한 일고찰」 『이대사원』 22,23, 1988.

설석규 「16세기 전반 정국과 유소의 성격」 『대구사학』 44, 1992.

설석규 「16-18세기의 유소와 공론정치」 경북대학교 박사학위논문 1994.

성봉현 「조선 태조대의 노비변정책」 『충북사학』 11,12합집 2000.

송수환 「조선전기의 왕실 노비」 『민족문화』 13, 1990.

송준호 「조선양반고」 『한국사학』 4, 1983.

신명호 「조선초기 왕실 편제에 관한 연구」 한국정신문화연구원 박사학위논문 1999.

신채식 「송대 관인의 推薦에 관하여」 『소헌 남도영박사 화갑기념 사학논총』 1984.

신해순 「조선초기의 하급서리 이전」 『사학연구』 35, 1982.

신해순 「조선전기의 경아전연구」 성균관대 박사학위논문 1986.

안병우 「고려의 둔전에 관한 일고찰」 『한국사론』 10, 1984.

오금성 「중국의 과거제와 그 정치사회적 기능」 『과거』 일조각 1983.

오수창 「인조대 정치세력의 동향」 『한국사론』 13, 1985.

오종록 「조선전기의 경아전과 중앙행정」 『고려 조선전기 중인연구』 신서원 2001.

우인수 「조선명종조 위사공신의 성분과 동향」 『대구사학』 33, 1987.

유승원 「조선초기의 신량역천 계층」 『한국사론』 1, 1973.

유승원 「조선초기의 잡직」 『조선초기 신분제연구』 을유문화사 1986.

유승원 「조선초기 경공장의 관직」 『조선초기 신분제연구』 을유문화사 1986.

유승원 「양인」 『한국사』 25, 1994.

유승원 「조선시대 양반 계급의 탄생에 대한 시론」 『역사비평』 79, 2007.

유승원 「조선 태종대 전함관의 군역: 수전패 무수전패의 복역을 중심으로」 『역사학보』 210, 2011.

유승원 「한우근의 조선 유교정치론 관료제론」 『진단학보』 120, 2014.

윤남한 「하곡조천기 해제」 국역 『하곡조천기』 2008.

윤희면 「경주 司馬所에 대한 일 고찰」 『역사교육』 37,38, 1985.

이경식 「조선초기 둔전의 설치와 경영」 『한국사연구』 21,22, 1978.

이경식 「고려전기의 평전과 산전」 『이원순교수 화갑기념사학논총』 1986.

이경식 「조선 건국의 성격문제」 『중세 사회의 변화와 조선건국』 혜안 2005.

이경식 「고려시대의 전호농민」 『고려시대 토지제도연구』 2012.

이광린 「제조제도 연구」 『동방학지』 8, 1976.

이기백 「고려주현군고」 『역사학보』 29, 1965.

이기백 「고려 양계의 주현군」 『고려병제사연구』 1968.

이남희 「조선시대 잡과입격자의 진로와 그 추이」 『조선시대의 사회와 사상』 1998.

이남희 「조선전기 기술관의 신분적 성격에 대하여」 『고려 조선전기 중인연구』 신서원 2001.

이민우 「고려말 사전 혁파와 과전법에 대한 재검토」 『규장각』 47, 2015.

이범직 「조선전기의 校生身分」 『韓國史論』 3, 1976.

이병휴 「조선중종조 정국공신의 성분과 동향」 『대구사학』 15,6합집 1978.

이병휴 「현량과 연구」 『조선전기 기호사림파연구』 일조각 1984.

이병휴 「영남 기호 사림의 접촉과 사림파의 형성」 『조선전기 기호사림파연구』 일조각 1984.

이병휴 「16세기 정국과 영남사림파의 동향」 『조선전기 사림파의 현실인식과 대응』

일조각 1999.

이병휴「사재 김정국의 개혁론과 그 성격」『조선전기 사림파의 현실인식과 대응』
　　일조각 1999.

이상백「서얼차대의 연원에 대한 연구」『진단학보』1, 1934.

이상백「서얼금고시말」『동방학지』1, 1954.

이성무「조선초기의 향리」『한국사연구』5, 1970.

이성무「조선초기의 기술관과 그 지위」『유홍렬박사 화갑기념 논총』1971.

이성무「선초의 성균관연구」『역사학보』35,36, 1972.

이성무「십오세기 양반론」『창작과비평』8(2), 1973.

이성무「고려 조선초기의 토지 소유권에 대한 제설의 검토」『성곡논총』9, 1978.

이성무「공전 사전 민전의 개념」『한우근박사 정년기념사학논총』1980.

이성무「조선초기 신분사 연구의 문제점」『역사학보』102, 1984.

이성무「조선초기 노비의 종모법과 종부법」『역사학보』115, 1987.

이성무「조선시대 노비의 신분적 지위」『한국사학』9, 1987.

이성무「조선초기 음서제와 과거제」『한국사학』12, 1991.

이수건「조선조 향리의 일 연구」『문리대학보』3 영남대 1974.

이수건「영남사림파의 학문적 연원」『영남사림파의 형성』영남대학교 출판부 1979.

이수건「영남사림파의 경제적 기반」『영남사림파의 형성』영남대학교 출판부 1979.

이수건「조선전기 사회변동과 상속제도」『역사학보』129, 1991.

이영훈「고문서를 통해본 조선 전기 노비의 경제적 성격」『한국사학』9, 1987.

이영훈「조선전호고」『역사학보』142, 1994.

이영훈「한국사에 있어서 노비제의 추이와 성격」『노비 농노 노예』일조각 1998.

이영훈「고려전호고」『역사학보』161, 1999.

이원택「15-16세기 주례 이해와 국가경영」『한국중세의 정치사상과 주례』혜안 2005.

이장우「세종 27년 7월의 전제개혁 분석」『국사관논총』92, 2000.

이재희「조선명종대 척신정치의 전개와 그 성격」『한국사론』29, 1993.

이존희「조선전기의 외관제」『국사관논총』8, 1989.

이태진「서얼차대고」『역사학보』27, 1965.

이태진「사림파의 유향소복립운동」『진단학보』34,35, 1972.

이태진「15세기 후반기의「거족」과 명족의식」『한국사론』3, 1976.

이태진「중앙 오영제의 성립과정」『한국군제사-조선후기편』1977.

이태진「16세기 사림의 역사적 성격」『대동문화연구』13, 1979.

이태진「조선시대의 정치적 갈등과 그 해결」『조선시대 정치사의 재조명』1985.

이태진「당쟁을 어떻게 볼 것인가」『조선시대 정치사의 재조명』1985.

이태진 「李晦齋의 聖學과 仕宦」『한국사상사학』 1, 1987.

이태진 「조선시대 야사 발달의 추이와 성격」『우인 김용덕박사 정년기념사학논총』 1988.

이태진 「조선왕조의 유교정치와 왕권」『한국사론』 23, 1990.

이홍렬 「잡과시취에 대한 일고」『백산학보』 3, 1967.

임영정 「선초 보충군 산고」『현대사학의 제문제』 1977.

임영정 「조선초기의 관노비」『동국사학』 19,20합집, 1986.

장병인 「조선초기의 관찰사」『한국사론』 4, 1978.

장병인 「조선초기 연좌율」『한국사론』 17, 1987.

전형택 「보충군 입역규례를 통해 본 조선 초기의 신분구조」『역사교육』 30,31, 1982.

전형택 「조선초기의 공노비 노동력 동원 체제」『국사관논총』 12, 1990.

정다함 「조선초기 습독관 제도의 운영과 그 실태」『진단학보』 96, 2003.

정만조 「16세기 사림계 관원의 붕당론」『한국학논총』 12, 1990.

정만조 「조선시대의 사림정치」『한국사상의 정치형태』 1993.

정만조 「조선중기 유학의 계보와 붕당정치의 전개」『조선시대사학보』 17, 2001.

정재훈 「조선전기 유교정치사상 연구」 서울대학교 대학원 박사학위논문 2001.

정현재 「조선초기의 경차관에 대하여」『경북사학』 1, 1978.

정현재 「선초 내수사 노비고」『경북사학』 3, 1981.

정현재 「조선초기의 노비 면천」『경북사학』 5, 1982.

정현재 「조선초기의 외거노비의 개념 검토」『경상사학』 창간호 1985.

지두환 「조선전기 군자소인론의」『태동고전연구』 9, 1993.

지승종 「신분개념 정립을 위한 시론」『한국사회사 연구회 논문집』 11, 1988.

지승종 「조선전기 신분구조와 신분인식」『한국사연구의 이론과 실제』 1991.

지승종 「조선 전기의 서얼신분」『사회와 역사』 27, 1991.

지승종 「신분사 연구의 쟁점과 과제」『사회와 역사』 51, 1997.

차장섭 「조선전기의 사관」『경북사학』 6, 1983.

천관우 「조선토기제도사」 하『한국문화사대계』 2, 1965.

최승희 「집현전연구」『역사학보』 32,33, 1966,67.

최승희 「홍문관의 성립경위」『한국사연구』 5, 1970.

최승희 「조선초기 言官에 관한 연구」『한국사론』 1, 1973.

최승희 「弘文錄考」『대구사학』 15,16, 1978.

최승희 「조선시대 양반의 대가제」 진단학보 60, 1985.

최윤오 「세종조 공법의 원리와 그 성격」『한국사연구』 106, 1999.

최윤오 「조선시기 토지개혁론의 원리와 공법 조법 철법」『대호 이융조교수 정년논총』2007.

최이돈「16세기 郎官權의 형성과정」『한국사론』14, 1986.

최이돈「성종대 홍문관의 言官化 과정」『진단학보』61, 1986.

최이돈「16세기 사림파의 천거제 강화운동」『한국학보』54, 1989.

최이돈「16세기 郎官權의 성장과 朋黨政治」『규장각』12, 1989.

최이돈「16세기 공론정치의 형성과정」『국사관논총』34, 1992.

최이돈「조선초기 수령고소 관행의 형성과정」『한국사연구』82, 1993.

최이돈「海東野言에 보이는 허봉의 當代史 인식」『한국문화』15, 1994.

최이돈「16세기 사림 중심의 지방정치 형성과 민」『역사와 현실』16, 1995.

최이돈「16세기 전반 향촌사회와 지방정치」『진단학보』82, 1996.

최이돈「성종대 사림의 훈구정치 비판과 새 정치 모색」『한국문화』17, 1996.

최이돈「16세기 사림의 신분제 인식」『진단학보』91, 2001.

최이돈「조선중기 신용개의 정치활동과 정치인식」『최승희교수 정년기념논총』2002.

최이돈「조선전기 현관과 사족」『역사학보』184, 2004.

최이돈「조선초기 잡직의 형성과 그 변화」『역사와 현실』58, 2005.

최이돈「조선초기 공상의 신분」『한국문화』38, 2006.

최이돈「조선초기 공치론의 형성과 변화」『국왕 의례 정치』이태진교수 정년기념
논총 태학사 2009.

최이돈「조선초기 서얼의 차대와 신분」『역사학보』204, 2009.

최이돈「조선초기 협의의 양인의 용례와 신분」『역사와 현실』71, 2009.

최이돈「조선초기 향리의 지위와 신분」『진단학보』110, 2010.

최이돈「조선초기 보충군의 형성과정과 그 신분」『조선시대사학보』54, 2010.

최이돈「조선초기 천인천민론의 전개」『조선시대사학보』57, 2011.

최이돈「조선초기 특권 관품의 정비과정」『조선시대사학보』67, 2013.

최이돈「조선초기 왕실 친족의 신분적 성격」『진단학보』117, 2013.

최이돈「조선초기 법적 친족의 기능과 그 범위」『진단학보』121, 2014.

최이돈「조선전기 사림파의 정치사상」『한국유학사상대계』VI, 한국학진흥원 2014.

최이돈「조선초기 공공통치론의 전개」『진단학보』125, 2015.

최이돈「태종대 과전국가관리체제의 형성」『조선시대사학보』76, 2016.

최이돈「조선초기 관원체계와 과전 운영」『역사와 현실』100, 2016.

최이돈「세조대 직전제의 시행과 그 의미」『진단학보』126, 2016.

최이돈「조선초기 提調制의 시행과정」『규장각』48, 2016.

최이돈「조선초기 佃夫制의 형성과정」『진단학보』127, 2016.

최이돈「조선초기 損失踏驗制의 규정과 운영」『규장각』49, 2016.

최이돈「고려 후기 수조율과 과전법」『역사와 현실』 104, 2017.
최이돈「세종대 공법 연분 9등제의 시행과정」『조선초기 과전법』 경인문화사 2017.
최이돈「조선초기 전부의 법적 지위」『조선초기 과전법』 경인문화사 2017.
최재석「조선시대의 상속제에 관한 연구」『역사학보』 53,54, 1972.
한명기「광해군대의 대북세력과 정국의 동향」『한국사론』 20, 1989.
한상준「조선조의 상피제에 대하여」『대구사학』 9, 1975.
한영우「여말선초 한량과 그 지위」『한국사연구』 4, 1969.
한영우「태종 세종조의 대사전시책」『한국사연구』 3, 1969.
한영우「조선초기 상급서리 성중관」『동아문화』 10, 1971.
한영우「조선초기의 사회계층과 사회이동에 관한 시론」『제8회 동양학 학술회의
　　강연초』 1977.
한영우「조선초기 신분계층연구의 현황과 문제점」『사회과학논평』 창간호 1982.
한영우「조선초기의 상급서리와 그 지위」『조선전기 사회경제연구』 을유문화사 1983.
한영우「양성지의 사회 정치사상」『조선전기 사회사상』 지식산업사 1983.
한영우「조선초기 사회 계층 연구에 대한 재론」『한국사론』 12, 1985.
한우근「신문고의 설치와 그 실제적 효능에 대하여」『이병도박사화갑기념논총』 1956.
한우근「훈관검교고」『진단학보』 29,30, 1966.
한충희「조선초기 의정부연구」『한국사연구』 31,32, 1980,1981.
한충희「조선초기 육조연구」『대구사학』 20,21, 1982.
한충희「조선초기 육조연구 첨보」『대구사학』 33, 1987.
한충희「조선초기 육조연구」 고려대학교 박사학위논문 1992.
한충희「조선초기 의정부당상관연구」『대구사학』 87, 2007.
한충희「조선 성종대 의정부연구」『계명사학』 20, 2009.
한희숙「조선초기의 잡류층에 대한 연구」 고려대학교 박사학위논문 1990.
홍순민「조선후기 정치사상 연구현황」『한국 중세사회 해체기의 제문제』 한울 1987.

찾아보기

최이돈

서울대에서 학사, 석사, 박사학위를 받았다.

조선시대 정치사와 신분사를 연구하여『조선정치사』(공저, 청년사, 1991),『조선중기 사림정치구조 연구』(일조각, 1994),『한국 전근대사의 주요 쟁점』(공저, 역사비평사 2002),『한국 유학사상 대계』(공저, 한국학진흥원 2002),『고종시대 공문서 연구』(공저, 태학사 2009) 등의 저서와 다수의 논문을 썼다.

서울대, 성심여대 등에서 강의하였고, 영국 University of Cambridge의 Visiting fellow 를 역임하였으며, 1993년부터 한남대 역사교육과 교수로 재직하고 있다.

조선전기 신분구조

초판 1쇄 인쇄 ┃ 2017년 10월 26일
초판 1쇄 발행 ┃ 2017년 11월 02일

지 은 이   최이돈

발 행 인   한정희
발 행 처   경인문화사
총 괄 이 사   김환기
편   집   김지선 한명진 박수진 유지혜
마 케 팅   김선규 하재일 유인순
출 판 번 호   406-1973-000003호
주   소   파주시 회동길 445-1 경인빌딩 B동 4층
전   화   031-955-9300 팩 스   031-955-9310
홈 페 이 지   www.kyunginp.co.kr
이 메 일   kyungin@kyunginp.co.kr

ISBN   978-89-499-4299-5 93910

값 35,000원